W0329366

LES TRIBULATIONS D'UN PÉDALEUR ERRANT

SERGE LERET

LES TRIBULATIONS D'UN PÉDALEUR ERRANT

Illustrations Philippe Leret

MONDO VELO
LE GOUT DE L'EFFORT ET DE L'AVENTURE

Photo de couverture :
Sur la côte égyptienne de la mer Rouge près de Port Safaga
Au loin les crêtes des montagnes du Sahara Arabique.

Auto-édité - Avril 2000

Un père, une mère, une femme, et un vélo, que voulez-vous de plus dans la vie ?

SOMMAIRE

TRIBULATIONS PREMIÈRES

TRIBULATIONS DEUXIÈMES

TRIBULATIONS TROISIÈMES

TRIBULATIONS QUATRIÈMES

ANNEXES

TRIBULATIONS PREMIÈRES

« Etant donné un mur, qu'est-ce qu'il y a derrière ? »

1. J'ÉTAIS LEURRÉ - SERGE LERET

Mais d'abord je n'étais rien. Un pédaleur errant à peine conçu, un spermatozoïde d'aventurier, qui avait besoin d'un temps de gestation avant de confirmer son étrange vocation.

C'était un rêve de gamin : suivre la malle de Phileas Fogg, caresser avec passion la peau du bitume, serrer la poigne d'un Tartare, embrasser une jolie Chinoise, coucher avec le soleil du désert, se lever dans les nuages de l'Himalaya, manger un McDonald's sur la place Rouge, partager la hutte d'une famille éthiopienne, affronter les lieux communs... Bref, j'avais des rêves et des atouts : j'étais ignorant, frêle, naïf, curieux. Je voulais que le monde ouvre ses portes, déverse sur moi sa corne d'abondance, de vérités, de passions, d'aventures, de rencontres... et en vérité je vous le dis, je fus bien servi.

A priori, je me considérais alors comme quelqu'un de mon époque. 1993. A 26 ans j'avais tâté les muscles apparents de la vie, sans très bien toutefois, en connaître ni les forces, ni les faiblesses.

Tout jeune, j'étais un gamin plutôt solitaire cherchant toujours à divertir mes camarades par la création de jeux inédits et loufoques : « Monté sur un vélo, déguisé en chevalier noir, tirant une brouette sur le versant le plus escarpé, je parvenais haletant et triomphant au point culminant du tas de sable à plus de deux mètres d'altitude, tout entier subjugué par la vue du potager ! »

L'activité professionnelle de mon père, assureur de son état, m'amena avec ma famille en Angleterre, où de l'âge de 10 à 15 ans, je subis les affres de mon adolescence sous l'uniforme cravate d'une *public school* anglaise. J'étais tour à tour considéré par mes camarades, comme « une cuisse de grenouille » (*frog leg*) ou comme un « *french lover* », quoique je n'eusse ni l'apparence de l'un, ni l'ambition de l'autre. J'acceptais néanmoins leurs pitreries avec humour, lequel fut d'ailleurs particulièrement bien affûté au contact de ces singuliers autochtones.

De retour au pays, je rentrai en seconde, à l'institution Notre Dame, un peu fâché contre les méthodes rigoureuses et codifiées de l'éducation française. Ax + B = C. Synthèse. Antithèse. Prothèse. Perplexe, je restais sagement assis derrière ma mangeoire comme une autre oie à gaver, tandis que dans la basse-cour, mes instincts de furet espiègle et boute-en-train m'amenèrent à créer un sympathique et joyeux désordre. A la fin de mon cursus lycéen j'annonçai à mes parents dépités, que j'avais échoué à mes examens du baccalauréat. Ce qui était faux. J'étais bachelier mais guère plus intelligent.

Je profitai de cette période pour mettre en avant mes dons d'amuseur public en tant qu'animateur radio et scénariste de bandes dessinées. Puis, croyant que le monde était une vaste mise en scène, je montai à la capitale, où entre deux grèves de cheminots et un attentat meurtrier, je suivis les cours de l'E.S.E.C. (Ecole Supérieure d'Enseignement Cinématographique). Au terme des deux années, un nouveau diplôme tapisserie en poche, je co-réalisai avec un camarade allemand un court-métrage de fiction documentaire sur le peintre parisien Pierre Charbonnier. Puis afin de devenir un homme, un vrai, j'allais patriotiquement vider pendant un an une quantité colossale de bouteilles de cabernet pétillant en compagnie de mes camarades de la classe 87.12 et de mes supérieurs militaires, qui l'étaient, au moins, dans le maniement des bouteilles.

Libéré de mes obligations éthyliques, j'ai dû affronter le combat bien plus rude du chômeur aux compétences inexploitées et me lançai corps et âme avec un associé dans la création prometteuse d'une entreprise d'audiovisuel institutionnel basée sur Le Mans. Hélas, après une dure année de labeur infructueux, notre beau bébé s'effondra - corps et âme - dans les cendres de notre incompétence commerciale.

Après quoi je retroussai mes manches, ajustai ma cravate, oubliai mes fantasmes de créateur génial, pris ma valise et fis du porte-à-porte en tant que vendeur d'encyclopédies. « Permettez, madame que je m'introduise dans votre salon... 285,95 F par mois, mais vous vous rendez compte que cela vous revient moins cher qu'un paquet de cigarettes par jour. Alors, honnêtement, madame, que préférez-vous : avoir le cancer du poumon ou faire de votre fils un brillant ingénieur des Ponts et Chaussées ? » On m'insulta, on me menaça à coups de balai, et je fus mordu par des molosses qui ne savaient pas faire la distinction entre un facteur et un bienfaiteur de l'humanité. J'écoutais tous les malheurs de ces Français moroses « Ah si vous saviez mon pauvre m'sieur, on voudrait bien l'acheter vot' bouquin (une encyclopédie madame, une encyclopédie) mais depuis la fin de nos vacances aux sports d'hiver, le tiroir caisse du Crédit Agricole est vide. » Bref, je glissais sur la pente douce du psychanalyste compatissant, du sociologue perplexe, et du conseiller scolaire réunis, quoique ma tête « d'honnête fripon » me permît quand même de renflouer mes dettes.

Enfin je devins un agent commercial à part entière, me spécialisant dans les produits et supports publicitaires. J'avais trouvé ma voie entre ma soif de créativité et le contact humain. J'étais célibataire. Je vivais dans une bicoque à la campagne en compagnie de deux chèvres domestiques fugueuses et un chat nommé 412. Je cultivais des cornichons dans mon potager. Ma vie se déroulait doucement, tranquillement, imperturbable, et me paraissait plutôt agréable.

*

Tout aurait pu s'arrêter là. Un homme enveloppé dans son époque. J'aimais ma vie. J'avais une maison, une voiture, des meubles, des chèvres, des cornichons, acquis une certaine assurance dans la vente, et avec le temps une femme m'aurait donné raison de vivre. J'étais confiant, je savais saisir les occasions, changer, évoluer, combattre et réussir, sans toutefois posséder l'énergie aveugle du battant attiré par l'accumulation du pouvoir et des richesses. Ce que je voulais c'était appréhender ce monde, participer aux valeurs de mon époque. J'étais totalement converti aux grandes idées globales de la communication, de l'information, de la publicité, et du marketing. Ma curiosité me poussait à me délecter des images du monde, à visionner des films étrangers et des documentaires sur ces peuples lointains, déchirés par les guerres, affaiblis par la pauvreté, oppressés par l'absence de liberté, mais des peuples – tels que je me les figurais – toujours dignes, authentiques, différents.

« J'étais de mon époque » pensais-je. Mais de quelle époque ? Celle que l'on m'avait inoculée à travers les médias ? En fait, enlisé dans le quotidien, je n'avais pas d'autres repères que les valeurs « positives » dans lesquelles j'avais été conditionné : « Il faut être moderne, évoluer, changer, progresser... c'est le mythe du progrès. Il faut être compétitif, aller vite, penser vite, vivre vite... c'est l'idéologie de la vitesse. Il faut être connecté sur le monde, annuler les distances géographiques et sociales, rompre avec nos problèmes relationnels... c'est le dogme de la communication. »

Progrès. Vitesse. Communication. J'étais dans le bain mais je me sentais leurré. Il fallait que j'aille chercher par moi-même une autre réalité. La télévision m'apparaissait comme une fenêtre tronquée entrouverte sur le monde. S'abreuver d'images ce n'est pas participer aux choses, tandis que le spectacle de l'information ne me donnait que des fragments disparates et sans saveur de la vie. J'allais donc former le projet de découvrir le monde, personnellement, lentement, discrètement, mais aussi pour le simple plaisir, au rythme nonchalant de mon humble et petite... bicyclette. Progrès. Vitesse. Communication. Terminés.

2. SUR LA CORDE "RAID" !

J'avais l'esprit tourmenté, les nerfs tendus comme des câbles de freins. Six mois de préparation et de course folle avant la mise à flot. Tout allait très vite, trop vite, pas le temps de m'entraîner physiquement (j'espérais qu'après mes vacances passées à vélo à sillonner la France et les pays limitrophes j'en conserverais quelques muscles). Mon emploi du temps était consacré à financer mon projet. Je vendais des pin's en porte-à-porte ; des femmes en robes de chambre, déracinées de leur cuisine aménagée, ouvraient timidement leur foyer sur un énergumène qui voulait faire le tour du monde à vélo. C'était l'hiver, il faisait froid, la cheminée rayonnait près de l'âtre crépitant de la télévision. Dans le creux de ma main je leur montrais mes deux épinglettes : une tortue sur un vélo et un cycliste français autour du globe. Je laissais passer stoïquement les sourires dubitatifs et les réflexions méprisantes, et récoltais ici et là, 5 F, 10 F, 50 F, 100 F. La générosité de certains me donnait des ailes, un souffle à colporter par monts et par vaux.

Je bouillonnais de l'intérieur et contaminais mon entourage. La famille, habituée à mes élucubrations se laissait gagner par le projet, sauf que ma mère ressentait déjà les premières bouffées d'inquiétude. Mais comme "*l'Aventure*" c'était dans l'air du temps, on m'encouragea en se disant que derrière ma frêle silhouette, devait se dissimuler une volonté à tout faire. Faire des prouesses, faire un exploit, faire un record.

C'était l'époque où se multipliaient les défis mondiaux les plus rocambolesques : Traversée de l'Atlantique à la rame, tour du monde à la voile en solitaire et sans escale, tour du monde en train, en montgolfière, à cheval, à pied... à vélo, la planète était labourée par les exploits de ces nouveaux héros de l'aventure dont le seul but semble être de mettre à l'épreuve leur audace et leur capacité de survie, ou encore, pleins de jeunesse et de folie, de faire un pied de nez à la société de consommation (Mai 68 revu et corrigé à la mode individualiste et sportive).

Mais l'idée d'appartenir à un phénomène de mode m'effleurait à peine. C'était devenu instinctif, (il est inné le défi enfant !) Cela coulait de source : partir avant de partir... à la recherche de sponsors, de mécènes, de partenaires ; tirer sur soi une couverture médiatique ; vendre son corps pour préserver son âme. Car pour les autres c'était comme si c'était déjà fait : 52 kilomètres de moyenne par jour pendant 2190 jours, 119 pays visités, 115.000 kilomètres parcourus... La route allait être semée d'embûches, les paysages allaient être merveilleux et le vélo un excellent moyen d'approcher les gens. Sur la chaîne FR3 régionale je me vantais de pouvoir parcourir « si je veux » 200 kilomètres en une journée. Des enfants allaient êtres associés à mon projet en recevant des cartes postales d'un pays de leur choix. Pascal BRULON, mon cousin, se glissa dans la peau d'un infatigable impresario et m'entraîna, de réunion en réunion, à chercher un soutien auprès des clubs cyclotouristes sarthois. Puis ensemble nous avons mis en branle la machine à pédaler « Mondo vélo » : une association de bénévoles présidée par M. LERET Jacques, mon père, et soutenu par l'incommensurable ferveur d'Emmanuel FOUCAULT, Stéphan SALLE PIERRET, et Michel Ange CIVICO, rejoints plus tard par Joël BOUR et mon frère PHILIPPE, prêts à tout pour me pousser sur les chemins incertains de l'errance à pédale. Mais comment diable, moi qui n'avais encore rien fait, pouvaient-ils tous me faire confiance ?

*

Le rythme effréné de mes journées me faisait presque oublier que la date du départ approchait à grands coups de pédales. Aux nombreux encouragements s'ajoutaient les soutiens de dernière minute : le sieur vélociste Alain BRUTEUL, l'homme au pignon sur rue, m'offrit un superbe vélo GIANT, un hybride susceptible de m'entraîner sur toutes sortes de terrains ; mes grands-parents, revigorés par mon défi, étaient déterminés à m'accueillir lors de mon retour en janvier 1999 ; famille, amis, anonymes, chacun y allait de son obole, tandis que le grondement d'un plausible succès – traduit en terme d'image de marque et de retour d'investissement – incitait quelques géants, tels LA POSTE, FUJI, et la FNAC, à apporter leur contribution.

Ma petite lubie planétaire se transformait peu à peu en un solide projet d'entreprise.

J'allais tout quitter sans même penser au retour; abandonner ma bicoque, me séparer de mes chèvres, vendre ma voiture et mes meubles. Une semaine avant le départ je réunissais la famille et les amis pour une gigantesque fête d'adieux aux accents internationaux. Pour l'occasion j'avais revêtu ma tenue de colonialiste, la cravache en main, prêt à frapper les indigènes. Car derrière mon air d'adolescent frondeur, j'avais l'ironie joviale. A peine mature et plein d'enfantillages. Il y avait dans ma tête comme un heureux mélange d'insouciance et d'appréhension, qui, ajouté à une petite dose d'inconscience, me permit au moins de me présenter jusque sur la ligne de départ.

*

Et CLAC ! Soudain, le 17 janvier 1993, tout s'arrête. Semblable à une flèche sur un arc tendu, je reste en suspension, tout juste libéré, encore immobile, mais plein de puissance. Il y a comme un flottement dans l'air, un vague brouhaha. Face aux clameurs de la foule en effervescence, massée dans la salle des fêtes de Teloché, je réponds machinalement aux questions. Deux mille mains applaudissent à tout rompre. Des larmes ruissellent sur les joues d'Aline, ma petite sœur, tandis que ma maman retient courageusement les siennes. Les cœurs des plus sensibles sont serrés. Mes lacets sont noués. Je me rends à peine compte de ce qui se passe.

Je traverse, souriant, un peu absent et l'air détendu, une impressionnante haie d'honneur. Mon vélo et ses 40 kilos de chargement me suivent sur les épaules robustes de l'équipe Mondo vélo. Tel un gentleman cyclo, je parviens sur la place publique. Dernières poignées de mains, dernières embrassades, dernières recommandations...

J'enfourche mon vélo et me faufile parmi la foule, suivi par un peloton de cyclotouristes enthousiastes. Ensemble nous gagnons l'orée du village où nous nous regroupons pour la photo de groupe journalistique. Nous pédalons de conserve pendant 20 kilomètres. Après quoi mes derniers compagnons rebroussent chemin. Il ne reste plus que mon oncle Georges, un vidéaste obstiné, qui me filme installé debout, émergeant du toit ouvrant d'une automobile. Mais c'est sans compter sur la défaillance de ses batteries. A court d'images, le malheureux décroche l'œil de son viseur en maugréant contre l'imprévisible matériel, « merde c'est la fin ! », jure-t-il.

*

Mais c'est le début.

Seul sur ma monture rutilante, je laisse venir à moi la nuit glaciale et reste silencieux, comme hébété par cette longue journée. Les muscles grinçants, je glisse lentement dans la pénombre. Il n'y a place en cet instant, ni pour l'émotion ni pour la peur; seulement, les yeux grands ouverts, pour la première fois, et en dépit de l'obscurité croissante, je vois droit devant moi.

Guidé par la lueur de ma torche, j'arrive vers 21 heures aux confins sud du département, chez Mme Gendron, une grand-tante de 87 ans. Il ne me faut guère de temps pour ingurgiter la soupe et me laisser choir exténué dans les abysses duveteux d'un grand lit.

Le lendemain matin, encore hagard, je suis réveillé par ma cousine et son boulanger de mari, qui m'apportent, en sus du bon pain frais, les gros titres de la presse locale : « Tour du monde de l'amitié... Un petit bonhomme casquetté à l'allure gringalette... part pour 2190 jours faire le tour du monde à vélo... C'est le 17 janvier 1999 que Serge Leret, le grand voyageur, fera son retour et aura réalisé le rêve de sa vie. » C'est écrit !

Me souvenant qu'hier mes sacoches et mes guibolles brimbalaient douloureusement sous le poids démesuré de mon équipage, je confie à ma tante mon encombrant filtre à eau, et pars enfin sur la route, le coeur et les muscles sensiblement allégés.

Ma première journée de vélo est une manière de décompresser moralement en brûlant des calories. 74 kilomètres de décompression plus tard, à Vineuil, près de Blois, je suis reçu à la salle des fêtes par M. Nay, un cyclotouriste mordu. Le hasard veut que ce soir-là ce soit l'assemblée générale des cyclos. Tandis qu'ils festoient dans les cuisines, j'installe mon bivouac sur la scène derrière les rideaux tirés. Dans la grande salle des fêtes, restée vide, résonne les clameurs des cyclos fêtards. Une fois de plus je me retrouve sur scène, mais cette fois-ci et encore pour longtemps, je suis seul face à des spectateurs invisibles, absents, lointains. C'est à moi de jouer...

3. LE FRANÇAIS EST UN ÊTRE HUMAIN

C'était dit « Dans ce pays là vous aurez de gros problèmes pour être accueilli chez les autochtones. » Les Français, réputés pour leur don de clairvoyance et leur esprit critique, semblent tenir en peu d'estime le sens de l'hospitalité de leurs compatriotes. « Nous vivons dans une société de consommation renfermée sur elle-même, égoïste et frileuse ; allez demander à un fermier si vous pouvez planter votre tente dans son pré et il vous tirera dessus ! Les Français sont méfiants, soupçonneux, et n'aiment guère être dérangés par de jeunes hurluberlus fainéants, parasites, pas nets, pas Français ! » Du coup, à les écouter, parce que je suis un cas hors norme et que je montre des allures douteuses d'aventurier en cavale, on va m'accuser d'être un pique-assiette, un écumeur de goudron, un étranger !

Mais c'est faux. Car pour moi la France a un terrible avantage sur les autres pays du monde ; on y cause français, ou presque, suffisamment en tout cas pour éviter d'éventuelles méprises de langage. Ainsi ce soir, sur le bord de la route, je me hasarde à saluer un fermier dans ma langue natale. J'abrège sur le temps gris et maussade, pressé d'ajouter que depuis trois jours déjà je chemine de ma Sarthe natale, par monts et par vaux, et que cette nuit, craignant les rigueurs d'une averse, je cherche un homme qui saurait joindre à son noble coeur une hospitalité sans faille.

M. Thébault, éleveur de chèvres et cultivateur d'asperges, occupé avec sa femme à planter des piquets, me toise de la tête jusqu'au pédales. Il affiche sur son visage une moue dubitative et peu engageante. Il spécule sans doute sur les malheurs qu'un inconnu suspect peut amener dans sa maison. Mais j'ai ma carte de visite. Une carte qui va se révéler, tout au long de mon périple, comme un sésame bien utile : je fais le tour du monde à vélo, en l'occurrence, seulement depuis trois jours, mais la révélation est suffisamment surprenante pour que M. Thébault m'ouvre la barrière de sa ferme, m'invite au café pour partager un ballon de rouge, me fasse visiter un barrage hydroélectrique sous sa surveillance et me laisse dormir, parmi des bêtes empaillées, dans le local réservé aux réunions des chasseurs de Châtres-sur-Cher.

En somme, le Français est un homme comme un autre. A ceci près que pour déclencher ses réflexes d'hospitalité il doit d'abord faire abstraction des 670 meurtres, 15 viols, 848 bagarres, 419 fusillades, et 27 scènes de tortures qui lui sont proposés en moyenne chaque semaine sur le petit écran. A ce moment-là, c'est inévitable, face au monde cruel et dangereux qui lui est proposé, par réflexe il s'interroge : « Et si cet homme sur sa bicyclette est un drogué, un psychopathe à pédales, un clone de X-File ? » Pensez donc, il faut être prudent, alors d'emblée, j'annonce avec un grand sourire la couleur de ma "profession" : Pédaleur errant. Ça existe, je suis une espèce de Nicolas Hulot, médiatiquement normal. Et l'autochtone rassuré de crier : « Ô joie, vous n'êtes donc pas un extra-terrestre ! »

Donc je tâte le terrain. Je sillonne la France profonde en surface, m'empressant de mettre en application, in vivo, les différentes possibilités d'accueil qui me sont offertes :

a) Hébergement payé par un tiers. Un cyclo de Bourges (M. Sherer) prend à sa charge mes frais dans une auberge de jeunesse ;

b) Camping sauvage. La première fois entre une ligne de chemin de fer et deux carcasses de voitures calcinées ;

c) Sur un terrain de camping. Où je suis le seul campeur ;

d) Chez un particulier. M. Travard de Roanne, où je fais la connaissance d'un couple de cyclotouristes âgés comptabilisant chacun plus de 350 000 kilomètres à vélo !

La diversité des rencontres, les tranches de vies, les multiples expériences, tout cela me fascine, c'est ma voie, je le sens, ça me plaît.

Et ça m'a plu jusqu'au franchissement de ce satané passage à niveau, jusqu'au moment où l'armature de mon porte-bagages avant gauche s'est retrouvée tordue à l'intérieur de mes rayons, jusqu'à l'instant où j'ai réalisé que j'étais bon pour mon premier incident technique. Déjà ? Bonté divine ! Quelle aventure !

Le coup du porte-bagages cassé c'est traître et désagréable. Le poids excessif de mes trop nombreuses chaussettes a eu raison de la médiocrité de mon alliage. Par bonheur, je suis proche de Lyon où je peux effectuer une petite révision technique chez Jean-Christophe Rappo, un correspondant de première heure intéressé par mon voyage. J'y reste quatre jours, le temps de troquer ma monture pour un cheval, visiter Lyon, faire ressouder mon porte-bagages, et repartir.

De nouveau sur la route, je parcours d'une traite 80 mètres. 80 petits mètres au bout desquels mes rayons réduisent une deuxième fois en miettes mon armature convalescente. La tête basse je retourne honteux chez Jean-Christophe, qui voyant mon visage déconfit insiste pour que je troque mes morceaux d'alliage entortillés contre un porte-bagages plus résistant. Le sien. Du solide. J'accepte. C'est un ami Jean-Christophe !

Des morceaux de ferraille soudés chez le métallo du coin, voilà en quoi devraient être constituées les armatures d'un vélo de baroudeur. Il est vrai que de nos jours l'aventure ne saurait avoir lieu sans la panoplie impressionnante des nouvelles technologies high-techs, ultra-légères, hyper-formantes. Je n'ai pas l'élégance de ces aventuriers à la fibre de carbone qui courent le monde revêtus d'une combinaison en Gore-Tex, ou l'ambition de relever dans des conditions extrêmes les défis techno-sportifs du futur. Par esprit de contradiction, peut-être, je manque à mes devoirs d'aventurier moderne. Je suis un pédaleur errant non évolué. Je ne possède pas de balise Argos. A chacun ses défauts !

Technologiquement incorrect donc, mais aussi physiquement peu fiable, car voici qu'entamé le treizième jour de mon périple, tandis que mon vélo se rétablit à peine de ses blessures, la machine humaine ressent à son tour comme un léger fléchissement au niveau du genou gauche. Je subis les contrecoups de mon manque d'entraînement. Cependant, je bande mon genou avec une compresse hydrophile et pédale en serrant les dents. Je passe voir en coup de vent des cousines près de Montélimar, puis, à l'auberge de jeunesse d'Aix-en-Provence, je me lie d'amitié avec Cecilia, une jolie Suédoise. Le soir je bande toujours, mon genou.

Récapitulons : Des autochtones sympas, des ennuis techniques, et des douleurs musculaires, c'est une bonne partie de cette substance de base dont regorgent habituellement les récits de voyages à vélo que j'ai lus. Mais cette fois-ci je les vis sur le terrain, les avaries aventureuses. A tel point que j'en suis devenu fier de mes autochtones sympas, de mes ennuis techniques, et de mes douleurs musculaires. Fier et émerveillé comme un jeune novice qui entre en religion. J'ai reçu les saints sacrements de l'aventurier. Il ne me reste plus qu'à confirmer le reste : cinq ans et 345 jours. Une broutille !

*

Mille kilomètres au compteur. A la nuit tombée j'atteins Saint-Raphaël où je ne vois qu'hôtels, plages privées, résidences de luxe, mais aucun camping ou espace vierge pour planter ma tente. Désespéré, je quitte la côte et monte vers les collines environnantes. Je n'y trouve que des villas inaccessibles et des pavillons sous surveillance électronique, alors je redescends sur le littoral en pensant pouvoir dormir sur une plage à la belle étoile. Mais miracle, au lieu d'une étoile, j'en trouve quatre sur l'enseigne d'un terrain de camping providentiel. A 70 F la nuit ! Bonne mère !

Vingt-troisième et dernier jour en France. Je longe la corniche entre Nice et Menton dont on m'avait dit (des Français) que c'était la plus belle côte du monde. Un brin de chauvinisme avant de quitter mon beau pays. De quoi faire remonter à la surface tout ce que la France m'a apporté de meilleur : Les joies familiales, la tendresse de ma petite sœur, les apéritifs chez les amis, les bienfaits du travail et du devoir accompli, le journal de 20 heures, ma feuille de paie... Eh oui ! Tous ces souvenirs traversent soudain mon esprit. Je veux tout abandonner mais je n'en finis pas de partir. Les faux voyageurs sont ceux-là seuls qui partent... pour rester !

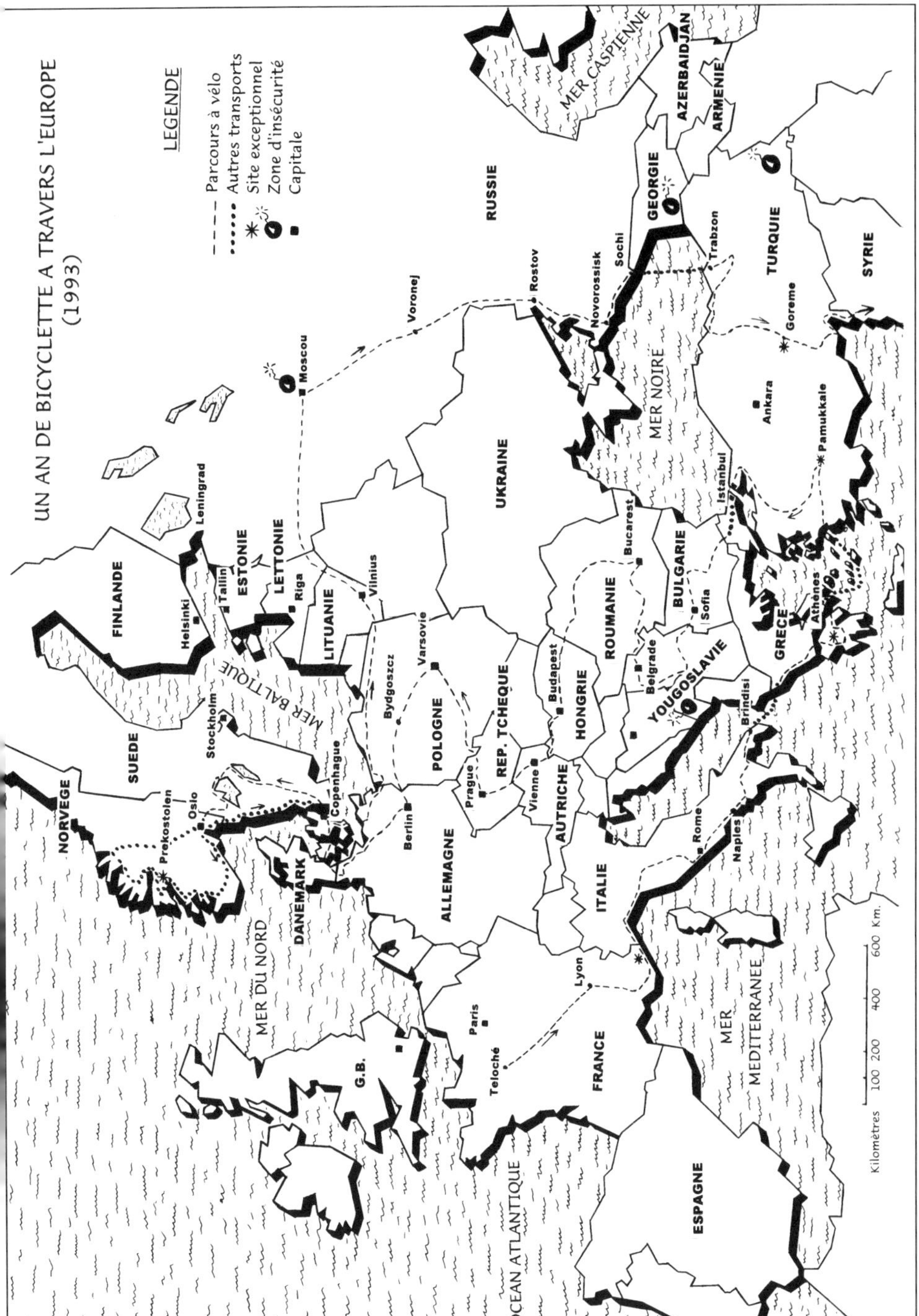
UN AN DE BICYCLETTE A TRAVERS L'EUROPE
(1993)
LEGENDE
Parcours à vélo
Autres transports
Site exceptionnel
Zone d'insécurité
Capitale
FINLANDE
Helsinki
Leningrad
Tallin
ESTONIE
LETTONIE
Riga
LITUANIE
Vilnius
MER BALTIQUE
SUEDE
Stockholm
NORVEGE
Oslo
Prekostolen
Copenhague
DANEMARK
MER DU NORD
Moscou
Voronej
Rostov
RUSSIE
MER CASPIENNE
AZERBAIDJAN
ARMENIE
GEORGIE
Sochi
Novorossisk
Trabzon
TURQUIE
Goreme
Ankara
Pamukkale
SYRIE
MER NOIRE
UKRAINE
Bucarest
Istanbul
BULGARIE
Sofia
ROUMANIE
Belgrade
YOUGOSLAVIE
GRECE
Athènes
Brindisi
Budapest
HONGRIE
REP. TCHEQUE
Prague
Vienne
AUTRICHE
POLOGNE
Varsovie
Bydgoszcz
Berlin
ALLEMAGNE
ITALIE
Rome
Naples
Lyon
Paris
Teloché
FRANCE
G.B.
OCEAN ATLANTIQUE
ESPAGNE
MER MEDITERRANEE
Kilomètres 100 200 400 600 Km.

4. LE MORALOMÈTRE A RUDE ÉPREUVE

Au commencement était le vélo puis vint le verbe.

Tandis que ce *9 février 1993* je franchis ma première frontière, de la France à l'Italie, le vélo n'est plus qu'un vague souvenir coincé entre la raie de mes fesses, car une nouvelle réalité surgit soudain, ailleurs, sous la forme d'un brouhaha confus et mélodieux. C'est de l'italien, une langue étrangère, musicale, presque française et pourtant si mystérieuse.

Ce qui est exactement comme en France devient tout à coup, par l'effet de la différence linguistique, comme un monde nouveau et embrouillé, une *terra incognita*, où chaque signe est un code énigmatique, et chaque parole une devinette à résoudre. Ainsi le simple acte d'acheter à manger se transforme invariablement en une petite épreuve amusante et pleine de quiproquos. Par exemple, il m'a paru pertinent de montrer mes deux doigts pour commander deux tranches de jambon de Parme, mais le charcutier opportuniste ne se fait pas prier pour jouer l'imbécile et me refiler un lot de 200 g. Résultat, l'addition est à la mesure du jambon : plutôt salée ! D'ailleurs plus d'une fois, je vais y laisser des plumes. Comme aujourd'hui, où pensant avoir acheté des cacahouètes, je me retrouve avec un paquet rempli d'étranges petits haricots multicolores. Après vérification gustative, le doute n'est plus permis, je viens d'avaler, pour mon repas du soir, une bouillie de graines d'oiseaux !

Je progresse donc prudemment sur ce nouveau territoire. Un peu déçu d'abord, car on ne me l'a pas dit, mais à Gênes il n'y a plus de plaisirs. Trop de circulation, d'industries, et de routes défoncées, alors je préfère pédaler, de pis à Pise, en passant par la ville balnéaire de Viarregio. C'est l'époque où les Italiens se déguisent en lapins. Un jour de foire, de carnaval, allez savoir ? Sans prêter attention à leurs pantalonnades j'enclenche la dernière ligne droite vers la célèbre cité toscane.

Je suis sur une petite route à l'écart de la nationale en pleine forêt, lorsque soudain je me vois propulsé sur un autre continent, entre une haie de femmes africaines, opulentes et dénudées. Certaines, dissimulées dans la pénombre du sous-bois, se réchauffent autour d'un feu. D'autres, gémissantes et plus actives, s'enflamment dans quelque buisson ardent. Les prostituées immigrées, les corps d'œuvre bon marché, offrent sans vergogne leurs charmes à leurs clients pisans, de chauds lapins qui n'ont pas besoin de déguisement pour mettre à nu leurs penchants exotiques. C'est râpé, je ne vais pas pouvoir dormir comme prévu dans cette forêt aux couleurs et aux sonorités africaines. Sauvage certes, mais pas tout à fait vierge !

C'est plus loin, à la sortie de cette jungle, qu'à mon tour je me mets à chercher un peu de chaleur humaine, de préférence moins voluptueuse, disons plus sincère. Mais, sans doute, à l'instar du climat, la générosité légendaire des Italiens est devenue saisonnière et subitement frileuse. J'essuie un premier refus auprès d'une femme hirsute et renfrognée vers qui je me suis hasardé à demander un peu d'eau et un lopin de son terrain pour y monter ma tente. A contrecoeur, elle me désigne du doigt le robinet du potager, mais pour le reste, elle n'a pas d'autre conversation que sous forme négative. La porte de son jardin reste définitivement close. *Chiuso* comme on dit là-bas.

Chiuso où pas je suis encore plein d'énergie. Je traverse la route cherchant une aide providentielle auprès des carabiniers. Le plus moustachu des deux me renseigne sans hésiter. Mais il aurait dû hésiter, car lorsque je parviens au camping de Pise indiqué celui-ci est tout ce qu'il y a de plus *chiuso*. Il ne me reste qu'une seule possibilité : aller chercher un petit coin tranquille au bord de la mer à 15 kilomètres de là, plein ouest, droit sur le soleil qui flirte avec l'horizon.

Je roule pendant une heure à contre-courant d'un chapelet de petites autos toscanes qui reviennent de leur week-end, pare-chocs contre pare-chocs. Peine perdue, arrivé à la Marina di Pisa c'est le même cinéma, tous les campings présentent portes closes. Le pays entier est en pleine crise de *chiuso*. Alors, sans rien demander à quiconque, *in petto*, je m'enfonce dans la forêt environnante parmi les détritus des vacanciers. Enfin, une fois installé sous mon dôme, ressentant la chaleur de ma bougie, je tente d'oublier toutes ces petites incommodités propres à la vie quotidienne d'un pédaleur errant. Du reste, je salive à l'idée de déguster ma succulente soupe de graines d'oiseaux, et me réjouis du réconfort que va m'apporter le matelas de couches-culottes usagées enfouies sous ma tente !

En une nuit de sommeil, mon moralomètre, gradué de cent à zéro, est revenu à son plus haut niveau. Mais je dois être vigilant, car déjà sur le chemin du retour vers Pise (il n'y a rien de plus agaçant que d'être obligé de revenir sur ses pneus) j'affronte un vent de face qui me fait perdre 20 bonnes graduations sur l'échelle de mon moralomètre. J'arrive à Pise - *vélossimo ma non troppo* - où je ne m'attarde pas, car en dépit de son célèbre ensemble architectural : tour inclinée (1174-1350) et baptistère (1153-1278), mes penchants du moment sont moins dans la pierre que dans mon besoin d'humain. Je cherche des hommes à qui parler, et de préférence des Italiens.

S'incruster dans la vie des gens avec mon italien approximatif ce n'est pas une mince affaire. On m'a dit que la jeunesse était plus accueillante, alors je me suis adressé à un petit groupe de jeunes gens bavardant sur leur Vespa. Mais comme les autres ils n'ont aucune envie de me voir dormir dans un champ près de leur vaste fermette. Alors, *persona non grata* et le moralomètre à soixante je pousse mes investigations dans l'unique petit bois, près du village « La Rota ».

Mon instinct me guide vers un chemin qui s'enfonce dans les profondeurs du sous-bois. Et là, à travers une brousse épaisse, en contrefort de la vallée, loin de tout, nichée dans une futaie, se profile la silhouette peu engageante d'une vieille masure délabrée. Tout autour, un amoncellement de voitures désossées rouille dans l'herbe haute. Suis-je tombé sur le repaire de petits mafiosi ? L'atmosphère et l'isolement du lieu me font craindre le pire, mais enhardi par la curiosité, je frappe quand même à la porte.

Dans la baraque, il y a comme des chuchotements d'inquiétude. Finalement la porte s'ouvre timidement. Je m'attends à tout sauf à ça, bien que ça devienne une habitude. C'est un noir, un africain, les yeux grands ouverts, aussi surpris et apeuré que moi. Ils sont toute une communauté à vivre ici, reclus, entassés, clandestins peut-être, à ne vouloir qu'une chose, que je déguerpisse, et que j'aille fouiner ailleurs, ailleurs que dans leur ghetto !

Moralomètre à 40. Je broie du noir ! Il me faut plus d'une demi-heure pour remonter le versant abrupt de cette vallée inhospitalière en poussant de mes dernières forces le vélo jusqu'à la route. Puisque ni les femmes hirsutes, ni les ados scootéristes, ni les immigrés clandestins ne veulent de moi, pourquoi ne pas tenter ma chance auprès d'un homme fortuné ? Les riches, parfois, c'est gentil. Aussitôt pensé aussitôt fait, je sonne à l'interphone d'une vaste demeure, laquelle est entourée d'une voluptueuse pelouse tondue de près.

– *Chi é ?* me répond une voix grésillante et agressive.

– *Io sono francese con la bicicletta...* tentais-je d'enchaîner en enroulant les "R". Mais aussitôt le bourgeois raccroche. Mon accent m'a trahi !

Un cran de moins, le moralomètre à 10, je papillonne sans trop d'espoir dans la pénombre crépusculaire du bois de « La Rota ». Celui-ci n'est garni que de grandes propriétés clôturées gardées par des molosses xénophobes. Après une dernière tentative infructueuse auprès d'un jardinier qui ne veut pas risquer d'introduire un parasite sur la terre de son patron, je m'égare dans l'obscurité sur un chemin sans issue.

Enfin, isolé dans mon tabernacle, et en dépit de chaque aspérité du sol qui presse sur mes os, mes tendons et mes nerfs, je récupère quelques degrés sur l'échelle de mon moralomètre. Le calme revenu, j'esquisse un bref sourire en songeant aux déboires de cette journée. Pourtant derrière cet air désinvolte je ne peux m'empêcher de m'interroger avec un léger apitoiement sur moi même « bon sang de bonsoir, *la rota* c'est ça ! C'est ça la route ? » En guise de réponse, je sombre dans un sommeil libérateur.

*

Cela n'a l'air de rien, mais toutes ces petites contrariétés de langages ajoutées à l'accueil inhospitalier des Italiens, me font soudain douter de mon statut de grand voyageur. J'apprends peu à peu que je porte là une étiquette bien ambiguë dont la valeur et l'interprétation varient non seulement au gré des individus rencontrés, mais aussi, comme l'avait souligné Lévi-Strauss dans *Tristes Tropiques*, selon les cultures, les lieux, les saisons, ou les richesses d'un pays. Si, un jour, je suis considéré comme un grand aventurier, c'est pour me retrouver rejeté le lendemain au simple rang de vagabond. Toujours le même et pourtant si différent. Avec le peu d'argent que je possède, on me voit tour à tour comme un homme riche et respectable dans les pays du tiers monde, ou comme un étudiant sans le sou et doux rêveur dans nos pays européens. De même, à la vue de mes articles de presse, je passe en un instant du statut de l'hurluberlu anonyme, à celui de héros nanti d'un pouvoir médiatique. Non seulement je voyage dans l'espace, mais en quelques coups de pédales je gravis et descends l'échelle des valeurs sociales et morales. Adulé ou méprisé, le voyageur est toujours ailleurs et n'est jamais personne !

D'une certaine manière, je m'en rends compte à présent, je suis passé à côté de l'Italie, trop préoccupé à rester fidèle à l'image gratifiante que je me fais d'un baroudeur plutôt que de glaner des informations utiles sur ce nouveau monde. J'accepte un peu béatement ma condition de jeune bourlingueur néophyte et solitaire sans pour autant être capable de m'intéresser en profondeur aux richesses culturelles et artistiques du pays. J'effleure à peine l'élégance de Florence ou la beauté de Sienne, préférant maintenir mon allure nonchalante et imperturbable à travers la campagne douce et ondulante du Chianti.

*

La première personne à m'accueillir en Italie est l'aumônier de l'école de Montefiascone. En dépit des murs froids et humides de ma chambre, la bienveillance des pensionnaires me réchauffe le cœur, et me fait oublier l'odeur suintante de plâtre moisi, et la neige qui souffle dehors en vilaines bourrasques.

Le surlendemain, changement de tonalité, c'est le directeur d'un cirque qui m'autorise à dresser ma tente près de son chapiteau. C'est un homme opportuniste qui a su s'adapter aux goûts de l'époque en transformant sa piste de clowns en arène de discothèque. A part le nombre croissant de guignols sur la piste, je ne vois pas trop la différence, sauf que toute la nuit, au lieu d'être bercé par les rires des enfants, je suis littéralement atomisé par le souffle puissant des baffles qui crachent une « musique » techno à faire trembler la terre ! C'est donc passablement secoué et timbré que je parviens dans ma première capitale : Rome, la cité sainte des catholiques. Pour rester dans l'ambiance, je trouve refuge à la maison mère des Frères des Ecoles Chrétiennes dont on m'a laissé l'adresse.

Trois jours de recueillement dans la capitale italienne c'est peu, juste assez, néanmoins, pour rester planté comme un ahuri devant l'ampleur et la beauté grandiose de la basilique Saint-Pierre, et d'être refoulé à Cinecittà (La Mecque du cinéma italien) alors que j'essayais de m'y introduire en me faisant passer pour un jeune cinéaste français, cousin de Sergio Leone !

*

A l'approche de Naples, bien que le climat n'en laisse rien transparaître, il est flagrant que le Sud a pris possession des gens. Ce n'est, à mon égard, qu'une suite ininterrompue de mouvements de sympathie spontanés. Les automobilistes lèvent les bras au ciel en signe de soutien ou d'admiration. Le Nord évoque fatalement le froid et la nuit ; le Sud, la chaleur et le soleil. Mais le Sud c'est aussi des ombres plus nettes, des contrastes plus violents, des passions qui s'échauffent.

Ce chien, par exemple, qui sort d'un talus d'ordures jetées le long de la nationale ne va pas me lâcher comme ça. Il me tient la laisse, le cabot, pendant des kilomètres, haletant à mes côtés au milieu de la chaussée, et contraignant les véhicules à des ralentissements brutaux et désordonnés. Il est collant, têtu, extrême comme le Sud, et zigzague dans une course folle contre la mort. Face à la famine, il cherche en dernier recours, l'affection ou la protection d'un maître. Je ne vais pas lui donner la mienne. Heurté par une voiture, l'animal est traîné entre le pneu et le bitume sur une vingtaine de mètres. Imaginez la bouillie canine ! Eh bien non, comme par miracle il se relève, l'arrière-train brisé, puis, la démarche titubante et encore sous le choc, il va se coucher sur la berge. Mourir à petit feu. Enfin, je suis tranquille !

Première et triste vision du Sud : les chiens errants et leur carcasse qu'on laisse pourrir au soleil, et se fossiliser dans le goudron. La décadence annonce Naples, mais j'y découvre au contraire la convivialité monolithique et fantaisiste de ses habitants. D'ailleurs je ne vois rien d'autre, je ne fais que rouler sur d'antiques voies romaines. Ce dimanche m'a épargné le flot chaotique de la circulation. « Je passe mon chemin », comme on dit, et vais pitonner ma tente au pied du mont Vesuvio, un des rares volcans européens encore en activité.

Le lendemain matin, un orage violent éclate en haut du volcan. A l'instar d'un oiseau migrateur, je pensais qu'en allant vers le sud cela allait m'épargner les rigueurs de l'hiver. C'était compter sans les phénomènes aléatoires de la météo. En quelques minutes je suis submergé par une pluie battante et froide. Cette fois-ci Pompéi est ensevelie par des coulées d'eau boueuse qui ruissellent des montagnes en emportant avec elles un flot intarissable de scories nauséabondes : sacs plastiques biodégradables, papier hygiénique, déodorants recyclables, mousse à raser non nuisible à l'ozone, flacons de shampooing aux extraits toniques de fraîcheur... Rien que du naturel !

Après quoi, ayant passé une nuit à méditer et à chanter des psaumes en latin chez les frères Franciscains d'Eboli (il faut savoir tout faire quand on est pédaleur errant !), je m'en vais vers de nouvelles aventures, rassasié de prières et d'espérance divine. « Seigneur tout-puissant, arrose-moi de tes bienfaits, déverse sur moi ton ineffable bonté, inonde-moi de ta glorieuse et infinie sagesse. » Au lieu de quoi, sous l'effet de l'altitude, le ciel devient d'une espèce de profondeur menaçante, épais et figé.

Les premiers flocons blancs tombent comme du parmesan râpé, en masse compacte et ininterrompue. Pressentant un déluge de glace je laisse mon regard voleter à la recherche d'un abri providentiel. De visu, seule une plate-forme, accrochée sur le flanc d'un vallon raviné par un petit torrent et protégée du vent, peut encore faire l'affaire. Je me hâte, mais en descendant, je glisse sur la pente et perds l'équilibre. Mon vélo bascule et m'entraîne sur le dos, la tête en bas, dans la poudreuse, au fond du ravin.

Je me retrouve une dizaine de mètres en contrebas, crucifié dans la neige au milieu de mes affaires. A peine remis de ma chute, je me relève en titubant et installe mon igloo sous les précipitations qui redoublent de violence.

Enfin, calfeutré dans mon duvet, les mêmes litanies viennent bercer mon sommeil ; le souffle glacial de la nuit d'abord qui se frotte aux parois avec cette manière de me rappeler les insolences ironiques du climat, « le Sud est chaud comme le Pôle Nord », ou encore à ressasser des idées fixes sur l'Italie. Je pense, sinon avec amertume, du moins avec sarcasme, aux mandolines, aux mamas et aux Italiens joviaux. Où sont-ils donc tous passés ces personnages gorgés de soleil ? Au fond d'un ravin près d'un torrent impétueux et glacial ?

A la résurrection du jour, je me réveille le front blême collé contre la surface glacée de la toile de tente. Celle-ci, tendue à la limite de la rupture, ploie dangereusement sous le poids de la neige. Il me faut plus d'une heure, le corps recroquevillé comme un guignol, pour faire sécher mes chaussettes dans la poêle et une autre heure pour remonter mon matériel, pièce par pièce, en haut du talus. Dans la bataille je glisse et tombe plusieurs fois en contrebas, perdant deux de mes tendeurs.

Finalement je repars, presque à l'aveuglette, dans un nuage de poudre blanche, accoutré et cagoulé contre le froid, semblable à un ours grotesque, le dérailleur et les freins bloqués par la glace, et tout entier écrasé par l'ampleur des montagnes désertes des Apennins. C'est seulement une fois parvenu en bas de la vallée, et revigoré par la chaleur du golfe de Tarente, que je me risque à jeter un coup d'œil sur ce à quoi je viens d'échapper. Mais, derrière moi il n'y a que la beauté hallucinante et majestueuse de hautes montagnes sur les cimes desquelles brille la neige. La beauté du monde est trompeuse... Tiens ! Je deviens philosophe !

*

Dans ma quête autour du monde quelques missions me sont assignées. L'une d'entre elles est de rapporter à la poste du Mans un témoignage photographique sur les postiers du monde entier. Ceci me vaut dans les deux derniers jours de mon voyage en Italie, à Mesagne, de rencontrer un facteur nommé Deguido Cosimo.

Après la séance de photos il me paie l'expresso, et insiste pour que je passe la nuit chez lui. Deguido est le genre d'Italien débonnaire et truculent au cœur généreux et d'humeur joviale. Sa femme, *la mama*, profite de l'anniversaire de son fils âgé de dix ans pour me dévoiler ses talents de pâtissière.

Le lendemain, à mon départ, Deguido fond en larmes. Entre chaque sanglot, une déferlante de remerciements témoigne du plaisir qu'il a eu à partager avec moi sa vie de famille. Puis, discrètement, il referme ma main sur une liasse de plusieurs milliers de lires ! Mais il m'a donné plus que cela, plus qu'un espoir, plus que la concrétisation de mes rêves ; un ensemble de réalités insoupçonnées qui faisaient peu à peu surface, hors des livres et des connaissances, vécues, personnelles.

Dans l'ensemble, l'Italie aura donc été pour moi une déception ; déception de ne pas avoir vu ce pays tel que je l'imaginais, m'efforçant de pédaler après une réalité réductrice et artificielle, incapable de plonger dans cette ambiance décalée, loin du folklore et des idées reçues. Trop informé pour effacer. Trop assujetti à mes premières impressions. Je vais devoir franchir une nouvelle étape, apprendre à tirer parti des situations inattendues, accepter le fait que la différence peut être différente, et que les petites contrariétés font partie du jeu. En un mot, prendre du recul par rapport à mes connaissances et mes envies.

5. LE VOYAGEUR EST UN PIGEON

Ce n'est peut-être pas un hasard, mais je me retrouve soudain sur les traces de Phileas Fogg et de Passepartout, les deux héros de Jules Verne qui se sont lancés dans une course folle autour du monde en 80 jours. Comme eux je quitte l'Italie à partir du port de Brindisi, à ceci près que ma destination est différente. Le gentleman flegmatique et son habile serviteur, tenus de gagner leur pari, s'empressaient d'arriver à Suez tandis que de mon côté je me contente de traverser l'Adriatique pendant la nuit pour débarquer le *10 mars 1993* à Igoumenitsa au nord de la Grèce (coût de la traversée : 200 F).

Dès les premiers coups de pédales je suis conquis par l'ambiance tranquille et apaisante de ce pays, par la beauté de ses paysages, le calme et la sérénité des petits villages de pêcheurs avec leurs maisons d'une blancheur éclatante, et des routes qui seraient désertes si elles n'étaient congestionnées par d'innombrables troupeaux de chèvres et de moutons. Un contraste saisissant avec l'exaltation italienne. Ici, les chiens restent sagement endormis sous une lumière douce et satinée. Les bergers m'offrent des oranges. Parfois le cri mystérieux d'un vieil ermite, retiré dans l'intimité des collines, vient rompre la quiétude méditerranéenne. Puis, le soir, au milieu de ces paysages de rêve, la réalité du camping sauvage prend enfin toute son ampleur.

Il n'y a pas de meilleur pays pour se ressourcer, revenir à ses origines linguistiques, culturelles, et spirituelles. Je reprends goût au voyage. Cette fois-ci, je laisse mon chrono en poche, le temps de visiter les ruines d'Olympie, centre religieux du Péloponnèse où naquirent, 700 ans av. J.-C., les jeux olympiques.

Les dieux du stade, mi-hommes, mi-héros, illustrent bien l'originalité des religions antiques grecques, un amalgame de croyances reposant d'une part sur le respect des lois humaines incarné par la puissance d'Apollon, et, d'autre part sur l'ivresse de la vie mystique. Aujourd'hui l'ivresse est ailleurs. La divination des puissances terrestres est moins ancrée dans la mythologie que dans la vénération de produits de consommation planétaires. Doit-on s'étonner, par exemple, de voir, dans les petites chapelles érigées sur le bord de la route, des photos pieuses côtoyer de l'eau bénite versée dans une canette de Coca ?

A peine atteint Athènes, je traverse l'impressionnant canal de Corinthe (gloire aux ingénieurs), j'assiste à une messe dans une église orthodoxe (gloire au génie), puis sur la route de l'île de Salamina je passe au milieu d'une horde de motards qui s'affrontent dans le petit jeu de « qui ira le plus vite à l'hôpital » (gloire aux gêneurs).

La crise Athènes ! Mon vélo ayant été refoulé à l'auberge de jeunesse de la capitale (pas d'endroit pour le garder) je me retranche à l'Ecole des Frères du Pirée. C'est dans cette ville que se trouve le principal port de construction navale du pays. La flotte marchande grecque étant la première de la Méditerranée.

Le lendemain, je visite l'Acropole d'Athènes, haut lieu de la civilisation, où se dessine au-dessus des nuages de carbone-dioxyde, l'impressionnant Parthénon. Les touristes, équipés de leur masque à gaz et de leur dépliant illustré, jettent un œil avisé sur les moulures de « la chambre des vierges », puis comme moi, redescendent chercher dans le brouillard une taverne au son folklorique de Bacchus ou de Satyricon.

Je roucoule doucement, la tête en l'air, le cou allongé, bercé par des airs de *sirtaki,* humant le parfum des *souvlakias* (brochettes de viande) et autres *stifados* (ragoût) dans le quartier populaire de La Plaqua, lorsqu'un homme, sans doute alléché par mon odeur de cornichon et de pigeon bien frais, m'accoste.

La quarantaine engageante, aidé de son français approximatif il n'est pas long à deviner que je désire visiter les îles. Cela tombe à point nommé, car il connaît personnellement une agence de voyages aux prix imbattables. Manque de chance l'agence est fermée, mais comme nous sommes désormais de grands amis, et que je suis disposé à gober n'importe quoi, il m'invite à prendre un verre dans un bar de nuit.

L'homme m'explique que c'est dans ce caboulot fumeux, délaissé par les consommateurs à cette heure-ci de la journée, qu'il travaille. Il m'offre une bière bien fraîche. Une femme aux allures d'entraîneuse se présente à son tour et commande un verre de bourbon. Le serveur se joint à nous. Puis, pendant que le baratin de l'hôtesse me caresse dans le sens des plumes « les Français sont élégants... Chanel... La tour Eiffel... etc. », l'homme s'éclipse discrètement. Je le vois partir mais il est déjà trop tard, je suis pris au collet de ses deux acolytes, qui, le sourire aux lèvres, prennent un malin plaisir à boire aux frais de ma négligence.

Le montant total des consommations s'élève à 140 F. Devant mon refus de régler ce que je n'ai d'ailleurs jamais commandé, le serveur et la femme commencent à s'exciter et à me traiter de tous les noms d'oiseaux. Face à leur intransigeance, je me résous à payer mon verre, 55 F, ce qui, même pour une bière, est dur à avaler.

Cette petite mésaventure n'est en fait qu'un début, un avant-goût d'une longue suite de traquenards touristiques auxquels je vais succomber. Car le voyageur avec ses airs innocents et sa bourse supposée bien pleine est une cible privilégiée pour les arnaqueurs. Ceci étant, faisant la somme de toutes mes rencontres, les arnaques sont restées dans le domaine de l'anecdotique, les gens sincères se révélant plus nombreux que les voleurs. A supposer même que le danger fut à chaque coin de rue (surtout dans les lieux touristiques), je n'aurais rien gagné à jouer le misanthrope soupçonneux, antipathique et radin, car, comme disait le Cardinal de Retz dans ses mémoires «L'on est plus souvent dupe par la défiance que par la confiance ».

*

Le lendemain de la fête nationale grecque, je quitte l'agitation du Pirée et la douce insouciance des frères du collège Saint Paul, pour m'embarquer sur l'Appolo Express, un grand car-ferry qui va me déposer sur l'île de Naxos. C'est facile car les mers de la Grèce, parsemées d'une myriade d'îles couvrant à elles seules 20% du territoire, sont sillonnées en permanence par une flotte importante de bateaux, qui tout au long de l'année et à des prix très raisonnables, transportent non seulement les insulaires, mais aussi un nombre croissant de touristes.

Débarqué à minuit sur l'île, à l'écart de la ville et au hasard de l'obscurité, je m'installe dans un chemin creux entre deux haies imposantes de roseaux. Pour la première fois je dors à la belle étoile sous mon duvet. Mais les moucherons indigènes, vigoureux et hargneux, alliés au bruit du vent qui frotte avec force et vigueur dans les roseaux, m'empêche de sombrer définitivement dans les bras de Morphée.

Car, sur ces îles il y en a du vent ! Un vent persistant, le *Meltem,* dont on peut observer les effets de puissance sur les éoliennes géantes perchées sur les hauts plateaux. A tel point que le lendemain matin, déséquilibré par une rafale, je me retrouve allongé au fond d'un fossé parmi les plantes épineuses. Du coup, réalisant que ça devient trop périlleux de circuler dans l'île, je rentre sagement me reposer entre mes deux haies de roseaux, espérant pouvoir m'enfuir au plus vite sur le prochain bateau.

Le départ est prévu à 3 heures du matin (quel horaire !) Je me présente à 2 h 30 au port de Naxos. La tempête fait rage. Le déferlement des vagues se brise avec fracas contre le quai. Je devine, dans le halo des lampadaires, les rafales d'embruns tourbillonnant au-dessus des navires. Sur la jetée il n'y a personne. Au loin c'est la nuit, furibonde et hurlante. J'attends mon bateau comme quelqu'un qui attend le messie. Au cas où...

Finalement, un pêcheur en pyjama qui vérifie l'amarrage de son chalut, me hurle qu'il faudrait être fou de naviguer par ce temps de chien - retournez à votre niche, touriste inconscient ! Alors, hébété, transi et couvert de sel, je termine la nuit dans un bar, noyant ma rage dans une tasse de café à pourfendre les colères de Neptune et l'incompétence d'Hermès (le dieu des voyageurs). Je passe ensuite le reste de la matinée sous la tente, camouflée par les roseaux, ébouriffé par le vent, détrempé par la pluie, dégoutté par la grêle !

Un saut de puce de plus et j'accoste sur l'île de Samos un peu déglingué par la fatigue d'une nouvelle nuit blanche (voyage entre trois heures et neuf heures du matin : 53 F). Il me faut trois longs jours d'acharnement administratif auprès des autorités scolaires de l'île afin que celles-ci m'autorisent à chercher des correspondants pour les écoliers français. Petits Samos, petits Salos. Les postiers eux-mêmes ne veulent pas se laisser photographier. Les insulaires sont de nature méfiante.

6. DÉTOURNEMENT D'ASIE MINEUR

Je le savais déjà. Et pourtant ça me prend par surprise. L'Orient. L'Asie. La foule. Les bazars. Les marchands colporteurs qui grouillent dans les dédales de vieilles ruelles. Des images évocatrices comme autant de souvenirs de lecture.

J'ai encore en mémoire les témoignages de ces voyageurs qui entraient pour la première fois en contact avec l'Asie. De leur étonnement et de leur émerveillement ils tiraient des descriptions habiles et passionnées sur l'univers grouillant des marchés. En leur compagnie j'imaginais sans peine les couleurs chatoyantes des étalages de fruits exotiques baignant parmi les odeurs entêtantes d'épices ou de sac en cuir véritable. Leurs mots me parlaient de parfums rares, de sensations nouvelles, et dans les moindres détails, faussement anodins, ils amplifiaient ma fascination pour l'exotisme. Je voyais les essaims de mouches qui suçaient des lambeaux de viande sanguinolente, et j'entendais les bruits des klaxons tonitruants qui couvraient à peine les cris des mollahs perchés en haut des minarets... Tout ça je le savais déjà. Et pourtant.

Et pourtant être ici, en Turquie, à l'extrémité de l'Asie, ça vaut la peine de fermer ses livres pendant quelques instants et de se plonger dans la vie. Une bonne fois pour toutes. Oublier la fatigue et les déceptions. Car tout ici mérite l'appellation d'origine incontrôlée. Le monde des mille et un sens. Du sensationnel au sensitif. Mon voyage n'est plus imaginaire. Entièrement réel. Voilà sa force !

Au début on aime ça, l'exotisme, des hommes différents qui vendent des trucs de turcs ; des tapis, des ceintures en cuir, des narghilés, des chambres d'hôtels, des plans de la ville, du change, de la générosité... Un amalgame de traditions typiques et de mise en scène folklorique où tout est mis en œuvre pour nous faire découvrir sur un espace restreint et en peu de temps un concentré virtuel du pays.

Je me retrouve donc, le *1er avril 1993* dans un de ces endroits idyllico-touristiques, dans la ville balnéaire de Kusadasi située sur la côte turque de la mer Egée. Dès les premiers coups de pédales je goûte avec plein d'exaltation aux délires de l'Orient, passant outre sur les aspects hautement mercantiles du site, mais content quand même d'aller voir plus loin, car à un moment ou un autre, comme on dit, le folklore faut le clore !

*

Premier constat : les Turcs sont violents c'est pour ça qu'ils sont accueillants ! Ils aiment les coups d'Etat, le thé, et les sucreries confites. Je me heurte à ce paradoxe dans la soirée du deuxième jour. J'ai installé ma tente sur le flanc d'une colline mi-herbeuse, mi-caillouteuse, lorsque deux chasseurs qui gambadaient par là à l'affût d'un ragoût de gibier, tombent subrepticement sur ma tanière. Celui qui a un doigt coupé (accident de chasse) veut me prévenir des dangers encourus à rester ici, du genre être égorgé par un lapin pendant la nuit. Mais trop fatigué pour déplacer mon humble demeure, et malgré leur sympathie tenace, je reste planté là.

Les deux hommes, le visage marqué par la déception et la surprise, s'en vont donc bredouilles, le fusil sur l'épaule. Mais une heure plus tard, l'un des chasseurs (celui au doigt coupé) revient à la charge avec un policier, qui du haut de son autorité locale, me force à accepter l'accueil de tout un village. Ma tente est hissée dans le jardin du bar. Les habitués me font goûter au fameux café turc « doux comme l'amour, brûlant comme l'enfer ». D'autres m'initient au jeu du *tavla*. Il n'y a pas de femmes ou de serveuses. Un monde d'hommes plutôt sympathiques.

Un bel exemple de ce qui deviendra au palmarès de mon voyage, l'une des populations les plus spontanément chaleureuses avec la Roumanie et l'Ethiopie. Pas un jour ne se passe sans que, sur la route, je sois invité à partager un verre de thé (*çay*), des pâtisseries (*lukum, baklava*) ou des fruits. Chaque soir je suis comblé par l'accueil de mes hôtes ; c'est Yusuf, un infirmier du Croissant rouge ; c'est Ilyas, un patron de restaurant qui refuse mon argent et qui le soir me joue des airs de musique mélancoliques sur son luth ; c'est Abdullah, l'épicier d'un hôpital qui dans sa Ford aux couleurs de son équipe de foot (Galatasaray), couverte de fourrure du tableau de bord jusqu'au volant, et équipé de clochettes aux portières, m'emmène visiter l'école de la ville avec ses cinquante enfants par classe !

Je ne chôme pas. A l'heure du repas il faut faire honneur à la nourriture (morceau de potiron trempé dans du caramel et du *cacik* : soupe froide à base de yaourt) et à la boisson (les flots de thé turc sont une épreuve pour la vessie, quoique moins redoutable, sous d'autres aspects, que la vodka en Russie). Il faut aussi comprendre et animer les conversations, visiter les amis et répondre cent fois la même chose, danser, chanter La Marseillaise, jouer la comédie, prendre des enfants rieurs et pleurnichards sur les genoux... Inévitablement, les soirées se terminent tard, tandis que les nuits, passées sur un divan ou dans le lit familial, sont d'autant plus courtes, que le lendemain matin je suis pressé de remonter sur la selle pour faire les kilomètres « prévus », sans oublier de prendre les kilos de provisions que l'on a eu la gentillesse de m'offrir, comme si j'allais affronter pendant des semaines la traversée d'un désert !

Mais il n'y a pas de désert, c'est chaque soir une abondance de gentillesse, et des kilos de raisins secs et de fromage de chèvre qui s'accumulent dans mes sacoches. Au bout d'une semaine de ce régime je me prends quand même une soirée de repos dans un hôtel (28,50 F la nuit avec bain et toilettes). Heureusement ce soir-là, la curiosité des premiers badauds et les quelques tournées de thé sont vites supplantées par la finale du championnat national de foot. Les cafés, équipés de téléviseurs, sont pleins à craquer, les rues sont désertes, ma chambre est inhabituellement calme. Ma popularité a des limites !

Outre la richesse des rencontres, la Turquie offre aux touristes de nombreux vestiges historiques et une palette de paysages spectaculaires à découvrir. Parmi ceux-ci, les cascades pétrifiées de *Pammukalé* (le château de coton) méritent le détour. Situées à quelques kilomètres de Denizli sur un haut plateau, les cascades sont formées par une source d'eau chaude fortement chargée de calcaire qui provoque sur le flanc de la colline une impressionnante série de plates-formes d'une blancheur éclatante. Une fois retirées ses chaussures, on peut y tremper les pieds et apprécier la grandeur surréaliste de ces grosses meringues glacées et bouillonnantes.

*

Presque trois mois de voyage. C'est un dimanche et j'ai comme un petit pincement au cœur. Ma famille doit être réunie au sacro-saint repas dominical. Je songe à la volaille braisée qui va être partagée dans la bonne humeur. Et moi qui suis là, à des milliers de kilomètres, installé seul sous ma tente sur le terrain de camping de la ville de Bursa, en quête de reconversion sociale, cherchant à défier ma culture et mes valeurs, je suis comme un vieux sentimental qui rêve avec nostalgie aux charmes désuets et gustatifs de la volaille. J'ai besoin d'appeler ma famille mais le téléphone du camping ne fonctionne pas. Je cherche à avoir des nouvelles de la France à la radio mais il y a de la friture sur les émissions de R.F.I. Alors je m'enfonce, mélancolique et recroquevillé dans mon œuf, en essayant d'oublier cette image de volaille braisée. Et tel un Lonesome cycleboy je siffle un petit air ; l'air du sunday blues !

*

A l'approche d'Istanbul un autre monde se dévoile ; une gigantesque agglomération de huit millions d'habitants, à cheval sur deux continents, une zone sans fin d'industries et de cités dortoirs, le « poumon historique et industriel » de la Turquie. Je suis encore trop éloigné du cœur de ce poumon pour espérer l'atteindre avant la nuit, alors je me hasarde au milieu des usines et réussis à obtenir l'autorisation de dormir sur un parking réservé aux camions.

Un gamin, cireur de chaussures, m'aide à monter ma tente. Son objectif est clair, ne plus me quitter d'une semelle avant d'avoir obtenu satisfaction à ses « bakchichs, bakchichs » répétitifs. Pris entre la pitié, l'agacement et la fatigue, je lui cède quelques pièces. Il s'en va. Je reste parqué, mal à l'aise, dans la nuit poussiéreuse entre deux 38 tonnes. Sous mon duvet je hume l'air ; l'air de la fosse à vidange !

Mes *a priori* sur la Turquie volent vite en éclats lors de mon séjour à Istanbul. Il est vrai que jusqu'à présent la vie traditionnelle de la campagne semblait faire écho à tous les clichés qui sommeillent dans notre inconscient collectif. De prime abord, par exemple, les femmes me sont apparues en grande majorité voilées, et totalement subordonnées aux hommes.

Or, à Istanbul, je suis hébergé pendant six jours chez une jolie et sympathique Stanbouliote : Gül Aktop. Elle a mon âge et vit seule avec un gros chien dans un appartement de Suadiye, un quartier de la périphérie sud d'Istanbul. Elle maîtrise parfaitement l'anglais et travaille dans les bureaux du service international d'Alcatel-Alsthom.

Lorsque je lui fais part de mes remarques « rétrogrades » elle se met à rire en me disant que la Turquie est un pays moderne, laïque, et ouvert sur le monde occidental. Quant aux femmes, ajoute-t-elle, elles deviennent de plus en plus influentes dans la vie publique, certaines ont fait leur entrée dans les professions libérales, alors que d'autres sont ministres (trois mois plus tard, à la mi-juin, Tansu Ciller est appelée à diriger le gouvernement; c'est la première femme à accéder à cette responsabilité en Turquie). Elle m'apprend également que la prostitution est réglementée par les maisons closes, et qu'il n'existe pas de tabous dans les médias (la pornographie de fiction est déjà abondamment présente sur les chaînes turques). Une liberté d'expression qui n'épargne personne à en juger par cet article paru dans l'*Hürriyet* (La Liberté) « Le pays est fasciné par le spectacle télévisé des scandales sexuels de certains intégristes. Exemple de question *fondamentale* : a-t-on le droit de sucer la langue de sa partenaire pendant le ramadan ? »

Avec ça Gül est convaincante et attachante. Ce soir nous faisons une promenade sous la garde de son chien sur les plages boueuses de Suadiye. Au loin nous apercevons les lumières des îles des Princes se refléter sur la mer endormie de Marmara. "Gül" en turc ça veut dire "rose". Voir la vie en rose.

Je pourrais bien continuer à voir la vie en rose, d'autant plus que le matin, après le départ de Gül pour son travail, je trouve sur la table de la cuisine un petit déjeuner gargantuesque préparé à mon intention. Mais, à la vie de pacha, je préfère déambuler parmi les trésors d'Istanbul. Cette ville doit, comme toutes les grandes villes, abriter les meilleures réalisations du genre humain, à savoir les plus beaux monuments, les plus grandes richesses, les hommes les plus ambitieux et les plus innovateurs, les plus belles femmes, les magasins les plus chics, les centres de technologie et du savoir les plus sophistiqués, les sièges du pouvoir et de la culture... La ville en rose !

Mais Istanbul donne l'impression d'être fanée avant l'éclosion. Les transports en commun sont bondés et insuffisants, les voiries dans un état déplorable, le ramassage des ordures aléatoire. Chez Gül j'ai remarqué que l'eau est rationnée et qu'elle doit acheter son eau potable dans de grosses bonbonnes. Sur mon parcours j'aperçois de gigantesques cités dortoirs en construction prêtes à accueillir un nombre toujours croissant d'habitants. Car Istanbul est passée de 1 million d'habitants en 1950 à 8 millions au début des années 90 (il a fallu à Londres 130 ans pour augmenter dans les mêmes proportions). Une explosion urbaine trop rapide qui apporte son lot habituel de pauvreté, d'insécurité, de pollution, et de mal vivre.

C'est peut-être ça qui m'a rendu malade. Ou alors c'est le goudron dans les *döner kebab*, ou alors c'est le roulis de l'autobus de mer qui m'a jeté d'une rive à l'autre du Bosphore, ou alors c'est la foule suffocante et tentaculaire du bazar couvert ? Mais enfin je suis malade à vomir. Plus qu'un tube digestif relié à un cerveau accablé de douleur; « ALI CACA *le globe-crotteur* ! »

Dernière soirée à Istanbul, je me traîne chez des amies de Gül. L'ambiance sereine et apaisante qui entoure ces trois jeunes princesses calme pendant quelque temps les ardeurs de mes entrailles. A la fin de la soirée, Fatma m'offre un cadeau. J'ouvre l'emballage et découvre une paire de chaussettes blanches. C'est la première fois qu'une fille m'offre une paire de chaussettes. Je suis ému.

Las de passer mes journées sur le trône, et incapable de tenir sur la selle (du vélo) pendant plus d'une heure, je me résigne à prendre l'autocar jusqu'à Edirne. C'est à la fois simple et inquiétant. Simple parce qu'on peut le prendre n'importe quand et n'importe où, et inquiétant parce qu'il faut attendre sur le bord de la route parmi un grouillement indescriptible de bus et de *dolmus* (taxis collectifs). Comment le repérer dans tout ce bazar ? Mais il vient. Le contrôleur attrape mon vélo comme un vulgaire bagage et le jette dans la soute. Ma bicyclette fait de la résistance contre les valises. Alors avec un manche à balai le contrôleur s'acharne dessus :

– Tu rentreras petit vélo ou je ne m'appelle plus le Gengis Khan des autoroutes !

Edirne est situé à 250 kilomètres d'Istanbul près de la frontière bulgare. Gül m'a laissé l'adresse de son cousin, un jeune homme de 26 ans. Très engagé politiquement, il a une hargne particulière contre le gouvernement français qui soutient la cause des Arméniens et des Kurdes, une bande de sauvages massacreurs et violeurs - les Kurdes ! Il dit que malgré l'attitude conciliante de la Turquie concernant l'embargo de l'Irak, les Européens continuent à mépriser son pays, et à refuser son adhésion à l'Union Européenne, sous prétexte que la Turquie viole les droits de l'homme par la pratique systématique de la torture. Ce n'est qu'un tapis de mensonges des infidèles. Le cousin de Gül est chauffé à blanc mais il parle mal anglais. Lorsque je lui pose une question qui commence par « How many... » il comprend « Arménie », et c'est reparti pour un tour !

7. UNE BANANE PEUT EN CACHER UNE AUTRE

La Bulgarie c'est le pays de la banane. Oubliez le yogourt traditionnel. Car la banane, longtemps absente des magasins d'Etat bulgares, est devenue le symbole de l'ouverture sur le monde extérieur, l'image de la transition d'un pays vers l'économie de marché. Après des décennies de privations, ces quatre années de libéralisme ont entraîné le pays dans une véritable ruée vers la banane. Les abords des routes sont couverts de peaux de bananes jetées par les fenêtres des véhicules conduits par les nouveaux riches. Moi-même, entraîné par l'euphorie bananière, je m'achète du dentifrice à la banane. C'est infect ! Imbrossable ! Comme signe extérieur de modernité ils pourraient trouver mieux.

Force est de constater que l'on ne construit pas exclusivement une économie de marché sur la banane. Quel contraste avec la Turquie. Rien, vide, pas de commerces, aucune animation dans les villes, et sur les routes circulent seulement quelques rares Trabants, des tracteurs et des charrettes tirées par des chevaux.

Aux difficultés d'adaptation de la Bulgarie s'est ajouté l'embargo imposé à la Yougoslavie. Si l'industrie du tourisme progresse sensiblement (1 million de visiteurs en 1993) les nombreuses infrastructures touristiques (hôtels et campings) restent dans un piteux état, mal entretenues et à des prix sans commune mesure avec le niveau de vie des habitants. J'ai dû payer 300 leva (75 F) pour un petit bungalow dans un camping. A cela s'ajoute l'antipathie viscérale des réceptionnistes qui refusent pratiquement de me laisser entrer si je ne paie pas en devises étrangères. Chiennes de capitalistes !

Les rares stations services sont les seuls endroits où il y a un semblant de vie commerciale. Autour viennent se greffer de petits commerces mobiles et des motels pour les anciens dirigeants communistes reconvertis. J'installe ma tente dans un de ces lieux près d'une cabane en bois qui fait office de restaurant. Derrière, une sorte de puits a été creusé dans lequel un arriéré mental a trouvé refuge. N'ayant rien d'autre à avaler, je me gave de concombres au yogourt et d'une grappe de bananes. Une heure plus tard je vomis le tout !

Le lendemain soir c'est dans un bois que je prends racine. A peine installé je suis encerclé et à demi piétiné par un troupeau de taurillons. Le berger qui les accompagne, vêtu d'une peau de mouton, est affable et joyeux (enfin un Bulgare joyeux !). Il me cause. Je ne comprends rien. La conversation est agréable.

J'arrive à Sofia le *26 avril 1993* après cent jours de pérégrinations. Malgré son statut de capitale et son million d'habitants la ville offre une atmosphère provinciale, avec une circulation assez fluide et des commerces, certes plus nombreux que dans le reste du pays, mais beaucoup moins que dans une ville française. La seule difficulté consiste à zigzaguer entre les tramways et à éviter les innombrables travaux de voirie.

M. Alain Chappuis (un ami français) m'a donné l'adresse de M. Svetozar Hristov qui réside dans la banlieue de Sofia dans un complexe d'immeubles. C'est un ingénieur de 34 ans qui possède quelques rudiments d'anglais. Sa femme, Slavka, vient d'être licenciée (17% de chômage en Bulgarie, bienvenue au club du marché libre). Ils ont un garçon de 8 ans, Danalle, qui collectionne les canettes vides de Coca-Cola ou de Pepsi transcrites en cyrillique. Le soir, autour d'une soupe de concombre au yogourt, nous buvons le verre de l'amitié, de la *Barakpàlinka* (eau-de-vie d'abricot) dont la teneur en alcool élimine instantanément le reste de mes virus turcs.

Je profite de ces quelques jours de repos pour faire mes visas. Au téléphone j'apprends à ma mère que j'ai réussi à obtenir celui pour la Roumanie, évitant, pour ne pas l'inquiéter, de lui parler de mon visa Yougoslave qui m'a été généreusement délivré par le personnel du consulat serbo-croate. Eux-mêmes d'ailleurs, barricadés derrière leur guichet, ne cachèrent pas leur surprise lorsque je leur ai fait part de ma demande :

– Vous voulez visiter la Yougoslavie, maintenant ? En pleine guerre ? mais vous êtes fou !

C'est à voir...

8. POUR QUELQUES MILLIARDS DE DINARS

Les douaniers bulgares ne veulent pas me laisser sortir de leur pays sous prétexte que j'ai égaré un papier que l'on m'a remis à la douane d'entrée. C'est capital, ils tiennent absolument à leur formulaire administratif. Mais comme je ne savais pas qu'il fallait que je joue le rôle de porteur inter-douanes, je me suis servi de leur papier pour emballer du saucisson. Visiblement son utilité m'a échappé. Je m'en suis séparé. Malgré tout, ils insistent pour que j'aille fouiner dans mes sacoches. Je ne trouve rien - et pour cause - mais ça leur fait plaisir et moi ça me fait perdre trente minutes. C'est administrativement raisonnable.

Passé le *no man's land*, j'entre sans encombre en Yougoslavie, enfin ce qu'il en reste après l'accession à l'indépendance de la Bosnie-Herzégovine, la Croatie, la Macédoine, et la Slovénie (1991-1992). Désormais la Yougoslavie est composée de deux républiques et de deux provinces autonomes : la Serbie, le Monténégro, le Kosovo (en sursis), et la Voïvodine.

Pour cause d'embargo je ne peux pas utiliser ma carte bancaire pour retirer de l'argent. Heureusement j'ai conservé des dollars. Mais actuellement la Yougoslavie est minée par une hyperinflation galopante. En un mois le dinar perd la moitié de sa valeur par rapport au dollar (en décembre 1993 l'inflation atteignit plus de 1 million de % !) Mon billet de 100 dollars est donc remplacé en "petites" coupures de billets yougoslaves. Jamais de ma vie je n'ai eu autant de billets en ma possession : 100 $ = 5 millions de dinars en billets de 50 000 dinars, soit 100 billets ! (La plus grosse coupure qui fut imprimée s'élevait à 10 milliards de dinars !!!)

Les stations-service, en rupture de stock, sont désertes. En revanche, sur le bord de la route de nombreuses personnes proposent des bidons d'essence au prix fort. Les fermiers, bien avisés, en ont plein leur remorque. En dehors de quelques petits désagréments, la guerre est une aubaine rare pour les plus malins.

Malgré tout la pénurie se fait sentir. Les camions étrangers ne rentrent plus dans le pays, et ceux qui veulent passer en transit sont détournés par la Roumanie dont les frontières sont complètement saturées. Les habitants se ravitaillent à la brouette pour aller acheter d'énormes blocs de sel. Certains jours je ne trouve ni lait, ni pain et je dois me contenter de quelques biscuits secs puisés dans ma réserve de secours d'urgence.

Mais le restaurant reste encore le moyen le plus sûr pour s'alimenter. Le choix y est plus grand que dans une épicerie et à des prix sensiblement identiques, c'est-à-dire chers. Une viande, une salade, un café et des biscuits me reviennent à 45 F. A titre de comparaison, pour la même chose, en Bulgarie j'aurais payé autour de 8 F ! A voir la valse quotidienne des étiquettes et la surenchère exponentielle des prix, j'imagine mal comment les habitants peuvent vivre. L'argent n'a plus de valeur. Pour s'en sortir ils sont revenus au temps du troc ; une paire de chaussures contre un sac de pommes de terre ; deux ananas contre une grenade !

Ceci étant, à part la pénurie, je n'ai pas l'impression de traverser un pays déchiré par la guerre. A 80 kilomètres de Srebenica, je pédale dans la région magnifique et montagneuse de Kapaonic. C'est le printemps, la campagne est verte et riante. Autour des maisons aux toits rouges règnent une atmosphère sereine, calme, et une certaine douceur de vivre. Les journées sont ponctuées de petites touches de vie, de rencontres entre la nature et les hommes, entre le quotidien et l'anecdotique : une bergère qui porte son agneau apeuré à travers un torrent, l'écho d'un cheval qui se répercute sur les parois d'une carrière, les drapeaux serbes qui flottent au vent au milieu des cimetières couverts de couronnes fleuries... « Des petites choses dont chacune est un monde. »

*

A 5 500 kilomètres de chez moi, je marque une pause pour le repas de midi. Ayant repéré une forêt, je m'avance tranquillement sous les frondaisons lorsque, au détour d'un épais mur de feuillage qui n'en est pas un, apparaît un camp militaire parfaitement camouflé.

Leur guerre, ce n'est pas mon affaire. Je m'apprête à rebrousser chemin, mais deux immenses soldats, armés jusqu'aux dents, et vêtus de jolis uniformes bleus, voient les choses différemment, et pointent le museau de leur fusil-mitrailleur sous mon nez. Face à leur menace et à leur flot de suspicion, je réponds en bredouillant que je ne suis pas un espion à pédales mais un pédaleur errant égaré. Est-ce ma mine déconfite ou le soulagement de n'avoir affaire qu'à un inoffensif cycliste qui les fait rire ? Je ne sais pas, toujours est-il que les deux gardes me relâchent dans la campagne sans me torturer. Ce sont de mauvais militaires !

9. HACHE FOLLE

Théoriquement les échanges commerciaux entre la Yougoslavie et la Roumanie sont interdits. Cependant dans le *no man's land* entre les deux postes frontières, je pédale sur plus d'une centaine de mètres entre deux files de voitures et une foule de petits trafiquants roumains qui vendent aux Yougoslaves, contre des deutschmarks de l'essence et des produits de première nécessité. A mon sens l'embargo est loin d'être respecté. Les Yougoslaves ne vont pas mourir de faim ou crever dans leur lit faute de médicaments. Mais que fait donc l'Europe pour s'en émouvoir ?

Il est d'ailleurs paradoxal que ce soit la Roumanie qui nourrisse la Yougoslavie, le pays étant lui même dans un état de décrépitude avancé. Pire que la Bulgarie ! J'ai l'impression de voyager sur un champ de ruines ; sur les petites routes le goudron et le béton alternent avec la terre battue, l'eau courante se révèle un luxe inconnu, et le sol est partout jonché de détritus. La folie totalitaire de Ceaucescu a plongé le pays dans une crise énergétique très grave ; l'essence est rationnée et les usines complètement délabrées crachent, de leurs tuyaux percés, des fumerolles toxiques qui ne manquent pas de rougir mes yeux et de me gratter la peau. Sur les champs pétrolifères, depuis longtemps épuisés, d'antiques derricks attendent la casse. Ce n'est pas beau à voir.

Heureusement, d'un autre côté il y a les Roumains. Plus proches de nous par leur latinité et leurs traditions culturelles que les Slaves, ils se montrent d'une infinie gentillesse et d'une grande générosité, dont je vais rapidement me rendre compte.

Je pédale le long du Danube, immense fleuve au débit très lent qui marque la frontière entre la Yougoslavie et la Roumanie. Je n'ai pas, par prudence contre les magouilleurs, échangé mes dollars à la frontière, préférant attendre d'être dans un village pour y trouver la sécurité d'une banque. Mais les banques ça n'existe pas. Je me retrouve donc sans argent roumain, tandis que mon billet de 20 $ n'intéresse personne. Quelle andouille, j'ai plein de devises étrangères dans les poches, l'estomac vide, plus rien à manger, et je suis plus pauvre que les pauvres, mais quelle andouille !

Mais la pauvreté, c'est bien connu, ça ouvre des portes. «L'important dans la vie ce n'est pas d'avoir de l'argent, c'est que les autres en aient » disait Sacha Guitry. En l'occurrence les roumains n'ont pas grand chose, mais ils ont à manger. Une famille m'invite à partager son repas, puis pour le soir j'emporte un poisson que le fils a pêché dans le Danube. Je l'emballcrais bien dans mes billets verts, quoique à la réflexion, ils peuvent encore servir.

*

A Turnu-Severin je suis accueilli chez Marius Glavici, un Roumain dont l'adresse m'a été remise au hasard d'une rencontre dans un restaurant du Mans. Marius et son père sont ophtalmologues, et travaillent dans l'hôpital de la ville. Ils envisagent actuellement de créer un cabinet privé. Ils ont déjà commencé les travaux mais cela coûte cher, un médecin en Roumanie ne gagnant pas plus qu'un ouvrier. Cependant, en contrepartie ils bénéficient fréquemment d'avantages en nature offerts par des patients reconnaissants (Le gigot d'agneau que nous mangeons ce soir est le « cadeau » d'un presbyte). Je voudrais en savoir plus sur les us et coutumes d'un ophtalmologue roumain, mais Marius est anxieux et peu bavard. Il attend avec impatience l'arrivée d'un convoi humanitaire de La Chapelle Saint-Aubin, petite bourgade sarthoise, qui parraine le village roumain de Vinatori dans lequel Marius a été médecin.

C'est à 23 heures qu'ils déboulent, tous phares allumés dans les rues désertes de Turnu-Severin. Les moteurs des deux véhicules utilitaires et du camion, exténués par des milliers de kilomètres, s'étouffent au seuil de chez Marius. Les portières s'ouvrent. La horde de rillettes bénévoles débarque telle une équipée assoiffée d'humanisme. La tête haute, les soldats de la conscience propre, les mécènes du monde libre, toute modestie cachée, se lancent victorieux dans les bras des Roumains admiratifs et confus. Il y a un choc : L'humanisme embrasse la misère ; la solidarité étreint la souffrance ; la liberté hésite un instant mais finit par tomber dans les bras de l'ignorance. Chacun a trouvé un bienfaiteur ou une raison de vivre. C'est beau à voir !

Cela ne peut pas durer. D'être pauvre. Ma situation de vagabond, espèce de sale saltimbanque aux poches pleines d'argent indépensable, ne cadre pas trop avec le nouvel ordre mondial. Il faut être généreux, solidaire, humain, et partager ses biens avec autrui. La mère de Marius accepte d'échanger mon billet de 20 $ contre des lei roumains. Enfin je suis libre de dépenser à ma guise, loin de me douter que dans ce pays il est aussi difficile de gagner sa croûte que de la consommer...

Dans les villages il y a peu ou pas de commerces. Je cherche du pain en vain. Arrivé dans une petite ville, dont l'importance me fait espérer un peu mieux que la misère, je me dirige vers une maison placardée d'une enseigne prometteuse : *Alimentara* (alimentation). J'entre. A l'intérieur, sur des étagères vermoulues, des rangées de bouteilles d'alcool tranquillement couchées les unes sur les autres pointent fièrement leur culot comme des obus dans un dépôt d'armes, tandis que, pêle-mêle sur le comptoir, est empilé un tas impressionnant de petites boîtes blanches. Il n'y a rien d'autre dans le magasin. Que peuvent donc contenir ces boites ? du beurre ? du poisson ? du fromage ? L'une d'elles est entrouverte. Ce sont des clous... Une montagne de clous dans un magasin d'alimentation ! Alimentaire mon cher Watson !

La Roumanie est agonisante. On ne nourrit pas des hommes avec des clous. C'est indigeste. La nouvelle économie de marché n'a pas changé grand-chose, à part une inflation à 219% l'an (1993), un chômage avoisinant les 10% et une corruption généralisée à tous les échelons du pouvoir. Certains Roumains ne doivent pas y trouver leur compte, plus pauvres encore qu'à l'époque du communisme. Tous les moyens deviennent alors bons pour s'en sortir. J'en fais l'amère expérience.

Cela a plutôt bien commencé, un coin agréable pour y déposer ma tente, un terrain en friche entouré d'arbres près d'un cours d'eau asséché. Ici et là, des vaches, des taureaux, des chevaux et une chèvre gardés par une jeune villageoise. Un homme d'une trentaine d'années vient me faire la conversation. Constantin Ivanoeiscu, un ancien électricien de la mine, reste maintenant au village pour élever ses trois taureaux, son cheval et son fils. Il essaie ma monture. Nous nous quittons amis.

Il est 19 heures, je savoure un succulent repas : pâtes bulgares agrémentées de viande d'agneau, quelques morceaux de lard roumain et un soupçon de mayonnaise yougoslave. Je suis en train d'avaler une deuxième bouchée de ce délice lorsqu'on frappe d'un bruit mou sur la porte de mon H.L.M. (Habitation Légère Mobile). Je sors accoutré de mon pyjama kaki. Devant moi se tient un homme, propre, souriant et coiffé d'un chapeau melon multicolore. C'est un Tsigane, une minorité fortement implantée en Roumanie. Intrigué par ma présence il engage la conversation à grand renfort de gestes. L'habitude de la pantomime pouvant, à peu de chose près, remplacer les rudiments de la parole, je finis par comprendre ses intentions : il se propose de dormir près de ma tente pour la nuit afin de me protéger contre les bandits qui doivent inévitablement rôder dans les parages. En échange de sa protection il réclame une rémunération conséquente. Je le remercie de son offre et le rassure, il n'y a pas de danger, je ne suis pas dans le métro parisien, j'ai d'autres préoccupations, mes pâtes vont refroidir et j'ai faim.

L'homme au chapeau melon multicolore s'est éloigné en bougonnant mais il est vite de retour. Ses exigences deviennent plus précises, il désire de l'argent pour ses cinq enfants qui meurent de faim. Touché par la justesse de l'argument, je lui offre mon paquet de pâtes (un sacrifice). Mais ça ne l'intéresse pas. Il veut de l'argent : dollars, marks, lei, il n'est pas difficile. Dans un premier temps je lui donne le reste de mes pièces bulgares, mais à peine suis-je rentré sous la tente qu'il revient à la charge pour me réclamer un supplément. J'essaie de négocier mais il me tient la grappe, le bougre, alors je lui cède mes derniers billets bulgares. Il n'y en a pas pour plus d'un franc, une misère, c'est se moquer du monde. Il part sans rire.

Il est 20 heures, la nuit approche à pas feutrés. Un léger sentiment d'inquiétude est tapi dans un coin de mon cœur, prêt à se lever à la moindre alerte. C'est le bruit mou caractéristique sur ma tente qui me fait sursauter. Je sors calmement.

L'homme au chapeau melon multicolore a de la suite dans les idées, il tient dans sa main droite une hache. Je hausse les épaules et écarte les bras pour lui exprimer ma feinte incompréhension. Inutile de dire que la situation s'éclaircit vite. Il soulève sa hache et menace de l'abattre sur ma tente si ses exigences pécuniaires ne sont pas satisfaites. Les circonstances méritent réflexion. Ca ne sert à rien de s'affoler. Je prends ma gamelle et doucement, à côté de mon agresseur, j'avale les dernières pâtes froides qui restent. Que faire ? Le Tsigane sourit et me menace toujours avec son arme. Aurais-je l'audace de l'assommer avec ma gamelle ? J'envisage mal une bataille à l'arme blanche, hache tsigane contre gamelle gauloise, ça peut faire mal. Je préfère capituler et lui tendre deux billets de 5 000 dinars (environ 10 F). C'est peu. Mais il coupe court à mes scrupules, visiblement heureux de son butin, et disparaît en sifflotant dans l'obscurité la hache en équilibre sur son épaule. Je suis scié ! Comme dirait l'arbre au bûcheron.

N'empêche, je reste inquiet. Paniqué mais presque. Seul sur un terrain désert en pleine nuit, l'aubaine est trop grande pour ce bandit bohème, pour ne pas être tenté de revenir me dévaliser pendant la nuit avec sa bande d'amis nomades.

Craignant le pire, je cache mon argent roumain et mes précieux dollars (sauf 20 $ que je laisse bien en vue pour satisfaire leur appétit). J'ai à peine trouvé une cachette sous un portrait de ma mère, qu'un bruit sinistre (et mou) fait trembler ma tente. Pas d'affolement, il faut que je reste calme, que je maîtrise ma peur, que je respire bien fort et que j'aille affronter sans broncher mon destin de cyclo téméraire. J'en suis sûr, le bourreau m'attend dehors avec ses acolytes. Il va y avoir du grabuge.

– Un litre de lait pour le petit Français ?

Mon sauveur, mon ami Constantin, l'homme aux trois bœufs, est de retour pour me faire goûter au lait de sa vache. Quelle gratitude, quelle surprise ! J'acclame les laitiers du monde entier et lui explique que j'ai été agressé par un Tsigane. Conscient du danger il m'invite aussitôt chez lui. Je m'empresse de ranger mes affaires tandis qu'il guette le moindre mouvement suspect. J'ai presque fini lorsqu'il me fait signe de rester silencieux. Il a aperçu dans les taillis une bande de Tsiganes armés de couteaux. Nous sommes dans l'obscurité totale et je ne vois pas arme qui vive. Est-ce le légume de son imagination ?

Quoi qu'il en soit, nous nous enfuyons en courant vers le village, à 2 kilomètres de là, où nous parvenons sains et saufs chez Constantin. Lui et sa femme, soucieux de m'apporter un peu de réconfort, me gavent de viande, de lait et de pain. Nos verres de vin rouge s'entrechoquent aux cris de *noroc* (santé), et tels des enfants, nous nous félicitons et rions de bon cœur de notre petite mésaventure.

*

Les jours suivants, l'ivresse dissipée et prenant conscience des dangers auxquels je viens d'échapper, j'ai des réactions concevables de tsiganophobie. La peur est montée après coup et me commande d'éviter la pratique du camping sauvage. J'opte donc pour la sécurité des terrains de bungalows, relativement nombreux en Roumanie. Lorsque cela n'est pas possible j'essaie (très souvent avec succès) de dormir dans le jardin d'un particulier ou dans des coopératives agricoles. Ces coopératives sont de grandes fermes d'Etat où les paysans ont été contraints de se grouper. Elles préfigurent l'une des grandes aberrations du régime de Ceaucescu : *la systématisation*, un programme de destruction des villages roumains et un regroupement des paysans dans de gigantesques centres agro-industriels. A l'intérieur des ouvriers guère motivés travaillent à heures fixes dans des locaux délabrés... L'usine à la campagne.

*

C'est donc entier que j'atteins Bucarest. D'aucuns diront que la capitale roumaine est une ville sans âme, redessinée selon les fantasmes mégalomaniaques de Ceaucescu, parcourue de grandes avenues tirées au cordeau entre des murailles d'habitations collectives à l'apparence austère, et en rupture avec le style traditionnel des maisons villageoises aux couleurs éclatantes. D'autres, en revanche, y verront la propreté, le peu de circulation, les nombreux arbres qui bordent les boulevards, l'agencement agréable des parcs et des plans d'eau, donnant à l'ensemble une harmonie et une tranquillité très éloignées de l'étouffement et du grouillement caractéristiques des grandes capitales. Il n'y a pas de meilleur exemple pour exprimer ces contradictions que le palais présidentiel ; une construction massive construite dans le centre ville afin d'abriter le « génie des Carpates » et toute sa clique. L'ampleur et la mégalomanie destructive de Ceaucescu (l'édifice fut élevé sur les ruines de la cité historique) suscitèrent des réactions très négatives de la part de l'opinion internationale (les projets pharaoniques ne devenant respectables qu'avec le temps ou au service d'idéaux démocratiques). Pourtant je reste admiratif devant l'acharnement et la volonté des hommes à vouloir dédifier tout et n'importe quoi : Les Roumains ont leur palais, nous avons la tour Eiffel ; d'autres préfèrent élever de gigantesques statues à la gloire de la liberté (New York), ou creuser les trognes des héros nationaux sur les flancs des montagnes (Mont Rushmore avec les présidents des Etats-Unis, ou Mont Marcos aux Philippines). La mégalomanie n'est pas l'apanage des dictateurs.

A ce jour, les innombrables chambres désertées du palais ne sont pas disponibles. Il faut donc que j'aille voir ailleurs pour trouver où loger. J'ai un tuyau, mais les propriétaires de l'appartement dont on m'a laissé l'adresse sont partis en week-end. Je me retranche donc sur le terrain de camping situé près du parc zoologique au cœur d'une forêt à l'écart de la ville.

Le coin me paraît agréable. On entend le rugissement des lions et les cris aigus des singes. J'entre sur le terrain, et là - quelle perfection ce zoo - je me retrouve nez à nez avec une tribu d'Africains ! Ne me dites pas que les Roumains ont poussé la reconstitution du milieu en allant jusqu'à y insérer les autochtones eux-mêmes ? C'est presque ça, le parc de loisirs est devenu une réserve pour des réfugiés somaliens. On les a fait venir aux temps glorieux des relations africano-roumaines, mais maintenant le vent de la propagande ayant tourné, ils sont indésirables, parqués comme des bêtes près des chacals et des autruches !

Quoiqu'un peu perturbé par la politique tiers-mondiste des Roumains, je suis disposé à m'intégrer, pour une nuit, dans cette réserve. Les Somaliens eux-mêmes n'y voient pas d'inconvénient, en revanche l'officier supérieur du district refuse tout *niet*. On ne mélange pas les bananes avec un croissant, c'est dangereux, je vais être mangé tout cru ! Résidu de Ceaucescu !

Je passe donc la nuit chez des particuliers, dans le jardin d'une fermette. Après quoi je tente de nouveau ma chance à l'appartement de Bucica Iulica. Toujours absente, je l'attends néanmoins et rencontre un jeune adolescent de 14 ans, Cioban Emil, qui habite dans le même immeuble.

Emil parle relativement bien anglais. Il a appris la langue en suivant à la télévision la version originale de Dallas devenue une série culte en Roumanie. Comme beaucoup de jeunes Roumains il s'est jeté avec délectation dans les bras de l'église cathodique, se convertissant sans honte (innocente créature) à la culture de masse mondiale. Le documentaire idéologique tel que la chasse à l'ours de Ceaucescu dans les Carpates (diffusé 66 fois, presque autant que le gendarme de Saint-Tropez en France), faisant peu de poids face aux Rambo et autre roue de la fortune. Emil est également un grand champion de canoë kayak. Il a terminé, l'année dernière, en tête d'une compétition nationale. Au comble du bonheur il a reçu de la fédération le premier prix, je vous le donne Emil : une bouteille de Coca-Cola !

*

Ne voulant pas à nouveau abuser de l'hospitalité d'Emil (je suis resté chez lui pour la nuit), je reprends contact avec un homme rencontré la veille dans la rue : M. Miron Tudor, un architecte à la retraite.

Apprenant que c'est le jour de mon anniversaire, Miron insiste pour célébrer cet heureux événement avec une bouteille de vin. J'ai le choix entre du rouge ou du blanc. Je choisis le rouge. Mais depuis la chute des communistes le rouge n'est plus à la mode et il faut, après une heure de recherches infructueuses dans les plus grands magasins de Bucarest, nous contenter d'un petit vin blanc.

Miron Tudor, choqué par mon histoire d'agression et soucieux de profiter des nouvelles lois sur la liberté d'expression, me pousse à témoigner auprès de « L'EVENIMENTU ZILEI » (Fondé en 1992, « l'Evénement du Jour » est le journal d'opposition au plus fort tirage de tout le pays, apprécié pour ses positions pertinentes et parfois impertinentes).

L'article paraît en première page. Il traite principalement de mon agression avec le Tsigane, le sujet portant plus à polémique que mon voyage autour du monde. De plus pour ajouter un peu de piment, ils ont, comme tout bon journaliste qui se respecte, complètement transformé les faits. Pour eux j'ai été agressé par cinq Tsiganes à cinq heures du matin et me suis fait dérober 15 $. Je vais apprendre plus tard que les informations dans les journaux roumains ne sont pas du tout fiables, souvent sujettes à polémique et en opposition systématique et virulente avec l'adversaire politique. Les journalistes roumains sont passés maîtres dans la manipulation de l'information. L'affaire des faux charniers de Timisoara (cadavres déterrés pour faire croire à un massacre) et le vrai faux procès des époux Ceaucescu constituant deux superbes exemples. Ils ont vite compris que sous le couvert de la justice et de la démocratie c'est bien plus facile de pouvoir dire tout et n'importe quoi. La liberté d'expression c'est ça qui est bien !

Je quitte avec tristesse Miron Tudor, sans me douter que je vais le retrouver quelques mois plus tard. En attendant, mon état de victime m'a propulsé au rang de célébrité. Il ne se passe pas un jour sans que l'on m'offre spontanément une bière, un café, ou même de l'argent. A chaque fois mes donateurs s'excusent de l'attitude déshonorante du Tsigane et m'assurent que tous les Roumains ne sont pas comme ça. Je ne peux qu'acquiescer étant donné leur degré de sympathie et de générosité.

Le summum est atteint lorsque je croise par hasard sur la route trois personnalités du village de Vetsca, jumelé avec mon village natal de Teloché. Dès qu'ils ont connaissance de mes « malheurs » ils se dépouillent de tout l'argent qu'ils ont sur eux pour me l'offrir. Je proteste vigoureusement en leur disant qu'il y a là dix fois plus que la somme que l'on m'a dérobée. Qu'importe, ils insistent au point de se fâcher, c'est une compensation à mes vicissitudes. Face à une telle dose de gentillesse je suis presque mal à l'aise. Un peu honteux même.

Plus tard, c'est un chauffeur routier qui m'invite dans la cabine de son Volvo *Globetrotter*. Nous partageons notre repas tout en buvant un vin blanc roumain appelé *Grosse Sauvignon.* J'apprends qu'il va à Paris pour la première fois de sa vie. Dans la cargaison de son semi-remorque il transporte du lait qu'il va échanger en France contre des Frigidaires vides. Mais comment les Roumains, qui sont au bord de la pénurie alimentaire, vont-ils pouvoir remplir ces réfrigérateurs ? Avec du lait en poudre acheté au Danemark ? Décidément les voies du commerce international sont impénétrables.

Enfin j'arrive à Vetsca, village jumelé avec Teloché. Comme ailleurs en Transylvanie, la population de Vetsca est en majorité hongroise (il y a entre 75% et 100% de hongrois dans cette région, et au total ils sont près de 2.5 millions en Roumanie). Cette situation fait suite aux démembrements et aux nombreux brassages de population qui sont intervenus après la Seconde Guerre mondiale. Première victime de la politique de *systématisation* de Ceaucescu, la minorité hongroise a longtemps été persécutée par l'ancien régime. L'enseignement pour les enfants hongrois était en roumain ; les protestants n'avaient pas de lieu de culte où se réunir ; obligation des élites à exercer hors de leur province, etc.

A Vetsca je retrouve les trois Roumains que j'ai rencontrés sur la route. Il y a Jakab Janos, professeur de français et de culture physique qui complète son salaire modeste par l'élevage de quelques animaux et une culture vivrière. Il y a Szöcs Lajos (futur maire) ingénieur agronome qui s'occupe du matériel agricole du secteur et enseigne la biologie à l'école primaire (5 à 10 enfants par classe !). Enfin, Kovàcs Sandor, un pasteur protestant (contrairement à 80% des Roumains qui sont orthodoxes) marié et grand amateur de modèles réduits d'avions de combat, complète le trio.

Pendant quatre jours je vais être reçu comme un roi. La table de mes hôtes est à chaque fois garnie des meilleurs plats et des boissons les plus réputées de Roumanie. En dépit de la pauvreté matérielle des villageois, les enfants participent à une quête pour m'aider à poursuivre mon voyage. Face à un tel élan de solidarité - ils me donnent ce qu'ils ont difficilement gagné - je réagis d'une manière ambiguë. A la fois heureux de recevoir autant d'attention mais aussi gêné par la démesure de leur abnégation (n'ont-ils pas plus besoin de cet argent que moi ?) Je suis en quelque sorte blessé dans ma dignité, un peu comme eux lorsqu'ils reçoivent de France des vêtements troués, des jouets cassés, ou des médicaments périmés. On a tous un petit coin d'amour-propre !

Mais, plus que tout l'or du monde, l'empreinte indélébile qui va rester de mes souvenirs roumains, ce sont les villageois de Vetsca qui me l'apportent. Se figurant que la solitude doit me peser plus que de raison, un soir, ils me font la surprise de déposer entre mes pattes une adorable petite boule de poils canine. Je me suis souvent demandé d'ailleurs si ce chiot, un genre de Scotch-terrier, n'était pas directement issu de la progéniture transylvanienne des chiens de Vlad Tepes l'Empaleur (XVe siècle), immortalisé plus tard dans le personnage du comte Dracula dont le château se trouve à peine à 30 kilomètres du village. Mais en fait, malgré ses crocs aiguisés, ce bâtard des Carpates, qui va porter le nom de Vetsca, se révélera, par sa ruse et sa docilité, un compagnon hors pair.

Un artisan unijambiste du village (hors paire lui aussi) et habile de ses mains, lui confectionne une niche en osier tressé, que je fixe sur le porte bagages arrière de mon vélo.

Ainsi fait, m'étant débarrassé du poids superflu de mon magnétophone, je me hisse sur ma monture et pédale de nouveau en direction d'un horizon prometteur, tandis que le chiot, secoué par la piste chaotique et les yeux embrumés de tristesse, regarde à travers sa petite lucarne s'éloigner à jamais son village natal.

*

"*Gouma*", le cri de guerre est lancé. Une horde d'enfants de la tribu des Goumas, Tsiganes pervertis par des touristes malavisés, me poursuivent à la recherche de leur friandise préférée : la gomme à mâcher. Avant-hier, dans des circonstances analogues, je me suis laissé aller à partager mes cacahuètes avec une petite Tsigane qui en a profité pour me voler ma plaquette de chocolat. Cette fois-ci, blindé, vengeur et sans pitié, je force sur les pédales. Devant moi quatre chevaux sauvages excités par la chaleur et les cris des enfants se fraient un chemin au triple galop à travers un village abandonné. Vetsca perché sur son poste d'observation hurle à mort. Gouma ! Gouma ! Gouma ! C'est comme j'vous le dis ! Découvrez le monde avant de le quitter !

10. LE TOUR DU MONDE EN 80 MINUTES

Vite fait, vite dit. Ce n'est pas en cinq ou six jours que l'on découvre un pays. *Juin 1993*, complètement absorbé par ma moyenne journalière, je survole la Hongrie, l'Autriche, et la République Tchèque en 18 jours. Le reste du temps, le soir, est consacré aux flâneries bucoliques autour de ma tente ou, le cas échéant, aux rencontres avec les habitants. Mais ces rencontres se limitent trop souvent à de courtes soirées de discussions ne dépassant guère le stade succinct des présentations. En dépit de l'accueil, toujours chaleureux, et de l'ambiance familiale apaisante, l'échange est trop rapide, l'émotion est dans l'instant et dans ce désir de donner le mieux de soi-même. Pour mieux comprendre les coutumes ou apprécier le style de vie de mes hôtes il me faudrait plus qu'une soirée de quelques heures. Mais je ne m'en rends pas encore compte, j'ai la fougue du jeune novice boulimique de goudron et de rencontres. Foncez, filez, fuyez, roulez jeunesse...

A part ça, le chiot des Carpates (parlons du chien) s'habitue peu à peu à son nouvel état de cyclo-chien errant. Il prend de l'assurance jusqu'à devenir une star. Dans les salles de classes que je visite, les groupies s'agglutinent autour du très populaire chiot globe-trotter. La folie et la sympathie qu'il dégage, les cris des jeunes adolescentes dans les écoles, les professeurs qui retombent en enfance, toutes ces choses me font oublier la réalité de mon aventure. Vetsca est devenu mon agent de relations publiques. Derrière sa popularité grandissante je ne suis plus qu'une simple anecdote à pédales ; l'ombre de mon chien !

Un chien, qui sous ses aspects de peluche sautillante, cache en fait un caractère de petite teigne, têtu et rebelle. Plus d'une fois il a l'occasion de mettre en avant son esprit rétif. Ce soir, par exemple, alors que je termine mon repas par un dernier verre de vin rouge assis sur une plage de galets au bord du Danube, l'intrépide chiot, manifestant ses origines de vampire, se met à laper mon vin avec délectation (« Buvez ce vin car ceci est mon sang »). Il aime ça le bougre. Laper rétif comme digestif ! Tu es un Roumain mon chien !

11. JE NE SUIS PAS UN SUCRE

Parcourant ainsi de fabuleuses distances, cheminant toujours avec cette formidable langueur, cette totale absence de frénésie, continuant toujours à glisser furtivement d'un pays à l'autre, à dériver sur de nouveaux territoires, j'arrive en Pologne sous un climat maussade, délavé par la pluie verte, allant de village en village, sillonnant d'interminables et vastes forêts dont le bois est utilisé dans l'industrie de la pâte à papier et des meubles bon marché vendus à l'exportation comme la vodka et le pape ; l'eau-de-vie et l'au-delà, deux clichés polonais inscrits en filigrane dans mon parcours, l'un se révélant à la sortie des magasins d'Etat sous la forme déconcertante de loques humaines, qui la tête basse, les yeux hagards et la face violacée, transpirant d'alcool, butent d'un trottoir à l'autre en essayant de cacher sous leur veste leur précieux breuvage, cette eau-de-vie si mal nommée, dans laquelle ils puisent peut-être plus d'espoir ou de réconfort que dans la deuxième mamelle de la Pologne : la religion. La religion dont on dit que c'est le ciment de tout un peuple, un peuple coulé dans du béton catholique, des vies tellement imprégnées que des polonais, croyant voir en moi l'apparition du malin sur une bicyclette, se sont signés à mon passage, tandis qu'un autre, plus bétonné encore que ses compatriotes et fervent admirateur du pape a découpé et peint dans du carton une figurine grandeur nature à l'effigie du souverain pontife qu'il a eu l'audace, dans un excès d'amour très saint, de planter sur sa pelouse au milieu des nains de jardin ! Mais mis à part ces petites histoires d'alcooliques et de carton pape, la Pologne c'est surtout de la forêt et encore de la forêt ; humide, suintante, fuyante comme un décor abstrait balayé derrière les vitres d'un train. Parfois, mon regard, vaguement émoussé et endormi par la distance et la torpeur générale, se laisse distraire quelques instants par un objet, un personnage, une anecdote, un paysage (parfois il y a des paysages), le sourire d'une vendeuse (parfois il y a des sourires), ou même amuser par un charcutier en avance sur l'inflation qui veut même amuser par un charcutier en avance sur l'inflation qui veut me faire payer son saucisson 420 000 zlotys (140 F) au lieu de 4 200 zlotys (1,40 F). Mais les plus forts ce sont les jeunes loups opportunistes de Varsovie dont il suffit de voir avec quelle aisance ils parviennent à tenir simultanément leur téléphone cellulaire et le volant de leur Mercedes, pour se dire qu'à la faveur des avantages acquis auprès de leurs paternels communistes reconvertis, il y a en Pologne des créneaux bien plus profitables que la vente de saucissons. C'est d'ailleurs l'avis de M. L., qui travaille dans un supermarché de luxe (les réseaux de grande distribution tel que Carrefour sont par ailleurs déjà bien implantés en Pologne), et qui, sur un ton mêlé d'aigreur et de désenchantement, accuse ses clients d'être de jeunes mafieux enrichis par la bourse, la drogue, ou le proxénétisme : « Ha les loups y a ! Ha les loups y a ! » Gloire à la prospérité et à la débrouillardise, tel est le nouveau cantique chanté par une population libre mais désemparée par la tournure des événements, un peu comme Mme L., récemment licenciée d'une entreprise pharmaceutique, qui, un soir, les larmes aux yeux, et d'une voix dans laquelle il y avait à la fois de l'amertume et une candeur attendrissante, évoqua de vagues souvenirs qui faisaient mal ; le matin de mon départ (je passe trois jours salutaires dans la famille), elle m'offre, en gage de son amitié, une rose blanche que j'accroche à mon guidon, mais qui, hélas, sous la pluie battante, se flétrit vite. C'est le cours des choses, jour après jour, pédaleur errant grappillant ici et là des fragments de vie, des bribes de confidences, mais qui, en dépit de sa lenteur et de sa curiosité, avance inexorablement, d'un seul trait, si long et si implacable qu'un léger sentiment de frustration finit par apparaître devant l'aspect éphémère des rencontres et leur manque de profondeur, comme si le voyageur boulimique voyait défiler devant lui une ribambelle de portraits - hommes et kilomètres se fondant derrière le tracé d'une carte ou dans le résumé quotidien d'un journal de bord - devenant, avec l'expérience, un croisement entre un concierge et un Casanova de la route pour qui la valeur d'un voyage se résumerait au nombre de conquêtes. Sa séduction et sa curiosité lui permettent d'arracher, nuit après nuit, l'hospitalité des autochtones, et de s'enorgueillir, une fois rentré chez lui, de posséder sur diapos les plus pittoresques des collections de spécimens étrangers.

Mais en vérité, ces derniers temps je manque singulièrement de trophées de chasse à épingler sur le revers de ma bicyclette, au lieu de quoi, je dois me contenter de la grisaille fade et ennuyeuse de Plock, Brzeg, Zjkowice... A lire les noms des villes traversées, je me demande si quelqu'un ne les a pas tapés au hasard sur le clavier d'une machine à écrire : Wyszogrod, Zakroczym, Smozewska... J'ai beau tourner ma langue dans tous les sens, et cracher ici et là une flopée de "szc", de "wys" et de "ska", les passants à qui je demande mon chemin, prennent ma mixture polonaise pour de l'hébreu. En outre, peu d'entre eux connaissent le français ou l'anglais (jusqu'à une date récente la première langue étrangère obligatoire enseignée à l'école était le russe). C'est donc un peu perdu dans ce monde sans sens et rompu moralement par la monotonie verdâtre des forêts, que je parviens dans la ville tout aussi imprononçable de Bydgoszcz à la recherche d'un *post-office* pour *téléphone maison.*

L'employée de la poste municipale est une professionnelle des télécommunications, c'est-à-dire, à l'instar des cordonniers qui sont les plus mal chaussés, elle me donne du fil à retordre, incapable qu'elle est de m'expliquer - et moi de comprendre - pourquoi je dois payer une somme exorbitante pour une communication téléphonique qui n'a pas encore eu lieu.

Mais je n'ai aucune patience à essayer de décrypter les élucubrations de ce nouveau système bureaucratique. J'en ai par-dessus le mollet de ce ciel éternellement gris mouillé, de ces maisons grises briques, de ces fonctionnaires gris obtus, même mon chiot planqué dans son panier à l'abri d'une pluie drue tire dans les tons gris. Par dépit, j'insiste quand même en mitraillant la pauvre réceptionniste selon la bonne vieille méthode Coué :

– Téléphone France, téléphone France, téléphone France, téléphone France...

A quoi, imperturbable, elle répond du tac au tac avec la même méthode :

– Pay, pay, pay, pay, pay, pay, pay...

Bref nous bavardons gentiment !

J'aurais encore pu, pendant longtemps, ronger mon frein contre ce pylône fondu dans l'acier trempé de l'administration, s'il n'y avait pas eu comme une étincelle, un court-circuit pour me dévier de ma lente et pitoyable déchéance de misanthrope grincheux. Cette étincelle c'est Anetta. 21 ans. Etudiante en tourisme. Un sourire angélique aux lèvres. Un anglais tâtonnant. Il n'en faut pas plus pour dénouer la situation et rétablir le dialogue.

Sur les conseils d'Anetta je verse une caution à l'employée, téléphone en France, et récupère la différence. C'était simple. Si simple !

Après quoi, Anetta Marciniak et sa mère m'invitent chez elles, à quelques kilomètres de là, dans une cité d'immeubles dressés sur une colline aux abords de la ville. La mère, fervente catholique, vit seule avec ses deux filles et un chiot de cinq mois.

Le souper terminé Anetta et moi allons promener les chiens sur les terrains vagues de Bydgoszcz. Le soleil se perd derrière un ciel désagrégé entre les immeubles austères flanqués de gigantesques numéros marqués à l'encre ocre. Au bas de la colline, les toits de la ville, petits grains de béton insignifiants, sont caressés par les dernières lueurs rougeâtres du soleil. De grosses gouttes commencent à tomber, de façon éparse d'abord, puis à blocs épais et lourds. Les chiens excités par la pluie se réfugient à nos pieds en glapissant. Nous sommes bons pour une bonne douche froide, alors j'attrape Anetta par la main :

– Pressons-nous, lui dis-je, tu vas être trempée.

– Non, non, me répond-elle en retenant ma course, ce n'est pas important, *I am not sugar*, (je ne suis pas un sucre).

Son insouciance, sa gaieté, son optimisme, sont autant d'invitations à rester une journée de plus. A ne rien faire, visiter Bydgoszcz, son vieux quartier, ses églises...

Le lendemain, donc, Anetta me fait visiter sa ville et m'entraîne dans une animalerie acheter des biscuits en forme d'os pour Vetsca. En retour, je ne peux pas faire mieux que de lui offrir une glace à la vanille. Puis, sur un banc, dans un parc, près d'un étang, nous bavardons un peu, beaucoup, à la folie. Ses pommettes rougissent au soleil du printemps. Du bout de ses doigts elle essuie de la crème glacée restée collée sur mes lèvres. Un ivrogne nous dérange. Le monde ne nous appartient pas.

La journée se termine chez une amie, une voisine. Il ne se passe presque rien ; rien d'intéressant à relater, et pourtant tout est là : un petit éclat dans le regard, des détails, de la tendresse, la joie sensuelle de savourer chaque instant, de ne penser à rien, d'oublier tout et de tout vivre. Le plaisir de voyager ça doit d'abord être ça : sentir les choses « l'innocente fraîcheur du moment ». Le reste, les idées, faut pas y penser !

Puis c'est déjà demain. Demain dans la gueule. Et vlan ! Il n'y a que l'humour, l'humour refuge qui puisse me faire passer ces moments de déchirement. C'est l'heure des séparations, des petits cadeaux de dernière minute, des séances de photos pleines de visages tristes qui sourient. Encouragements, embrassades, entrelacement, en vélo...

Rendu à la rigueur de la route, une chape de désespoir s'abat sur moi, lourde et pleine d'aigreur. Mon cœur affaibli par des semaines de solitude est d'une faiblesse déconcertante. Il a été touché là où ça fait mal. Telle une herbe sauvage je me suis enraciné trop vite et trop profondément, et repartir ne peut se faire que dans l'arrachement et la douleur.

A la sortie de la ville, le ciel, fin dramaturge et toujours plein d'à-propos, se gonfle comme une grosse grenouille enragée, et éclate en déversant des torrents d'eau froide. Je prends refuge sous l'auvent d'un kiosque et attends l'orage passer. 15 minutes... 30 minutes... Envahi par une certaine détresse je revois avec perplexité défiler ces trois derniers jours de pérégrinations. Trois jours de remue méninges pendant lesquels je suis passé par des états mentaux et émotifs diamétralement opposés : misanthropique, sarcastique, morose, désabusé, joyeux, apaisé, amoureux, Anetta. Dans ces conditions un mur de pluie devient vite un barrage, une excuse ou une entrave à toute motivation, j'ai envie de rester, « énormément, absolument, tellement tout cela m'apparaît soudain comme une formidable erreur ». Pourquoi persister à se faire du mal ? Une heure plus tard la nature indulgente me laisse enfin la possibilité de repartir. Continuer ? Il faut continuer. Je continue...

*

Pédaler ça distille le vague à l'âme, c'est un remède contre tout. Je suis convalescent et peu enclin à coucher par écrit mes dernières impressions. Pédale spleen, pédale spleen, pédale spleen, c'est tout. R.A.S : Rien à Secouer ! Rien à Saliver ! Rien à Serge !

Le soir, pour me défouler, j'ai mon souffre douleur :

– Vetsca, petite ordure couverte de poils, arrête de mordre dans ma casquette !

12. GUERRE CON VAINCUE

Le voyage continue et je continue à compter les coups. Parti sur un coup de poker pour tenter le grand coup, j'ai réalisé après coup qu'on ne gagnait pas à tous les coups. On imagine aisément les coups durs et les sales coups, mais le climat peut aussi être dans le coup, genre coup de froid, coup de soleil, ou coup de chien, tous les coups sont permis. Et puis voilà qu'après plusieurs milliers de coups de pédales et quelques coups de cafard j'ai le coup de béguin. Ça vous en fiche un coup, mais je remonte la pente, car la vraie puissance du pédaleur errant n'est ni sur la piste ni sur le bitume, elle se jauge à l'arrêt, chez l'habitant, où pendant quelques instants on s'imagine que la vie peut s'arrêter là, entouré de mille petits soins, enchâssé dans le confort, tissant dans l'urgence des relations humaines aux désirs amplifiés par des jours de solitude. Mais on sait pertinemment que notre énergie et notre force sont dans le départ, dans ce besoin de faire face aux incertitudes de la route, dans le contraste et la diversité des rencontres, dans l'absence de confort, et dans cette jouissance si particulière associée à la précarité du voyageur... Le bonheur n'est pas au bout de la route, il est sur la route. A coup sûr !

*

C'est donc revigoré mentalement par ce constat que je passe les secousses intempestives des routes mal pavées de l'ex-Allemagne de l'Est et la froideur un peu distante de ses habitants, pour arriver à Berlin, capitale décapitée, qui a toujours réagi avec excès aux chauds et froids de l'histoire contemporaine. Mais, depuis la *Perestroïka* il ne reste plus, de part et d'autre de la porte de Brandebourg, qu'une balafre à peine visible du passé. Souvent, à défaut de voir quelque chose on voyage dans l'histoire. Tout est dans l'absence et dans le souvenir. N'oublions pas ce que les hommes ont fait de pire, ça peut toujours servir d'exemple ; celui qui attise nos bas instincts, notre goût profond du morbide. La jouissance de l'horreur supplante souvent la leçon d'histoire.

*

Je sors de Berlin en côtoyant la première autoroute du monde : l'*Avus Autobahn*, ouverte en 1921 et toujours en service. Devant l'ampleur du réseau routier je me sens comme un électron propulsé dans le circuit intégré de la grande Allemagne. Je me laisse guider en toute sécurité sur les pistes cyclables, profitant pour une fois d'une signalisation claire et précise, heureux de découvrir la robustesse et l'ergonomie du matériel urbain, et la propreté toute clinique des petits quartiers résidentiels quadrillés par des maisons équipées de vasistas à double vitrage et de jardins d'été joliment égayés de moulins à vent miniatures.

Quel beau programme informatique cette Allemagne réunifiée, saine, propre, où chaque chose est à sa place, comme dans un microprocesseur. Comment ne pas rester émerveillé devant le jaune immaculé des engins de travaux publics. Comment ne pas être admiratif face aux grandes fermes Playmobil avec leurs champs parsemés de balles de foin gainées de préservatifs blancs. Une efficacité et une richesse qui fait plaisir à voir en ce dimanche de mi-juillet, parenthèse hebdomadaire de villégiature au bord de la mer du Nord.

Bien qu'exclu des plages - interdites aux chiens - je me coule dans l'ambiance estivale, contemplant, sous une pluie fine, les bancs de touristes qui déambulent dans les rues piétonnes : une flopée de familles “Rudolf Von seau de pelle” qui s'agitent bedonnantes autour des produits dérivés de Jurrassic Park, des vendeurs de crêpes, de cartes postales, et de café-crème grand-mère... Un après-midi de bonheur obligatoire dévolu à la consommation et à la pratique d'un loisir comme une étiquette de son statut social. L'appât rance des gens heureux. Je surfe sur ce réseau avec une distante envie... de poursuivre ma balade. La balade de l'électron libre.

*

S'agit pas de rester enlisé dans la crème solaire et de succomber à la tentation du farniente Teuton. Je quitte la côte sur les chapeaux de roue, mais cette fois-ci hors des pistes cyclables, dont l'étroitesse et le tracé méthodique conviennent mal à ma soif de liberté. J'aspire à plus d'espace et de souplesse. Je force sur les pédales avec une vigueur dont mes mollets sont les premiers surpris. Dans l'effort je courbe l'échine et ferme les yeux sur les complots attendrissants du bien-être et sur les rondeurs à peine voilées (impossible à voiler) de la gent féminine.

Quelque chose me presse vers un endroit précis, au détour de l'histoire et de vagues souvenirs de famille. Je m'engage, plein d'exaltation, sur les traces de mon grand-père, Ernest Leroyer, qui fut retenu prisonnier en Allemagne pendant la Seconde Guerre mondiale. Je veux voir sa prison, ses geôliers, ses chaînes, ses miradors... sa guerre.

Il nous l'avait plus d'une fois racontée, par bribes, dans le désordre, distillée au fil des rencontres familiales, son épopée de jeune soldat français interné dans une ferme pendant deux ans (de 1940 à 1942), tout près de la frontière du Danemark. Lorsque à la fin d'un repas bien arrosé, la mémoire confuse, mêlée de larmes, de colère et de dégoût, il nous servait sa tranche de guerre, je cherchais à remettre tout en ordre, à imaginer ces moments de souffrance, à recoller tous ces tableaux fugitifs : La manière dont lui et ses camarades des transmissions, au courant de rien, furent capturés pendant la débâcle, sans héroïsme, puis entraînés, dispatchés, aiguillés, de hangars en dépôts, tiraillés par la soif, survivant, disait-il, grâce à une petite fiole de liqueur de menthe, allant de gare en gare, entassés pêle-mêle et à moitié suffocant dans l'obscurité puante des wagons à bestiaux, arrivant un jour, quelque part, parqués puis utilisés comme force de travail agricole bon marché.

« *Schnell Ernst, schnell Ernst, arbeit Schwein Fransosische* » criait mon grand-père en imitant le patron de la ferme où il fut emprisonné. C'était un officier nazi, qui à ses heures perdues allait mener de longues et glorieuses campagnes contre l'ennemi récalcitrant. Pendant ce temps, sa femme, Ella Hausen, restait seule à diriger la ferme avec le jeune Ernest. Mon grand-père disait d'elle, et de lui accessoirement, que ce n'étaient pas de mauvais bougres et qu'il avait toujours été bien traité, pas comme la servante soviétique, menée à la *schlague*...

Que sont devenus tous ces protagonistes ? Les *Chleuhs* sont-ils encore vivants ? Le poulailler dans lequel mon grand-père allait voler des oeufs pour ses camarades prisonniers existe-t-il encore ? Comment vont réagir les Allemands face à ma petite lubie historico-sentimentale ? Mais j'essaie d'ignorer toutes ces questions qui me martèlent le crâne, en me disant qu'il ne s'agit là que d'une petite escapade, d'une quête qui m'intrigue et que je ne regretterai pas, quoiqu'il advienne, de mener jusqu'au bout.

Après deux jours d'égarements à battre la campagne tel un fin limier à la recherche d'un criminel de guerre, j'arrive exténué dans le hameau de *Seeland* (lieu dit de l'internement). A mon imaginaire en noir et blanc, inspiré par des films tels que « *La vache et le prisonnier* », s'est substituée une réalité pleine de couleurs champêtres, dominée par du vert sur tous les tons. Autour du hameau, un serpentement lointain de collines verdoyantes, entrecoupées de haies et de bosquets, trace un horizon diffus. Des champs de céréales alternent dans un paysage bocager. Ca sent bon la motte de terre et la tartine fraîchement beurrée. Le paradis des vaches.

Les deux fermes du hameau, bâties en briques rouges apparentes, font corps avec la vaste grange, à laquelle la propreté et la netteté architecturale, toute germanique (volets blancs et lattes vertes), donnent plutôt l'allure d'un entrepôt pharmaceutique. Sur aucune des boîtes aux lettres n'est inscrit le nom d'Ella Hausen (la geôlière), et ne voyant personne susceptible de me renseigner, je pose ma bicyclette à l'encontre d'un muret en gros galets délavés et entre dans la salle des traites tirer cette affaire au clair.

Parmi l'enfilade des croupes reluisantes des vaches laitières, je rencontre Peter Ten Petersen, fermier à la retraite, doyen du lieu, installé ici en 1963. Une fois la surprise passée et la dernière tétée terminée (il aide son fils), il se propose de m'héberger chez lui et de collaborer à ma petite enquête historique.

J'installe ma tente dans son jardin cherchant à être plus près de ce sol où mon grand-père a peut-être dormi dans la boue. Hélas de boue il n'y en a point, tout est propre, ordonné, rangé, fleuri, très loin du lieu sinistre auquel je m'attendais. Les cinquante années qui nous séparent des événements ont fini par effacer les aspects dramatiques du décor - si aspects dramatiques il y avait eu.

Comme on dit, « il y a des lieux chargés d'histoire » mais il y en a d'autres qui restent muets. Je pourrais fouiller le sol, chercher un morceau de fil barbelé, faire parler un mégot de Gitane, obtenir un indice à partir d'un papier d'emballage de chocolat Poulain, ou retrouver la petite fiole d'essence de menthe de mon grand-père, mais j'ai soif d'autre chose, d'éléments vivants, d'acteurs authentiques ; de ceux sur lesquels on peut lire la vérité dans les expressions du visage ; de ceux dont on peut écouter la voix chevrotante témoigner ; de ceux dont on peut toucher la main tremblotante couverte de crimes. Je voudrais voir, toucher et parler à l'officier nazi, mais il est mort, et sa femme, Ella Hausen, est gravement malade à l'hôpital de Flensburg. D'après Peter Petersen il ne reste plus qu'un homme qui aurait pu connaître mon grand-père de cette époque. C'est un vieux fermier qui vit encore avec sa femme dans un village voisin. Alors, le soir, après le repas, nous allons lui rendre une petite visite de courtoisie.

Karl Peter Ewald, ancien fermier de *Seeland*, se souvient bien d'Ernest avec son béret et son pompon. Lui aussi a utilisé plusieurs prisonniers français dans sa ferme. Mais très vite notre discussion tourne court. Karl parle très mal notre langue, quant à moi je n'ai pas l'allemand facile. Faute de comprendre clairement ses paroles je suis à l'affût d'un tressaillement révélateur dans le ton de sa voix ou dans les expressions de son visage. Mais la voix et le visage souriant de Karl Peter Ewald ne trahissent aucune émotion particulière, transparaît seulement une légère désinvolture condescendante « le petit Ernst avec son béret et son pompon ». Une manière de dire que la page est tournée. Je repars guère convaincu.

13. CANINA NON GRATA

Les derniers reflets du jour se dissipent dans la brume, signe qu'il est temps pour moi d'installer le camp pour la nuit.

Pendant que je pousse mon vélo derrière la coque retournée d'un canot, je laisse Vetsca jouer à cache-cache dans les dunes de sable blanc avec trois enfants aux yeux clairs et aux cheveux dorés. D'un coup d'œil on reconnaît le pays : des drapeaux blancs et rouges flottent sur les toits des maisons basses ; dans le petit port, des pêcheurs en ciré jaune lumineux raccommodent leurs filets pour régler le sort aux harengs ; des femmes à bicyclette, aux mollets blancs gorgés de muesli, achètent des fraises mises à leur libre disposition dans des barquettes sur le bord de la route. C'est une petite baie entre Copenhague et Helsingor comme on en trouve égrenées tout au long des côtes du Danemark, l'un des plus petits pays d'Europe, (si l'on en exclut le territoire immense du Grœnland) constitué d'un archipel de 406 îles ; la Grèce scandinave.

Ici les journées d'été s'étirent en longueur, toujours sur le point de partir mais ne disparaissant jamais, emportant avec elles cette douce atmosphère de nonchalance et de vague à l'âme propre aux pays nordiques. Une légère brise, attisée par le froid, souffle du large. Je suis en train d'enrager contre Vetsca, casseur d'ambiance, qui a trempé sa truffe dans une algue couverte de mazout, lorsque je sens derrière moi une présence mi-féminine, mi-bestiale. C'est une jeune danoise d'environ 25 ans vêtue d'un pull-over rayé bleu et blanc de matelot qui accompagne un labrador sur la plage pour la promenade du soir. Vetsca renifle l'intrus. De mon côté - plus pudique - je fais connaissance avec la demoiselle, verbalement et en anglais.

Les présentations faites (elle s'appelle Liv Drews), notre discussion s'engage à bâtons rompus sur les sujets les moins divers, passant de la petite sirène au jeu du Lego (fiertés danoises) à l'incontournable Camembert et au T.G.V. (fiertés françaises). Ah, comme c'est bon de pouvoir dialoguer avec autre chose qu'une boule de poils canine ! J'y prends tant de plaisir, que je ne prête qu'une oreille distraite à la teneur de nos banalités - qu'importe le contenu, il y a la forme - si bien qu'il me faut un certain temps avant d'enregistrer ce qu'elle vient d'articuler. Je hoche la tête béatement, réalisant après coup que quelque chose d'important a été lâché. Je lui demande de répéter. Et cette fois-ci, la chose, la révélation, tombe aussi nettement qu'une enclume dans du porridge :

– Vous ne pourrez pas passer votre chien en Suède et en Norvège, ces deux pays imposent une quarantaine à tous les animaux étrangers, précise-t-elle.

Pour une annonce fracassante c'en est une. Moi qui veux remonter jusqu'en Finlande, je vais devoir, dans le meilleur des cas, placer Vetsca en observation à la douane suédoise pendant 40 jours et 40 nuits avant de pouvoir le récupérer et poursuivre mon chemin. Je me doute bien que ce n'est pas une solution, lui qui est encore si fragile et si chiot, ne va pas survivre à ce traitement si inhumain.

Une fois la jeune Danoise et son labrador repartis, je m'assieds dans le sable. D'un long regard j'enveloppe l'horizon de la mer Baltique, en m'interrogeant sur l'inimaginable couardise des descendants Vikings ; putains de puritains. J'ai de la roche fondue dans les veines, figé, statufié, mais déterminé, quand même, à tenter le tout pour le tout. *The chiot must go on* !

*

La Suède est séparée du Danemark par l'Orensund, un étroit chenal maritime dont la traversée est assurée par une flotte imposante de car-ferries (de 54 à 72 départs par jour entre Helsingborg (Danemark) et Helsigor (Suède) ; durée de la traversée 10 à 20 minutes). Il est midi. Toujours aussi décidé à rentrer en Suède en compagnie de mon inséparable cabot, j'avance vers le premier point de contrôle dans le port d'Helsingborg en prenant l'air d'être le plus innocent des pédaleurs errants qui soit.

Vetsca est camouflé dans son panier, dissimulé clandestinement sous une couche de torchons et de serviettes usagés. Je suis sur le point de payer mon ticket de passage lorsque le chien, suffocant et titillé par les effluves de graisse, n'y tenant plus, se met à éternuer et à chercher une bouffée d'air frais !

La douanière voit une tête surgir hors du panier, le regard éperdu, la langue pendante et le museau à l'affût d'oxygène. Tel qu'il apparaît - une petite boule couverte de poils - il est vite identifié comme étant un immigré clandestin de race canine. Son sort est réglé : tentative aggravée d'entrée frauduleuse et de contamination rabique de la Scandinavie. C'est illégal. Sans ménagement, le pauvre chiot est refoulé à la frontière, la queue entre les pattes, talonné de près par son maître, complice, contrebandier et pas du tout content !

C'est bête comme situation, d'être bloqué au Danemark après plus de 10 000 kilomètres au compteur pour des raisons purement prophylactiques. Qu'à notre époque on ne puisse pas encore établir par des analyses de sang si un animal est atteint de la rage, ça me rend malade. En tout cas leurs mesures d'hygiène publique et de xénophobie canine ne m'encouragent pas à leur décerner le prix Nobel de l'accueil. Résultat, je ne peux plus poursuivre ma route comme prévu. Mais ce qui me tracasse davantage c'est de manquer le rendez-vous avec mes parents en Norvège. A la rigueur je pourrais déguiser Vetsca en pingouin ou en *troll* (genre de gnome scandinave), il en a l'allure hirsute et le caractère facétieux. Mais j'ai une idée. Une autre idée.

*

La jeune Danoise que j'ai rencontrée la veille sur la plage est serveuse dans le restaurant du port de plaisance d'Helsingor, situé près du château de Kronborg, célèbre pour avoir servi de toile de fond au fameux *Hamlet* de Shakespeare. Je trouve sans peine le restaurant et me dirige fièrement vers la porte d'entrée tout en songeant à mon dernier plan : à l'intérieur il va y avoir les marins barbus les plus farouches et les plus hardis de la région. Avec l'aide de Liv et une bonne bouteille de rhum cela va être facile d'en convaincre un pour me passer clandestinement pendant la nuit sur la côte suédoise. Je suis prêt à y mettre le prix.

Je pousse la porte battante du restaurant et rentre. Vetsca est dans mes bras, la truffe en alerte, chatouillé par les bonnes odeurs des cuisines. J'avance d'un pas décidé, la tête pleine de folles espérances, prêt à toutes les audaces, à toutes les folies, à toutes les erreurs.

Je trouve tout de suite en Liv, une oreille attentive. Elle se réjouit par avance de faire une entorse au règlement et de me soutenir dans mes recherches. Mais après avoir sollicité l'aide de plusieurs marins, plutôt moins barbus, moins audacieux, et plus sobres que prévu, nous jetons vite l'éponge. A leur avis les risques encourus n'en valent pas la chandelle. Un chien en compagnie d'un voyageur étranger sur les terres scandinaves attirerait facilement la suspicion de la police. Je n'ai aucune chance de passer entre les mailles de leur filet, je risque d'être arrêté, puis obligé de payer une amende importante, et, plus grave encore, selon les lois et les mesures d'hygiènes suédoises, Vetsca a toute les chances d'être abattu !

Pour le moment c'est moi qui le suis, abattu. A tel point que pour atténuer ma tristesse et me requinquer le moral, Liv m'apporte un délicieux plat de poisson offert par la maison. Mais difficile d'avaler l'évidence, il y a comme un os : Vetsca est *Canina non grata* en Scandinavie. Comment faisaient donc Tintin et Milou pour voyager de pays en pays sans être importunés par les douaniers ? Y aurait-il un passe-droit pour les personnages de bandes dessinées ?

J'en suis là, perdu dans mes réflexions, à me demander où je vais bien pouvoir rencontrer mes parents, lorsque Liv, pleine d'attentions et désireuse de me voir poursuivre mon périple, se propose de garder Vetsca chez elle, le temps pour moi de visiter la Suède et d'aller rejoindre ma famille en Norvège.

Sans tarder davantage, j'abandonne mon petit chiot des Carpates, la gueule plongée dans un bol d'os et la queue frétillante de plaisir. Il ne remarque pas mon départ. Vais-je le revoir un jour ? Liv ne va-t-elle pas abuser de sa position de serveuse pour l'engrosser inconsidérément des restes du restaurant ? Le choc de la séparation ne va-t-il pas perturber son état mental déjà si fragile ? Le vélo va-t-il lui manquer ? Au nom de la pédalerie errante j'ai déjà quitté ma famille, mon chat, mes chèvres, mes cornichons, et voila que je dois quitter mon chien. Putains de puritains !

14. JAMAIS SANS MON CHIEN

Fin de journée en Suède, je reste là devant l'événement, les bras ballants, la tête lourde. Avec qui vais-je désormais partager ma saucisse ? Il faut oublier les habitudes acquises avec mon chien et réapprendre à vivre seul. Certes ce sont des soucis en moins : ne plus avoir à le surveiller constamment lorsque j'effectue mes achats, ne plus avoir une tente souillée par ses sales pattes, ne plus avoir ce poids (10 kilos adulte) qui me fait souffrir dans l'ascension des cols... Mais c'est aussi tellement de plaisirs : plaisir de partager les joies et les difficultés du voyage ; plaisir de faire une promenade ensemble le soir au coucher du soleil parmi les plus beaux sites du monde ; plaisir d'être réveillé le matin par le souffle chaud de sa respiration. « I am a poor bipède esseulé » sans sa mascotte, son faire-valoir, son souffre-douleur !

De fait, je vais seulement rester un mois séparé de mon chien, le temps de parcourir la Suède seul et la Norvège en compagnie de ma famille.

En Suède je trouve des indigènes dont la langue a ceci de particulier qu'elle donne l'impression d'être déblatérée à l'envers avec de l'eau dans la bouche. Heureusement pour le touriste inculte que je suis, en dehors de cette langue gargarismique complètement incompréhensible, la majorité des Suédois parlent un anglais très correct.

Puis, un peu comme en Pologne, je me retrouve enfermé dans de longs couloirs de verdure. La moitié du pays environ est recouvert de forêts, le pin et l'épicéa étant les espèces dominantes avec le bouleau, l'arbre national. Je contourne le Vänern et le Vättern, deux lacs parmi les plus grands d'Europe où sur les rives boisées et sauvages, je passe des nuits de tranquillité et de recueillement allongé sur des matelas de lichens et d'aiguilles de sapins. Sorti des forêts, je traverse de petites villes où l'amour de l'ordre des Suédois transparaît dans les plans très organisés des rues. C'est un pays qui offre une beauté simple et parfaite, à l'image de ses jardins qui entourent les nombreuses résidences secondaires (superbes chalets en bois) parsemées dans la campagne. D'une stricte régularité, ces jardins se composent d'un épais gazon à l'anglaise au centre duquel se dresse un objet d'ornementation telle une statue de jeune fille nue détachant des pétales de roses, ou un faon reniflant un gros champignon rouge et blanc factice, ou un petit puits en pierres apparentes, ou une sphère géodésique pointée vers le nord, ou encore, pour marquer leur profond patriotisme, un mât avec à son extrémité une oriflamme aux couleurs nationales - jaune et bleu. Un beau pays la Suède.

Deux semaines plus tard je parviens en Norvège, dans la petite ville de Mysen située à 50 kilomètres d'Oslo. Cela fait plus de deux heures que j'arpente la rue sous la pluie. Je suis arrivé trop tôt. Puis, grand moment d'émotion, embrassades, rires, bonheur partagé par toute la famille heureuse d'être à nouveau réunie, après sept mois de séparation. Je retrouve mes parents, mes frères Philippe, Thomas, et ma petite sœur Aline. Comme convenu lorsque je les ai quittés en janvier, ils sont venus en Norvège pour passer avec moi deux semaines de vacances, du *3 au 17 août 1993*. Un petit intermède salutaire qui passe vite à sillonner la région des fjords aux paysages inégalables. Le temps de tourner une page et je repars pour de nouvelles tribulations.

TRIBULATIONS DEUXIÈMES

« J'ai quitté ma patrie, j'ai engagé mon bien, j'ai laissé le repos de ma maison et je me suis jeté dans les bras de la fortune pour qu'elle m'emmenât où il lui plaîrait. »

CERVANTES
Don Quichotte de la Manche

15. SERGUEI DE TALIPIACUS

– Mon chien, mon ami, mon compagnon des Carpates, ma tendre mascotte, dans mes paluches.

Au son de ces paroles, Vetsca se jette hors des bras de Liv Drews et s'élance tout de go vers son père adoptif. Nous nous serrons l'un contre l'autre. Le nez contre la truffe. Je sens son petit coeur palpiter. A en juger par son embonpoint il n'a pas perdu son temps dans les cuisines du restaurant. Il a le teint frais et la mine joviale d'un chien gâté jusqu'à la moelle des os. Liv accourt à son tour et m'explique qu'elle a, en raison de son travail, dû mettre le chiot à garder chez ses différents amis. Ces changements perpétuels de maîtres et de maîtresses ont fini par le déboussoler et accentuer son côté turbulent. Sa férocité et sa bêtise n'ont désormais plus de limites. Pour preuve il s'est attaqué sans raison gustative aux pieds tendres et vermoulus de mon père. Une faute de goût impardonnable !

Le petit voyage en famille s'achève donc à Helsingor au Danemark. Les deux semaines passées ensemble ont été sans conteste un grand moment de réconfort et de joie. De son côté ma famille a goûté aux plaisirs du dépaysement et de la vadrouille touristique, tandis que pour ma part j'ai renoué avec ce qui m'a le plus manqué ces derniers mois, à savoir, une présence familiale faite d'intimité, de simplicité et de chaleur. Ce fut une période régénératrice d'autant plus agréable qu'elle fut stimulée par les échos favorables de France. Les supporters sont fidèles à mon aventure et le nombre de lecteurs des carnets de route toujours croissant.

C'est donc dopé d'un nouvel enthousiasme que j'aborde cette deuxième partie du voyage. Plus confiant, plus expérimenté, plus à l'aise, j'ai repris du poil de la bête. Je suis mûr pour repartir. Mais avant je dois à nouveau affronter l'épreuve de la séparation. L'habitude, le vide, le sentiment d'être dans un brouillard, m'entraînent rapidement sur ma bicyclette, puis avant de penser à autre chose, je me lève sur les pédales, en lançant un bref et dernier coup d'oeil par-dessus mon épaule. Derrière, Vetsca met de l'ordre dans son panier, tout à fait indifférent aux cris de réconfort lancés par ma famille :

– Serge va ton chemin, pédale, avance et n'oublie pas de nous écrire.

*

Cela fait plus de 220 jours que je pédale sous toutes les latitudes, sujet à toutes les intempéries, à toutes les joies et les peines de ce monde, à l'admiration des uns et au mépris des autres : je fus rejeté dans les montagnes enneigées par des Italiens à la générosité frileuse, filouté à Athènes par un rabatteur de bar, j'ai dû combattre l'adversité intestinale à Istanbul, j'ai traversé des contrées en état de guerre, échappé de peu à l'agressivité d'un bandit tsigane ; je fus aussi bercé par les douceurs et les charmes de jolies filles, choyé par des hôtesses au grand cœur, poursuivi par des hordes de chiens sauvages, dormant la nuit sur des matelas de couches culottes usagées et me réveillant le matin le dos meurtri par les sinuosités tranchantes des racines. De retour sur la route, terrassé par le vent, je me redressais plus loin pour continuer sous une tempête de neige. Haletant sous la canicule j'ai gravi, la gorge sèche, des collines et des cols, puis, suffocant derrière les tuyaux d'échappement, j'ai traversé à la hâte le tourbillon assourdissant des villes. En dépit des privations et de la fatigue, j'ai découvert le spectacle sans cesse renouvelé des hommes et de la nature. Et quand enfin le moment du repos venait, chez un postier, un dentiste, un chasseur d'escargots, un épicier d'hôpital, une étudiante en langues étrangères, entouré de mille petits soins et pensant que l'aventure pouvait bien s'arrêter là, il fallait repartir, provocant de si profondes souffrances que ma solitude était plus grande encore.

En cela, mon épopée me rappelle celle de cette époque où il était courant de voir s'en aller de par le monde des chevaliers errants, prêts à affronter de périlleuses aventures en cherchant à redresser toutes sortes de torts. Mais la chevalerie errante a depuis longtemps disparu. De nos jours, la veuve et l'orphelin, en guise de protecteur, se contentent d'allocations familiales ; les pauvres du RMI, les sans emplois des ASSEDIC, les malades (et même les bien-portants !) de la Sécu ; et les autres démunis d'une multitude d'associations caritatives.

Mais tout cela naturellement, est beaucoup moins romanesque que le service d'un chevalier, qui pour rendre justice était capable de pourfendre, à la force de son épée, toute une armée de dragons crachant le feu et semant la destruction !

Cependant avant de sauver le monde - chevalier errant je ne suis point - je vais, plus modestement, essayer de toucher de mes deux yeux les quatre coins du globe ; faire acte de curiosité, de partage, et d'ouverture d'esprit. Mon vœu le plus Serge est d'appartenir à l'illustre confrérie des pédaleurs errants - de la famille de ceux qui pédalent, de la tribu de ceux qui errent.

En se sens, j'estime que ces huit mois d'apprentissage de bourlingueur, ces huit mois de vie pittoresque à rouler ma bosse aux confins de l'Europe, ont été les plus enrichissants et les plus heureux moments de mon existence. Ils répondent, d'une manière contrastée certes, mais très précisément à mes objectifs de départ. Mon envie de poursuivre mon voyage est octuplée. J'ai envie de crier « Vive la pédalerie errante par-dessus toute chose au monde ! Vive le Pédaleur errant ! »

*

Je n'ai donc qu'un seul désir : retourner au front sur mon fidèle destrier, un support indispensable à ma profession. C'est toujours un vélo, un *Giant* élevé dans la meilleure écurie du cycle, chez le comte Alain de Bruteul, l'homme au pignon sur rue, la fine fleur de la technique du vélocipède, le rayon de soleil de mes nuits, le guidon de mes jours - sponsor de surcroît ! Equipé de ce petit bijou, préparé avec amour et professionnalisme, je n'ai eu aucun mérite à parcourir toute cette distance. Tout est simple. Mes coups de pédales s'enchaînent au rythme régulier d'un métronome, les changements de vitesses sont d'une imperceptible souplesse, les freinages effrayants d'efficacité, les roulements habiles et l'essieu silencieux. Bref l'ensemble offre un confort et une résistance à toute épreuve, comme en témoigne l'absence totale d'ennuis mécaniques depuis huit mois sur près de 12 000 kilomètres (seulement trois crevaisons).

J'enfourche donc ma petite reine à la manière de quelqu'un qui monte sur un vélo. Cependant, une si parfaite machine ne peut être guidée que par un nouvel homme, désigné sous un nouveau nom, à la hauteur de sa mission circambulatoire. Car il est ainsi de règle, dans la confrérie qui est la nôtre, de se trouver un pseudonyme épique et majestueux. Il y eut - souvenez-vous - l'ingénieux Bernardo Magnouloux et sa Rossinante (TDM en 5 ans)* ; les Hervé de la charrette pour transporter la petite Manon (TDM en 14 ans) ; les Tesson-Poussin, mousquetaires de la pédale et de la grimpette (TDM en 1 an). Comme eux, j'en passe et des moins médiatiques, je veux un surnom héroïque. Pour cela, je vais reprendre les origines slaves de mon prénom et l'associer à celui de ma patrie. Désormais je serai connu sous le pseudo de Serguei de Talipiacus**, le pédaleur errant aux joyeux mollets. Et enfin, pour ne pas lasser le lecteur impatient de connaître la suite de cette véridique histoire, je finirai par mon fidèle compagnon ; Vetsca, le sang chaud, l'éternel aboyeur, la teigne de Transylvanie, en un mot : Vetscouille la Fripouille !

*

Ainsi, par un beau matin jaune frileux, les préparatifs administratifs achevés (deux jours pour obtenir un visa à l'ambassade lituanienne de Stockholm - document valable dans les trois pays baltes), j'embrasse à nouveau le goudron, allant, plein de vigueur et de vaillance, au-devant de joyeuses et multiples aventures.

Je traverse la mer Baltique jusqu'au port allemand de Rostock. Puis, après deux jours de cheminement sans incidents notables, je parviens le *26 août 1993* en Pologne.

---

* TDM : Tour Du Monde à vélo. Les récits de ces aventuriers à pédales ont été publiés sous les titres suivants : "Les aventures de Rossinante" par Bernard Magnouloux (éd; B. Magnouloux, 1993) ; "Le tour du monde à vélo" par Claude et Françoise Hervé (Le Cherche Midi éditeur, 1995) ; "On a roulé sur la terre" de Sylvain Tesson et Alexandre Poussin (éd. Robert Laffont, 1996).

***Talipiacus* est le nom latin de Teloché tiré de "taloche" (bouclier, en gaulois).

A l'évidence ce n'est pas chose facile que de dénicher des aventures chevaleresques à travers ces lointaines et profondes forêts polonaises. Chaque soir j'installe ma tente au milieu d'herbes hautes sur un sol particulièrement spongieux, puis lorsque mes sacoches sont soigneusement alignées au fond de la tente, mon vélo fermement cadenassé à un roseau et que je sens Vetsca trépigner d'impatience, alors, nous partons pour une petite balade à pied.

Nous marchons sur des terrains méchamment marécageux, surprenant parfois, dans la pénombre indicible du soir, la silhouette majestueuse d'un cerf. Effrayé par notre présence il s'enfuit et disparaît dans la brume. Nous continuons, inhalant à pleins poumons l'humidité odorante de l'automne ; un mélange d'humus et de champignons enfouis sous les feuilles mortes. De temps en temps, je m'arrête pour tendre l'oreille, mais je n'entends rien sauf le croassement sourd et guttural des crapauds. Nous allons ainsi, comme deux amis, main dans la patte, le long des canaux d'assainissement frangés d'une fine couche de lentilles d'eau, si verte et si homogène qu'elle a presque l'apparence d'un tapis de billard (Vetsca s'y laissera prendre plusieurs fois, englouti sous la vase).

De retour sous la tente, j'attache un fil de pêche à mon vélo que je relie ensuite à ma batterie de cuisine. Ce petit stratagème a pour objet de me prévenir contre d'éventuels voleurs de bicyclettes. Puis, j'écoute RFI, je lis et je dors, réveillé parfois par les faisceaux lumineux des torches de villageois curieux, ou par les chants d'ivrognes de retour de leur virée nocturne, ou par des maraudeurs venus renifler autour de la tente. Fréquemment, l'un d'eux se prend la patte dans le fil de pêche et tire vigoureusement sur les casseroles. Réveillé par le bruit, et pris de panique, j'attrape ma torche et crie à voix basse :

– *Is there anybody out there ?*

Mais il n'y a guère plus que des renards, des loups et des belettes !

Pendant la journée, j'arpente la campagne et les villages sans rien trouver d'autre qu'une vague mélancolie. Que puis-je d'ailleurs faire de tous ces arbres, ces plantes, ces fleurs, ces insectes, ces étendues de champs de pommes de terre ? En tirer partie pour méditer ? M'en absorber, tel un ermite, afin d'en extraire quelques vérités secrètes ? Mais une fois mes méditations passées, une fois mes réflexions poussées jusqu'au dernier soupir, que me reste-t-il ? Mon chien. Mais là aussi, que puis-je attendre de lui une fois notre balade du soir achevée ? Je le caresse deux ou trois fois, je l'admire dans son obstination et sa bêtise, je lui cause de Copernic, célèbre astronome polonais de la Renaissance qui démontra que la terre n'était pas le centre de l'univers. Mais enfin cela ne va qu'un temps, il faut que je passe à autre chose, d'infiniment plus féminin.

D'ailleurs mon corps, qui depuis mon entrée en Pologne tremble de toutes parts, semble être poussé par les mêmes exigences. J'approche de Malbork, la forteresse des grands maîtres de l'ordre des chevaliers teutoniques, le lieu de rendez-vous avec ma belle princesse polonaise : Anetta Marciniak de Bydgoszcz, ma Dulcinée de Tobosco !

Nous nous sommes fixé un rendez-vous, en amoureux. Elle arrive par le train de 10 h 20. Nous passons notre journée les yeux dans les yeux au pied de la muraille du puissant château. La chevelure luxuriante d'Anetta se reflète dans l'eau cuivrée du Nogat. Elle a toujours cette tranquillité rassurante, ce regard tendre et ce léger ton moqueur pour répondre à mes manières désinvoltes. Sur ses joues rondes et lisses il me semble que le soleil brille plus fort, jusqu'au soir, quand, sur le point de partir, elle me remet une chaînette avec un cœur en or. Cependant, afin que je ne me méprenne pas sur ses intentions, elle me précise :

– Ce n'est pas de l'amour, c'est de l'amitié.

Elle a un cœur amical !

Puis, elle monte dans son wagon, me laissant seul sur le quai avec mon chien, avec les arbres, avec les lampadaires, avec les pierres, et elle, par la vitre abaissée, elle agite là-bas dans le silence, sa main, sa peine, cernée par la nuit, toujours plus loin, trouble.

16. PUNK IS NOT DEAD

11 Septembre 1993, 11 heures du matin. Vilnius, capitale de la Lituanie, ceinturée de collines et d'immenses espaces boisés. Il fait froid, le ciel est vert, je traîne sous la pluie comme une épave, sale, flapi, laminé. Si ma condition de pédaleur errant m'oblige à garder en toutes circonstances ma bonne humeur, une fine pellicule d'inquiétude tapisse néanmoins mon subconscient.

En effet, nous sommes samedi. Il faut attendre lundi afin de pouvoir effectuer des démarches auprès de l'ambassade russe et obtenir un visa. D'ici là je dois dégoter un pied-à-terre. Les campings les plus proches se trouvent à 25 kilomètres du centre ville, et les hôtels semblent hors de prix. Malgré cela je m'estime heureux car l'accumulation de petites incommodités ne peut, selon les lois naturelles de la probabilité, qu'être suivie d'heureux événements.

La solution c'est de se laisser aller. « Où la chèvre est attachée, il faut qu'elle broute » dit un proverbe populaire. Je broute donc au hasard dans les ruelles étroites et pittoresques de Vilnius en sifflotant un air tiré du film de Georges Franju "*Les yeux sans visage*" d'après une musique de Maurice Jarre, mélancolique et porteuse d'espoir.

– *Hey man you look great !... Want to drink a beer ?*

C'est un jeune homme d'environ 18 ans, jeans troué, amateur d'épingles à nourrice, fâché contre son coiffeur et adorateur de Sid Vicious. Cela existe encore : un punk ! Faut-il que je m'en remette à lui pour me sortir de ce vilain pétrin ? La question ne se pose même pas, car la vie d'un pédaleur errant est ainsi faite que si vous êtes perdu dans la foule et qu'un être humain vous interpelle, n'importe lequel, ne choisissez pas, il faut le suivre...

Alors sans hésitation, je talonne le jeune épinglé dans un bar. Mais à peine le seuil de la porte franchie, la patronne se fâche. Je n'ai pas le droit d'entrer à l'intérieur avec ma bicyclette. Visiblement elle a une dent contre les vélos, en particulier contre le mien, lesté de boue !

Je pose donc ma machine infernale contre la vitrine (ceci dit en passant, presque aussi sale que mon vélo) et rejoins mon punk attablé en compagnie de deux autres énergumènes cheveux dressés sur le crâne. Culture punk oblige, ils possèdent tous des rudiments d'anglais. Ils me font goûter la bière locale qu'ils achètent directement à la distillerie et qu'ils apportent au bar en cachette dans un énorme bocal à cornichons, semblable à celui où Michel Simon dans *l'Atalante*, film de Jean Vigo, conserve dans du chloroforme les mains sectionnées de son ami. La bière a du goût. Non seulement elle remet les idées en place mais elle sert aussi de fixatif pour leur crête d'iroquois. Lorsque leurs soins capillaires sont terminés, un nouveau punk fait son apparition. Il porte un foulard sur la bouche comme un desperado.

– *Hello, I am Paulius of Vilnius !*

– *Hello, I am Serguei of Talipiacus !*

Les présentations faites, nous buvons ensuite un vin de Géorgie (un *Moukouzani* de médiocre qualité dont un œnologue pourrait dire que c'est un vin chétif avec une robe en charpie, un nez grillé où dominent des saveurs de poudre à canon et une attaque en bouche brutale à faire vomir un Cosaque !) et de la vodka. J'interpelle mon chien attaché sous la table :

– Un peu de vodka Vetsca ?

Mais depuis qu'on lui a dressé une crête sur la tête en l'imbibant de bière, il fait la fine gueule !

Après quoi, la vessie gonflée jusqu'à plus soif, nous allons à l'extérieur, sous la pluie, pisser dans l'arrière-cour, contre les vieilles tuyauteries. L'un des punks qui m'accompagne et qui a vécu cinq ans en Israël, me soutient que c'est là le plus grand plaisir de sa vie (*piss and laugh* !). Pour Nelson Mandela (homme d'Etat sud-africain et prix Nobel de la paix en octobre 1993) le plus grand plaisir de sa vie c'est d'avoir rencontré les Spices girls (Groupe de "chanteuses" britanniques très populaires à la fin du XXe siècle). L'étendue des plaisirs est si vaste !

Ensuite, Paulius le desperado m'invite à dormir chez lui. Je file son tramway jusque dans la cité d'H.L.M. où il habite. Il vit avec sa mère (séparée de son père) dans un appartement deux pièces, cuisine, salle de bains. En dépit des aboiements et des hurlements déchirant de Vetsca nous le laissons seul enfermé là avec mes affaires et mon vélo, et retournons au bar.

Les punks forment maintenant un groupe d'une dizaine de jeunes dont trois filles. Nous marchons dans les rues en attendant d'assister, à 20 heures, à un concert de rock alternatif lituanien. La sensation d'appartenir à la même secte nous donne du courage. Nous crions, à ceux qui ne veulent pas l'entendre, les paroles prophétiques des Sex Pistols, des Clash, des Exploited : « *Sex and violence, punk is not dead, never mind the bollocks...* » Les policiers, en uniforme vert chou, et bêtes noires de la horde, alertés par les cris liturgiques, accourent en essayant de maîtriser notre ferveur excessive.

Face aux soldats de l'inquisition nous nous replions dans la cour d'une école maternelle. Nous buvons encore. Certains lancent leur bouteille vide dans le ciel avec une énergie comparable à celle de ce pithécanthrope dans le film de Stanley Kubrick, *2001 odyssée de l'espace.* Mais leurs bouteilles ne sont pas des fémurs ; au lieu de se transformer en vaisseau spatial, elles vont se briser contre le manège où les enfants de la maternelle, le lundi matin, tout joyeux, iront glisser en bas du toboggan sur les débris de verre. Plus loin, le punk israélite bave d'envie. Il vient d'acheter un tube de colle qu'il respire maintenant avidement dans un sac plastique. Mais il est déçu, ça ne vaut rien, son état reste anormal !

Comme un peu partout dans le monde, les soubresauts de l'histoire - en l'occurrence la séparation de la Lituanie de l'empire soviétique (1991) et la chute de l'idéologie communiste - ont entraîné l'éclatement de la société et de ses valeurs. La jeunesse lituanienne, dépouillée de repères culturels, déambule dans les rues et exprime ses frustrations ou ses désirs en se regroupant en différentes castes : Il y a les révoltés nostalgiques à tendance nationaliste comme mes camarades punks (qui détestent la Russie). Il y a les nouveaux riches, cheveux courts et dents longues, qui arborent leurs Adidas sur coussin d'air (ennemis de la plèbe). Il y a des rockers aux cheveux longs et à l'âme nordique. Et puis, que sais-je encore, des bandes de jeunes.

Arrivés à la salle des concerts aucun de mes camarades n'a suffisamment d'argent pour payer sa place. Le prix d'entrée est de 5 Litas (7,50 F), assez cher pour un jeune Lituanien (un salaire mensuel moyen est de 250 F). La combine consiste à gratter quelques litas parmis ses amis plus riches (moins pauvres). Mais leurs “amis” ne se bousculent pas au portillon. La séance commence et nous sommes encore dehors.

Je me propose de les aider financièrement, mais leur fierté leur inspire de refuser. Alors, tout en négligeant leur raillerie qui me fait passer pour un affreux capitaliste occidental, j’achète dix billets pour le concert et les distribue à ceux qui sont disposés à renoncer à leurs principes pour la vitalité assourdissante des décibels et du spectacle. Beaucoup accourent !

Dans la salle, la musique rock alternatif, rythmée par les sons des cuivres du groupe local “Bix”, secoue le devant de la scène dans un semblant de pogo. Les lituaniennes sont éblouissantes de fraîcheur et de naturel. Elles ont un visage particulier, aplani, calme, dont la grâce et la sérénité tranchent curieusement avec l’ambiance enfiévrée de la piste.

Le concert touche à sa fin. Paulius le desperado, mon hôte, s’est battu. Son arcade sourcilière droite pisse le sang. Il crie vengeance. Survolté par l’alcool, il sort son couteau et veut faire la peau à son ennemi d’un soir. Mais le rival de Paulius, plutôt que de défendre son honneur (ou se faire percer les boyaux) a pris avantage de la nuit pour s’éclipser.

Nous nous retrouvons par petits groupes dans les rues calmes et sinueuses des vieux quartiers. Après quoi, nous rentrons par le dernier trolleybus, les tympans à vifs, la bouche pâteuse, affalés sur des sièges usés qui dégagent un délicieux parfum de caoutchouc.

*

Je reste 5 jours chez Paulius. Il a 19 ans, c’est un footballeur professionnel qui joue en défense dans l’équipe de deuxième division de Vilnius. Sa mère, élégante et sympathique, est vendeuse dans un magasin de meubles et se fâche systématiquement devant l’allure de voyou de son fils. Mais derrière l’aspect provocateur de Paulius se cache en fait un jeune homme intelligent et très féru d’histoire.

Ce dimanche il me fait visiter la cathédrale où le pape a célébré une messe quelques jours auparavant, le 4 septembre 1993. C’était la première visite du pape Jean Paul II en Lituanie, un pays slave où réside une population catholique à 80%. Ensuite nous visitons l'église Sainte-Anne. Pendant la campagne de Russie, Napoléon a envisagé de la faire transporter, pierre par pierre, à Paris, comme souvenir. Cependant après la *Bérézina* il avait d'autres soucis que de rapporter des cailloux dans ses bagages !

En attendant qu'une agence de voyage s'occupe de mon visa russe, je visite un collège. Le manque de discipline qui règne dans la classe cadre mal avec leur réputation d'être les mieux scolarisés de tout l'empire soviétique. D'ailleurs, depuis peu, ils ont remisé au placard leur uniforme d'enfant modèle, et troqué la petite étoile rouge pour celui d'une ceinture noire de karaté (Staline détrôné et mis K.O. par Bruce Lee !)

Paulius m'entraîne ensuite dans la rédaction d'un journal national, le *Lietuvos Rytas*, qui fait un papier sur moi dans le cadre de la rubrique « Un homme et la météo » ! Je suis photographié avec un parapluie en compagnie de Vetsca. Le texte, écrit en caractère latin (pas en cyrillique comme en Russie), se termine avec le dicton du jour « *Serge'as Leretas, keliaudamas aplink pasauli...* » (la signification, probablement vraie, m'échappe encore). Aujourd'hui les gros titres du journal sont faits sur « Les 385 espèces de champignons comestibles dans nos forêts ». Manifestement les lituaniens sont d'humeur champêtre.

Pourtant la population ne manque pas de sujets de préoccupations. En effet, depuis son indépendance, la Lituanie, comme les autres pays baltes, se retrouve isolée et doit subir de plein fouet les pressions exercées par son imposant voisin. En dépit d'un retour aux sources confirmé par l'élection à la présidence de l'ancien secrétaire général du parti communiste, les Lituaniens doivent faire face aux mesures économiques draconiennes prises par le nouveau gouvernement. Des mesures qui ont des conséquences graves sur l'approvisionnement énergétique. Dans les logements collectifs, par exemple, les habitants ne disposent du chauffage et de l'eau chaude qu'une semaine sur quatre. Je suis d'ailleurs tombé sur une semaine de restriction qui m'empêche de prendre une douche chez mon hôte. Alors Paulius me propose d'aller chez une amie qui a la chance d'être dans la bonne semaine. Cela se pratique souvent, les Lituaniens s'invitent les uns chez les autres : « venez donc dimanche avec votre femme prendre une douche à la maison » !

Lorsque nous arrivons chez son amie, Paulius, qui doit passer chez le dentiste, me laisse seul en sa compagnie. Un peu troublée d'abord (c'est la première fois qu'un étranger débarque chez elle à l'improviste pour se servir de sa baignoire) elle me fait visiter son appartement. Très vite elle se détend. Avenante, elle me prépare des saucisses d'une étrange manière (elle les fait cuire dans le sens de la hauteur !) Puis elle met à ma disposition le matériel nécessaire au grand nettoyage mensuel : Savon, Shampooing, Serviette. Les trois "S" magiques du pédaleur errant (ne pas confondre avec *Sea, Sex and Sun*).

*

Jeudi après-midi, après cinq jours d'attente, j'empoche mon visa russe. C'est un document séparé du passeport, valable un mois et comportant plusieurs feuillets avec une indication précise de l'itinéraire emprunté. Le visa doit être tamponné (visé) dans chaque ville étape. Pour fêter ça, j'achète un gâteau et du champagne italien (?) et passe cette soirée d'adieu en compagnie de Paulius, le punk anglophile, et de sa mère devant la télévision à visionner le dernier épisode incompréhensible de la série culte américaine *Twin Peaks*... Drôle de monde en kaléidoscope où toutes les cultures s'entremêlent.

17. TRISTE TROTTER

Vendredi 17 septembre. Date fatidique d'une longue étape, Vilnius-Moscou : 17 jours de cheminement, 1 034 kilomètres au cours desquels je vais endurer de grosses difficultés climatiques, techniques et morales. Une progression lente vers cette ville qui amorça la chute de Napoléon et résista vaillamment aux armées d'Hitler. Moscou ne se livre pas, Moscou ne s'offre pas, Moscou se mérite. C'est donc requinqué par cinq jours de repos que je me dirige plus au nord vers la Lettonie pour ensuite bifurquer plein est vers la Russie. En dépit de la pluie, la température est clémente (11 °C) et annonce un début de voyage prometteur.

Sur un vélo le temps s'écoule lent et lisse. Les jours s'effacent pour ne former qu'une seule unité, une étape, où les nuits sont comme de brèves respirations au milieu d'un long monologue. La route raconte des choses à l'écart de ce qui se passe dans le monde, loin des turbulences et des préoccupations internationales.

A midi, assis sur le bas-côté d'un chemin, je croque un trognon de pomme, lorsque trois grosses berlines aux vitres teintées s'immobilisent devant moi. A peine ai-je eu le temps de planter Vetsca en position d'attaque qu'un homme s'éjecte de sa Mercedes Benz. Il a un coffre imposant, une vieille barbe rembourrée, un costume au gabarit, et lève les bras au ciel en criant sa joie démesurée :

– *Mister cyclist ! You're mister cyclist ?*

Sur ses talons accourt une cohorte d'endimanchés ravis de reconnaître le Français dont ils ont lu les exploits cyclo-météorologiques dans le journal. Parmi cette belle brochette de la nomenklatura lituanienne, réunie pour célébrer la communion de leurs enfants, un homme équipé d'une caméra vidéo me filme pendant que le patron d'une grosse distillerie de bière me remplit les poches de bonbons fourrés au chocolat fabriqués dans la ville de Kaunas. Il veut que l'on soit photographiés ensemble,

« pour la publicité » dit-il « pour vendre plus de bière ! ». Est également présent le fameux soliste basse de l'opéra de Vilnius : M. Prudinov. Il me laisse sa carte, au cas où... (*Never mind the baroque !*)

Il y a des routes coupées du monde et de sa frénésie, des routes qui filent au milieu de contrées immuables, étranges et vaporeuses.

A l'aube, dans une clairière, assis sous l'auvent de ma tente, je touille mon café avec un croûton de pain, lorsqu'une grosse vache à la peau tachetée s'immobilise devant moi. A peine ai-je eu le temps d'attacher Vetsca au piquet qu'un paysan glisse hors des fourrés. Il a une silhouette chétive, un visage parcheminé, et un costume en guenille. Il porte à bout de bras un petit tabouret et s'approche en silence dans la brume matinale. Dans son dos un troupeau de quatre bovidés broute avec insouciance l'herbe épaisse et grasse couverte de rosée. Le fermier me dit quelques mots dans sa langue natale que je ne comprends pas. Mais ses intentions sont limpides comme de l'eau de vie. Il prend ma gamelle, s'installe sous sa vache, et tire sur les mamelles élastiques. Dix minutes plus tard il me rend ma gamelle pleine de lait fumant et mousseux. Il ne veut pas accepter mon argent. Sa générosité spontanée me laisse un souvenir impérissable : le goût du lait fort et de la verdure.

Il y a des routes ordinaires, celles qui ne sont qu'un simple murmure dans l'espace, un filet d'asphalte entre ciel et terre, se fondant, par temps de pluie, dans une grisaille propice à de mélancoliques digressions.

Ça commence toujours comme ça : le matin dans le brouillard, sous les arbres qui frémissent dans la brise, je m'étire hors de ma tente, frissonnant, et à peine éveillé. Embourbé jusqu'aux chevilles, dans le sol gras et spongieux, j'essaie, par de petits exercices d'assouplissement, de réchauffer mes muscles engourdis. Mais ils m'attendent, ils sont là, des centaines, des milliers à vouloir goûter du pédaleur errant. Les moustiques nordiques sont d'autant plus voraces qu'ils ne disposent que de quelques mois pour assurer la survie de leur espèce. Le seul moyen d'échapper à l'assaut de leurs piqûres est de prendre refuge sous la tente.

Mais avant, hélas, poussé par un besoin impérieux, il faut que je m'accroupisse dans les fougères chatouilleuses, livrant, par la même occasion et sur un plateau, deux morceaux de choix aux moustiques impitoyables. Vetsca est toujours étonné de me voir dans cette position burlesque en train de battre l'air, de grommeler et de me frapper les fesses !

Plus tard, de retour sur la selle, je me déhanche nerveusement à la recherche d'une position idéale, mais c'est difficile, j'ai la varicelle du postérieur !

Il y a des routes qui sont comme des nervures, des vaisseaux qui apportent un peu de vie à la forêt moisissante, et qui, avec les sillons innombrables des rivières et des ruisseaux, suffisent à cloisonner en petits mondes secrets ces vastes étendues marécageuses.

Sept jours déjà que je sillonne les pays baltes. J'ai le moral mou, le cerveau poreux, les épaules lourdes, et les yeux qui bavent dans l'ombre de la route. Ça devient long et ennuyeux parce que mes seuls contacts avec la population sont en fin d'après-midi lorsque je vais soutirer un peu d'eau dans les fermes isolées. Les *moujiks* qui n'ont probablement jamais vu d'étrangers depuis l'invasion de l'armée allemande ne se montrent ni surpris ni apeurés, mais d'une réserve déconcertante. Pendant qu'ils me servent leur eau, puisée dans un puits commun et stockée dans de grandes jarres métalliques, j'entrevois l'intérieur modeste et calfeutré de leur *isba* faite de planches vermoulues à moitié rongées par le froid. Ils me servent en silence, sans poser de questions, comme accablés par un devoir.

Après quoi, les ayant remerciés à coup de *spassiba balchoïé*, je retourne mouliner sur la route, interminablement droite, qui traverse des embryons de forêts et des bouquets de bouleaux noyés dans la vase. Peu à peu l'esprit des eaux pénètre mes entrailles. Mes vêtements, que je ne lave jamais et qui n'ont pas le temps de sécher, me collent à la peau. Je deviens un torchon de boue, un haillon de pourriture. Une masse d'humidité et de crasse végétale finit par s'infiltrer insidieusement sous mes vêtements, gagnant les plissures de la peau, transformant la sueur en moisissure bleuâtre et mon membre viril en vieux ballon dégonflé, fripé, flasque, ratatiné, inutilisable.

Il y a des routes semblables aux bureaux des écoliers, le bois griffé et recouvert de vieux chewing-gums endurcis. En Russie, comme dans les pays baltes, le chewing-gum des routes ce sont les pelletées de bitume de médiocre qualité qui servent à reboucher les nids de poules et autres éraflures de la chaussée. Les monticules ne sont jamais aplanis par un rouleau compresseur (juste quelques coups de pelles donnés par de misérables femmes ouvrières). Au fil des années de "remise en état" la route, telle la peau d'un lépreux, se boursoufle par petites plaques de couches successives. Conséquence : plus la route est entretenue moins elle est praticable !

Le poste frontière entre la Lettonie et la Russie se réduit à la plus simple inexpression d'une pitoyable baraque en bois. Cependant, derrière l'unique et fragile barrière, un officier des douanes scrupuleux, qui a terminé d'éplucher mon *paspart*, réclame les papiers de vaccination pour Vetsca. Cette fois-ci je suis en règle (j'ai fait vacciner Vetsca en Hongrie). L'officier constate que le carnet de santé international a été dûment griffé. Il nous fait payer une taxe sanitaire de 1 $ (pour le chien), puis il nous laisse crapahuter à notre guise sur le territoire immense de l'ex-Union Soviétique.

Il y a des routes, comme en Russie, qui évitent systématiquement les villes et les villages. Pour me ravitailler je dois faire des crochets de 10 à 20 kilomètres. Sinon, à chaque croisement de route - tous les 50 kilomètres environ - surgit, autour de l'arrêt de bus, une baraque de chantier, ou un container qui sert de kiosque d'approvisionnement pour les routiers. Mais ces petits commerces privés n'ont guère plus à offrir que des cigarettes, des barres de chocolat et de la boisson gazeuse. Parfois à leurs côtés, emmitouflées derrières des étals, des *babouchkas* (vieilles femmes) vendent des pommes et du lait. En dehors de ces vendeuses inertes et des routiers toujours sur la brèche, il n'y a rien d'autre à voir d'humain que des militaires. Affublés de longues capotes kaki et d'impressionnantes casquettes plates, ils attendent sur le bord de la route le passage d'un convoi blindé, qu'on voit jamais !

Comme en Roumanie et en Bulgarie je me retrouve confronté au nombre réduit de commerces et à la pénurie de certains produits de base. Les magasins (*Magazine* en russe) avec leur grille imposante et leurs lourds rideaux couleur poussière, donnent davantage l'impression de prison, tandis que l'absence d'enseigne tape à l'œil (je m'aperçois que la faucille et le marteau ne désignent pas obligatoirement le maréchal-ferrant) m'oblige à entrer dans la boutique pour savoir ce qu'on y vend. Souvent il n'y a rien à vendre, et c'est normal, ou alors, comme cette fois où je suis rentré dans une petite épicerie, je trouvais des étagères pleines à craquer. Hélas, tous les bocaux se révélèrent identiques. Pour le plaisir d'acheter j'aurai pu en prendre un, mais ce jour-là, je n'avais aucun besoin de moutarde !

Mais parfois, lorsque les ménagères russes sont alignées dans une queue avec leur filet à provisions à la main (un *avoska* : litt. « au cas où ») on peut être sûr qu'il y a quelque chose d'intéressant au fond de la boutique. Lors de ces longs moments d'attente et de recueillement il me semble assister à une procession de communion à l'église tant le silence est pesant et l'ambiance austère. Il faut payer à la caisse centrale avant de pouvoir retirer sa marchandise. Les vendeuses se servent d'un boulier-compteur (un abaque). Quand je leur demande le prix de ma miche de pain (fort délicieux par ailleurs, comme la charcuterie et les conserves de poisson) pour toute réponse elles me désignent l'enfilade de petites boules en bois, mais je ne comprends rien à leur système moyenâgeux. Je sors au hasard mon argent. Toutes les pièces qui sonnent sur le comptoir (des *kopecks*) se ressemblent et les billets (des *roubles*) sont si simples qu'il y en a, paraît-il, beaucoup en photocopie couleur qui circulent.

C'est dans un lit ou sur la route que le taux de mortalité de l'homme est le plus élevé. J'ajouterais même que pour un pédaleur errant, continuellement à la merci d'un chauffard, les chances de mourir écrasé sur le bitume l'emportent sur celles de succomber dans son duvet d'une crise cardiaque. Surtout en Russie où l'état des véhicules est à l'image du réseau routier : dangereusement déplorable !

Ce matin, par exemple, apparaît, bondissant sur la chaussée et à contresens, une roue d'automobile. Je l'évite de justesse et la regarde ahuri, rouler sur le côté. L'explication déboule derrière : un automobiliste paniqué et accroché au volant d'une espèce de traction soviétique essaie de redresser la situation en faisant zigzaguer son véhicule sur trois roues (la quatrième vient de passer). L'essieu arrière gauche est amputé et traîne son moignon sur le bitume dans un jaillissement d'étincelles et un déchirement métallique. Les freins aussi doivent être hors d'usage, car la vieille détraquée, emportée par son élan, va terminer ses pitreries dans le fossé !

Après cette franche partie de rigolade je reçois une terrible claque climatique. Car jusqu'à présent, en dépit de l'humidité, le climat a été plutôt favorable, mais le vent du nord, qui annonce un hiver précoce, s'est levé. Le vent froid me prend de profil. Plus léger qu'un roseau je valse sur la route. Il pleut. Le ciel devient blême et la pluie se change en neige. Le froid, âpre et cinglant, part à l'assaut de mon corps. Mes mains bien emmitouflées résistent. Mais les extrémités de mes pieds, affaiblis par des chaussures déchirées, sont durement touchées. De mes yeux, flagellés par le froid et troublés par les verres de mes lunettes barbouillés de déjections boueuses, je devine à peine les silhouettes crachotantes des camions. Ils surgissent de nulle part, par-devant ou par-derrière, fusant à travers la plaine comme d'énormes mammouths enragés et barrissants, et ballottent mon frêle équipage dans une houle glaciale, me projetant plus d'une fois sur le bas-côté, à la limite du fossé, de l'accident, tout droit vers la fin prématurée d'une grande et glorieuse aventure.

Etourdi, le visage ankylosé et fardé de boue, je fais halte devant une maison isolée dans l'espoir d'obtenir un peu d'eau et de réconfort. J'y suis accueilli par un jeune paysan simplet, le visage fendu d'un sourire goguenard (c'est suspect). Je lui dis «*voda*?» (eau), il me répond « *da* ! » (Oui) J'attends deux minutes mais il reste planté là. Je répète « *voda* ? » Il répète « *da* ! » Bref, il n'est pas contrariant mais pas très actif non plus, il ne veut rien me donner. Peut-être me prend-il pour un fou ?

Je repars bredouille, en songeant que pour une fois j'ai eu tort d'adhérer à cette vilaine habitude qui est de toujours attendre le dernier moment de la journée pour me ravitailler. Ainsi, ayant fait chou blanc et gaspillé de précieuses minutes en compagnie de ce jeune moujik, je suis surpris par l'épaisseur brumeuse et basse du ciel qui tombe rapidement sur la steppe. La nuit court à ma rencontre, mes bidons sont vides, et aucune autre habitation ne se profile dans la pénombre.

A vrai dire cela me permet d'utiliser pour la première fois mon purificateur d'eau que j'ai récupéré en Norvège. A la nuit close, près du bivouac, je casse la glace envasée et verse l'eau croupie à l'intérieur d'un sac plastique dans lequel je laisse baigner mon cylindre en céramique. L'eau est absorbée et filtrée à travers des pores microscopiques puis entraînée et recueillie au goutte à goutte dans un bidon. Une heure plus tard je trempe mes lèvres dans le liquide vaguement sale et jaunâtre. L'eau a mauvais goût, mais l'essai est concluant, je tombe très peu malade !

Cc soir, les mains derrière la tête, allongé sur mon matelas en mousse polyuréthanne, j'écoute les flocons de neige saliver sur la toile de tente. Comme d'habitude j'essaie de revoir le film de la journée avant d'épancher par écrit l'étendue catastrophique de ma situation (activité favorite des aventuriers qui tirent un plaisir jouissif dans l'exhibitionnisme complaisant de leurs souffrances et dans l'exagération de leurs épreuves). Lorsque, consternation ! J'aperçois mes pieds bleu-violacé et figés par le froid (exhibitionnisme). D'ailleurs le reste de la nuit est un épouvantable cauchemar. J'ai négligemment installé mon bivouac dans une ornière bourbeuse. Pendant mon sommeil, la fondrière, grossie par les précipitations, devient pire que le lac Baïkal en hiver (exagération). L'eau glacée inonde l'intérieur de mon igloo, imbibe les plumes d'oies de mon duvet et transforme mon organe reproducteur en crevette congelée (fixation d'ordre sexuel et surenchère dans l'exhibitionnisme !).

Edmond Rostand disait : « C'est la nuit qu'il est beau de croire à la lumière. » Pour ma part je préfère attendre le lever du jour pour y voir un peu plus clair. Mais peine perdue - vous connaissez le refrain - mon départ le lendemain matin dans le brouillard givrant, la peau des mains collée au métal brûlant du vélo en essayant de sangler mes sacoches et d'oublier la douleur de mes pieds bleus dans les chaussures crevées qui trempent dans la vase... Vetsca est également gadoue. Il s'est blessé la patte arrière gauche sur un éclat tranchant de glace. Pour me suivre il doit boitiller sur trois pattes, tombant dans la boue glacée, se relevant un peu plus loin, clopin-clopant, à force de persévérance, sans jamais glapir ni geindre. J'imagine la photo et le sous-titre dans un journal à sensation : « Le courage et la fidélité indéfectible de l'animal face à la terrible obstination de son maître. »

Décimée par le froid précoce, harcelée par les cosaques, l'armée de Napoléon devait perdre plus de 600 000 hommes sur les 700 000 qui participèrent à la campagne de Russie. Quant à moi ce matin-là, les muscles fessiers serrés sur la selle, les mains crispées à la barre de mon guidon, ma Bérézina c'est ma pédale gauche qui se bloque net. Impossible de la faire tourner. Les roulements sont grippés par des particules de boue et le manque de graisse. Alors, je pédale comme un estropié en n'utilisant qu'une seule pédale. Pendant une fraction de seconde je songe à tout abandonner. Et puis zut ! Merde alors, quoi...

Cependant, en désespoir de cause, je mets du beurre demi-sel dans les rouages. La pédale se débloque, pas toujours, mais de temps en temps, par intermittence, suffisamment en tout cas pour continuer à pédaler, car ce qui compte avant tout c'est de pédaler, d'appuyer d'arrache-pied sur les pédales et de ne penser qu'à une chose, comme une sorte de salut, de point de mire, de phare... Arriver à Moscou. Et rien d'autre.

*

Comment ai-je pu supporter cette épreuve supplémentaire ? Comment trouvais-je la force morale nécessaire à vouloir terminer sur la selle une si longue étape ? Comment mes pieds gorgés d'eau et mordus par le froid purent-ils pédaler jusqu'au bout ? Par quelle surhumaine énergie Vetsca a-t-il pu continuer à aimer son maître ? Nul ne saurait le dire. Quoique, en notre faveur, la chance elle aussi a fini par tourner : deux jours plus tard, le vent est tombé, le mercure du thermomètre est remonté au-dessus de 0 °C, et enfin, le *3 octobre 1993*, nous sommes arrivés, la pédale grinçante, abrutis et tout terreux, dans la tourmente de Moscou.

18. MOCHE COUP !

J'ouvre rapidement la voie à travers les faubourgs, comme si l'agitation de la ville eut manqué à ma santé, respirant à pleins poumons cet air vicié que distillent, dans cette belle matinée du dimanche, les tuyaux d'échappement des autobus.

En quelques coups de pédales je plonge dans les ruelles sombres et inquiétantes des bas quartiers. Je découvre des immeubles délabrés en briques rouges, et de vieilles bicoques en bois délavé, perdues au milieu de terrains vagues où reposent dans des flaques d'huile des carcasses de Lada rouillées. Des groupes d'immigrés noirs et asiatiques, emmitouflés dans de grosses vestes grises, boivent de la vodka près des kiosques débordant de bric-à-brac (alcool, chocolat, shampooing). Des ménagères attendent d'antiques tramways brinquebalants qui sillonnent les rues défoncées. Des marchands de fleurs ou de pastèques venus du fin fond de l'Azerbaïdjan et appuyés contre des palissades en béton placardées d'annonces commerciales, écoulent leurs marchandises à la sortie du métro. Tout cet ensemble forme une curieuse mosaïque de bâtiments et d'individus diversement déprimants, qui s'encroûtent dans cette capitale aux allures de gros bourg.

Cette bouche de métro, c'est la station de Novosloboskaia, cette ville, c'est Moscou, cette journée, c'est un dimanche pas comme les autres, et cet homme perché sur sa bicyclette, les mollets endurcis, le front songeur, qui cherche vaguement une adresse dans les ruelles de la vieille cité moscovite, c'est moi !

*

Préoccupé par mes petits problèmes d'orientation, je ne me doute pas que derrière tous ces visages fermés se cache en fait une inquiétude peu ordinaire. Depuis quelques jours une onde de choc a secoué la capitale. Les nostalgiques du communisme, les extrémistes, les laissés pour compte et tous les mécontents qui voient leurs conditions de vie s'aggraver, en ont par-dessus la patate des réformes de Boris Eltsine. Poussés par les parlementaires, qui se sont eux-mêmes mutinés contre « l'enfant terrible de la Perestroïka », ils sont descendus dans la rue prêts à en découdre avec les forces de l'ordre, réclamant plus de nourriture, plus d'ordre, plus de dictature...

Le conflit couvait depuis quelques semaines déjà. Les députés conservateurs, conduits par le président de la Maison Blanche Rouslan Khasboulatov et Alexandre Routskoï, en profond désaccord avec le président Boris Eltsine à propos d'élections anticipées, se sont retranchés dans la Maison Blanche. Alors que les négociations semblaient sur le point d'aboutir, les manifestants, armés de fusils, se sont heurtés avec violence à la police. Puis, emportés par leur fougue révolutionnaire, ils ont occupé la mairie de Moscou. Les partisans de Boris Eltsine sont descendus à leur tour dans la rue, tandis que l'armée qui est appelée en renfort (par qui et contre qui ?) attend dans les casernes avant de savoir quelle partie massacrer.

Ceci étant, je suis loin d'imaginer ce qui se trame au coin de la rue. Les affrontements, bien que violents et meurtriers, sont discrètement localisés. On s'entre-tue à deux pas d'ici, mais je suis, comme la majorité des Moscovites, accaparé par des préoccupations plus terre à terre, ignorant tout des coups de feu et des cris de guerre couverts par le brouhaha de la vie quotidienne.

Mon problème c'est que personne ne connaît la rue où je dois me rendre. Cette adresse m'a été donnée par Miron Tudor, architecte roumain à la retraite rencontré à Bucarest. Après deux heures de vaines recherches entre le stade Dynamo et le musée Dostoïesvki dans la banlieue nord de Moscou, je décide de téléphoner à mon hôte et de lui fixer un lieu de rendez-vous. Hélas, à l'autre bout du fil, le Moscovite balbutie à peine quelques mots de français. Je lui répète sans cesse le nom de la station de métro où je me trouve dans l'espoir qu'il vienne m'y chercher. Mais, après plus d'une heure d'attente il n'apparaît toujours pas. Peut-être a-t-il peur de se faire tirer dessus ?

C'est alors que je rencontre un couple d'ingénieurs californiens qui ont fui les champs pétrolifères de la Géorgie. Cette ancienne province soviétique est également en proie à une soudaine montée de violence. Les troupes de Zviad Gamsagourdia (ex-président) se retrouvent à nouveau en guerre avec celles d'Edouard Chevardnaze (manifestement en Russie le mois d'octobre est propice aux rébellions armées.) Les deux Américains, pressés de regagner leurs pénates, bénéficient des conseils d'un traducteur géorgien. Celui-ci tombe à pic. Il téléphone à mon hôte et lui demande, au nom de la solidarité fraternelle des peuples, de venir à mon secours.

Une demi-heure plus tard, de la bouche du métro, sort M. Raou Voinea, un immigré roumain de petite taille, la soixantaine, vêtu d'un imperméable en gabardine, un foulard en soie discrètement noué autour du cou, et le visage dissimulé à l'ombre de son chapeau de feutre gris. Il me salue d'un hochement de tête imperceptible, presque sans un mot, sans un geste.

A voir son allure de petit père tranquille, je le verrais facilement dans la peau d'un comptable, méticuleux, soigné, qui consacrerait volontiers sa vie à la perfection mathématique d'un compte de bilan. Mais peut-être que ce regard inquiet et cette absence manifeste de curiosité à mon égard traduisent une volonté d'adopter un profil bas, une attitude empreinte de prudence et de réserve, comme un simple calcul d'intérêts : moins il en sait sur mon compte, plus il est à même d'éviter de futurs ennuis. Ce comportement, probablement dû à une réminiscence des années noires du communisme, est d'autant plus justifié que M. Voinea n'a pas - contrairement à ce que je pensais - été prévenu de mon passage par Miron Tudor qui par ailleurs lui est également inconnu !

Bref, je pénètre dans sa vie comme une épine dans un pneu ; je surgis inopinément du fin fond de l'ouest décadent sur une bicyclette sale et surchargée ; je suis un étranger à l'allure équivoque, qui, par quelque effet du hasard incompréhensible, a eu son adresse et qui insiste à vouloir être hébergé chez lui en période de trouble ! Cela ébranlerait la confiance de n'importe qui. Pourtant, tout est tellement farfelu que cela le laisse curieusement démuni, comme si les soupçons et l'inquiétude devaient exiger une explication rationnelle. Alors, au bénéfice du doute et pour ne pas laisser un compatriote immigré dans l'embarras, il accepte de m'héberger.

Le soir, confortablement installé dans l'appartement rempli de cactus de M. Voinea (qui - mea-culpa - n'est pas comptable mais agronome), j'essaie de l'intéresser lui et sa femme à mes tribulations. Mais son esprit est ailleurs. Il fait les cent pas devant son téléviseur. Très nerveux, il avale à tour de bras des comprimés, et suit avec une grande anxiété le déroulement de la rébellion armée. La tension semble avoir monté d'un cran. Les bandes armées ont pris possession de plusieurs points stratégiques. La situation est anarchique, indécise et seule l'intervention de l'armée peut faire basculer les événements dans un sens ou dans l'autre.

Cela ressemble à une manifestation qui a dégénéré en règlement de comptes entre deux opposants politiques. Les parlementaires russes peu habitués aux frustrations de la démocratie ont voulu renforcer leurs arguments à coups de mitraillettes. Mais, comme d'habitude, les choses vont se jouer en coulisse, dans l'ombre, dans les couloirs, dans une villa... On ne sait jamais où se décident ces choses-là. Les apparatchiks avancent et reculent leurs pions. Un jeu d'échecs auquel le peuple russe est habitué.

Soudain nous entendons un coup de canon fracassant. Nous accourons près de la fenêtre et voyons distinctement de la hauteur de notre septième étage, niché dans un creux du faubourg, une lueur rougeâtre qui monte de la tour de la télévision.

Quelques minutes plus tard, comme un va-et-vient entre la réalité et la fiction, nous retournons devant le téléviseur. Un présentateur, le front couvert de sueur, lit précipitamment les dernières dépêches concernant l'attaque subite qui vient d'être lancée contre son bâtiment. Ca c'est du direct ! J'imagine les commentaires :

– Mesdames, messieurs, les insurgés ont envahi le plateau N°1... C'est la bousculade... L'un d'eux se jette sur le cameraman, et...

Coupure. La vedette, prise dans le vif de son sujet, disparaît derrière un écran noir. Les plombs de la chaîne ont sauté et toutes les émissions nationales diffusées à partir de Moscou cessent brutalement.

La panique s'empare de mes hôtes. M. Voinea qui a le cœur fragile et un faible pour Boris, avale un tube entier de cachets.

Seule la télévision de Saint-Petersbourg fonctionne encore et diffuse des informations confuses et contradictoires.

Avant d'aller me coucher (ce retour chez les hommes est bien fatigant) je descends Vetsca pour sa promenade du soir. Les rues du quartier sont désertes et singulièrement calmes. Et pour cause : l'état d'urgence a été décrété à Moscou et les Moscovites doivent rester barricadés chez eux en attendant la tournure des événements.

Vetsca quant à lui est aux anges. Il renifle les pieds des réverbères imprégnés des odeurs alléchantes de la ville. Cependant, quelque chose vient parfois troubler sa séance de dégustation. A l'arrêt, la truffe en l'air, il se demande ce que peuvent bien être, dans le lointain, ces coups de feu sporadiques qui criblent le silence de la nuit.

*

Les canons finissent par se taire. Pendant la nuit le rapport de force a joué en faveur de Boris Eltsine. La plupart des bandes armées ont été maîtrisées et seules celles qui restent dans la Maison Blanche résistent toujours. Très curieux de savoir à quoi peut ressembler une révolution, je laisse Vetsca dans l'appartement, et pars m'aventurer au centre de la poudrière moscovite.

C'est un réel plaisir de voyager à l'abri d'un coup d'Etat et des balles perdues en empruntant le plus beau métro du monde. Je marche sous des lustres en cristal, entre des piliers de marbre et de superbes sculptures. Chaque station avec ses vitraux illuminés est une œuvre d'art. Le réseau moscovite est non seulement l'un des plus beaux et plus grands au monde mais aussi le plus économique (six centimes le jeton en plastique jaune transparent). Cependant, en ce lendemain de rébellion, le service est perturbé et de nombreuses stations sont fermées.

Le temps de contourner les points chauds en zigzaguant à travers le réseau, j'émerge sur la rue Gorki, laquelle, bordée de magasins de luxe, est considérée par les Russes comme la plus belle artère de la capitale. Mais ce jour-là, les marchands de poupées gigognes, de caviar, de balalaïkas, de samovar, de boîtes laquées, de chapkas, de fourrures, de Christian Dior et de MacDonald's ont été contraints d'abaisser les stores métalliques de leur boutique, et l'avenue se dévoile sous un tout autre aspect.

De bout en bout, des remorques renversées, des amoncellements de chaises, de meubles et de morceaux de ferraille lui donnent des allures de révolution. Deux engins blindés verrouillent la rue. Les forces populaires, des miliciens déterminés au visage râblé, armés de barres de fer et de matraques, ont improvisé des feux de camps à proximité des barricades. La foule est rassemblée sur la place des Soviets sous la statue équestre de Iouri Dolgorouki (le fondateur de Moscou) recouverte de drapeaux aux couleurs russes : blanc, bleu, rouge. Derrière trône l'imposant bâtiment du Soviet Suprême. Du premier étage, une poignée d'officiers militaires, à l'instar de Lénine qui s'est maintes fois adressé aux ouvriers du haut de ces balcons, appellent au calme et à la réconciliation.

Je passe à l'hôtel Intourist (l'hôtel réservé aux étrangers) pour essayer de changer des dollars. A l'entrée je suis sévèrement contrôlé par deux armoires à glaces patibulaires. Pas étonnant, à l'intérieur c'est le sauve-qui-peut général. Les touristes, qui encombrent le hall, ont l'impression désagréable d'être tombés dans une souricière sans avoir été prévenus par leur agence de voyages. Ils sont d'autant plus paniqués que leur assurance ne couvre pas les frais occasionnés par les coups d'Etats. Vu ce désordre, je doute que le rouble soit encore convertible. Il ne l'est plus.

Je m'empresse de quitter cette ambiance un peu trop «Titanic» et retourne musarder dans les rues du quartier. Mais là aussi on sent planer une atmosphère d'insécurité et de calme précaire. Les militaires sont quasiment absents du centre ville, regroupés ailleurs, autour des dernières poches de résistance. J'apprends que les affrontements les plus violents sont concentrés autour de la Maison Blanche. Je veux voir ça.

*

Pendant la nuit le siège a été renforcé autour de la Maison du Parlement, et ce n'est qu'aux premières lueurs du jour que la vingt-septième armée, appuyée par des blindés, a donné l'assaut. Je parviens à environ cent mètres de l'imposant édifice. Les flammes finissent de ravager les derniers étages. C'est le début de l'après-midi, Alexandre Routskoï et Rouslan Khasboulatov ont déjà été faits prisonniers, il ne reste plus que les derniers putschistes fanatiques, qui, sans espoir de vaincre, mènent une résistance désespérée.

Le quartier entier, cerné par des rangées compactes de militaires, est cadenassé par les blindés. Seules les nombreuses ambulances chargées de blessés sortent de l'enceinte et passent devant nous à vive allure, sirènes hurlantes.

J'essaie, plaqué contre les murs, d'avancer le plus près possible des barricades. Je réagis avec prudence aux moindres vibrations de la foule, progressant par petits pas, curieux, craintif, mais aussi, comme tout le monde, par goût du sensationnel, impatient de voir un peu de violence. Mais les militaires anti-badauds et extrêmement nerveux, nous tirent dessus. Les projectiles fendent la foule, traçant, comme par enchantement, un couloir de fumée et de cris. Je m'enfuis en courant, les yeux rougis sous l'effet des bombes lacrymogènes, crachant mes poumons dans les caniveaux. Leur saleté me fait également saigner du nez. Non, franchement, la révolution ce n'est pas mon truc !

Petit épilogue : Le bilan total des troubles, probablement sous-estimé, fera état de 142 morts. Les deux dirigeants du Parlement seront internés pendant quatre ans, puis remis en liberté surveillée. A ce jour (année 2000) ils font à nouveau partie des forces de l'opposition.

19. M. HULOT AU PAYS DES SOVIETS

Miron Tudor, qui a lui-même participé à la rébellion contre Ceaucescu, n'est pas de ceux qui se laissent impressionner par une petite révolte avortée. Son rêve est de se faire un nom dans la confrérie des pédaleurs errants. Or depuis qu'il m'a rencontré à Bucarest il se prépare secrètement au grand voyage et désire m'accompagner à vélo entre Moscou et Rostov sur le Don au sud de la Russie.

Nous sommes convenus de nous retrouver à la gare de Kiev le *8 octobre 1993* vers 17 heures. Mais c'était sans compter sur l'animation monstrueuse qui peut régner autour d'une gare soviétique. D'abord il faut franchir les vendeurs à la sauvette qui, placés en double file, forment une longue haie d'honneur que les Moscovites parcourent à la recherche d'un article introuvable ou moins cher. Puis on pénètre dans la cohue habituelle des gares : une cargaison hétéroclite de voyageurs, ahuris par la complexité de l'affichage, accablés par la fatigue et l'ennui, entassés dans de grands halls bourdonnants où viennent fricoter les rabatteurs d'hôtel, les chauffeurs de taxis, les receleurs de tickets, les pick-pockets, et toute une palette d'individus associés, selon une rumeur universelle, à des activités immorales totalement étrangères au trafic ferroviaire.

Je tournicote dans ce bazar pendant plus d'une heure avant de trouver mon nouveau compagnon. Sa silhouette longiligne se dresse au-dessus d'une poignée de camelots et deux chauffeurs de taxis qui rivalisent de bagou pour vanter les qualités de leur carrosse.

Nous tombons dans les bras de l'un de l'autre. Miron m'étouffe presque tant son accolade est forte et chaleureuse. Puis, préférant utiliser son vélo (je n'ai pas le mien) il décide de me rejoindre à la station de métro de Novosloboskaia.

Cinq kilomètres seulement séparent la gare de la station de métro. Cependant, après avoir lanterné dans l'obscurité pendant plus d'une heure et demie, je finis par me demander si mon ami roumain ne s'est pas égaré dans les faubourgs inextricables du quartier nord. Je pars à sa recherche en tramway, me perdant moi-même, puis le retrouvant par hasard, marchant à petits pas, plié en deux sur sa bicyclette. Epuisé physiquement, il m'annonce sans sourciller, qu'un ennui technique stupide l'a empêché de pédaler et qu'il a dû charrier son vélo à travers toute la capitale !

Miron Tudor, le cycliste qui marche, est un roumain pur souche de Bucarest. Il a 57 ans et possède quelques rudiments d'anglais et de russe. Architecte à la retraite, il compte, parmi ses glorieuses réalisations, la piscine de l'Hôtel Intercontinental de Bucarest et un hôpital pour handicapés en Libye. Sa nonchalance dégingandée, sa maladresse un peu comique, son allure longiligne, et les traits de son visage, évoquent irrésistiblement ceux de Jacques Tati (alias Monsieur Hulot).

*

Le lendemain, impatient de mordre dans le goudron, nous prenons congé de nos hôtes aux premières heures de la matinée. Bravant le flot du trafic qui encombre les larges avenues de Moscou, nous parvenons sur la place Rouge où Miron Tudor, mon oncle des Carpates, l'apprenti pédaleur, fier comme un cosaque sur son pur-sang, parade devant le Mausolée de Lénine. Derrière lui se profilent l'enceinte du Kremlin et l'étonnante floraison des clochers à bulbe colorés (forme inspirée des tiares patriarcales) de la fameuse basilique de Saint-Basil-le-Bienheureux. En ce jour de fête, Miron Tudor, la tête haute, et plein de panache se laisse photographier par les touristes admiratifs. Les vacances de Monsieur Hulot commencent dans l'allégresse et la bonne humeur. Le *Spoutnik* (« compagnon de voyage » en russe) est sur orbite.

Avant de quitter la capitale je passe à la poste centrale pour envoyer un colis vers la France. C'est toujours avec une certaine appréhension que je dois confier mon courrier et mes pellicules diapos à l'administration postale. A chaque fois je me pose la même question : vont-ils parvenir à destination ? (En fait pendant mes quatre ans de voyage un seul colis n'est jamais parvenu à bon port, il avait été envoyé d'Italie !)

Au guichet des vérifications la préposée fouille scrupuleusement le contenu de mon paquet. J'apprends alors que certaines choses ne peuvent pas être prises en charge par les services postaux soviétiques. Elle refuse mes pellicules diapos (sensibles aux rayons X), mes billets de banques (favorisant la fuite de capitaux), mes boîtes d'allumettes (inflammables), mes badges, etc ! Même ma bouteille de lait (vide) en carton tetra-pak est suspectée du pire par l'employée. Surprise de trouver un détritus à destination de l'Occident, elle brandit l'emballage au-dessus de sa tête et demande à son patron si les déchets soviétiques sont autorisés par la poste. Cela suscite - en même temps que ma honte - l'hilarité générale de ses camarades. Enfin, l'emballage est accepté et peut ainsi compléter ma collection rare et insolite de bouteilles de lait du monde entier.

Toute la matinée, Tudor et moi avons une indisposition gastrique aggravée due, sans doute, à l'absorption d'un morceau de viande que Miron a trimballé pendant trois jours dans ses bagages depuis la Roumanie. Résultat des courses : cela nécessite un relâchement toutes les heures. C'est d'autant plus gênant qu'une ville se prête assez mal à ce genre d'évacuation intempestive et fréquente. Par chance, je peux profiter des toilettes de l'hôtel Intourist, puis, à la poste, envoyer un colis par voie express sans passer par le bureau des vérifications !

Après quoi nous sortons du centre de Moscou, passant devant un de ces immeubles typiques de l'architecture communiste (l'hôtel Varchava) que Miron, en spécialiste, considère comme un des grands monuments de l'architecture contemporaine. Pour ma part je trouve qu'il n'aurait pas dénoté dans le décor cinématographique de *Métropolis* de Fritz Lang ou dans celui de *Gotham City*, la ville de Batman. L'enthousiasme de Miron est tel que sa régulation intestinale en est complètement bouleversée. Il saute de sa bicyclette et se précipite derrière la palissade d'un terrain vague. La mâchoire serrée il s'accroupit sous le pilier d'un pont. Devant lui se profile la silhouette pointue du gratte-ciel stalinien, au style compliqué et surchargé, lourd, terriblement lourd...

Enfin, vers midi, après avoir dépassé le boulevard circulaire, nous quittons les dernières cités satellites, et le bitume granuleux défile à nouveau sous nos pneus. Vetsca, effrayé par le tumulte du trafic, est saisi de tremblote et cherche à sauter hors de son panier. Je le retiens d'une main, surveillant du coin de l'œil Miron qui baguenaude derrière, plaqué entre deux Lada. L'infernale troïka est sur la route...

*

Le lendemain matin, alors que les premiers rayons tranchants du soleil hivernal s'infiltrent dans l'embrasure de ma toile de tente, une salve de cris me fait sursauter. C'est Miron, qui réagit sans retenue contre l'agression d'une vache vorace et xénophobe qui a commencé à brouter son duvet ! Sans ménagement, il boute l'animal hors de son bivouac, puis s'occupe d'une souris qui, elle, a profité de la nuit pour entamer une bonne partie de sa réserve de chocolat.

Ces affrontements matinaux avec les animaux sauvages de la Russie ne font rien de bon pour améliorer le moral de Miron. Car Miron s'est réveillé d'humeur maussade. Il n'a pu dormir que d'un sommeil intermittent, trop perturbé par les petites tracasseries qui lui sont tombées dessus depuis son départ : dysenterie fulgurante, un pédalier mal adapté qui l'oblige à monter les côtes à pied, perte de sa montre, pas de torche pour s'éclairer, pas de miroir pour se raser, pas de pommade pour ses fesses meurtries, etc. Il estime qu'il est insuffisamment préparé pour ce genre de périple. Complètement déprimé, l'apprenti pédaleur veut déjà tout abandonner.

– Continuons, lui dis-je, des avanies t'en verras d'autres.

Mais pour un architecte le constat est amer, les choses ne se déroulent pas comme il l'a planifié. En écho à sa désillusion, il marmonne qu'il va reprendre le prochain train pour la Roumanie. Cependant, son découragement et sa rage atteignent de tels niveaux que son esprit de raisonnement finit par flancher. Et lorsqu'il se tait, cela le laisse avec une étrange sensation de soulagement. Je n'ai plus besoin de lui dire : « Partons. »

Nous sommes partis.

La route s'étire devant nous à travers de vastes étendues de terre noire et grasse, le *tchernoziom*, une terre très fertile qui permet d'excellents rendements. Pas comme nous, qui progressons très lentement. De jour en jour le nombre de kilomètres va en diminuant : 62 km, 53 km, 43 km... De plus, nous pédalons toute la journée de 9 h 30 à 17 heures ce qui bouleverse mes habitudes. La plupart du temps j'attends Miron en haut des côtes. Imperturbable, il traîne les pieds à côté de son vélo. Je lui crie :

– Continue, Miron, continue...

Et il me répond en soufflant d'une voix rauque,

– *Serge, dangerous man, dangerous man* !

Aujourd'hui, parce qu'il pleut très fort et que Miron n'aime pas la pluie, il se réfugie dans une pelleteuse qui lui rappelle ses bons moments sur les chantiers. Il me fait signe de le suivre. Mais moi, agacé par notre régime à vitesse d'escargot et craignant d'être rattrapé par le froid sibérien, j'aboie mon couplet :

– Il faut continuer, Miron. Au diable les pelleteuses, t'en verras d'autres...

Alors, il sort de l'engin en me maudissant, puis tombe nez à nez avec le conducteur des travaux. L'ouvrier, qui le suspecte d'avoir voulu traficoter son outil de travail, le massacre du regard. Miron, méprisé pour méprisé, s'éloigne en traînant les savates et retourne pédaler sous la pluie battante en se couvrant la tête d'un sac plastique transparent. Car il faut continuer sous la pluie, tout entiers souillés par l'eau boueuse que charrient les innombrables camions. Miron, pour se donner du courage, fredonne un air du folklore carpatien, « Dracula, Dracula où pédales-tu comme ça... »

Plus loin, il s'arrête devant une de ces églises laissées à l'abandon par les communistes, merveilleuse ruine de l'architecture orthodoxe. Mais moi, incapable de ralentir, je poursuis mon chemin et le perds de vue. Beaucoup plus loin, beaucoup plus tard, tandis que je l'attends sur le bas-côté de la route le nez dans un livre, je le vois arriver, la mauvaise humeur peinte sur son visage, grommelant contre mon absence de curiosité.

Quand ce n'est pas une ruine, ce sont les ponts qu'il aime prendre en photo, ou alors c'est un monument aux morts dédié aux résistants de la Seconde Guerre mondiale habilement mis en valeur par un décor militaire. On y voit des chars éventrés foudroyés par des éclairs métalliques, des orgues de Staline alignés contre l'envahisseur, des Migs qui décollent presque à la verticale... Cependant le temps passe et je lui dis :

– Il faut continuer Miron, au diable les guerres, t'en verras d'autres...

A la fois agacé, impuissant et las de voir mon ami monter les côtes à pied, j'enfourche son vélo et monte une pente assez raide en feignant la facilité. Arrivé en haut de la colline, Miron très vexé, reprend sa monture et s'éloigne à toute allure en fulminant et en criant :

– Oui, bien sûr, c'est moi qui ai le meilleur vélo... Rendez-vous à Rostov, Monsieur Leret...

C'était là les petits inconvénients d'un début de voyage à deux. Il faut un temps d'adaptation avant de pouvoir s'habituer à nos différents traits de caractères, à nos faiblesses et à nos manies réciproques. Mais très vite on devient les meilleurs copains du monde. Aux jours de pluie succèdent de belles journées ensoleillées. Nous prenons le temps d'acheter du lait aux ravissantes *babouchkas* emmitouflées au bord de la route et à chaque fois ébahies par le charme carpatien de Miron.

– Laisse donc les vieilles, Miron, t'en verras d'autres...

Les premiers jours de voyage, deux choses troublent Miron par-dessus tout : le caractère austère des Russes et les alcooliques. Il veut dormir chez l'habitant mais il va s'apercevoir que ce n'est pas toujours aussi simple. Les Russes sont méfiants et refusent que l'on plante nos tentes près de leur habitation. Miron, pour qui la Russie a toujours été une référence, est parti avec un grand amour pour ce peuple. Mais les Russes l'ont un peu déçu. Trop distants et pas suffisamment communicatifs. En outre, il se dit, en voyant tous ces hommes errer dans les rues, le regard inerte et la peau burinée par l'alcool, que la Russie est tombée bien bas.

D'un autre côté nous avons très peu de contacts avec la population car notre route file à travers de vastes plaines agricoles quasi inhabitées. Nous profitons alors de la tombée de la nuit pour installer notre bivouac à la lisière d'un immense champ de pommes de terre (l'ex-URSS en était le premier producteur mondial). A cette époque-ci de l'année, la récolte s'achève mais les champs regorgent encore abondamment de tubercules. Le gaspillage est phénoménal, il suffit de se baisser pour se nourrir. De la même manière nous trouvons des oignons, des pommes, du chocolat, et une liasse de 16 000 roubles (100 F) !

Ensuite, avant que la nuit ne nous aveugle, nous partons à la cueillette de champignons, que l'on prépare sur un bon feu de bois, cuits dans de la graisse de porc avec de petits oignons, assortis de poisson frais, d'un quartier d'agneau, de pommes de terre, d'œufs et de tomates... le tout arrosé d'une bonne bouteille de brandy. Accroupis sur le sol, près du feu, jouissant de la chaleur un peu vive, nous écoutons le pétillement des flammes, tout en bavardant et en buvant du vin. Nos joues deviennent rouge feu, à cause de l'alcool, de la chaleur du brasier, et de l'exaltation que nous inspire notre petite épopée sauvage. Seul, Vetsca, à la fois jaloux et très mécontent de la présence de Miron, joue les trouble-fête. Lorsqu'il s'agit de partager entre nous la nourriture, il s'acharne à mordre les mollets de Miron plutôt que d'avaler sa ration de gras. L'erreur est animale !

Après trois jours de cheminement à profiter des bienfaits gastronomiques de la campagne, le froid revient. Miron qui n'a ni duvet, ni matelas, arrive à peine à dormir la nuit. Puis, les ressorts de sa roue libre se cassent. Nous poussons son vélo pendant des kilomètres, puis bidouillons une petite réparation de fortune dans un garage pour poids-lourds et enfin, brisés par la fatigue, nous atteignons la ville de Voronej.

*

A l'approche de l'agglomération, tandis que la route se métamorphose en grand boulevard, un étudiant de l'Institut polytechnique, Dmitry Michailovitch Morgunov, se propose de nous héberger pour la nuit.

Il loge dans un immeuble à proximité de l'Université dans une petite pièce avec deux autres camarades. La promiscuité et l'insouciante paresse des étudiants ont transformé la chambre en dépotoir : des croûtons de pain jonchent le sol parmi des papiers déchirés, des sous-vêtements froissés et des rognures d'ongles, auxquels se mêlent l'odeur caractéristique de draps graisseux et de chou pourri.

L'immeuble, à l'image du système éducatif russe, est également - faute de moyens - dans un état de délabrement avancé. Les sanitaires, graffités et puants, fonctionnent à peine et l'eau chaude est inexistante.

Pendant toute la soirée, notre présence va attirer la curiosité de dizaines d'étudiant(e)s. Nous mangeons ce que chacun apporte : des saucisses assez grasses (*kolbassa*), de la soupe aux choux (*chschi*), des petites crêpes fourrées à la confiture (*blintchiki)*... Et nous buvons, bien sûr, de l'incontournable vodka. Un jeune joue sur sa guitare des airs populaires de Russie. Bras dans les bras, on l'accompagne en chantant en chœur des chants nostalgiques tels que « Le batelier de la Volga » où perce, dans une ambiance de fête, toute la profondeur de l'âme slave, déchirée et passionnée.

Entre deux salves de chants slaves, nos verres et nos idées s'entrechoquent. Mais curieusement face aux récents événements qui ont secoué la capitale, les esprits critiques restent timides. Il y a un rejet en bloc de la politique. Pour eux la nouvelle élite est composée d'anciens apparatchiks, d'affairistes et de criminels purs et simples. Le coup d'Etat manqué ce n'est pas leurs oignons, ce qu'ils veulent c'est, plus tard, une fois leurs études terminées, être payés à la mesure de leurs qualifications, et si possible, gagner plus d'argent en allant travailler en Occident.

La soirée se poursuit jusqu'à une heure avancée de la nuit sur des danses aux rythmes endiablés. Les étudiantes, rayonnantes et pleines de vie, sont à la fois charmées et secouées par la fougue de notre fringant quinquagénaire des Carpates ressuscité des morts. Enfin, épuisés, nous nous effondrons dans notre lit, cajolés dans notre sommeil par les mélodies un peu tristes et langoureuses du folklore populaire russe.

Le lendemain, à l'aube, et après une nuit bien courte, je me réveille, la bouche pâteuse et l'œil vague. Miron, qui, sous sa couverture voit défiler les premiers curieux pressés de tailler une bavette, a le même regard vitreux du dindon impuissant qui va se faire égorger pour le repas de Noël. Il émerge, tant bien que mal, essayant de digérer les excès de sa folle vieillesse.

On me prépare une assiette de *borchtch*, un plat ukrainien composé de betteraves rouges, de légumes divers et de lard. J'ai à peine le temps d'en prendre trois cuillerées que Natasha, une étudiante en langues étrangères que j'ai rencontrée la veille, apparaît, éblouissante dans un manteau de velours vert, foulard et gants violets. Elle est venue me chercher car nous sommes convenus d'aller ensemble à son cours d'anglais.

J'imagine que Miron va profiter de cette halte providentielle pour faire réparer sa bicyclette. Mais une étincelle de sagesse et de bon sens le pousse subitement à renoncer à son expérience de pédaleur errant. Devant l'adversité sournoise il ne désire qu'une chose : capituler et retourner à Bucarest en train. Pensant que les dernières bribes de volonté aventureuses doivent être encore noyées dans l'alcool, je ne le prends pas au sérieux et pars, le cœur léger, étudier des choses avec Natasha.

Natasha Golubstova a 17 ans. Elle étudie à l'université de langues étrangères au centre de Voronej, à environ 7 kilomètres de l'institut. Le voyage en tramway est un véritable enfer. Etudiants, ouvriers, employés, militaires, retraités, pédaleurs errants, nous sommes tous compressés comme des bestiaux résignés que l'on mène à l'abattoir ; ballottés à travers cette ville austère d'un million d'habitants, reconstruite après la guerre, pour devenir l'un des premiers pôles universitaires du pays.

A l'université, nous profitons du cours d'anglais et de ma présence pour échanger quelques idées sur nos pays respectifs. Les étudiants russes connaissent presque aussi bien nos grands écrivains, que les ambassadeurs habituels de la culture française : Louis de Funès, Pierre Richard, Depardieu, Patricia Kass, Mylène Farmer, Chanel, Platini... !

Au cours de notre conversation, j'appréhende mieux l'état d'esprit des Russes pendant ces périodes troubles. Ils sont las et exaspérés d'entendre des promesses de jours meilleurs qu'ils ne voient jamais venir. Il n'y a aucune révolte dans leurs propos, seulement une profonde résignation. Ils se demandent si cela a un sens d'avoir quitté un système de tyrannie pour vivre encore plus mal aujourd'hui. Leur désarroi me fait penser à cette boutade en vogue dans le pays : « Tout ce qu'on disait des splendeurs du socialisme était faux, mais tout ce qu'on disait des misères du capitalisme se révèle vrai ! »

Nous sortons de l'université à 14 heures. C'est un après-midi ensoleillé. Nous flânons dans le Parc des Aiglons sous les marronniers dépouillés. Natasha paraît si fragile et si délicate dans son manteau de velours vert. L'automne est sa saison préférée. On brûle les feuilles mortes. Nous nous serrons l'un contre l'autre pour traverser les embouteillages.

Je suis si bien en compagnie de ma jeune hôtesse, que les ennuis de Miron me sont complètement sortis de l'esprit, et lorsque nous sommes de retour à l'institut, il ne se gêne pas pour me sermonner violemment. Il en a marre de promener mon énergumène de chien dans les couloirs sombres de l'immeuble et de jacasser, encore et encore, avec tous ces étudiants.

– Je deviens un ours des Carpates dans une cage à faire un numéro de cirque ! dit-il.

A nos côtés, Dmitry, plongé dans la lecture d'une revue pornographique fait la sourde oreille. Pour calmer Miron je lui offre un Mars, mais cela n'arrange pas grand-chose, il ne décolère pas et il est plus que jamais déterminé à abandonner ce voyage ridicule. Sur ce, il se détourne en soupirant et part en ville s'informer des horaires des trains.

Pendant ce temps, je procède à une séance photos avec Natasha. Nous nous installons devant un bosquet de bouleaux. Natasha, maquillée et parée de ses plus beaux bijoux, est d'une beauté presque fragile. Le vent souffle dans sa longue chevelure opulente, mais cela l'indispose. Les derniers rayons de soleil viennent caresser son doux visage, mais elle est gênée. Elle ne veut plus être photographiée, son sourire est figé, j'insiste. Ses yeux cristallins deviennent humides, je la serre dans mes bras. Puis, elle accepte d'être prise. Mes mains tremblent sur le déclencheur. Le soleil se couche. Nous rentrons dans l'immeuble.

Je loge au premier étage et Natasha au deuxième. En remontant dans la cage d'escalier nous nous attardons dans la pénombre du palier. Nous disons des mots dont je ne me souviens plus. A nos côtés, dans une cuisine collective, la flamme d'une cuisinière restée allumée jette une pâle et vacillante lueur sur nos deux visages. Un peu tremblant, je l'embrasse sur la joue, comme un grand frère. Elle me demande si j'aime son rouge à lèvres. Mais moi, andouille de première classe, je lui dis simplement bonsoir et abandonne ma perle slave, seule dans l'obscurité et le froid du couloir. Décontenancée, elle retourne dans sa chambre pour endurer les souffrances d'un feu trop bien attisé et brusquement éteint. De mon côté, durement ébranlé par mon attitude de goujat, je me laisse choir dans mon lit et récite l'épitaphe du pédaleur errant en mal d'amour :

« Ci-dort Serguei de Talipiacus
Le gentil grand charmeur
Au cœur d'or, froid comme la pierre,
A l'affection myope,
Succombe de ne pas avoir succombé ! »

*

Même nuit.

Cris de Miron Tudor. Il est quatre heures du matin. Nous avons passé la soirée en compagnie d'une nouvelle horde d'étudiants. Parmi eux, il y avaient, entre-autres, un parachutiste de l'Amour (la rivière) collectionneur de partitions de musique classique, un petit tatar du grand Nord qui rentre chez lui une fois par an pour se les geler à moins 55 °C, et un radioamateur responsable d'un assemblage de téléviseurs montés à partir de pièces détachées (un petit business lucratif qui permet aux étudiants de survivre).

La fête terminée, il ne reste dans notre chambre, que Dmitry et un étudiant plus âgé, généreusement imbibé de vodka. Il est de la race des alcooliques qui portent à eux seuls tous les fardeaux du monde. Il nous offre de partager sa bouteille. Par politesse, nous acceptons de boire une petite gorgée de son poison (le *Samogon* est un tord-boyaux que l'on fait soi-même pour suppléer à la pénurie de vodka. Ce substitut est souvent une boisson violente : 11 000 intoxications mortelles en 1987). Mais très vite je m'éclipse pour aller me coucher et panser mes plaies.

Miron Tudor, qui reste à l'écoute de l'envodkavé, est tout aussi pressé d'en finir. Finalement à force de patience, de prudence et de fausse compassion, il se désenglue de son emprise larmoyante. Dès que le grand triste et Dmitry ont refermé la porte, Miron explose et pousse un cri de déchirement, un râle du cœur, épuisé par une longue journée d'attente et d'extrêmes contraintes, une bêtise de plus ajoutée au reste, un coup injuste et immérité ; l'apothéose finale d'une petite balade à bicyclette. Miron est fatigué.

*

Matin, thé et feuilles séchées dans l'appartement de Natasha ; une bonbonnière joliment féminine et coquette, d'une propreté impeccable, pleine de bibelots, de bijoux et de poupées, exposés sur des étagères entre les romans et les dictionnaires. Attention, zone dangereuse, ne pas rester, ma fontaine de jouvence est tarie.

Est arrivé le temps de quitter les étudiants de l'université. J'accompagne Miron jusqu'à la gare, puis nous nous quittons, bras dans les bras, cœur sur le cœur, le pied sur la pédale. Je lui dis qu'il mérite au moins un diplôme de pédaleur errant première catégorie ceinture blanche junior quinquagénaire.

Il me remercie en clignant de l'œil, me tend sa main, puis ajoute malicieusement :

– Continue Serge, et n'oublie pas : les jolies filles, t'en verras d'autres !

20. CAVIAR A LA LOUCHE

Je suis surpris de constater qu'en dépit du nombre total de kilomètres effectués (15 000) et de l'état chaotique des routes russes, la durée de vie de certaines parties du vélo se prolonge au-delà de toute espérance. Cependant la pédale gauche se bloque toujours par intermittence, et la chaîne, complètement usée, commence à glisser sur les pignons et m'oblige à pédaler en n'utilisant que la moitié des développements disponibles.

En outre, les conditions climatiques s'aggravent. Le froid est vif et la neige de plus en plus tenace. Les routiers, dubitatifs devant mon obstination, veulent atténuer ma peine en me ravitaillant de leur générosité et de nourriture, complétant ainsi ma réserve de pastèques glanées parmi le grand gaspillage des champs. Bref, je sabre la campagne à la limite de la rupture mécanique, sans relâche et sans plaisir, pressé de rompre avec la froide monotonie de la steppe.

C'est pourquoi la résonance familière de la ville de Rostov sur le Don (jumelée avec la ville du Mans), me réjouit d'autant plus que je dois recevoir, par l'entremise de la mairie, un colis de France rempli de pièces de rechange pour le vélo. Mais avant de passer à l'Hôtel de Ville - fermé ce dimanche - j'atterris au centre d'hébergement de l'Institut pédagogique, à 1 $ la nuit sans chauffage (c'est cela ou une nuit à l'hôtel Intourist à 40 $), et ceci grâce à la rencontre et au conseil inespéré de Konstantin Monakhov, un jeune informaticien de 24 ans.

Le lundi matin, je n'ai qu'une hâte : rencontrer le responsable des relations publiques à qui mon colis a été transmis. Mais c'est un peu comme si je m'étais jeté dans la gueule du loup. Non seulement le camarade fonctionnaire ne me connaît ni d'Eve ni d'Adam, n'a aucun colis, mais en plus il découvre, en feuilletant mon passeport, que mon visa n'a été visé dans aucune ville de passage, et, comble du comble, celui-ci est périmé depuis dix jours ! Je n'ai plus le droit d'être en Russie, et pourtant, j'y suis !

L'inflexibilité antipathique de l'apparatchik pourrait m'entraîner dans un joli pétrin, mais comme le problème dépasse l'étendue de son incompétence, je suis renvoyé ailleurs, à courir pour mon salut, entre les bureaux de la mairie et ceux du KGB (comité de sécurité d'Etat).

Heureusement, l'officier du KGB, magnanime, passe l'éponge sur l'infraction et me conseille d'aller régler au plus vite cette irrégularité auprès de l'agence Spoutnik, organisatrice de mon voyage. Je suis accompagné par deux étudiantes en langues étrangères, Anna et Angélique, qui m'aident à expliquer au sous-directeur de l'agence, Nicolas Manukalo, que c'est maintenant de sa responsabilité de me sortir de ce mauvais coup de pédale. Il comprend très vite, remue téléphones et papiers, et quelques heures plus tard, j'ai un nouveau visa en poche.

Le soir j'aimerais sortir et fêter ça avec Konstantin et les deux étudiantes. Mais les divertissements nocturnes sont rares. Les cafés ferment de bonne heure et il n'y a pas encore d'établissements privés. Du côté culturel ce n'est pas mieux. Le nouveau théâtre de Rostov, par exemple, va se transformer, faute de crédits, en supermarché !

*

De Rostov sur le Don je passe à la ville de Novorossijsk, située sur les rives de la mer Noire. J'aurais pu traverser cette agglomération et ne rien voir d'autre que les larges perspectives flanquées des habituelles façades néoclassiques, au lieu de quoi une crevaison gravissime m'arrête net et m'entraîne, pendant quelques jours, dans la vie quotidienne et peu banale d'une famille russe plutôt aisée.

La crevaison tombe au plus mal car l'agressivité des routes a fini par épuiser mon stock de rustines. Je demande au serveur d'un restaurant l'adresse d'une boutique de vélos. Mais dans cette ville, pourtant importante, il n'y a aucun vélociste. Alors le serveur se propose de m'aider, emporte avec lui ma chambre à air, et réapparaît une demi-heure plus tard avec un morceau de caoutchouc, brûlé et conglutiné sur la crevaison. Mais c'est raté, il y a encore des fuites. (Les Russes savent envoyer des hommes dans l'espace mais pas réparer une bicyclette).

Voyant que cela traîne en longueur, le patron du restaurant, Youri Ostroutchenko, m'invite à manger dans son établissement. On me sert une bonne assiette fumante de potage, un délicieux plat d'esturgeon, accompagné de crudités, de frites, et un morceau de bœuf sauté aux champignons : Un vrai festin !

Puis, en attendant que mon problème de crevaison soit résolu, le restaurateur m'invite à me reposer dans l'une des chambres de l'hôtel. Je prends une douche et regarde la télévision. A partir de quoi il me propose de rester pour la nuit. Je suis son invité. Inutile de dire que j'accepte sans me faire prier.

Les Ostroutchenko, qui ont ouvert cet établissement depuis deux semaines seulement, l'ont payé grâce à leurs économies amassées pendant douze ans de labeur sur les terres australes de Sibérie. Je garderai à jamais le souvenir de leur accueil. Leur table, somptueuse, est un régal pour les yeux et pour le palais. Ils boivent du champagne russe *champanskoïe* comme on boit de l'eau minérale tandis que le caviar gris *Béluga* et les œufs rouges de saumon sont pratiquement servis à la louche. Eux-mêmes, bons-vivants, ne se départent jamais de leur bonne humeur méridionale et de leur franche hospitalité.

Le lendemain une tempête de neige épouvantable diffère à nouveau mon départ. La ville entière est privée d'électricité pendant quatre jours. La température descend en dessous de moins 13 °C. Sur la mer Noire cinq bateaux, luttant contre les éléments déchaînés, sombrent. Le restaurant est obligé de fermer ses portes car il n'y a plus d'eau, plus d'électricité et plus de chauffage. Ma chambre, frigorifiée, affiche une température de moins 5 °C. Des rafales de vent criblent les fenêtres et entraînent la neige à travers les jointures des vitres. Dans mon duvet, je me presse contre ma bouillotte poilue et chatouilleuse des Carpates, savourant par avance les bienfaits d'un sommeil libérateur.

Pendant la nuit, profitant du désordre et de l'absence des chiens de garde réfugiés dans la chaleur des cuisines, des malfaiteurs ont cassé la vitre arrière de la Mercedes de Youri, et volé son magnétoscope. Le lendemain, Youri, furieux, les attend avec un pistolet lacrymogène et une grenade de l'armée. La guerre est déclarée ! De fait, la prospérité des nouveaux restaurants privés attire la pègre comme les mouches. La plupart de ces établissements doivent même, pour être "tranquilles", accepter la protection de la mafia locale.

Voyant que l'eau chaude n'est toujours pas revenue à l'hôtel, mes hôtes m'amènent aux bains municipaux. Après vingt minutes d'attente, je m'engouffre dans les vapeurs du vestiaire. Mal à l'aise, je me déshabille, puis rentre nu, dans le compartiment des douches, aveuglé par la chaleur et les odeurs de sueur et de cosmétique. Timidement, je me fraie un passage au milieu de cette concentration humaine de chairs éclatantes et clapoteuses. Ca se lave les Russes : des grassouillets, des rouges, des rondouillards, des bombeurs de torses. Ils sont là, une centaine à se frotter le corps, ou à se tapoter à coups de rameaux de feuilles séchées. Dans le sauna, où l'on sue à grosses gouttes laiteuses, les hommes se trémoussent, et s'aspergent d'eau froide. De jeunes éphèbes, la peau luisante, côtoient de vénérables vieux ventrus. Celui qui a le caractère bien trempé s'immerge dans un bain d'eau glacée. Pour ma part, je préfère savourer les délices presque oubliés de la chaleur et retourner aux vestiaires, où de nombreux baigneurs, après avoir bien transpiré, se désaltèrent de vodka ou de bière... Les Russes aussi ont leur paradis.

Trois jours plus tard, profitant d'une accalmie, je respire à nouveau l'air vivifiant des grands espaces. Je bifurque vers l'est, coincé entre la côte verglacée de la mer Noire et les contreforts de la chaîne du Caucase. Je vais de stations balnéaires désertes en zones de cure, sur une série de routes en lacets qui grimpent et dégringolent à tire-larigot. De vraies "montagnes russes" au cœur d'un paysage exotique temporairement figé par la glace.

Puis c'est une nouvelle nuit blanche à inscrire à l'inventaire des pires contrariétés, tant je suis perturbé par le bruit déprimant de friture d'oignons que font les flocons de neige en s'écrasant sur la voûte glacée de mon igloo. Lorsque je me lève, à 5 heures du matin, la tente est complètement écrasée par le poids de la poudreuse, pire que pendant ma campagne d'Italie.

Ne pouvant plus pédaler sur la couche de neige trop épaisse, je courbe l'échine et pousse sans broncher mes 65 kilos d'équipement. Vetsca marche à mes côtés, enrageant contre la neige qui brûle ses pattes et qui le transforme en un inquiétant porc-épic hérissé de glace, déversant son trop-plein d'agressivité contre les rares autos qui parviennent encore à circuler. Je vocifère contre son imprudence mais rien n'y fait. Et ce qui devait arriver, arriva.

Vetsca plonge sous la roue avant d'une Niva 4x4, happé, écrasé puis traîné sur une distance de 5 mètres. A moitié enseveli par la neige, il reste immobile, aplati sous la roue. Le conducteur et son passager sortent du véhicule et examinent la situation en maudissant le chien et son maître, puis font marche arrière. Mais Vetsca gît toujours inanimé sous une couche de neige comprimée et marquée par l'empreinte du pneu.

Je le prends pour mort dans mes bras. Il n'y a pas de sang, juste un peu de matière jaune gélatineuse entre ses cuisses arrière. Je suppose qu'il a les testicules broyés, peut-être aussi des os cassés ou une hémorragie interne. Mais comme il respire toujours et remue un peu la tête, je pense qu'il est encore temps de le sauver. Je dois faire vite et trouver un dispensaire médical.

Je l'emmaillote dans une chemise de coton et le dépose délicatement dans son panier en osier. J'enfourche mon vélo et m'élance dans le blizzard. Mais, déséquilibré par la poudreuse je dois poser le pied à terre tous les 50 mètres et marcher plié en deux contre les rafales de vent glacé qui fouettent mon visage. Il me faut une heure et demie pour faire 8 kilomètres et entrer dans la ville balnéaire de Djoubga.

Là, pris d'un affreux pressentiment, je jette un œil sur le corps inerte de Vetsca. Sa tête est couverte de givre, la pupille de ses yeux est profondément noire, et de vilains frissons parcourent son corps. J'ai très peur. Je tente d'ouvrir sa gueule mais il serre les dents. « Non Vetsca, ne t'endors pas. »

Quand j'arrive à la polyclinique la vie de Vetsca ne tient plus qu'à un poil. A la réception, d'une propreté étincelante, des blouses blanches entourées de plantes tropicales s'interrogent. Qui est ce Français givré, baragouinant, gesticulant et portant un bâtard dans un torchon de glace ? Les infirmières sourient. Des chiens écrasés il y en a plein les rues.

Alors, je réprime ma colère, grimace un sourire, et d'une voix plaintive et pleine d'appréhension, je m'explique. On tente de joindre un vétérinaire par téléphone mais la liaison est coupée par les effets dévastateurs de la tempête.

J'attends qu'il se passe quelque chose. Vetsca remue un peu, fait quelques pas dans la chaleur du couloir et se couche dans une serviette blanche apportée par une sage-femme. Puis, après ce qui me paraît une éternité, l'infirmière en chef, comme tout remède, lui verse dans la gueule une double dose de vodka. Vetsca se dresse sur ses pattes, titubant, mais vivant !

Après quoi, alors que nous sommes à peine remis de nos émotions, la doctoresse enfile son manteau en peau de renard et nous conduit à travers la ville dans un vent à tout casser, hurlant et tourbillonnant entre les bungalows en bois abandonnés pour l'hiver. Je lui emboîte difficilement le pas, mon vélo s'enfonçant toujours plus dans la poudreuse. Enfin, trois quarts d'heure plus tard, nous nous engoufrons dans le hall d'un hôtel, qui me fait le même effet que si j'entrais au paradis. Je me retourne pour remercier mon accompagnatrice mais elle a déjà disparu, avalée par la tempête.

Je vais rester deux jours à l'hôtel, nourri et logé gratuitement. Pourquoi, et de qui me vient cette faveur ? Je ne le saurai jamais. Je termine la soirée en compagnie d'un équipage de l'Aéroflot travaillant à bord d'un Tupolev 154 sur la ligne régulière Yakoutz-Irkoutz (nord-est de la Russie). Ils sont ici au repos pendant quelques jours, venus chercher le calme et la chaleur du Sud. La chaleur du Sud ? Ils sont fous ces soviets !

A Sotchi, un jeune homme de 20 ans, boxeur professionnel, à qui j'ai demandé mon chemin, m'offre la protection de son toit. Il m'avise de la situation toujours aussi anarchique en Géorgie, et me conseille de chercher un bateau pour traverser la Mer Noire et rejoindre la Turquie. Mais, à cause de mon visa russe une nouvelle fois périmé, on refuse de me vendre un ticket. Alors, bis repetita, je retourne dans les stressants méandres administratifs de la bureaucratie russe : longue attente, questionnaire serré, on ne comprend pas pourquoi je ne suis pas à l'hôtel et pourquoi je n'ai pas tamponné mon visa à Moscou. Le lendemain, j'obtiens quand même un prolongement de visa de quelques jours. Je quitte la Russie un peu triste. Deux mois de séjour et 2 648 kilomètres de vélo à travers les plaines enneigées de la Russie, ça laisse des traces (de pneus).

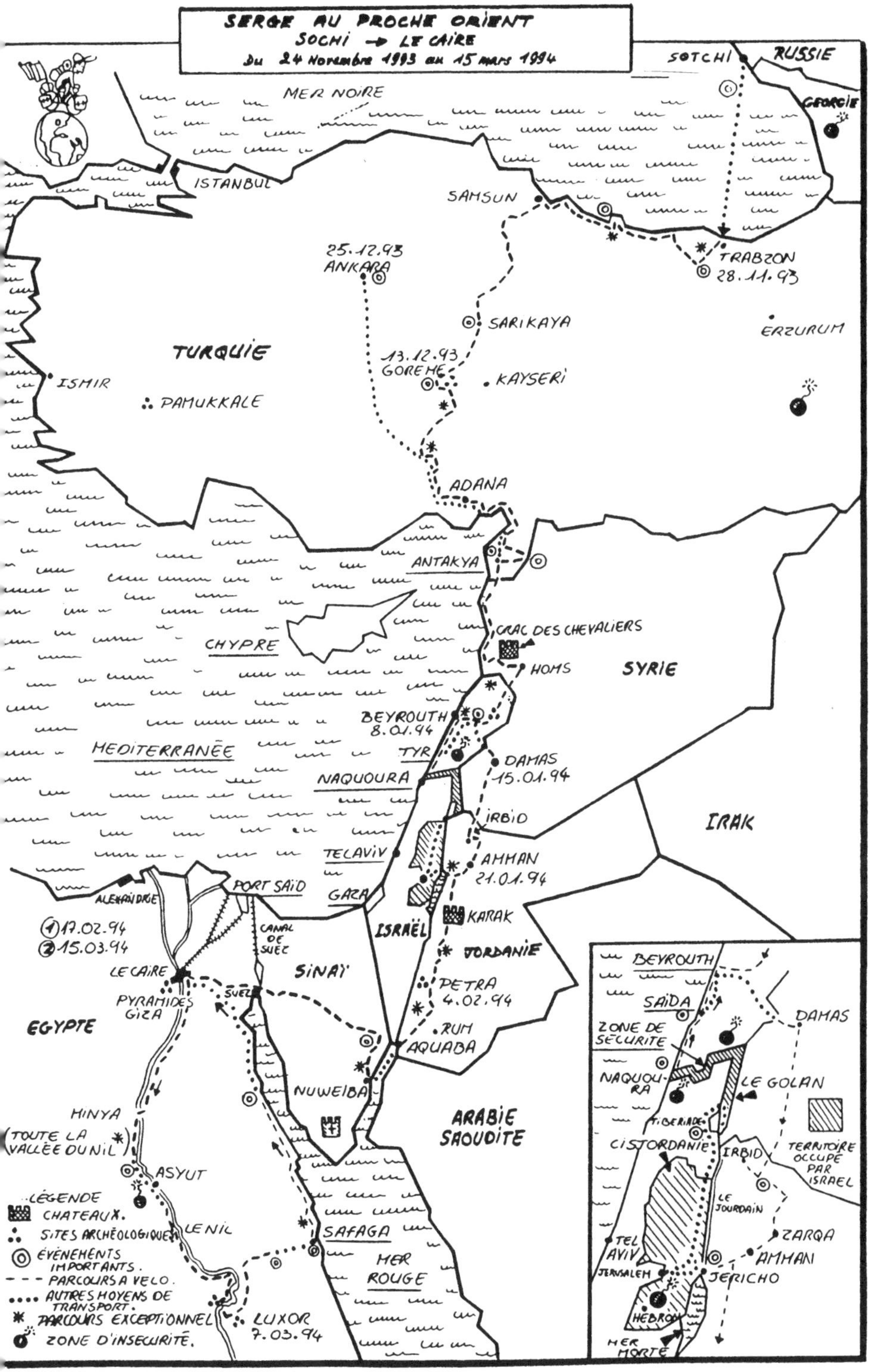
SERGE AU PROCHE ORIENT
SOCHI → LE CAIRE
Du 24 Novembre 1993 au 15 mars 1994
SOTCHI
RUSSIE
GEORGIE
MER NOIRE
ISTANBUL
SAMSUN
TRABZON
28.11.93
25.12.93
ANKARA
SARIKAYA
ERZURUM
TURQUIE
13.12.93
GOREME
KAYSERI
ISMIR
PAMUKKALE
ADANA
ANTAKYA
CRAC DES CHEVALIERS
HOMS
SYRIE
CHYPRE
BEYROUTH
8.01.94
MEDITERRANEE
TYR
DAMAS
15.01.94
NAQUOURA
IRBID
IRAK
TELAVIV
AMMAN
21.01.94
PORT SAÏD
ALEXANDRIE
GAZA
KARAK
1 17.02.94
2 15.03.94
CANAL DE SUEZ
ISRAËL
JORDANIE
LE CAIRE
SINAÏ
PETRA
4.02.94
PYRAMIDES GIZA
SUEZ
EGYPTE
RUM
AQUABA
NUWEIBA
MINYA
ARABIE SAOUDITE
(TOUTE LA VALLÉE DU NIL)
ASYUT
LÉGENDE
CHATEAUX.
SITES ARCHÉOLOGIQUES
ÉVÉNEMENTS IMPORTANTS.
PARCOURS A VELO.
AUTRES MOYENS DE TRANSPORT.
PARCOURS EXCEPTIONNEL
ZONE D'INSECURITÉ.
LE NIL
SAFAGA
MER ROUGE
LUXOR
7.03.94
BEYROUTH
SAÏDA
DAMAS
ZONE DE SECURITE
NAQUOURA
LE GOLAN
TIBERIADE
CISJORDANIE
IRBID
TERRITOIRE OCCUPÉ PAR ISRAEL
LE JOURDAIN
ZARQA
TEL AVIV
AMMAN
JERUSALEM
JERICHO
HEBRON
MER MORTE

21. LE VOLEUR DE BICYCLETTE

Lorsque je débarque de mon bateau en ce jeudi *25 novembre 1993* dans la ville de Trabzon en Turquie, le choc est violent. Il y a d'abord cette foule colorée, l'animation foisonnante et bruyante des rues bordées d'innombrables petits commerces, cafés, restaurants, boulangeries, et même des banques équipées de distributeurs de billets. Autant de tentations aux petits plaisirs de la vie dont j'avais presque oublié l'existence (on oublie vite) dans les villes endormies et austères de la Russie.

Mais ce qui me surprend le plus c'est la réaction des Turcs vis-à-vis de Vetsca. A son approche ils font des bonds de deux mètres en arrière en poussant des cris de frayeur. Jamais je n'ai vu autant de gens avoir peur d'un chien aussi inoffensif. Je sais que la religion musulmane associe le chien à un animal impur, mais de là à prendre Vetsca pour le diable, ça surprend !

Dans un premier temps, Vetsca est tout autant impressionné par les réactions furieuses et excessives de la foule, puis, réalisant peu à peu que c'est lui la cause de tout ce remue-ménage, il joue les terreurs, poursuivant les Turcs en aboyant et en semant la pagaille dans les rues. L'avantage c'est de l'avoir devant soi pour creuser un sillon entre les passants, ou alors de le laisser seul à garder le vélo qu'aucun Turc ne se risque à toucher.

Je profite de ce débordement d'activité commerciale pour remplacer les parties du vélo usées par les kilomètres. Je trouve sans difficulté un vélociste bien approvisionné. Il remplace l'ensemble du pédalier. En revanche, malgré nos efforts titanesques, ma roue libre reste fermement rivée sur la roue. Je suis donc obligé d'acheter une nouvelle roue complète de moindre qualité. Cela me fait mal au cœur. J'ai l'impression de voyager avec un vélo handicapé et moins bien adapté aux efforts colossaux requis. Car jusqu'à présent le vélo a été parfait, aucun problème technique en dehors de l'usure prévisible de certaines pièces. Pas un rayon cassé, et pourtant les routes de Russie sont parmi les pires du monde. Malgré le poids à transporter (55 kilos avec Vetsca) je n'ai jamais vraiment eu mal au dos. Quant aux sacoches (*Chapak*), toujours aussi étanches, elles ont résisté avec efficacité à toutes les épreuves du climat.

A la nuit tombée, lorsqu'enfin ma monture est en état de supporter de nouvelles tribulations, je pars en quête d'un hôtel. C'est alors que je me rends compte du problème posé par la présence de Vetsca. Aucun hôtel, même le plus miteux, ne veut accepter mon chien. Je me lance donc, sous des hallebardes et dans l'obscurité, à la recherche d'un terrain de camping. Je me renseigne. La foule s'agglutine autour de moi. Les badauds les plus attentionnés, chagrinés à l'idée de me voir camper sous la pluie, veulent me trouver un hôtel mais les propriétaires refusent toujours de nous accueillir. Puis, sans rien comprendre à ce qui se passe, mon vélo se retrouve chargé à l'arrière d'un pick-up. Le chauffeur me conduit en dehors de la ville, où je suis accepté pour la nuit, dans un hôtel dont le standing laisse supposer que les propriétaires ont l'habitude des Occidentaux et de leurs caprices animaliers. Une fois allongé dans mon lit, et malgré l'allègement substantiel de mon portefeuille, je me sens mieux. Peu à peu, j'émerge du tourbillon dans lequel je viens d'être plongé. Le rythme effréné de l'Orient est trop opposé à celui de la Russie pour en sortir indemne.

*

En dépit de tous les Turcs qui me déconseillent de traverser l'Est de la Turquie, où je risque de me retrouver sous la neige en franchissant des cols à plus de 3 000 mètres d'altitude et de rencontrer des militants extrémistes du PKK (Parti des Travailleurs du Kurdistan séparatiste) très actifs dans la région (la lutte armée a fait plus de 29 000 morts depuis 1984), j'opte quand même pour ce chemin direct à travers les montagnes d'Anatolie, en pensant que les Turcs exagèrent, et qu'ils s'empressent un peu trop facilement - autre donnée universelle - de trouver à leurs voisins tous les défauts du monde.

Cependant, ayant quitté Trabzon vers l'intérieur des terres sur une route qui serpente à travers un spectaculaire décor de montagnes, je vois les chauffeurs dans leurs camions, pointer frenétiquement leur index sur leur tempe, en criant et en levant les bras au ciel. Y aurait-il quelque chose d'inquiétant plus loin ? Je m'interroge le moins possible, et en fin de journée je plante ma tente à mi-chemin du sommet du col. La lumière est blême, avec une pointe d'amertume qui annonce probablement une chute de neige pour la soirée.

Le lendemain matin, plus je monte, plus la route est enneigée. Les camions se font rares, le brouillard givrant me détrempe jusqu'aux os. Vetsca court à mes côtés avec les poils des babines enstalactités de glace qui lui donnent des allures de chien de père Noël. La route est glissante, je patine. La couche de neige est épaisse, je m'enlise. La pente est ardue, je transpire. Nietsche prétendait « Que le plus dur ce n'est pas d'arriver en haut mais d'y rester ». Sacré Nietzsche ! Il n'a certainement jamais gravi le versant enneigé d'une montagne avec un vélo surchargé de bagages... Ainsi parlait Serge !

Pendant l'ascension je trouve quelque réconfort autour d'un poêle et de brochettes de mouton dans une gargote providentielle, puis je continue mon combat contre le froid et la neige, sous les yeux ébahis des chauffeurs routiers occupés à enchaîner les pneus de leurs camions. Enfin j'atteins le point culminant du col (2 025 mètres) et traverse le tunnel de Zigana, le plus long de Turquie (1 700 mètres). Dans la descente, vertigineuse et terriblement glissante, mes gouttelettes de sueur se transforment en éclats de cristaux tranchants à fendre la peau. Puis, après avoir une nouvelle fois profité de la chaleur réconfortante d'un petit bar en buvant du thé en compagnie du patron et de ses fils, je prends mon courage entre deux pédales et retourne dans le froid et le brouillard avec la magnifique obstination de l'inconscience.

Le jour se délaie doucement sous les flocons de neige et la lumière crépusculaire. Mon dérailleur, paralysé par des chicots de boue glacée, ne fonctionne plus. Voyant cela, et le reste, indescriptible, je suis soudain frappé par un sentiment d'impuissance et de total découragement. Je pose le pied à terre et retourne dans l'auberge où je suis hébergé pour la nuit.

La mouche placée devant le choix de contourner ou de traverser la vitre, a opté pour la seconde solution. Elle sait qu'il y a un obstacle infranchissable, mais la mouche veut quand même le tra-

verser. Elle se heurte violemment contre la paroi transparente. Malgré la douleur du choc elle persiste dans sa stupidité jusqu'à épuisement total de toutes ses forces. Serge est une mouche.

Le lendemain, à contrecœur, et sous la pression amicale, presque tyrannique des Turcs qui me déconseillent de continuer dans les montagnes, je rebrousse chemin et redescends vers la côte par une autre route non goudronnée.

La partie Nord de la Turquie qui borde la mer Noire, contrairement au reste du pays, est composée d'une nature très verte et luxuriante. Le long de la côte des kilomètres de plages succèdent aux villages de pêcheurs encadrés de montagnes couvertes d'épaisses forêts de pins mais aussi de cultures variées, comme le thé, le tabac et les noisetiers dont les vergers me servent à plusieurs reprises d'abri pour la nuit.

J'arrive dans le village portuaire de Yaliköy, fermement blotti à l'abri d'une crique étroite sous les remparts imposants d'une falaise sur laquelle déferle un torrent de verdure. Je rencontre Abdullah, 32 ans, un ancien matelot qui après avoir sillonné les mers du Sud sur un cargo, s'est engagé dans la construction d'un voilier afin de proposer aux touristes, pendant la période estivale, des excursions le long des côtes.

Lui et sa femme (qui ne l'est pas encore tout à fait parce qu'ils sont mariés depuis moins de cinquante jours), m'invitent dans leur maison située dans le village voisin. Je les accompagne et laisse pour la nuit mon vélo et mon matériel dans le voilier sous la bonne garde d'un adolescent. Mon hôte me jure qu'il n'y aura aucun problème et, comme d'habitude, lorsque je suis invité par un inconnu, je lui donne toute ma confiance, parfois à la limite de l'incitation au dépouillage (j'ai laissé tout mon argent, mon appareil photo et mon passeport dans le voilier !)

Je passe la soirée en compagnie d'Abdullah, de sa femme et de son beau frère cultivateur de noisettes en buvant une bouteille de la boisson nationale turque : le *raki* (40°) fait à partir de jus de raisin distillé parfumé à l'anis, et consommable à volonté.

Après une nuit sans histoire, je retourne en compagnie d'Abdullah au port où est amarré son voilier. Sur le bateau il n'y a personne, et en pénétrant dans la cabine je découvre un désordre inquiétant. Les sacoches sont éparpillées aux quatre coins. Je fouille d'un regard paniqué à la recherche de... Et là, parce que un seul coup d'œil suffit, je ressens comme un coup du sort d'une brutalité insoupçonnée. Il n'est plus là. Mon vélo a disparu !

Je suis sur le point d'aller porter plainte au poste de police le plus proche quand arrive tout sourire, le jeune garçon, suspect numéro un, juché sur mon vélo. Il nous explique qu'il est tout simplement parti faire une balade dans le village ! Abdullah le sermonne puis s'excuse pour son attitude irresponsable.

Cependant, craignant le pire, je vérifie le contenu de mes sacoches et me rends compte qu'elles ont toutes été visitées. Le gamin a joué avec mon appareil photo et gaspillé le reste d'une pellicule. Inquiet, je contrôle la totalité de mon paquetage. Aucune chaussette ne fait défaut, en revanche mon passeport, témoin et preuve de mon existence administrative, manque cruellement à l'appel.

L'adolescent rejette la responsabilité sur ses amis qui ont profité de la nuit pour accomplir leur basse œuvre. A tout hasard il part fouiller l'intérieur du voilier, et quelques minutes plus tard, revient avec mon précieux passeport. Mon portefeuille a été ouvert mais curieusement, les jeunes Turcs n'ont pas touché à l'argent. Enfin, après avoir tout vérifié, je continue ma route, heureux d'avoir évité le pire, me jurant à moi-même que plus jamais je ne laisserai mon vélo seul. Je commence à l'aimer.

*

Je quitte ensuite la côte et traverse les hauts plateaux perdus de l'Anatolie. En dehors des grandes villes, la gente féminine est quasi invisible. Peu de femmes dans les rues ou dans les commerces, et aucune dans les restaurants et les cafés. Et si par miracle j'arrive à en surprendre une en liberté, et à lui demander mon chemin, elle feint l'indifférence et se sauve à grandes enjambées, la tête rentrée sous le voile, le regard fuyant et effarouché.

C'est pourquoi, ce midi, lorsque j'ai l'honneur d'être invité dans un hameau accroché sur le flanc isolé d'une montagne, je suis surpris de découvrir tant de femmes dans la pièce commune de la fermette. Elles vivent donc là avec les enfants, assises autour d'un grand poêle sur des coussins brodés : la grand-mère, les deux épouses, les filles, vêtues de costumes traditionnels vivement diaprés et ornés de bijoux. Dès que mon verre de thé se vide, elles le remplissent, m'encourageant en même temps à avaler encore plus de galettes de pain, du lait caillé et du fromage de brebis.

Mon hôte, un agriculteur qui a travaillé comme chauffeur routier en Libye, a une cousine à marier. C'est elle qui a préparé les galettes. Il me la présente. Elle glousse, elle pouffe, et les autres femmes, de connivence, la poussent du coude.

Mon hôte me demande si la jeune fille m'intéresse en frottant d'une manière énigmatique ses deux index. J'accepte la nourriture, mais pas la cuisinière... plus difficile à digérer !

*

Ma grande circonvolution se poursuit dans des conditions supportables, lentement sans doute, mais régulièrement, me déplaçant suivant les caprices de la route et faisant halte au hasard des rencontres. La température de l'air frise les 15 °C. Après ma chevauchée harassante depuis Trabzon, et le dupleix réussi avec la ville de Teloché qui clôtura la première Assemblée générale de l'association Mondo vélo, je me sens d'une insouciance à toute épreuve. Arrivé en Cappadoce, je dresse ma tente près de la ville d'Avanos au milieu de “cheminées de fées”, énormes éperons rocheux érodés par le ruissellement de l'eau et sculptés par le vent. Merveille des merveilles. Il fait bon, c'est beau, je suis heureux, ça roule pour moi !

Pourtant si prometteurs que soient le climat et la beauté féerique de cette région, un coup de baguette tragique va une nouvelle fois tout faire basculer. Il suffit de peu de chose, une méchanceté gratuite du ciel, un coup de vent, pour que, tranquillement, comme de petits couperets, de gros flocons se mettent à tomber.

Sans rechigner, agacé peut-être, j'entre une nouvelle fois dans la danse. Encore de la neige, toujours de la neige. Je commence à avoir une overdose de poudre blanche. Mon trip se transforme en raid polaire. A être trop dépendant des intempéries je ne suis plus maître de mon voyage. Encore 10 kilomètres jusqu'à la prochaine ville. Allons, la marche, le fardeau, la glace... Et le vélo qui n'avance plus, et la colère qui monte. Une petite difficulté de plus, rien de plus.

Si - une crevaison - c'est stupéfiant ! L'adversité ne connaît pas de limite. Il faut subir et puis guérir. Je répare tant bien que mal pendant que Vetsca se réfugie sous un buisson. Il ne veut plus repartir. Nous repartons. Une petite difficulté de plus, rien de plus.

Si - 2 kilomètres plus loin, une autre crevaison, destin nuisible tu me les gonfles un pneu. Plutôt que de réparer, je pompe tous les 2 kilomètres et repars sur une route désertée par les véhicules. Les silhouettes tourmentées des habitations troglodytiques se détachent confusément derrière mon dos dans le brouillard. Je me sens si petit, si ridicule, méprisé peut-être par ces gigantesques pitons qui dressent à travers l'écume blanche leur forme phallique. Tous les cent mètres je reprends ma respiration et m'extasie devant cette jungle de pierre. L'ultime degré de la beauté et de l'effort. Comment le cerveau peut-il conserver cela en mémoire ? Ce ravissant mélange de bonheur et de douleur... A vivre.

*

Enfin, après tant de froidure, j'arrive dans le Sud de la Turquie où le climat et le relief sont plus doux. Je passe en trois jours d'un paysage de plaines arides, de rochers et de déserts glacials à un paysage alpestre fait de forêts de conifères, de torrents bondissants et de cimes enneigées, pour finir au bord de la Méditerranée, plus sec et broussailleux, où l'on cultive les agrumes parmi les palmiers.

A partir de la Turquie je dois entrer en Syrie. Cependant, je n'ai pas de visa, car le vice-consul de l'ambassade syrienne de Moscou, sans doute perturbé par le putsch, m'a assuré que je pouvais sans difficulté acquérir ce document à la frontière. L'empressement avec lequel il se déchargea de sa mission aurait dû pourtant me paraître suspect.

A la frontière, des guérites pointent d'impressionnantes mitrailleuses au milieu de décombres et de bâtiments dévastés. L'arsenal militaire est important, car cette partie Sud de la Turquie est revendiquée par la Syrie. Enfin je franchis le *no man's land*, sur une route qui passe au pied d'un château en ruine planté sur une colline défrichée parmi d'innombrables carcasses de voitures abandonnées.

Du côté syrien, j'évite prudemment de mentionner Israël. «Vous voulez dire la Palestine ? » Malgré cette précaution les douaniers, installés au milieu de plantes tropicales dans un beau bâtiment de marbre blanc, refusent de me laisser entrer dans leur pays. Le visa est obligatoire et ne peut être délivré qu'à l'ambassade syrienne d'Ankara à 700 kilomètres de là, soit un aller et retour de 1 400 kilomètres. Je dois trouver un moyen de transport rapide.

Mais voyager en Turquie avec un chien est une source intarissable de problèmes, en particulier dans les endroits publics. Lorsqu'ils me voient débarquer avec Vetsca, les Turcs ont cette façon si caractéristique de dire « non » (*yok*). Ils prennent une courte et profonde inspiration, lèvent la tête, ouvrent grand les yeux vers le ciel et prononcent d'une manière désolée, comme si c'était la volonté de Dieu, le *yok* fatidique, signifiant que mon chien est indésirable dans les parages.

Ainsi à l'hôtel, c'est très *yok* ; au restaurant, c'est parfois *yok*; dans les banques, c'est moyennement *yok* ; et enfin pour prendre le car, c'est quadruplement *yok*. Quatre agences de voyages refusent de me transporter avec Vetsca vers Ankara où j'ai besoin d'aller pour obtenir mon visa syrien. Finalement l'agence CAN, celle qui « peut », accepte de me transporter, moi et mon animal quadrupède. Le comble c'est qu'ils le considèrent maintenant comme une personne et je dois payer une place plein tarif pour Vetsca, soit 150 000 livres turques (168 F).

En Turquie le car est économique, assez rapide, et remplace le réseau ferroviaire pratiquement inexistant. Je laisse mon vélo en dépôt dans la ville d'Antakya et monte avec Vetsca dans un car moderne, propre et puissant, à deux niveaux, équipé de la climatisation et de téléviseurs. Le voyage se passe sans histoire. Nous nous arrêtons environ quinze minutes dans les grandes villes où l'on peut se restaurer. Dans le car on nous offre du thé, du jus d'abricot et une hôtesse passe toutes les heures pour nous verser de l'eau parfumée dans les mains.

Dans la capitale, impossible de prendre le bus avec le chien, je suis condamné à payer le prix fort pour un taxi jusqu'à l'ambassade de Syrie. Dans la petite guérite en bois une ravissante mais peu souriante Syrienne m'explique qu'ils ne font pas de visa pour les touristes de passage à moins d'avoir une lettre de recommandation de l'ambassade de France. Elle aussi sait dire non en Turc. La Syrie noire continue.

Ma première approche à l'ambassade de France est plutôt négative. Normalement ils ne font pas de lettre de recommandation aux voyageurs. J'argumente ma cause, aidé de mes articles de journaux. La secrétaire reste perplexe, néanmoins elle va en rendre compte au consul qui doit donner son aval. Je repasse à 15 h 30. Et à l'heure convenue, miracle, la secrétaire me tend les documents souhaités. En voici le contenu :

« *L'ambassade de France présente ses compliments à l'ambassade de la République syrienne et a l'honneur de lui transmettre ci-joint le passeport n°... de Serge Leret Jacques de passage en Turquie, et qui souhaite obtenir un visa pour la Syrie. L'ambassade de France saisit cette occasion pour renouveler à l'ambassade de la République Arabe Syrienne les assurances de sa haute considération.*

A Ankara, le 24 décembre 1993. Alain Cuny, consul de France».

Un petit cadeau de Noël du consul !

En attendant la réouverture de l'ambassade syrienne, je me cantonne pour le week-end dans un hôtel du quartier d'*Ulus*, un des plus populaires et animés d'Ankara. Pour moi, ce quartier est parfait, quadrillé d'innombrables ruelles commerçantes et de maisons douteuses, les patrons des hôtels sont peu regardants sur la clientèle : des Kurdes ou des chiens, ils acceptent tout !

Je téléphone à ma famille pour leur souhaiter un joyeux réveillon. Le mien se passe calmement en tête à gueule avec ma peluche de Noël. En guise de dinde, je mange un demi poulet. Puis je me couche, non pas de bonheur, mais tôt, bercé par les rumeurs de la ville et les cris stridents des mollahs que crachent les haut-parleurs perchés en haut des mosquées. Des chiens hurlent à l'unisson. C'est mon premier "non-Noël" de ma vie.

22. SACRÉ GRAAL

Il est précisé dans la brochure du Ministère du Tourisme syrien que « si vous avez visité la Syrie, vous avez visité le monde entier ». C'est bien pratique ! Néanmoins, la côte méditerranéenne répond mal à cet idéal. La route traverse une plaine semi-désertique couverte d'orangeraies et parsemée de constructions hétéroclites et sauvages, un ensemble plutôt triste et peu représentatif de la richesse culturelle et millénaire de ce pays.

Mais ce qui me surprend le plus ce sont les Syriens qui accourent vers moi pour connaître le prix de Vetsca, et ceci avant même de savoir qui je suis et d'où je viens. Lorsque je leur réponds que Vetsca ne vaut pas une livre (un clou), ils haussent les épaules d'une manière de dire que je suis un comique ou un menteur. Notez que la première question posée par les personnes rencontrées varie dans chaque pays traversé. Par exemple, en Turquie on me demandait d'abord où j'allais alors qu'en Russie, on s'inquiétait surtout de savoir d'où je venais.

Une personne sur dix en Syrie porte l'uniforme militaire, y compris de nombreux enfants. Sur les plages il n'y a pas de baigneurs mais des batteries de missiles pointées vers la Méditerranée et aucun grillage pour en empêcher l'accès ni de protections défensives apparentes. Sont-ce des leurres ?

1994 succède à 1993. Je quitte la côte pour les forêts de conifères qui couvrent les montagnes environnantes. Les giboulées du Nouvel An font leur apparition et refroidissent aussi sec la curiosité matérialiste des Syriens. Tandis qu'ils se terrent chez eux, je les suis à la recherche d'un abri. Mais en dépit de leur accueil, toujours formidable, je finis par être excédé d'attendre sans cesse la fin des averses et continue sous la pluie.

Enfin, sublissime joie du pédaleur errant, je la vois se dessiner à l'horizon, la masse imposante de la célèbre citadelle « le Krak des Chevaliers », le plus fameux des châteaux des Croisés reconstruit au XIIIe siècle par les Hospitaliers de Saint-Jean. Instinctivement, ma quête du Graal m'a guidé vers l'une de ces glorieuses escales. Il ne me reste plus que quelques kilomètres de collines à gravir, quand le mauvais sort, sous la forme d'une crevaison, s'acharne une nouvelle fois sur mon pneu.

Aussitôt, un vaillant jeune homme se précipite à mon secours. Raada Saad, 21 ans, est soudeur de profession, un peu clown dans l'âme, chasseur à ses temps perdus, et chrétien orthodoxe. Il me fait l'honneur d'être son hôte pour la soirée. Sa mère est typée orientale, son père est orienté typographe. Dans le salon trône un sapin de Noël avec une crèche, car la naissance du Christ est largement fêtée en Syrie où il y a plus de 20% de chrétiens et où l'on utilise encore l'araméen (la langue parlée par Jésus). Mais attention le sapin de Noël est en réalité une branche de sapin. En Syrie les arbres sont rares et il est formellement interdit de les abattre sous peine d'emprisonnement allant jusqu'à six mois. D'ailleurs, c'est la journée des arbres. Grande journée de plantation où « l'objectif éclairé, la sagesse, et l'habileté politique d'Hafez el Hassad sont de faire de la Syrie le jardin du Proche Orient. »

Le soir, assis en tailleur sur un tapis, nous mangeons avec les doigts : galette de *bourgoul*, concombres au vinaigre, *homous* (purée de pois chiches avec de l'huile d'olive). Conformément à la légendaire convivialité orientale, des amis viennent partager le thé, le café, et autres sucreries confites. Les palabres amicales se distillent jusque tard dans la nuit, me laissant le temps de tout goûter, sans trop me soucier de l'hygiène ou des problèmes d'accoutumance liés à l'absorption de nouvelles nourritures. Ainsi par politesse, par gourmandise et surtout par curiosité, j'ai toujours accepté pendant mon périple de manger ce que l'on m'offrait, bon ou mauvais, le tri se faisait à la sortie.

Le lendemain matin, justement, vu mon état de fébrilité (trop de gâteries) je préfère emprunter un autre moyen de transport jusqu'au Krak des Chevaliers. Saad et sa petite chienne "Loulou" m'accompagnent. Cependant, le chauffeur du minibus (un musulman), refuse l'entrée à nos chiens. Nous les enfermons donc dans le coffre. En démarrant, le vagissement du moteur couvre à peine les hurlements de la chienne. Sacré Vetsca !

Enfin parvenu en haut de la plus haute tour, la tour du Sultan Qalaoun, sous une voûte céleste assombrie par les nuages, subjugué par la vue, je remercie le Ciel de m'avoir donné des jambes pour pédaler, des mains pour freiner, des yeux pour comprendre, un nombril pour la danse du ventre et tout plein d'autres choses encore pour faire tout plein d'autres choses encore.

23. EST-CE BEAU LÀ ?

Le contact permanent avec la population, le fait d'être le centre de tous les regards et de raconter sans cesse la même histoire demande une grande disponibilité d'esprit. Le plus souvent écouter, sourire et répondre vient tout naturellement. Mais parfois, gagné par la fatigue, la maladie, ou tout simplement le matin, au réveil, la tolérance est soumise à rude épreuve. Dans ces circonstances les préjugés se révèlent avec force et accentuent d'autant mon irritabilité. C'est le cas ce matin, lorsque des pâturages rocailleux de la Bekaa, apparaît, au milieu de son troupeau de chèvres, un vieux berger enturbanné d'un keffieh à carreaux rouges et blancs. Le berger m'apostrophe, réclamant avec véhémence des explications sur le pourquoi du comment. Mais comme mon arabe se limite à peu près à *Salaam Alaikoum* et que le berger s'acharne à crier plutôt que d'essayer de me comprendre, la discussion tourne court. Qu'importe, le vieil homme est à la recherche d'une explication et mû, à l'instar des chèvres, d'une incommensurable curiosité, il entre sous la tente, ouvre mes sacoches et fouille dans les sacs plastiques. Vetsca, furieux, l'attrape par la peau des fesses. Le berger hurle et se défend avec son bâton de berger. Passons...

Je suis donc au Liban, dans la plaine de la Bekaa, où depuis 1992, après avoir occupé la totalité du pays, l'armée syrienne s'est redéployée. Très vite, j'aborde le premier poste de contrôle syrien. La présence des soldats équipés de Kalachnikovs ainsi que deux chars dissimulés derrière un mur délabré, attestent de l'importance stratégique du lieu. Les Libanais dans leur véhicule passent le contrôle en souriant et en offrant de la nourriture et des cigarettes aux militaires. A la lecture de mon passeport, un garde, peu habitué aux touristes solitaires et encore moins à laisser passer un quidam sans bakchich, trouve mon cas suspect. On me questionne mais comme personne ne comprend l'anglais ou le français, le chef de la garnison doit se soumettre à l'évidence :

je suis un touriste qui voyage sans intention belliqueuse. Avant de me relâcher les soldats m'offrent du thé et me souhaitent une mitraille de bienvenues, « *Welcome to Lebanon, Welcome !* » Accueillants ces occupants syriens !

Ensuite, plus loin vers le sud, un automobiliste, vêtu d'un tee-shirt portant l'inscription "*Smile alligator*", insiste pour que je passe chez lui me doucher. Il m'offre trois succulents gâteaux fourrés et enrobés de miel. A la vue de ses *baklavas* et de ses *cornes de gazelles*, j'en ai l'eau à la bouche et suis prêt à me laisser tenter par son invitation, lorsqu'il essaie de me mimer quelque chose. Il me désigne sa braguette grande ouverte, le bras replié sur son buste, et la main pendante. Puis, en me dévorant des yeux, les lèvres torves, il réitère son invitation. Cependant, je refuse poliment ce supplément de friandise, et préfère me contenter, le soir, seul, à défaut d'une douche et d'autre chose encore, d'une lichette des douceurs sucrées de ce charmant Libanais. Accueillant lui aussi !

Dès ce premier jour de voyage au Liban, force est de constater que le pays a du mal à sortir de plus de seize années de guerre. Dans les villages les infrastructures délabrées semblent dater d'une autre époque. La plaine de la Bekaa est toujours occupée par la Syrie, tandis que les troupes israéliennes contrôlent le Sud-Liban depuis vingt ans. Ajoutés à cela, la présence de nombreuses milices armées, une instabilité politique et un chômage des jeunes très important... Paradoxalement les routes du Liban sont sillonnées par d'innombrables Mercedes ! Mais celles-ci, importées d'occasion, roulent souvent dans un état de décrépitude avancé, plus proche du poulailler ambulant que du véhicule de prestige.

A la sortie de la ville de Baalbek, où je viens de découvrir les magnifiques colonnes du temple de Jupiter, une Mercedes rouge s'arrête à ma hauteur. Le chauffeur porte une petite chemise entrouverte sur un buste velu, et a un si gros défaut de prononciation qu'il peut facilement passer pour un déficient mental. Malgré tout, et comme d'habitude, je fais de mon mieux pour me rendre aimable et le renseigner. Puis, une fois atteint le seuil maximum de ce que je peux dire en arabe avec le peu de vocabulaire que je possède, j'enfourche mon vélo et abandonne mon homme sur le bas-côté de la route, perplexe et visiblement guère satisfait par mon charabia.

De fait, un peu plus tard, dans une épicerie où je cherche à m'approvisionner, l'homme à la Mercedes rouge refait son apparition, et exige, cette fois-ci, que je le suive dans sa voiture.

Un peu étonné par son insistance, je demande des explications à la petite foule qui s'est formée autour de nous. L'homme doit être connu, car on me le désigne comme un membre du mouvement *Hezbollah* (littéralement “le parti de Dieu” ; milice chi'ite pro-iranienne). Celui-ci exprime des doutes sérieux sur mon identité, et désire m'embarquer pour me faire subir un interrogatoire plus approfondi.

Comme je refuse de le suivre, l'homme m'arrache mon passeport des mains. Mais les villageois, des chrétiens maronites, s'interposent, forçant le milicien chi'ite à me rendre mes papiers et à regagner son véhicule. Avant de repartir il me menace de grognements inintelligibles. Sans doute veut-il dire que la prochaine fois il ne me laissera pas filer aussi facilement.

Cependant il en faut plus que ça pour m'intimider. Je fais mes emplettes comme à l'accoutumée, refuse les propositions lucratives d'un négociant d'héroïne et de haschisch (la vallée de la Bekaa fut pendant la guerre une importante zone de culture de drogue) et continue mon périple en dépit des conseils des villageois qui me recommandent, par prudence, d'attendre quelques heures avant de repartir.

Inconscience, pure vanité, ou ignorance ? Je pédale, sans être inquiété outre mesure par la situation, étant persuadé de mon bon droit. J'essaie de me rassurer en me disant que pour me protéger j'ai mon pit-bull des Carpates, et que par ailleurs, il ne me reste plus qu'une journée de vélo avant de franchir la chaîne de montagnes et redescendre sur Beyrouth... Bref, je pense, avec la même certitude irrationnelle du fanatique, que désormais tout se passera bien.

Mais, une heure plus tard, comme dans un mauvais thriller, la Mercedes rouge me coupe la route en soulevant un épais nuage de poussière. Le déficient verbal et un autre homme se ruent sur moi, ouvrent le coffre du véhicule et exigent d'une manière agressive, que je monte à l'intérieur... Une panique soudaine m'envahit... Mille souvenirs affreux de journalistes kidnappés au Liban s'agitent dans mon esprit : Kauffmann, Carton, Fontaine, 1 139 jours de captivité... Je blêmis.

Et là, sans doute stimulé par une forte dose d'adrénaline, je mobilise toutes mes facultés et force le passage entre mes deux agresseurs. A 50 mètres se trouve une station service, une ultime planche de salut vers laquelle, le cœur en déroute, je pousse mon vélo.

Hélas, le secteur est sous le contrôle du Hezbollah. Je ne peux rien attendre des pompistes qui ne comprennent que l'arabe, et qui sont complètement soumis à l'autorité de mes deux ravisseurs. Pris au piège, je cadenasse mon vélo et tente de leur expliquer la situation. Mais les deux hommes insistent pour que je monte dans leur véhicule... Je me débats... Je leur tends de l'eau mais ils refusent mon geste de sympathie... Je me vois déjà croupir au fond d'une geôle !

A cet instant critique, une autre Mercedes apparaît. Sa couleur noire symbolique me fait augurer le pire. Cependant son chauffeur, un homme barbu à la carrure certes impressionnante, possède cet avantage de parler couramment l'anglais.

– Je ne suis pas une espèce d'espion, lui dis-je tout heureux de pouvoir enfin m'expliquer, je fais le tour du monde à vélo, je suis Français, et ami de tous les Libanais...

L'homme, à la vue de mes coupures de presse, se laisse facilement convaincre et fait tout son possible pour atténuer la méfiance des deux autres islamistes. D'abord perplexes, ils se plient peu à peu à cette explication simpliste : je suis un touriste. Une manière de voir qui dépasse leur entendement, un touriste qui vaque seul et insouciant à vélo dans la plaine de la Bekaa, la guerre doit être finie, et ça, pour eux, ce n'est pas rassurant !

Finalement les deux intégristes quittent les lieux sans otage à monnayer, tandis que mon sauveur, pour ne pas me laisser sur une impression négative, m'invite à déjeuner. Bien que Mahmoud Hahoui soit le patron d'une fabrique d'appareils frigorifiques, son accueil est des plus chaleureux.

Comme en Roumanie, lors de mon agression par un Tsigane, c'est après coup que je prends conscience de l'ampleur du danger. Ainsi, le soir, retiré près de la route sous la tente dans un repli de la montagne, je sursaute comme un malade aux pétarades qui sortent des pots d'échappements délabrés. On devient vite sensible dans un pays en guerre !

Le lendemain je franchis la chaîne du Liban. Les montagnes qui atteignent 3 087 mètres sont couvertes de neige en hiver. Cependant je ne rencontre ni la neige, ni le fameux cèdre géant du Liban, l'emblème national que l'on retrouve sur le drapeau. J'aborde ensuite une longue et majestueuse descente vers la capitale libanaise. Beyrouth, adossée aux montagnes, s'étire tout en longueur sur la plaine étroite qui borde la Méditerranée.

Plus d'un tiers de la population du Liban vit à Beyrouth, soit 1 million d'habitants pour une population totale de 2,3 millions. Ici et là j'aperçois quelques bâtiments éventrés. La circulation est dense, et l'absence de feux tricolores oblige les militaires libanais à régler le trafic. A l'aide de mon plan de Beyrouth qui date de 1965 (il n'y en a pas de plus récent !) je parviens au centre de la ville où règne un paysage de complète désolation.

La guerre est officiellement terminée depuis trois ans mais le centre, le plus touché par les combats, n'a toujours pas été reconstruit. La rue Weygand, jadis la plus huppée, n'aligne plus que ses décombres ; les mosquées et les églises sont réduites en poussière ; les palmiers, qui tiennent à peine debout, sont suffisamment truffés de balles pour être baptisés « balmiers » ; les plages qui attiraient autrefois une foule de riches vacanciers sont jonchées de détritus métalliques sur fond de carcasse du Holiday Inn ; tandis qu'à chaque coin de rue on croise des militaires barricadés derrière des murs de sacs de sable...

Au centre des ruines se trouve la célèbre place des Martyrs, symbole emblématique de tant de destructions et de souvenirs. 144 000 personnes ont péri pendant la guerre de 1974 à 1989 soit 10% de la population. Sur la place, des enfants vendent des cartes postales d'avant-guerre qui représentent la ville telle qu'ils ne l'ont jamais vue. D'autres enfants jouent et rient dans les décombres, leur terrain de jeu, comme le Liban fut, pendant de longues années, celui des militaires.

Je me réfugie à 200 mètres de la place des Martyrs en pleine zone dévastée, à l'Ecole des Frères Notre-Dame. Je suis accueilli par le frère principal Bernard, grand fumeur de havanes, qui trouve où me loger dans l'infirmerie. Le collège, en parfait état, a été entièrement reconstruit. Ses murs, d'une propreté immaculée, vierges de tout impact de balle, détonnent d'une manière provocante avec le reste du décor. Manifestement les caisses du Seigneur ne sont pas vides. Les travaux ont été favorisés par le coût élevé de la scolarité et soutenus par une diaspora libanaise toute puissante. Il y a dix jours, dans un attentat, le souffle d'une explosion a brisé toutes les vitres d'une partie du bâtiment - coût total des réparations : 50 000 $ - la routine !

*

Zakaria Hamdan prend une sacoche et ouvre la porte de l'appartement donnant sur un joli salon, meublé de fauteuils Louis XVI recouverts de housses en plastique transparent. Je franchis le seuil et installe le vélo dans un coin de l'appartement. Zakaria, jeune homme de 29 ans, célibataire, portant fièrement la moustache, musulman chi'ite, m'a invité à passer la soirée chez lui dans la ville de Ghazieh près de Saïda au Sud-Liban. Les meubles, des copies de jolie facture, proviennent d'un petit atelier d'ébénisterie qu'il possède.

Après m'être douché, il me conduit dans son restaurant, un snack où l'on prépare des galettes de pain recouvertes de viande et cuites au four. Juste à côté se trouve l'atelier d'ébénisterie où travaillent comme de véritables artistes, ses ouvriers égyptiens.

En dehors de ces deux activités, Zakaria importe aussi des voitures en mauvais état qu'il rénove et qu'il revend en empochant un bénéfice substantiel. Comme beaucoup de Libanais, habiles et souples en affaires, son commerce paraît fructueux.

Le soir, dans les montagnes du Chouf, nous passons devant la mosquée où furent retenus en otages par le Hezbollah, Terry Waits et Terry Anderson. Au Liban on visite les cachots comme s'il s'agissait de lieux touristiques, ça fait partie du folklore national !

Une fois attablé au restaurant, tandis qu'une succession succulente de petits plats passe devant mes yeux alléchés, Zakaria va me nourrir de l'histoire troublante de sa vie. Comme beaucoup de musulmans il a fait ses études dans une école chrétienne où l'enseignement est dispensé en français. Sur les bancs du collège les élèves musulmans assistent à la prière du matin et du soir. Zakaria se souvient encore de quelques-unes. Inévitablement la conversation dévie sur ses camarades qu'il a perdus pendant la guerre. La gorge serrée il me montre des photos de son frère exécuté par le Hezbollah. Suite à cette tragédie une haine aveugle et un désir sanglant de vengeance lui font gagner les rangs du mouvement Amal, milice chi'ite du Liban Sud. Il se souvient du premier homme qu'il a tué : un Palestinien. En appuyant sur la détente Zakaria s'est mis à pleurer comme un enfant. Pour le deuxième il eut un pincement au cœur, puis à partir du troisième la machine était en route, il pouvait tuer sans éprouver d'émotion particulière.

– Maintenant, dit-il, je serais incapable d'écraser une fourmi. Tout ça c'est fini, ou presque...

Il me montre son pied. J'aperçois une petite bosse entre le talon et la cheville. Une balle de Kalachnikov y est toujours logée bien au chaud. Un souvenir de guerre !

Pendant que nous buvons de l'arak, boisson alcoolisée libanaise, nous voyons d'étranges lucioles parcourir l'obscurité du ciel. Ce sont des avions israéliens qui visitent les montagnes du Liban-Sud. Ils sont venus passer une sacrée soirée dans la région. Malheureusement pour eux, au sud du Liban, il n'y a pas d'électricité et les pittoresques petits villages sont dans les ténèbres. Qu'à cela ne tienne, ils illuminent tout le secteur avec des fusées éclairantes, prennent des photos et repartent pleinement satisfaits de leur joyeuse petite escapade nocturne.

– Ce manège, dit Zakaria, se répète presque tous les soirs...

Quelques jours plus tard, à la radio, j'apprends que cette région a été une fois de plus bombardée et que des réfugiés palestiniens ont péri sous le feu d'artifice. La fête continue. Et continue toujours...

Deux jours plus tard, je quitte mes hôtes de Ghazieh avec le ferme espoir de pouvoir atteindre la terre d'Israël dans la soirée. Mais c'était sans compter sur une série de mésaventures particulièrement déroutantes.

D'abord c'est un vendeur d'encyclopédies, un chauve à lunettes noires aux allures d'escroc peu recommandable, qui m'oriente dans une fausse direction vers la ville de Tyr. Je me retrouve fourvoyé parmi les filets de pêche et les petites embarcations du port. J'aurais pu y passer la matinée, s'il n'y avait pas eu des livreurs de lait, des amis de Zakaria, pour me reconnaître et me guider sur la bonne route contre un vent d'une puissance à ébranler le plus enraciné des cèdres. Voyant mon allure, et pensant que je dois manquer de forces, les deux livreurs bourrent mes sacoches d'une dizaine de bouteilles de lait caillé et salé. Ils prennent ça pour du fortifiant, et moi pour des kilos supplémentaires à traîner.

A midi je fais une halte dans une orangeraie derrière un mur en béton criblé d'impacts de balles. Tandis que je dégoupille une boîte de thon, j'entends un véhicule s'approcher furtivement. Je jette un œil par-dessus mon épaule, et que voyez-vous donc ? Un homme est en train de s'emparer de Vetsca. «Oh là vous autres !» J'interromps cette tentative d'enlèvement bestial. Les cinq gorilles barbus qui se trouvent dans la Ford pourraient tout aussi bien me réduire en miettes et reprendre leur butin poilu, au lieu de quoi ils repartent bredouilles et bredouillants. On ne le dira jamais assez : le Liban c'est le pays des kidnappeurs, ils ont ça dans le sang !

Après quoi, j'arrive à l'extrémité sud du Liban. Cette partie du territoire est occupée par les Israéliens et surveillée par la Force Intérimaire des Nations Unies (F.I.N.U.L) chargée de faire respecter la paix entre Israël et le Liban. Je viens juste de passer un poste de contrôle fidjien lorsqu'un escadron de miliciens en civil, hirsutes - donc fanatiques - appartenant probablement à l'A.L.S. (Armée du Liban Sud) me force à montrer patte blanche. Une nouvelle fois je suis suspecté d'espionnage dans une zone très anti-touristique. Les militaires israéliens patrouillent constamment cette région alors que le Hezbollah leur mène une guerre d'usure. Cela a entraîné des ripostes de l'armée israélienne dont les plus sévères ont été les bombardements massifs du mois d'août 1993 qui ont contraint à l'exode des milliers de civils libanais. Les bureaucrates de l'O.N.U. ont appelé cette zone, la "zone de sécurité" ; est-ce par dérision ou par humour ?

Pendant que je négocie ma libération avec les miliciens de l'A.L.S, des Jeeps des Nations Unies passent à nos côtés. La soldatesque finlandaise a le regard braqué au ras du bitume. Il leur est fortement déconseillé de voir quoi que ce soit. Ils ont des ordres : Cette région est pacifiée (en un seul mot !)

Les miliciens de l'A.L.S. dubitatifs veulent d'abord me garder en quarantaine pendant deux ou trois jours, puis au bénéfice du bon sens, ils acceptent de me libérer. Encore des gens sympas !

Au dernier poste de contrôle des Nations Unies, un soldat fidjien chagriné d'être aussi loin de son pays et de ne pas avoir une solde aussi importante que ses camarades français ou norvégiens, insiste pour que je lui offre un cadeau. Il reluque mon K-way. Mais que pourrait donc faire ce guerrier, taillé dans une armoire, avec un K-Way de mon calibre ? Il ne se pose même pas la question et accepte hilare, mon offrande soutirée.

Pour parvenir jusqu'à Naquoura, le quartier général de la F.I.N.U.L. situé en pleine “zone de sécurité” israélienne, il faut un laissez-passer. Or, en dehors de certains Libanais triés sur le volet, tous les autres individus sont systématiquement refoulés. Néanmoins au poste de contrôle on daigne examiner mon cas, mais pour la réponse je dois revenir le lendemain matin.

Cependant, mon acharnement à passer malgré tout, me pousse à douter de cette solution qui peut facilement se révéler sans issue. Par ailleurs, je suis peu enclin à faire demi-tour et à chercher un refuge pour la nuit dans cette zone d'anarchie. Je pense qu'il y a peut-être une possibilité de se faire conduire jusqu'à Naquoura par des militaires. Alors j'attends.

Une heure plus tard, cocorico, ils passent par là dans leur Jeep ; les musclés, les éternels boute-en-train, dragueurs volubiles, buveurs de litrons, la France mes amis, la France !

– Putain, merde quel culot... A vélo de France. Ce soir j'aurai quelque chose à écrire à ma gonzesse ! s'exclame le sergent après avoir écouté mon histoire. Il se dit prêt à m'escorter, mais il doit, avant tout, obtenir l'autorisation du Q.G. Alors, sans tergiverser, il attrape l'émetteur radio.

– Allô, ici Papa Tango, me recevez-vous Delta Bravo Foxtrot ? Après une brève explication, une réponse grésille.

– C'est bon les gars, le lieut' m'a donné le feu vert, on l'embarque... Démerdez-vous pour entrer ce foutu barda dans la P4. Et camouflez-moi ce klebs.

Afin de passer inaperçu j'enfile un uniforme militaire et troque ma casquette contre un béret bleu des Nations Unies. Mais nous ne sommes pas dupes, les Israéliens, terrés derrière leur butte de mortier, épient nos moindres faits et gestes.

C'est donc ainsi que je passe le premier poste de contrôle israélien et pénètre clandestinement au coeur de cette région militarisée déguisé en soldat des Nations Unies. Et cela grâce à la fibre patriotique et à l'énergie de jeunes soldats français. Un joli succès, une belle opération et beaucoup de bons sentiments. Ce fut notre perte !

D'abord on me dirige chez un commerçant libanais, épicier et restaurateur, parlant très bien le français et entretenant des rapports plus qu'amicaux avec les militaires de la métropole. Dans son épicerie, pour que nos soldats ne soient pas trop dépaysés, on trouve du camembert et du vin de Bordeaux.

Il est déjà trop tard pour pouvoir passer la frontière israélienne fermée, je reste donc bloqué pour la nuit dans le village de Naquoura. Le soir, attablé en compagnie du sergent de la P4 et d'autres militaires français, je me délecte d'un bon steack-frites et d'un verre de vin rouge. Mais, pendant qu'ils évoquent leurs souvenirs militaires et leurs conquêtes féminines, une comédie se joue dans les coulisses : Le Chef de Corps français, un commandant, averti de mon transfuge clandestin, tient réunion dans une bijouterie avec l'un des notables libanais. J'y suis gentiment convoqué à venir m'expliquer...

Pauvre commandant ! Cet incident imprévu fait sourdre la sueur contre le cuir de sa casquette. Une épine dans le pied, la veille de la revue semestrielle des troupes françaises. Il balbutie :

– Mes hommes ont conduit un Français à Naquoura alors que le règlement stipule qu'aucun civil ne peut être transporté par les forces des Nations Unies, et encore moins pour traverser clandestinement une zone conflictuelle !

Il n'est plus question pour moi de passer la frontière israélienne. Cela serait néfaste pour le prestige des Nations Unies, pour leur tranquillité, pour la promotion du commandant...

En outre, il a des choses plus importantes à régler. Il prépare la grande fête qui va se dérouler après la parade où, paraît-il, le clou du spectacle met en scène Astérix et Obélix ! Mais ça c'est du théâtre, car les nouveaux Gaulois irréductibles préfèrent camper sur leurs positions et éviter tout remous. L'O.N.U. est ici en simple spectateur. D'ailleurs dans le camp, le contingent change tous les six mois, dirigé tous les ans par un nouveau commandement impuissant.

Pendant notre conversation nous sommes plusieurs fois interrompus par le rugissement des chars israéliens qui dévalent la rue à toute allure. Rien que de les entendre, on devine qui sont les maîtres des lieux !

Finalement je suis invité à dormir chez le cousin du restaurateur, un parfumeur comme il en existe peu : jeune homme musclé, aux gestes brusques, qui a adopté le langage châtié des militaires français. Mais le parfumeur m'a traité comme un roi. Je profite du lit conjugal pendant que lui et sa femme dorment sur le divan du salon. Avant d'aller me coucher il me demande de choisir un parfum parmi ceux qui trônent sur la coiffeuse de sa chambre. Ignare en la matière, j'hésite. Néanmoins avec sa gouaille inimitable, le parfumeur me conseille :

– Prends donc Ted Lapidus. Tu verras, c'est un putain de parfum !

Avec des arguments pareils il est difficile de résister.

Cependant l'accueil chaleureux des Libanais de Naquoura me laisse un arrière-goût de suspicion et un léger malaise. Pourquoi, par exemple, le parfumeur cache-t-il une mitraillette sous le divan de son salon alors que les armes ont été réquisitionnées par l'armée libanaise ? Lorsque je lui pose la question, il se justifie en me disant que c'est pour fêter le Nouvel An. « Pour tirer des coups en l'air », ajoute-t-il... C'est cela, oui !

Le lendemain matin, après un dernier briefing avec le Chef de Corps qui s'est déplacé avec un sous-fifre pour prendre ma déposition et me souhaiter une bonne disparition, je suis reconduit vers le Liban. Au volant de la Jeep se trouve le lieutenant qui m'a autorisé à entrer à Naquoura. Il dit avoir agi en son âme et conscience. Il ne regrette rien. Pourtant lui et le sergent, en guise de sanction, risquent d'être rapatriés vers la France.

De retour au point de contrôle fidjien, je n'abandonne pas la partie pour autant. Il me reste encore l'alternative du « laissez-passer » israélien. Pour obtenir la réponse je dois traverser les 300 mètres de *no man's land* qui séparent les guérites de la F.I.N.U.L. de la douane israélo-libanaise. Je dois y aller en marchant. La route déserte est entourée de champs de mines et de barbelés. Je marche lentement. Sur mon côté droit s'élève une butte imposante surmontée d'un mirador. Derrière les sacs de sable, j'entends le chuintement discret d'une voix et le cliquetis d'une arme. La sueur perle sur mon front. J'ai un bref et absurde moment de panique. Un éclat de lumière se reflète sur des jumelles. Mon cœur bat au rythme effréné de ma psalmodie : « je suis un touriste, je suis un touriste... je suis un tout risque ».

Le garde-frontière libanais m'informe que le laissez-passer m'est refusé. Je lui demande de qui vient cette décision indélicate. Il me répond que ce sont les ordres du "*Big Chief.*"

– Et le *Big Chief* c'est un Israélien ou un Libanais ?

– Top secret ! me rétorque-t-il en me foudroyant du regard. Demi-tour, roule...

Pluies torrentielles. Nids d'obus submergés par des flots d'eau boueuse. Sous le choc incessant d'obstacles devenus invisibles, mon pneu éclate. Rafistolage. 50 kilomètres de flagellations plus tard je suis de retour chez Zakaria. Le lendemain matin, voulant absolument me voir sortir de ce bourbier, il m'offre le taxi jusqu'à la frontière syrienne. Huit heures d'attente au poste frontière avant d'obtenir un visa. En fin d'après-midi, j'entre en Syrie. Il pleut comme la nuit qui tombe.

24. INUTILE D'ABOYER À LA LUNE !

Il est tôt et le soleil commence tout juste à consumer la brume matinale qui se répand avec paresse sur cette vague plaine désertique de Jordanie. Je démonte ma tente, tandis que Vetsca, après avoir batifolé avec des chiens sauvages, se fait dorer la pilule. Vautré dans la terre battue, le vent souffle à rebrousse poils sur son corps lui donnant des allures de vieille peluche ébouriffée. Apaisé, heureux, il somnole. Pour le taquiner, je lui lance le reste d'un demi-citron. Il ouvre un œil, se lève, et va renifler l'objet intrus. Au goût comme à l'odeur, le citron n'a pour lui aucun intérêt. Il me questionne du regard. Je lui réponds par un sourire.

Notre conversation en est là, lorsque nous sommes interrompus par la présence d'un homme tout de blanc vêtu. J'échange avec lui les banalités d'usage, et, comme si cela suffisait, il me salue et quitte prestement les lieux au volant de son véhicule. Sans trop y attacher d'importance, je suis néanmoins surpris de ne pas entendre Vetsca aboyer à ses trousses. La plaine est dégagée, et je ne le vois nulle part. Je l'appelle mais il ne vient pas. Peut-être est-il parti jouer avec d'autres chiens ? Plus agacé qu'inquiet, je termine de harnacher ma monture.

«Vetsca, Vetsca, Vetsca » je crie et siffle mais il ne se montre toujours pas. Craignant qu'il ne se soit fait écraser, j'arpente la route avec le plus noir des pressentiments. Cependant, aucune dépouille ne salit le bitume. Alors, je cours ici et là, en fouillant l'horizon à la recherche du moindre signe de vie, et guette quelques aboiements. Mais tout à la ronde, il ne règne que le léger bruissement du vent dans les arbustes. Rien d'autre à perte de vue que les ombres basses du soleil s'étirant sur une vaste et morne étendue de cailloutis, pas une seule trace de mon compagnon, pas un souffle de chien, rien.

Les vieux clichés sont toujours vrais : Avec l'énergie du désespoir, j'attrape ma bicyclette et m'élance à travers champs. Cinq cents mètres plus loin je croise un groupe de personnes sirotant un thé, accroupies dans la poussière d'un terrain vague, une sorte de parking pour les taxis et les camions. Un homme, le gardien du parking, dit avoir aperçu un petit chien se débattre dans la cabine arrière d'un pick-up de couleur grise. C'est donc ça, Vetsca vient d'être kidnappé ! Alors, sans même avaler une seule gorgée du thé qui m'est offert, je pars débusquer ce détraqué, ce bandit de grand chemin, ce voleur de chien !

Après 15 kilomètres, à dépouiller en vain le paysage à la recherche d'un indice, j'arrive aux abords de la ville d'Irbid, et ricochant d'un trottoir à l'autre, je questionne les curieux. S'ils font peu de cas des chiens, cela ne les empêche pas d'être à l'écoute et plein de commisération à mon égard.

Cependant, ayant passé la matinée à explorer les environs, je ne recueille aucune indication positive. Complètement abattu, je dois me résigner à abandonner mes recherches, et les mollets ramollis, je prends la direction d'Amman, loin de mon chien et de mes tendres souvenirs.

Vers 12 h 30, je fais une halte. Je m'assieds contre un grillage où de multiples sacs en plastique noir, portés par le vent, sont restés accrochés. Péniblement je mange quelques fruits et du chocolat. Cette image de chien dans la tête. Sa frimousse. Son expression. Son odeur...

Peu à peu je culpabilise, je pense ne pas en avoir fait assez pour le retrouver. Me persuadant que l'homme en blanc - reconnaissable entre tous - ne doit pas être loin, je sens une force nouvelle remonter en moi, et, plus que jamais déterminé à récupérer mon chien, je fais demi-tour vers la ville frontalière de Ramtha. Je recommence à questionner les passants. Recherche Vetsca désespérément. Mais c'est inutile, les Jordaniens sont aveugles ou muets. Alors en dernier recours, je me dirige vers le poste de police.

Plutôt compréhensifs, les policiers, dont quelques-uns ne peuvent réprimer un sourire, prennent ma déposition. N'ayant nul renseignement à produire pour orienter d'éventuelles recherches, je leur donne un poil de Vetsca comme indice. Mais ce jour-là, le Sherlock Holmes jordanien est sur une autre enquête (un vol de chameau paraît-il !) Cependant deux inspecteurs acceptent de me conduire en voiture jusqu'au parking pour y recueillir le témoignage des gardiens. Sans résultat.

De retour au poste de police et pour stimuler les recherches, j'offre comme récompense à celui qui retrouvera Vetsca, une bouteille de champagne. Tous les policiers se mettent à rire. Nous sommes dans un pays musulman. On ne boit pas de poison alcoolisé !

Incapable de reprendre mon chemin, hébété par 50 kilomètres de contorsions aveugles, je retourne - me recueillir ? - sur le lieu de l'enlèvement. Tout de suite le paysage me prend aux tripes. Souvenir acide. Le demi-citron est toujours là. Je ramasse une motte de terre sèche et la serre entre mes doigts. Puis je la jette violemment contre le sol. Inutile d'aboyer à la lune : Vetsca c'est fini.

La nuit se contente de tomber. Je ferme complètement l'entrée de ma tente car je n'attends plus personne. J'enlève mes lunettes et pose mon visage entre mes mains. Je veux pleurer mais n'y parviens pas. Les voyages forment la détresse.

De collines en collines, particulièrement abruptes, Serge l'ermite, mentalement dépouillé, se laisse choir entre les mains du Seigneur au presbytère de l'église catholique grecque de la ville de Zarqua. Pendant la soirée, sous l'influence des moines bienveillants, Serge hésite à rentrer dans les ordres, à donner des ordres, ou à continuer le désordre. Il opte pour la dernière solution. Perturbée est son âme.

*

Amman, la capitale de la Jordanie, est ma prochaine étape. J'y retrouve Kassim Ghaddar que j'ai rencontré à Ghazieh au Liban et qui, dans l'attente de commencer un nouveau cursus universitaire comme architecte, loge chez des amis libanais.

Ma présence suscite un certain embarras. Les étudiants ne sont pas chez eux et ne veulent pas avoir d'ennuis avec leur propriétaire. Lorsque je leur demande si je peux téléphoner en France, c'est toute une histoire. Finalement ils me donnent l'autorisation mais je ne dois rien dire de compromettant au téléphone, du genre : « mort à Arafat ». La confiance règne !

Le samedi midi une réception est organisée dans l'appartement. Sont présents une quinzaine d'étudiants mais aucune fille et aucun Jordanien. Ce sont tous des exilés venus à Amman pour leurs études ou pour des raisons politiques. Il y a les étudiants libanais de confession chi'ite qui ont quitté le Liban faute de place à l'université de médecine de Beyrouth ; des Palestiniens du Koweït. (Le mauvais choix opéré par le roi Hussein en soutenant l'Irak pendant la guerre du Golfe a entraîné le retour massif de 600 000 Jordaniens et Palestiniens vivant au Koweït et accusés d'avoir été des collaborateurs). Complètent le tableau, un étudiant d'Oman et un dentiste maniéré d'Irak. Une bonne brochette moyen-orientale allègrement épicée par l'actualité brûlante du moment.

Confortablement engoncés dans leurs fauteuils, tous y vont de leur grain de sel. Beaucoup jugent l'attitude de Yasser Arafat trop timorée et rejettent en bloc ses propositions de paix. Ils revendiquent la restitution complète d'Israël aux Palestiniens. La conversation est animée. Hélas je ne comprends pas l'arabe. Je saisis juste l'ivresse de leurs paroles, et distingue cette lueur de plaisir dans les yeux, de pouvoir faire comme les hommes d'Etat, de discuter autour d'une table du sort de milliers d'hommes.

Lorsque je demande des précisions sur l'absence de gent féminine on m'explique que la religion leur interdit d'inviter des filles dans leur appartement. A leurs yeux la civilisation occidentale affiche des mœurs dépravées. J'essaie de nuancer leurs propos, mais cela les irrite un peu. C'est une question qui touche un point sensible, ils considèrent cette discipline morale nécessaire et utile.

Quelques jours plus tard j'obtiens mon autorisation pour entrer en Israël (ce n'est pas un visa dans la mesure où à ce jour il n'y a pas de relations diplomatiques entre les deux Etats). A partir d'Amman, qui se situe à 1 000 mètres d'altitude, j'amorce une descente de 60 kilomètres vers la mer Morte. Sur le chemin une stèle en pleine montagne indique "niveau de la mer" mais la "mer Morte" se trouve encore 400 mètres plus bas ! Le climat change radicalement, la température monte à 20 °C, contre 4 °C dans la capitale.

Je m'installe sur une plage de la Mer Morte. Au loin le soleil rougeoie au-dessus des collines désertiques. Puis les ombres s'effilochent sur les formations rocheuses, figeant le décor dans un vaste paysage lunaire. Comme son nom l'indique, il n'y a aucune vie marine dans cette étendue d'eau en raison de sa teneur très élevée en sel (quatre fois plus salée que l'eau de mer).

25. MON VELO EST UNE BOMBE

En ce bon matin du 14 Shaaban 1414 (*26 janvier 1994*), tandis que tout au fond de la plaine scintillent les eaux épaisses de la mer Morte, j'ajuste une dernière fois ma casquette à carreaux, et tel un chevalier – que dis-je – telle la pierre angulaire de la pédalerie errante, je promène mon regard sur ce prochain territoire de conquête : la Terre Malsainte, et crie confiant mon ordre du jour « Victoire sur mes amis, gloire à la pédalerie errante ». J'ai analysé calmement la situation. Je possède un laissez-passer procuré par mon allié jordanien et ne doute pas, muni de ce sésame, de pouvoir franchir sans encombre les lignes particulièrement étanches d'Israël.

Fermement installé sur mon fidèle destrier je me présente à la frontière jordanienne pour un premier assaut. Echec terrible. J'ai mal jugé les artifices politico-douaniers de ce territoire qui interdit la circulation des deux roues, et suis repoussé sans ménagement par les avant-postes militaires palestiniens. Cependant, j'accueille ce premier affront avec sérénité, conscient que j'obtiendrai plus par la ruse que par la force des pédales.

Ayant ravalé ma fierté d'intégriste cyclo, je charge ma bicyclette dans un taxi collectif. Cela m'en coûte un droit de passage exorbitant. Les 3 kilomètres de traversée du *no man's land* offrent, sur fond de désert, un paysage de désolation constellé de fortifications militaires : miradors, barbelés, champ de mines. Ici et là, des panneaux interdisent les prises de vue aux photographes en mal de sujets. Puis la piste enjambe le Jourdain, cours d'eau mythique, dont la réputation est bien trop grande pour ce que c'est, à peine un ruisseau, un filet de boue insignifiant.

Arrivé aux avant-postes israéliens, les douaniers acceptent de me laisser passer mais sans mon vélo. Leur intransigeance est sans appel. Ils ont reçu des consignes strictes. Ils craignent que ma monture ne dissimule quelque machine infernale dangereuse pour la sécurité de l'Etat israélien, genre vélo kamikaze !

Le cœur lourd, déçu, humilié, je bats en retraite derrière les lignes jordaniennes, mais moins que jamais disposé à renoncer, je dépose mon Giant chez un particulier. Celui-ci, d'ailleurs, semble avoir l'habitude de garder les montures des routards, qui, tout comme moi, sont tombés dans ce cul-de-sac.

A la douane israélienne il faut se soumettre à une fouille minutieuse combinant rayons X et attouchements corporels (chatouilleux s'abstenir !) Puis, je m'engouffre dans un nouveau bus, passant devant l'oasis de Jéricho, et arrive à Jérusalem où je trouve gîte et couvert dans une auberge, aux abords de la vieille ville, près de la porte de Damas.

Yerushalaïm, ville mythique, ville de la paix en hébreu, ville sainte pour les chrétiens, juifs et musulmans, est au cœur de toutes les passions, de toutes les guerres. Revendiquée par les trois religions monothéistes, Jérusalem est l'enjeu depuis vingt siècles de sanglants affrontements.

En parcourant les ruelles de la vieille ville j'ai une pensée pour tous les croyants qui comme moi foulent le sol de cette cité intemporelle. Je découvre les lieux saints : le Mur des lamentations, le Dôme du Rocher, la Mosquée d'Al-Aqsa, autant de sites qui marquent la présence des trois religions des fils d'Abraham. « L'air qui passe sur Jérusalem est saturé de prières et de rêves » écrivait le poète israélien Yehuda Amichaï. Cependant, en apercevant les multiples échoppes de bibelots religieux, je pense plutôt aux paroles de Jésus foudroyant de sa colère les marchands du temple.

L'Eglise du Saint-Sépulcre, bondée de touristes, n'échappe pas au sacrilège. A l'instar de ces lieux de pèlerinage désacralisés, il règne ici une atmosphère de compassion forcée : « Prenez une bougie, s'il vous plaît, faites un don ». Finalement je renonce à me frayer un passage parmi la foule de photographes mal inspirés. Eux-mêmes se demandent d'ailleurs s'il n'y a vraiment que ça à voir. Il leur reste néanmoins la consolation d'avoir pu visiter ce qui était promis dans leur brochure touristique : la bible des pèlerins modernes. Etre là suffit pour pouvoir ensuite proclamer l'essentiel « J'y étais », les trois mots d'une expression rituelle consacrée.

Je ne suis déjà plus à Jérusalem, ayant embarqué pour Tibériade. Passage en Cisjordanie occupée. La région grouille de militaires israéliens dont une bonne partie de réservistes, des pères de familles, enrôlés chaque année pour des périodes de quelques semaines. Pendant le voyage le bus est plusieurs fois contrôlé par des jeunes filles en uniforme, le fusil en bandoulière. Vivre dans un état de guerre, le jeu en vaut-il le chandelier ?

La mer de Galilée est le lac d'eau douce le plus bas du monde : 208 mètres sous le niveau de la mer, alimenté principalement par le Jourdain, le plus grand ruisseau d'Israël. Je dois récupérer un colis envoyé par ma famille à l'hôtel Kinnar situé face à Tibériade de l'autre côté du lac en territoire syrien occupé par Israël (plateau du Golan). A l'approche du Schabbat, l'hôtel est en pleine effervescence religieuse. Les hommes portent leur tenue noire traditionnelle, chapeau et papillotes. Ayant récupéré mon colis (dans lequel deux bouteilles de vin m'auront été subtilisées), et en l'absence de service de bus pour revenir sur Tibériade, je m'essaie au stop.

Je suis très vite pris par un conducteur portant la *kippa*. Il conduit à vive allure, pressé d'entrer à Tibériade avant le début du Schabbat, période pendant laquelle il est interdit de conduire. La musique de l'autoradio, tournée à fond, hurle des psaumes «spécial Schabbat». Le lac est entouré de palmeraies, tandis que des nuages bas et lourds sont traversés par d'impressionnantes nuées d'oiseaux. Nous passons devant Tabgha où Jésus est supposé avoir réalisé le miracle de la multiplication des pains en nourrissant cinq mille personnes avec cinq baguettes et deux poissons (les toasts devaient être minuscules et Jésus, l'apprenti charpentier, aurait pu faire un très bon poissonnier traiteur).

J'achève ma petite escapade israélienne en passant ma dernière nuit dans l'enclave de Jéricho. Je reste dans l'hôtel qui va bientôt servir, selon les accords d'autonomie, de quartier général à Yasser Arafat. A l'instar du gérant de l'hôtel, la population espère en un avenir meilleur. Mais pour le moment, Jéricho ressemble plutôt à une paisible bourgade, écrasée par la chaleur, et où la présence palestinienne s'affiche ouvertement sur les murs blancs graffités. Pas de colons, pas de travail, juste quelques ruines à visiter, comme capitale on peut mieux faire !

26. LA ROUTE DES ROIS

Ces quatre années de tribulations m'ont permis, entre autre, de découvrir quelques-uns des plus beaux paysages de la planète: le Péloponnèse en Grèce, la route des Fjords en Norvège, le Sinaï en Egypte, la piste Asmara-Gonder en Ethiopie, la vallée de Kagan au Pakistan, la route Katmandou-Lhassa-Kunming au Tibet, le nord du Guangxi en Chine, la Route des Rois en Jordanie... A tous les cyclos en mal de paysages sauvages et grandioses, des destinations à ne manquer sous aucun prétexte.

Ainsi je n'oublierai pas la Route des Rois ; le chemin des Croisés vers le sud, avec ses vallées profondes et ses routes en lacets accrochées aux parois de canyons impressionnants. Pendant plus de 200 kilomètres la route surplombe la vallée de la mer Morte puis quitte les hauts plateaux pour un des endroits les plus mystérieux qui soit, inégalable de beauté : Petra.

Cette ancienne cité nabatéenne, mondialement connue pour ses temples creusés à même la roche dans des gorges profondes et étroites, atteint le sublime. Ecrasé entre les murailles du défilé qui culminent à plus de 100 mètres, on se prend alors pour Indiana Jones ou pour un archéologue à la recherche d'un temple perdu, tant ce site, à l'écart du village touristique de Wadis-Musa, est lui-même parfaitement protégé.

Puis, progressant toujours plus vers le sud, je quitte Petra, totalement subjugué par le déferlement vertigineux et chaotique des roches sombrant au fond de la vallée. Je rejoins la route principale, au revêtement boursouflé par la chaleur et l'incessant passage des camions qui effectuent la navette entre Aquaba et Amman. Au-delà de la plaine désertique se profilent les arêtes vives des montagnes du désert du Rum. J'installe mon bivouac au milieu de ce paysage quasi lunaire, sur le lit d'un ancien « Wadis », entouré d'étranges rochers oranges aux formes souples et ondulées. Après cette nuit inoubliable, passée dans ce décor enchanteur, je descends jusqu'à Aquaba, lieu de prédilection pour tous les amoureux de plongée sous-marine et réputé mondialement pour ses eaux écarlates parsemées de coraux. La Jordanie est un pays de superlatifs !

Après une journée de repos, je prends place sur le ferry qui assure la traversée de la mer Rouge vers le port de Nuweiba en Egypte. Tandis que j'observe les musulmans répondre à l'appel de la prière en se prosternant sur le pont, je ne peux m'empêcher de songer à tous ces stéréotypes dont on s'efforce en vain de faire abstraction. Ainsi au cours de mes pérégrinations j'ai plus d'une fois été confronté aux pires clichés : Un bureaucrate du K.G.B. taciturne, autoritaire et buveur de vodka ; ça existe ! Un Libanais trafiquant de hashisch roulant en Mercedes avec son pistolet mitrailleur à ses côtés ; ça existe ! Un bédouin crachotant qui boit l'eau souillée par l'urine de son chameau ; ça existe ! Je les ai rencontrés...

Le tableau auquel j'assiste maintenant n'en est pas moins éloquent et plein de couleur locale : Les hommes vêtus de longs burnous se regroupent sur le pont pour la prière tandis que les femmes restent derrière à garder les valises et les gosses. La plupart des passagers sont des travailleurs émigrés égyptiens qui retournent chez eux bardés d'appareils Hi-fi tape à l'œil. Le thé coule à flots. Je jette mes détritus dans une poubelle, on jette la poubelle dans l'eau. Un groupe de touristes allemands sexigénaires font luire au soleil leurs biceps et leurs triceps...

Il y a aussi un jeune homme, petites boucles d'oreille, cheveux tressés, barbe rousse, pantalon déchiré, sac à dos bien garni, et chaussures de marche irréprochables. C'est un Américain, Forest, âgé de 22 ans, bûcheron, qui bourlingue depuis deux mois à travers le Proche-Orient. Son objectif : *découvrir les autres pour en oublier une,* sa copine, dont il fut follement amoureux et avec laquelle il a rompu.

Après une longue attente à la douane de Nuweiba (stéréotype de fonctionnaires douaniers incompétents) je me suis retiré avec Forest sur le sable tiède du désert. La douceur veloutée du soir éveille en lui les plus tendres des souvenirs. Il me vante les mérites de son amie, une superbe blonde, championne de son état comme scieuse de long dans les compétitions festives de bûcherons, qui partait avec lui chasser l'ours dans les épaisses forêts d'Amérique. Notre conversation roule ainsi au fil de nos petites histoires de voyageur sentimental. Puis, gagnés par la fatigue, nous nous enfonçons dans le plus doux des sommeils, charmés par le chant d'un berger qui passe derrière les dunes.

27. IL N'Y A QUE LE SINAI QUI M'AILLE

Ceci est la révélation des tribulations d'un pédaleur errant. En toute vérité je vais vous conter l'histoire de mon périple à travers le désert du Sinaï, afin que cela puisse servir à l'instruction des croyants de l'aventure à bicyclette.

Je prends la sage décision de commencer mon étape par le premier jour. J'en suis encore là, confiant dans la réussite de mon expédition quand Allah, le Compatissant, le très Miséricordieux, le Seigneur des mondes, le Tout-Puissant, voit cela d'un très mauvais œil : un homme seul sur sa monture métallique, ni pèlerin, ni apôtre, ni porteur de bonnes paroles, poussé par aucune noble ou divine cause, voyageant pour le seul goût de l'errance et de la curiosité, viole indûment les traces du Prophète. C'en est trop de l'arrogance de ce touriste à pédales, pense Dieu, le petit homme va devoir expier sa faute.

Instantanément une double crevaison me force à poser pied à terre. Le pneu arrière, déchiré, déchiqueté, vient de rendre l'âme. « Je suis dans la Moïse ». Car Dieu, qui ne manque jamais sa cible, a visé juste ; la dépouille caoutchouteuse est inutilisable.

Je pense pouvoir le remplacer par mon pneu casher acheté au prix fort en Israël. Mais, comme je m'en rends compte un peu tardivement, la taille non orthodoxe de celui-ci - légèrement trop grande - est inadaptée à ma jante. Cependant, réunissant toute la pugnacité du petit scorpion des sables à l'intelligence du fennec, je parviens à glisser des morceaux de carton entre la jante et le pneu. Retenu par ce simple bidouillage le pneu cesse de déjanter et fait merveille pendant quelques jours encore.

Tout fier de mon astuce, je poursuis mon bonhomme de chemin entre les parois imposantes de grès rouge du canyon, et encouragé par l'écho, je chante à tue-tête :

« *Il n'y a que le Sinaï qui m'aille,*
Il n'y a que le teint qui t'aille,
Il n'y a que le vin qui vaille,
Il n'y a que le sein qui saille. »

L'endroit est positivement prodigieux. Des pics acérés sortent de l'ombre, des rochers pris de vertige se cramponnent aux falaises, et de minuscules oasis se serrent dans les creux ombragés de profondes crevasses. Ebloui par tant de magnificence je me prosterne mentalement au cœur de cette cathédrale de la nature. Je suis à tel point grisé par mon enthousiasme, qu'il me faut un certain temps avant de réaliser que je me suis une nouvelle fois fourvoyé dans une drôle de galère.

C'est seulement après avoir parcouru plus de 50 kilomètres que je flaire quelque chose de louche. D'abord un peu dérouté par la sinuosité de mon cheminement, je devine ensuite, en surveillant le soleil, que je fais fausse route. Je me dirige vers le nord, à l'opposé du fameux monastère Sainte-Catherine où je comptais me rendre. Mais le plus grave c'est que je ne sais pas où je suis. Comme Moïse, en route pour la Terre promise, je n'ai aucune carte précise du Sinaï. Dieu a si bien travaillé les pistes que je suis paumé dans ce maudit désert. Sur une route, certes, mais laquelle ?

Je passe donc cette première nuit sur les cailloux tranchants d'un oued, abandonné à moi-même, sans repère, écrasé par l'ombre tourmentée d'un arbre isolé. Etendu sur mon matelas alvéolé, je m'efforce de trouver le sommeil et de ne pas me laisser envahir par des sentiments de panique. Le Sinaï, après tout, ce n'est qu'un petit désert !

Gloire à celui qui a donné naissance au soleil car un jour nouveau vient de naître.

Après avoir roulé toute la matinée dans l'incertitude et sans rencontrer âme qui vive, je finis par tomber sur un des nombreux postes militaires qui jalonnent les routes de cette région. En effet le Sinaï est une zone sensible, frontalière d'Israël, de la Jordanie et de l'Arabie Saoudite. Il fut occupé par les Israéliens en 1967 et ne fut restitué à l'Egypte qu'en 1982. Finalement, grâce aux militaires, je comprends que je vais devoir traverser le Sinaï par son centre, sans avoir le plaisir de me recueillir devant le monastère Sainte-Catherine où Moïse est supposé avoir reçu de Dieu les dix commandements.

Progressivement la route devient moins vallonnée (le Sinaï est un désert montagneux qui culmine à 2 637 mètres). La température ne dépasse pas les 16 °C. Pendant la journée, à part les

1

2

DÉPART

1. Janvier 1993. France. L'équipe de Mondo vélo (page 15).

2. Janvier 1993. France. Serge Leret, un pédaleur errant à peine conçu, un spermatozoïde d'aventurier (page 10).

3. Février 1993. France. D'où viens-je ? Où vais-je ? A quoi Serge ?

3

1

SUR LA ROUTE

1. Avril 1993. Turquie. Le bonheur n'e pas au bout de la route, il est sur la rout A coup sûr !

2

Décembre 1994. Chine. Par-
elà des rizières en gradins
ôturées de forêts de bambous...
›age 346).

Juin 1994. Oman. De retour
ır la route, nous pédalons jus-
u'à laisser le soleil s'incliner
evant la nuit. L'air du soir est
ıaud et épais. On s'y vautre à
recherche d'un improbable
›mmeil (page 213).

Octobre 1994. Tibet. La piste,
›ngue saignée de sable, caho-
euse et ondulée, nous fait cruel-
ment souffrir (page 282).

Novembre 1994. Tibet. Nous
mbrassons du regard toute la
allée enflammée par les cou-
eurs de l'automne... (page 301).

Octobre 1994. Tibet. En haut
u col, entre deux Tse, et sous le
egard sourcilleux d'un Hima-
ıya souverain : LA récompense !
›age 288).

1

LA ROUTINE !

Janvier 1995. Taïwan. Nous ›ançons d'un mètre pour en :descendre dix. Mais au bout du ›mpte, parce qu'il n'y a pas de ›gique dans la volonté d'un édaleur errant, nous atteignons sommet, anéantis mais victo- eux (page 369).

et **6.** Novembre 1994. Tibet. La iste disparaît dans un vaste ıamp de galets, submergée par . fonte d'un glacier... Nous ›ançons encore, dans la boue, ans le sable... (page 311).

Février 1995. Chine. La route éfoncée, boueuse comme un :cord mondial, cahote à travers ne suite ininterrompue de ›nes industrielles (page 383).

Août 1994. Inde. L'infrastruc- ıre déplorable conjuguée à l'in- ›nscience collective des chauf- ırds indiens (page 247).

Juillet 1994. Pakistan. A tra- ›rs un glacier, dans la vallée de agan (page 234).

5

4

6

1

2

3

RENCONTRES

1. Décembre 1993. Turquie. Mo
hôte veut me marier à sa cou
sine, fine pâtissière (page 131).

2. Septembre 1993. Lituani
Paulius of Vilnius (page 87).

3. Juillet 1995. Japon. La famil
Makimura (page 416).

4. Juin 1993. Pologne. Anett
Marciniak (page 64).

5. Novembre 1993. Russi
Natasha Golubstova (page 115)

6. Octobre 1994. Tibet. Cavalie
tibétain.

7. Mai 1994. Ethiopie. Tefe
Mekonnen. Un être exceptior
nel comme j'en ai rarement ren
contré (page 192).

5

7

1

ENFANTS

2

1. Avril 1994. Erythrée. Pendai plus d'une heure nous cherchons nous comprendre l'un l'autre. C'e le meilleur moment de la journé (page 180).

2. Septembre 1994. Inde. Les er fants se retrouvent livrés à eu mêmes dès leur plus jeune âg (page 262).

3. Enfant chinois et son bol de r quotidien.

4. Septembre 1994. Népal. De groupes d'enfants martèlent chaqu caillou qu'ils transforment petit petit en remblai (page 266).

5. et **6.** 1996. Viêt-nam.

1

2

3

PLAT DU JOUR

1. Octobre 1994. Tibet. Un yak éco ché vif au village de Tsomoro, trè typé tibétain (page 294).

2. Décembre 1994. Chine. Des vélc plus souvent poussés qu'enfourché disparaissent sous des ballots d volailles (page 340).

3. Décembre 1994. Chine. Chier grillés au chalumeau ; une délica tesse revigorante (page 340).

4. Décembre 1994. Chine. La pauvr bête siffle et se débat désespé rément (page 337).

5. Février 1995. Chine. Coiffeus pour vilain cochon !

6. Octobre 1994. Tibet. Nous e sommes réduits à brûler la totalit de notre précieuse cargaison d'ex créments d'animaux (page 283).

5

1

FOULE ET SOLITUDE

1. Février 1994. Jordanie. Je quitt Petra, totalement subjugué par l déferlement vertigineux et chac tique des roches (page 157).

2. Chinois en extase devant le ling sale de Philippe !

3. Juin 1994. Oman. Palmes verte pour un écrivain (page 216).

2

6

. Décembre 1994. Chine. Les badauds ébahis sortent sur le seuil de leur porte... (page 346).

. Août 1994. Inde. Les premiers jours, cette sensation d'être un objet de curiosité nous amuse, mais cela devient très vite stressant (page 342).

. Novembre 1994. Tibet. Philippe, assis près de la grand-mère, et assommé par la fatalité... (page 318).

5

1

2

3

4

COMPAGNONS

Novembre 1993. Turquie. Vetsca sous
ne tempête de neige (page 132).

Janvier 1994. Vetsca au Liban.

Octobre 1993. Miron Tudor.

Philippus de Talipiacus.

Dali à la hune !

et **7.** Wilfried à la barre !

6

7

1

CAMPING TRÈS SAUVAGE

2

1. Février 1993. Italie. Je me réveille le front blême collé contre la surface glacée de la toile de tente (page 31).

2. Août 1996. Malaisie. La jungle de Taman Négara (page 461).

3. Novembre 1994. Tibet. Le soleil brille tiède à travers les branchages écarlates des feuillus (page 301).

4. Février 1994. Jordanie. J'installe mon bivouac au milieu de ce paysage quasi lunaire, sur le lit d'un ancien wadis (page 157).

5. Août 1993. Norvège. La chaire du Prekostolen.

6. Octobre 1994. Tibet. Au milieu de ces grands plateaux désertiques nous sommes livrés à nous-mêmes comme deux naufragés sur un radeau (page 281).

3

5

6

TRIBULATIONS

1

2

3

1. Janvier 1994. Liban. Au cent de Beyrouth règne un paysa de complète désolation (pa 141).

2. Mai 1994. Ethiopie. Je me r trouve tassé avec mon matér au fond du wagon (page 202).

3. Octobre 1993. Russie. A coeur de la tourmente (pa 100).

4. Novembre 1994. Tibet. Se gonflable !

5. Janvier 1995. Chine. Sur jante ! (page 351).

6. Décembre 1994. Chine. La d pouille calcinée de la tente Philippe (page 339).

7. Janvier 1995. Hong-kong. U décor à la kong ! (page 359).

8. Juillet 1994. Inde. Je suis da une position idéale pour compl ter ma gastrite d'une bon pneumonie ! (page 241).

5

7

8

XIAO LIN

1. Avril 1996. Chine. Serge et Xiao L roucoulent. Bonheur quand tu no tiens ! (page 429).

2. Yangshuo, Chine «Petite Forêt».

3. Avril 1996. Chine. Photo de groupe jour du mariage (page 429).

1

2

quelques rares postes militaires, je ne vois aucune habitation, tandis que la circulation journalière est réduite à une demi-douzaine de cars et de taxis collectifs.

Ne plus être perdu, c'est déjà un souci en moins, cependant ne m'étant pas préparé pour traverser ces vastes étendues désertiques, je crains de manquer de points de ravitaillement en eau et en nourriture. J'en suis donc là, à me demander ce que je vais bien pouvoir me mettre sous la dent pour mon repas du soir, lorsque - faut-il parler de miracle ou de hasard ? - j'aperçois, à moitié ensevelies dans le sable, trois boites de conserve. Elles sont rouillées, mais visiblement encore pleines. Je décrypte les étiquettes rendues presque illisibles par les morsures du soleil et du sable « 240 g. de haricots rouges... » Date de fabrication incertaine. Etant donné que nous sommes le premier jour du ramadan (vendredi 11 février) j'attends le coucher du soleil avant de déguster ce don du ciel. Finalement, une fois cuits, les haricots n'ont plus qu'un arrière petit goût d'antiquité, mais ils sont mangeables. Rassasié, je passe ma deuxième nuit dans le creux sablonneux d'une plaine sans nom, près de buissons de *ghaf*, nourriture de prédilection des chameaux.

Gloire à celui qui a donné naissance au soleil car un jour nouveau vient de naître.

Pas un souffle, pas un bruit, le silence comme je ne l'ai jamais entendu. Aucune plante, aucune vie, le vide comme je ne l'ai jamais vu. Envahi par le mystère du désert, je me laisse glisser, dans le silence, à travers des steppes infinies de graviers, où seul est perceptible le doux frôlement des pneus sur le goudron. Un oiseau solitaire plonge dans l'azur bleu. Des chameaux paissent au hasard de la maigre végétation. Une silhouette drapée de noir se perd derrière les dunes. Je suis un nomade sur son radeau du désert. Le soleil me caresse la nuque. J'embrasse la nudité du monde.

Puis les ombres s'étirent, les muscles se raidissent. Poussiéreux, la bouche tuméfiée, tel un nomade je pose le pied à terre et passe ma troisième nuit dans l'isolement et la méditation. Où est l'ennui quand la solitude devient une amie qui vous prend par la main ?

Gloire à celui qui a donné naissance au soleil car un jour nouveau vient de naître.

Partout, dans tous les azimuts, règne la même désolation, la même monotonie de grisaille et de terre rouge. Mais à cet endroit, dans cette mer de sable et de cailloux, il y a quelque chose d'anormal et de choquant. Ce n'est à perte de vue, que fragments de métal rouillés, carcasses d'artillerie, chars d'assaut éventrés, tissus déchirés et autres squelettes indéfinissables. La grande décharge du désert ; le cimetière militaire de l'Egypte ! Le Sinaï fut en effet, à plusieurs reprises, le théâtre de combats meurtriers entre Egyptiens et Israéliens (la guerre des Six Jours en 1967 puis la guerre du Kippour en 1973).

Ainsi, le soir, cherchant un endroit où planter ma tente, j'avance avec prudence dans cette zone incertaine lardée de ferraille. De loin en loin se trouvent encore des champs de mines délimités par des barbelés effilochés. Mais cela n'a pas l'air d'inquiéter une fillette, venue je ne sais d'où, qui fait brouter ses brebis au-delà des fils barbelés. Elle marche entre des panneaux sur lesquels est dessinée une tête de mort soulignée de l'inscription : « DANGER MINES » Ne sait-elle donc pas lire ?

Je passe ma quatrième nuit, un peu mal à l'aise, près de vestiges de bidons d'essence, de casques criblés, de gamelles et de culots de mortiers.

Gloire à celui qui a donné naissance au soleil car un jour nouveau vient de naître.

L'immensité du désert est impitoyable, le temps est son allié, et consume à petit feu le plus endurant des voyageurs. Le vent souffle sans arrêt, fatigue, assèche le moral, durcit les lèvres et transforme les cheveux en paillasson. La route s'éternise entre des dunes dont le sable fin est soulevé par de petits tourbillons de poussière jaune. Toute perspective est écrasée. Alors que je crois deviner une colline à l'horizon, à son approche, je réalise qu'il ne s'agit que d'une butte de quelques centimètres.

Depuis mon départ de Nuweiba, je n'ai traversé qu'une seule bourgade, Nakhl, où j'ai pu m'approvisionner de dattes, de petits œufs, de haricots et de galettes de pain presque immangeables. Dures comme de la pierre, elles ont la texture granuleuse du ciment et semblent, au regard comme au goût, avoir été pétries de sable. Sur les 500 kilomètres parcourus, je n'ai traversé que ce village, quelques postes militaires, et deux ou trois hameaux insignifiants (pompes à essence entourées de baraquements divers, mines, carrières...).

Depuis deux jours, ne voulant pas souiller le désert avec mes déchets, je les transporte en attendant de trouver un endroit approprié pour les déposer. Arrivé à un poste de contrôle, et ne voyant aucune poubelle auprès des baraquements, je tends mon paquet d'immondices à l'officier en chef. Celui-ci, heureux de recevoir ce qui ressemble à un gros bakchich, le prend. Mais réalisant aussitôt son erreur, il jette le sac un peu plus loin sur le sable immaculé. Le désert tout entier est une énorme décharge; d'ailleurs à quoi d'autre pourrait-il bien servir ?

Je passe ma cinquième nuit au creux d'une dune en forme de croissant. Vers le soleil couchant je peux distinguer d'énormes pétroliers qui sillonnent la plaine. Mes yeux ne me trahissent pas : le canal de Suez , tout proche, entaille le désert.

Gloire à celui qui a donné naissance au soleil car un jour nouveau vient de naître.

Je passe sous le canal en empruntant un tunnel d'environ 1000 mètres, à une quinzaine de kilomètres au nord de la ville de Suez. La construction du canal, sous la direction de l'ingénieur français Ferdinand de Lesseps dura dix ans de 1859 à 1869. Il fait 168 kilomètres de long, 96 à 106 mètres de large et 13 mètres de profondeur. De nombreux navires coulés lors de la guerre des Six jours le rendirent inutilisable. Déblayé par les Egyptiens en 1974, il a été rendu à la navigation en 1975.

De l'autre côté, le vent redouble de violence et dans une direction contraire à ma bonne marche. Après 40 kilomètres de souffrances, je trouve refuge au fond d'une carrière de sable à ciel ouvert, et passe ma sixième nuit profondément endormi dans les entrailles poussiéreuses de la terre.

Gloire à celui qui a donné naissance au soleil car un jour nouveau vient de naître.

Le voyage touche à ma faim et à mon mental. Je dors difficilement, j'ai trop chaud, je sens mon abdomen se contracter et ma respiration devenir plus lourde. Un énorme serpent s'est enroulé autour de ma taille. Je suffoque et cherche désespérément à me libérer de l'étreinte mortelle du reptile... Je me réveille couvert de sueur, enchevêtré dans mon duvet. Je viens d'avoir mon premier cauchemar de serpents, car tout en ce lieu y est propice : l'isolement, le silence et les parois oppressantes de la crevasse.

J'espère rejoindre le Caire avant la tombée de la nuit. Il me reste 90 kilomètres à faire à travers le désert sur une route à quatre voies essentiellement fréquentée par les camions en route vers le port de Suez. A court d'eau, je m'arrête dans un endroit qui ressemble à une station-service abandonnée. J'entre dans le bâtiment. Et là, au fond du garage, derrière un châssis de camion, je vois deux hommes dans leur burnous blanc, alanguis l'un contre l'autre, dans un lit de camp.

Déconcerté, je les interpelle et brandis mes bidons en mimant la soif. Mais les deux hommes, perturbés dans leur travail et visiblement peu enclins à sortir de leur couche pour me servir, me conseillent de passer mon chemin. « Plus loin, disent-ils, vous trouverez de l'eau dans un camp militaire. »

De fait, peu après, j'arrive devant une caserne où l'on sert des boissons fraîches dans un bar. J'achète une bouteille d'eau minérale, puis, avant d'affronter les derniers kilomètres de la voie express, je regonfle mon pneu affaibli. Sous la pression, la chambre à air explose. Je répare devant les militaires railleurs, et retourne sur la route pour subir, 3 kilomètres plus loin, une nouvelle crevaison ! Question d'habitude !

Ralenti par toutes ces petites tracasseries, je suis contraint de m'arrêter à 35 kilomètres du Caire et de passer ma septième et dernière nuit sous un pylône électrique, près d'une myriade d'usines poussiéreuses et un centre de stockage de charbon. La civilisation n'est plus très loin.

Gloire à celui qui a inventé une fin à toute épopée car le dernier jour vient de naître.

Plongé dans le grouillement indescriptible d'une ville tentaculaire, étouffante et poussiéreuse, je me fais conduire par un vieil homme dans un hôtel bon marché. Peu après, seul, je me laisse choir sur le lit, heureux d'avoir traversé mon premier désert. Comme un enfant je ris aux éclats et saute de joie sur le matelas.

28. LE NIL SOUS ESCORTE

Le Caire est la plus grande des capitales africaines. Mille minarets qui évoquent un passé glorieux émergent de quartiers populaires, grouillants et foisonnants de vie. Le Caire est surpeuplée. La population a doublé en vingt ans, et approche aujourd'hui les 14 millions d'habitants pour une population totale en Egypte de 58 millions d'habitants. Elle est devenue une immense mégalopole moderne avec gratte-ciel, circulation intense et métro. Je vais y faire un long séjour, dans l'attente de mes visas pour l'Erythrée d'abord puis pour le Soudan.

Outre la foule et l'animation dans les rues, je suis frappé par le nombre incroyable de policiers, la plupart illettrés, qui n'ont jamais pu m'indiquer correctement l'emplacement d'une rue. Le Caire, pendant la période du ramadan, est censée être plus calme en raison de la fermeture de nombreux magasins, en particulier les bars et les restaurants. Tout ce mois lunaire est consacré à Dieu, à la prière et au recueillement. L'abstinence alimentaire et sexuelle doivent être respectées et les plaisirs trop ostentatoires, tels que les sorties au cinéma sont à proscrire.

Le moment le plus étrange, au cours de ces journées du ramadan, se produit au coucher du soleil. Les restaurateurs, qui jusque-là n'ont presque rien vendu, installent devant leur gargote un alignement impressionnant de tables garnies de modestes victuailles : galettes de pain, potage, purée de haricots, légumes au vinaigre... Lentement les Egyptiens s'attablent, mais sans jamais toucher à la nourriture. Les rues, qui sont noires de monde, se vident peu à peu. Puis, à 17 h 45, lorsque le soleil commence à disparaître derrière les coupoles, chacun est en place et attend le signal du départ. La ville entière retient son souffle. Soudain les cris du muezzin retentissent, emplissant l'espace, écrasant les hommes, assourdissant l'infidèle. Des enfants font exploser des pétards, et comme un seul homme, une foule d'affamés se jettent sur la nourriture.

Ensuite les prières font place au silence. Pendant une quinzaine de minutes, le temps de se sustenter, les doutes refluent, et avec eux les peines de ce monde. La ville est irriguée à nouveau de chaleur et de vie. Enfin, apaisés, nourris, et ayant recouvré de nouvelles forces, les musulmans reprennent leurs occupations et restent éveillés toute la nuit entre *l'Iftar* et le *Sehour.* Des heures qui passent vite à déambuler dans les rues en grignotant les *yamich* du ramadan, ces fruits secs ou confits, que l'on achète aux étalages dressés dans les ruelles. Les plus endurants résistent jusqu'à 5 heures du matin.

Pendant mon séjour au Caire, je vais visiter les trois vedettes du tourisme égyptien : les pyramides de Giza, symbole de la grandeur absolue et de la splendeur de la civilisation pharaonique. La visite à vélo est autorisée. J'ai donc pu évoluer entre les masses imposantes des pyramides, et pédaler à l'ombre du Sphinx. J'ai ensuite installé mon bivouac à la lisière du désert avec une vue imprenable sur les siècles qui nous contemplent.

Le Caire est une de ces villes étapes où se regroupent les chasseurs de visas en route vers l'Afrique noire. Pour ma part je renonce au visa soudanais (il faut attendre un mois avant d'obtenir une réponse de l'ambassade) et préfère contourner ce pays en prenant un bateau dans le Sud de l'Egypte pour l'Erythrée. Je ne sais pas si cela est possible. Mais, comme toujours, mon empressement à aller de l'avant éclipse le peu de sagesse qu'il me reste.

L'Egypte c'est le Nil. Sans ce merveilleux chemin d'eau de 6670 kilomètres de long, la civilisation égyptienne n'aurait jamais existé. C'est le Nil qui a permis à l'agriculture et donc à la vie de s'épanouir au milieu du désert. Pendant des millénaires la population a prospéré dans cet étroit couloir de verdure qui ne dépasse jamais 20 kilomètres de large.

Le dépaysement est total. Du végétal sur tous les tons : étendues de rizières, champs de blé et de trèfle tachetés d'aigrettes blanches, bosquets de palmeraie... Chaque espace irrigable est cultivé et les villages, blottis contre la buttée des champs, semblent écrasés entre les épais rideaux de végétation. Des ânes surchargés avancent péniblement le long des fossés gorgés d'eau, des buffles apathiques font tourner d'énormes roues d'irrigation, des dromadaires, tels d'étranges et imposants quadrupèdes hérissés, transportent la canne à sucre. Sur la terre noire battue d'un hameau, des villageoises lavent leur linge dans l'eau souillée du canal. Mes yeux sont éclaboussés par les couleurs chatoyantes de leurs robes et par les bassines étincelantes. Plus loin, un buffle gonflé par la pourriture surnage au fil de l'eau... Des cyclistes sur des vélos indiens me font la course... Le vent souffle favorablement, il fait 27 °C, c'est un réel plaisir que de faire du vélo.

Puis soudain, en fin de journée, la rive qui a pris un peu de relief, n'est plus irrigable. Le désert est à nouveau maître des lieux. J'installe ma tente en haut d'une colline surplombant la vallée du Nil, près d'un cimetière copte recouvert de sable. Pendant ma promenade du soir je dérange un fennec qui s'enfuit la tête au ras du sol entre les tombes. Anubis, le dieu chacal, qui introduit les morts dans l'au-delà, m'invite au plus doux des sommeils.

Ayant quitté la ville de Minya en début de matinée, je me dirige vers Asyut en longeant la rive Ouest du Nil. Très vite, j'ai l'étrange impression d'être suivi par une fourgonnette bleue de la police. Parfois elle me dépasse, m'attend au prochain village et m'emboîte le pas. Leur présence ne m'inquiète pas outre mesure, pensant qu'ils font là leur patrouille quotidienne. Cependant lorsque je traverse un poste de contrôle et change de district, je suis surpris de constater que c'est une autre fourgonnette qui prend le relais. Dès lors, il n'y a plus de doute : Je suis escorté par la police.

Vers midi, alors que je viens de parcourir une cinquantaine de kilomètres talonné par les forces de sécurité, j'entre dans un nouveau district. L'officier de service m'arrête et insiste pour que je monte dans son véhicule. Son attitude me paraît exagérée, car en dépit des troubles fomentés par les intégristes musulmans pendant ces deux dernières années, sur les trois millions de touristes qui ont visité l'Egypte, trois « seulement » furent tués et aucun pédaleur errant ne figure parmi les victimes. Les statistiques parlent en ma faveur. Je remercie l'officier de sa sollicitude et poursuis ma route.

Cependant, 2 kilomètres plus loin, le policier me rattrape et me force une nouvelle fois à poser pied à terre. Sa détermination sème un doute dans mon esprit. N'y aurait-il pas un danger ? Ne serais-je pas effectivement une cible facile pour les extrémistes ? Mesurant mal les conséquences de mon acharnement à vouloir tout faire à vélo, j'accepte finalement d'être transporté par cet officier entêté qui m'assure d'ailleurs que le voyage ne durera pas plus de 2 kilomètres. Je vais en faire 80 !

Transbahuté, au fil des districts, dans six fourgonnettes différentes, et voyant que tout cela traîne en longueur, je leur demande de me déposer au terrain de camping de la ville d'Asyut où je pense pouvoir m'esquiver. Grossière erreur ! Asyut est le fief des fondamentalistes. Par mesure de sécurité, mes gardes du corps préfèrent donc me conduire au club des officiers de police, où ils me prient d'installer mon bivouac sur les berges du Nil, entre un terrain de foot et une petite mosquée. Toute la nuit de jeunes policiers, le fusil en bandoulière, se relaient pour monter la garde devant ma tente. C'est seulement à l'écoute des informations à la radio que je m'explique ces mesures de sécurité draconiennes : le jour même, sur un bateau de croisière, une touriste allemande a été blessée par une rafale de balles. Horus le dieu protecteur, le faucon, veille sur mes gardiens.

*

ASYUT ALORS ! Le lendemain matin l'officier refuse toujours de me laisser repartir seul. A la sortie d'Asyut, la police réquisitionne un camion de passage. Je m'installe dans la cabine, au plus grand désarroi du chauffeur. L'officier est à mes côtés, son pistolet dégainé prêt à l'emploi. Pour compléter le dispositif de sécurité, une escorte de policiers armés nous convoie dans une fourgonnette.

Alors que nous traversons une petite ville congestionnée par la circulation, nous sommes immobilisés par des hommes qui déchargent des caisses d'oranges d'un pick-up stationné sur l'unique voie de passage. Le sous-officier qui m'escorte interpelle le chauffeur-livreur, lui intimant de se presser. Celui-ci, loin d'être intimidé, lui réplique sur un ton agressif. Alors, le policier descend du camion et crie comme un enragé contre le chauffeur récalcitrant qui se rebiffe. La tension monte. Le sous-officier frappe le chauffeur au visage. Les autres policiers accourent aussitôt, submergeant le dur à cuire d'une débauche de coups de poings et de coups de rangers mal placés. On le traîne ensuite jusque dans la fourgonnette où se poursuit le passage à tabac. Enfin, les policiers, rassasiés de brutalité, jettent le livreur d'oranges sur la chaussée. Celui-ci, à moitié dans les pommes, tombe sans forces sur les pavés. La foule, silencieuse, reste coite. Les intégristes peuvent recruter.

Trente kilomètres plus loin, sorti du district d'Asyut, un nouvel officier, plus compréhensif, me donne finalement l'autorisation de repartir sur mon vélo. Je pédale toute la journée à l'affût du moindre terroriste. Cependant je n'en rencontre aucun et boucle mon étape chez un petit artisan qui accepte de m'héberger dans son atelier de menuiserie. Nous mangeons ensemble à la belle étoile, assis en tailleur, sur le bord de la route. Nous palabrons à voix basse, dans la fraîcheur du soir, autour d'écuelles de bouillie de haricots, de dattes et d'autres choses encore. Mon hôte mange avec la main droite (un musulman évite autant que possible de toucher la nourriture avec la main gauche, la main impure, celle avec laquelle il se nettoie après s'être soulagé). Alors que le ciel délaie ses dernières ombres, nous sirotons un thé à la bergamote. A côté, dans le silence, des jeunes femmes, que l'obscurité embellit, vont jeter des bassines de détritus dans le canal.

Khnoum, le dieu qui a modelé le corps humain, me fait ressentir mes omoplates sur le béton froid de l'atelier.

Je me réveille aux premières heures de l'aube incommodé par une envie pressante. Hélas, par mesure de sécurité, mes hôtes m'ont enfermé à double tour dans la menuiserie. Je ne peux plus sortir et sautille de douleur pendant de longues minutes en maudissant tous les pharaons et leur descendance !

Peu à peu mon vélo se convertit à l'islam : ma roue arrière est voilée ! Pour remédier à cette infidélité je fais remplacer mes rayons par un réparateur de bicyclettes qui travaille à même le trottoir. Cependant je ne m'attarde pas, ayant failli me faire étriper par la foule, terriblement curieuse et avide de conseils.

Le matin suivant, c'est un jeune villageois accompagné de son âne qui me tire de mon sommeil. Il m'apporte des bâtons de canne à sucre. Je lui fais remarquer que je suis installé dans un champ de canne à sucre et que je peux tout aussi bien me servir par moi-même. Mais la véritable raison, c'est qu'il est pauvre. En échange de son bâton de sucre il réclame un peu d'argent. Je lui donne donc quelques pièces. Il réclame plus. Alors, je lui offre une de mes chemises en pensant que cela lui ferait plaisir. Mais, sa joie il ne me la montre pas, préférant continuer à creuser le filon : il exige un pantalon, des chaussettes, une veste, etc... J'ai toutes les peines à quitter ce lieu. Il me retient par les vêtements et me supplie de lui donner de l'argent pour s'acheter des chaussures.

Plus je remonte la vallée du Nil et plus la présence des enfants se fait pressante. Ils courent à mes côtés et crient « *hello bakchich, money, money, a pen, a pen* ». J'ai même entendu des enfants moins habiles crier « *hello teacher* » ! Et lorsque je veux les prendre en photo - adultes ou enfants - la démarche se termine invariablement par d'interminables négociations d'argent. Je réussis parfois, équipé de mon zoom, à voler un portrait. Mais les Egyptiens ont l'œil perçant. S'ensuivent alors des cris, une course folle et des discussions à n'en plus finir.

Le *8 mars 1994* j'entre dans Thèbes ; la capitale des plus grands pharaons de l'histoire. Sur la rive droite du Nil se trouve la Vallée des Rois, une immense nécropole creusée dans un cirque de montagnes grandioses et désertiques. A l'est du fleuve, ce sont des temples à la gloire des dieux qui ont été construits, Louxor et, le plus imposant de tous, Karnak. Cet ensemble constitue, par la richesse et la diversité des vestiges, le premier et le plus visité des sites archéologiques au monde.

Dans la Vallée des Rois mon ticket d'entrée (16 F) permet de visiter trois tombeaux sur une dizaine accessibles. La visite des deux premiers se passe sans souci - les fresques et les hiéroglyphes sont enfermés dans des vitrines illuminées et les blocs de pierre crevassés coulés dans du béton de couleur sable... Tout est conservé, figé, prêt à être consommé pour l'éternité touristique - mais avant de commencer ma troisième visite, j'ai un doute, ne vais-je pas manquer la plus belle tombe. Laquelle choisir ?

Thouthmoisi III ? Admidophis II ? Séthibon I ? (Pardon, il faut lire : Thoutmosis III, Aménophis II, Sethi Ier). Je plonge donc au hasard, une dernière fois, dans les entrailles de la terre. Lorsque je remonte, un individu de la race des touristes causants, me fait remarquer que j'ai manqué la plus intéressante. Alors, prenant une expression d'embaumé, j'écarte d'un geste brusque les vendeurs de papyrus authentiques et de scarabées porte-bonheur, et remonte dans le petit train électrique (!) plus déçu par ce que j'ai manqué que satisfait par la beauté de ce que j'ai vu. Le touriste est boulimique. Il veut goûter à tout, la saveur des aliments lui importe peu.

Après la Vallée des Morts, je rejoins la route à vélo, vers le monde des vivants. Je croise trois jeunes françaises (26-29 ans) également en bicyclette. Originaires de Lille elles sont venues ici entre filles passer une semaine de vacances. Comme beaucoup de touristes, elles ont pris des vélos de location pour pouvoir circuler plus librement dans ce gigantesque site. L'une d'entre elles a un pneu crevé. Alors, en bon prince de la pédalerie errante, je viens à son secours, puis, ayant sympathisé nous continuons ensemble la visite.

C'est la première fois, depuis un an, que je rencontre des Françaises. Elles n'ont pas changé, toujours aussi charmantes, désinvoltes, mais aussi effrontées et d'un naturel râleur. Ainsi, je suis un peu gêné de les voir enjamber une barrière pour visiter la troisième terrasse du temple de Deir El Bahri, qui est fermée pour cause de restauration. Un des ouvriers polonais se met à hurler. Deux gardiens égyptiens accourent, puis, tout en ménageant la susceptibilité des demoiselles françaises, les éjectent hors de la terrasse. Furieuses, elles crient au scandale en maudissant tous les restaurateurs anti-touristiques !

Le coup de colère passé, nous prenons un thé sous les colonnes du temple de la reine Hatchepsout. Les trois donzelles, nullement perturbées par les regards voraces des Egyptiens, font tanner leur peau blanche au soleil. Je fais croire au gardien, les yeux ébahis, qu'elles m'appartiennent toutes les trois. Pourtant la réalité est toute autre ; mon harem est désespérément vide. En Egypte les femmes voilées sont peu volages. Un vrai désert sentimental. J'attends donc avec une abstinence courageuse l'oasis de ma vie !

Louxor est une ville d'hôtels, de restaurants et de marchands de souvenirs. Un séjour à Louxor ne se passe pas sans que l'on soit invité à prendre le thé par des rabatteurs qui font un grand étalage de générosité pour nous attirer dans leur boutique de bibelots, de papyrus et de parfumerie. C'est souvent fait avec tact, intelligence et une certaine sincérité. De fait, si vous désirez acheter un de leurs produits, vous serez enchanté par l'accueil et le prix. D'ailleurs le touriste n'est pas dupe et prend parfois un malin plaisir à négocier pour des broutilles.

Cependant, la raréfaction du touriste (pour cause de troubles liés au terrorisme) a engendré une concurrence acharnée et féroce, parfois à la limite du supportable. Cette situation agit d'ailleurs aussi sur le visiteur qui est devenu plus méfiant, et même, à force de sollicitations, plus antipathique.

Au soleil couchant, le commerçant d'une boutique de souvenirs, à force de salamalecs, m'invite à partager sa nourriture. Le repas terminé, je me sens un peu dans l'obligation de prendre quelque chose et achète des cartes postales. Mais le commerçant, visiblement, recherche de moi autre chose. Il m'attire vers l'étalage de scarabées porte-bonheur, pose son bras autour de mes épaules et m'enroule dans son ample djellaba. Je prends ses agissements pour des manifestations amicales, chaleureuses, sachant que le contact corporel est plus prononcé chez les peuples de l'Orient. Mais son étreinte devient plus forte, sa voix plus langoureuse et son regard plus brûlant. Ses gestes et ses paroles ne laissent plus de place à l'ambiguïté, et je me détache poliment de l'intimité trop envahissante de mon hôte.

J'ai eu la veille le même genre de démêlés avec un couturier qui, après avoir recousu ma tente, voulut en découdre avec moi ! Je commence à me poser des questions, autant de liberté débridée en plein ramadan, période d'abstinence, il y a de quoi être troublé. Peut-être, ai-je un style provocateur : jeune éphèbe, casquette, émacié, qui plaît aux mâles égyptiens, qui sait ? (L'association musulmane Al Fatiha prétend que les homosexuels représentent au moins 10% de la population dans les pays musulmans, mais qu'ils sont obligés de vivre dans le secret par crainte des représailles. D'ailleurs, dans la presse égyptienne, les religieux lancent carrément des appels aux meurtres contre les «déviants » !).

Je quitte Louxor, redescends la vallée du Nil jusqu'à la ville de Quena, et bifurque à travers le Sahara arabique en suivant un pipe-line qui transporte l'eau du fleuve jusqu'à Port-Safaga sur les bords de la Mer Rouge.

Alors que je me trouve en plein milieu du désert, les roulements de ma roue libre s'échappent. J'essaie de réparer en répartissant d'une manière équilibrée le reste des billes. Mais il en manque trop et la roue libre sort continuellement de son axe. Je ne peux plus rouler. Il est 13 heures, le soleil frappe verticalement. Le vent soulève des tourbillons de sable qui vient se coller contre mes mains noircies de cambouis. Il me reste encore 120 kilomètres avant d'atteindre Safaga. Heureusement, sur cette route, il passe un véhicule environ toutes les 20 minutes et je suis pris par un taxi collectif qui revient à vide de la ville de Louxor.

A Port Safaga, un réparateur de vélos assez bien équipé change ma roue libre de sept pignons contre une de cinq (l'absence de grands pignons va me poser de grosses difficultés pour monter les cols) ; puis en l'absence de bateau pour l'Erythrée, je pousse mes investigations jusqu'à la ville d'Hurghada, 60 kilomètres plus au nord.

Hurghada est une station balnéaire renommée pour la qualité de ses récifs coralliens. Très touristique et de haute qualité, c'est un peu le Miami égyptien, avec un aéroport, de nombreux hôtels de luxe, de gigantesques et somptueux camps de vacances... Mais, en dépit des innombrables yachts, voiliers et bateaux de pêcheurs qui mouillent dans le port de plaisance, je ne trouve personne pour me transporter jusqu'en Erythrée. Cette fois-ci je n'ai pas d'autre solution que de retourner au Caire en espérant obtenir un visa pour le Soudan. Une petite contrariété qui m'oblige à faire 500 kilomètres sur une côte désertique en bordure de la mer Rouge.

Ce soir, tandis que je rêvasse alangui sur une immense plage désertique, j'entends derrière moi le cliquetis d'une arme automatique. Deux gardes-côte, en patrouille sur leur dromadaire m'ont surpris dans cette zone apparemment interdite. Après une longue discussion ils m'autorisent à rester pour la nuit. Plus tard, j'apprends que toute la côte est étroitement surveillée pour cause de trafic de drogue.

Difficile journée contre le vent. Ne s'arrête-t-il donc jamais ? J'ai l'impression de tester mon vélo dans une soufflerie du C.N.R.S. Monter la tente devient une partie de non-plaisir. Sous la pression du vent un arceau se brise ; toutes les fermetures éclair sont hors d'usage. Un sable très fin, comme de la poussière, s'infiltre partout, traverse le tissu de ma tente, entre dans mes narines, dans la nourriture, dans mon pyjama...

Depuis trois jours déjà je me sens faiblir contre un vent infatigable. Les heures traînent au fil de la vaste plaine. Au regard de ma progression lentissime (6 à 8 km/h), mes yeux et mon mental se troublent à la vue des kilomètres de pipe-line qui longent la côte. Finalement, lorsqu'un chauffeur routier me propose de terminer mon voyage dans son camion, je ne suis pas difficile à convaincre. Pendant tout le trajet, ses seuls sujets de conversation sont l'argent et le sexe. Il veut savoir combien coûte en France chaque objet qui lui vient à l'esprit, et, sous-entendu que nous avons des mœurs bien libérales, il est prèt à accueillir une de mes connaissances féminines pour lui faire découvrir l'Egypte, et plus... si affinité !

Son camion transporte des bouteilles vides de soda et remorque un camion en panne. Par deux fois je suis obligé de descendre et pédaler pendant quelques kilomètres pour éviter les postes de contrôle policier (interdit de transporter un étranger paraît-il). Au départ il était prêt à me transporter gratuitement puis une fois arrivé au Caire, il invente une histoire de péage pour me soutirer 5 dollars que j'avais d'ailleurs prévu de lui donner.

Las, j'attends mon visa pour le Soudan. Tous les matins je passe à l'ambassade soudanaise pour m'entendre sans cesse répéter par l'employé consulaire cruciverbiste « *unfortunatly until this day we have not received your approval* » (malheureusement à ce jour nous n'avons pas reçu votre autorisation). Avec le temps, et à force de me voir, il reste muet et d'un air désolé me supplie de ne plus passer mais de lui téléphoner. J'ai la vague sensation que ce visa je l'ai dans le « baba », cela fait 7 semaines que j'attends alors que le délai « normal » est de 3 semaines à un mois. A propos du Soudan, le général Gordon qui se trouvait à la tête de la colonisation anglaise en 1884 écrivait dans son journal « C'est un pays magnifique pour mettre votre patience à l'épreuve ». Manifestement rien n'a changé.

Au départ j'accueille cette halte avec bienveillance, comme une période de repos méritée après plus d'un an de pérégrinations essoufflées. Je prends le temps de rattraper mon retard dans l'écriture de mon journal et de répondre aux nombreux courriers reçus. Mais peu à peu je sombre dans la monotonie quotidienne des grandes villes. Je me lasse de cette vie à l'hôtel avec ses gens de passage et ses quelques habitués. Je butine à petites doses une vie de métronome. Basta...

SERGE 1er 7000 Ans AVANT JESUS CHRIST

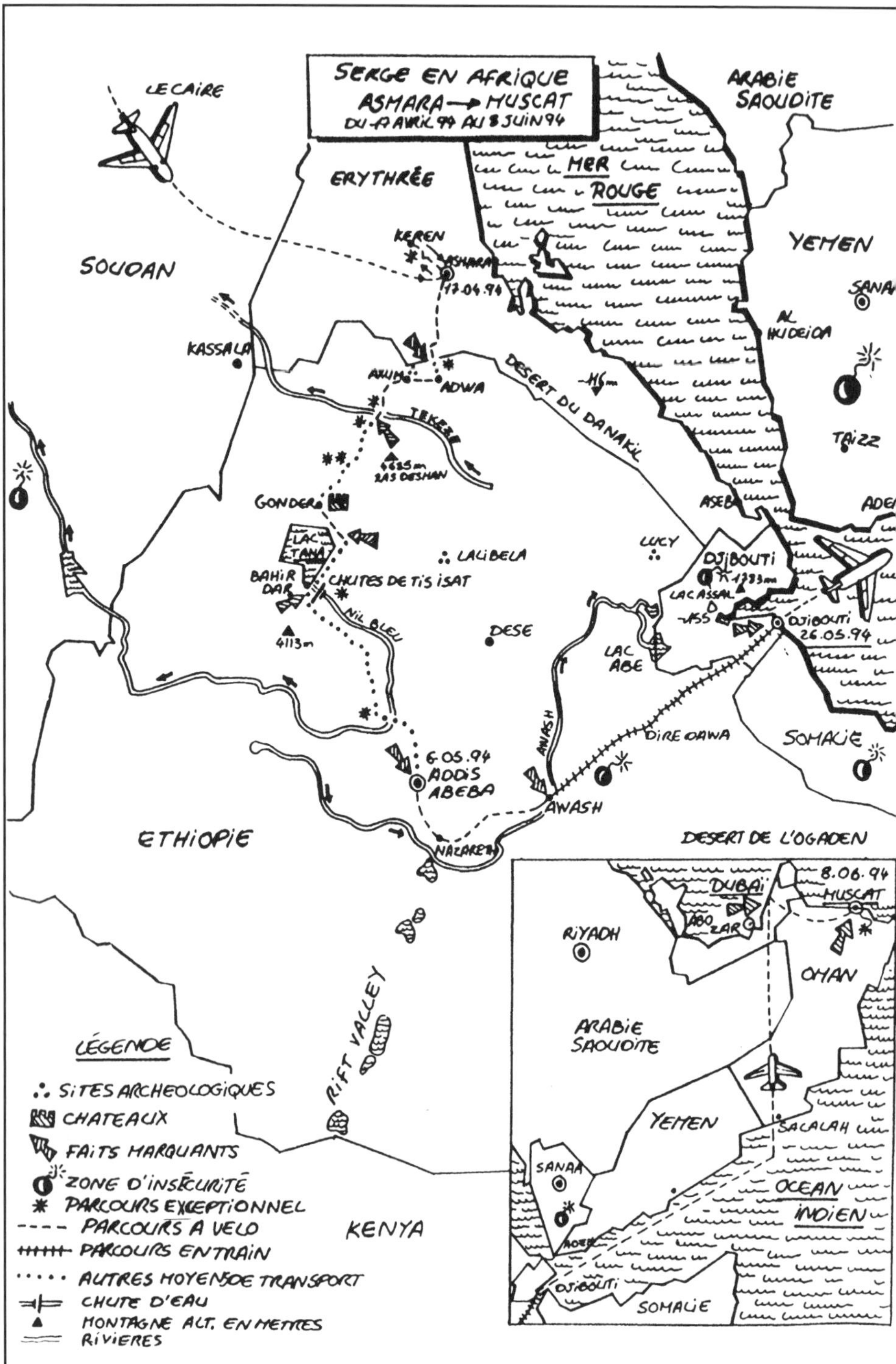
SERGE EN AFRIQUE
ASMARA → MUSCAT
DU 17 AVRIL 94 AU 8 JUIN 94
LE CAIRE
ERYTHRÉE
MER ROUGE
ARABIE SAOUDITE
YEMEN
SOUDAN
KEREN
ASMARA
17.04.94
KASSALA
ADWA
TEKEZE
DESERT DU DANAKIL
4625 m RAS DESHAN
TAIZZ
GONDER
LAC TANA
LALIBELA
LUCY
DJIBOUTI
BAHIR DAR
CHUTES DE TIS ISAT
NIL BLEU
4113 m
DESE
LAC ABE
DJIBOUTI 26.05.94
AWASH
DIRE DAWA
SOMALIE
6.05.94
ADDIS ABEBA
ETHIOPIE
NAZARETH
DESERT DE L'OGADEN
8.06.94
MUSCAT
DUBAI
RIYADH
OMAN
ARABIE SAOUDITE
RIFT VALLEY
LÉGENDE
SITES ARCHEOLOGIQUES
CHATEAUX
FAITS MARQUANTS
ZONE D'INSÉCURITÉ
PARCOURS EXCEPTIONNEL
PARCOURS A VELO
PARCOURS EN TRAIN
AUTRES MOYENS DE TRANSPORT
CHUTE D'EAU
MONTAGNE ALT. EN METRES
RIVIERES
YEMEN
SACALAH
SANAA
OCEAN INDIEN
KENYA
DJIBOUTI
SOMALIE

29. LE TATEUR DE TESTICULES

17 avril 1994, vers 22 h 30, heure locale, l'avion vire de l'aile sur l'aéroport d'Asmara. Le long et imprévu intermède de la ville du Caire n'est plus qu'un vague et fade souvenir. Ma morne et indécrottable déprime des derniers jours commence à s'évaporer pour laisser place à cette saine exaltation suscitée par la découverte d'un nouveau pays. Le nez collé sur la vitre du hublot, je devine dans le lointain relatif de la nuit les longues balafres des pistes sillonner la peau vierge du désert. Ici et là, quelques lumières fragiles scintillent parmi un vaste ramassis de toits en tôle ondulée. Je suis en Erythrée.

*

L'Erythrée est un jeune pays qui a acquis sa souveraineté vis-à-vis de l'Ethiopie en avril 1993. La lutte armée des Erythréens pour l'indépendance a commencé en 1961 et s'est poursuivie jusqu'en 1991 lorsque le front de libération populaire de l'Erythrée a libéré le pays et a établi un gouvernement provisoire. Pendant de longues années l'Union Soviétique a fourni d'énormes quantités d'armes à l'Ethiopie qui n'est jamais parvenue à contrôler totalement cette province. La guerre fut en grande partie responsable de la famine qui a sévi en Erythrée en 1988. C'est un pays montagneux (Asmara, la capitale est à 2 100 mètres d'altitude) avec une longue façade sur la mer Rouge. Sur une superficie sensiblement égale à celle de l'Angleterre, habite une population de 3,5 millions d'habitants répartie à parts égales entre chrétiens et musulmans avec une petite minorité d'animistes. On y parle neuf langues différentes !

En parcourant la ville d'Asmara il m'est difficile d'imaginer toutes les horreurs accumulées dans ce pays tant la vie semble douce, nonchalante et calme. Les habitants sont très agréables et sympathiques, notamment les femmes que je retrouve avec plaisir à déambuler librement dans les rues. Elles sont magnifiques, teint café, gracieuses et souriantes, un véritable régal pour les yeux et le cœur d'un cyclo solitaire.

Asmara est une ville de taille moyenne avec très peu d'immeubles, les maisons sont principalement de plain-pied. Le centre ville est traversé par une grande avenue goudronnée à quatre voies bordées de dattiers et de palmiers. Cependant, la circulation est réduite à quelques pick-up, des véhicules tout-terrain, et des taxis jaunes flambant neufs (Opel Vectra). Les rares épiceries sont assez bien fournies en aliments de base (fruits et légumes, pâtes, huile, œufs, pain...) mais la nourriture importée est chère. On y trouve de nombreux bars fréquentés aussi bien par les hommes que par les femmes. Après avoir été sevré dans les pays arabes, j'ai enfin le plaisir de pouvoir boire plusieurs bonnes bières locales en compagnie d'autres jeunes voyageurs.

Ceux-ci sont arrivés du Soudan en transports en commun ou en 4x4, traversant l'Afrique pour l'aventure et le dépaysement. Les uns (les Anglais), gavés de désert, évoquent leurs indispositions gastriques avec une précision quasi chirugicale, tandis que d'autres se refilent les petites combines pour obtenir au marché noir les taux de changes les plus favorables.

*

Je décide de visiter un peu l'Erythrée en quittant les hauts plateaux pour la ville de Keren. Pour ce faire, je dois emprunter une longue descente de 95 kilomètres en direction du Soudan. De détour en détour, le plateau s'affaisse. L'escarpement, jauni par la sécheresse, est parsemé de grands cactus. Des villages typiquement africains avec leurs cases en ruche d'abeilles s'accrochent au fond des vallées. Les villageois guident leurs troupeaux de bovins dans les maigres pâturages entourés de tous côtés par des collines nivelées en terrasses. Mais, je n'ai rien vu y pousser, ni personne y travailler. Les paysans attendent avec résignation la saison des pluies qui débute au mois de juin.

Passés les premiers kilomètres de goudron où reposent encore de nombreux véhicules blindés, déchiquetés et laissés à l'abandon après la guerre d'indépendance, le vélo s'épanche en cahotant sur les aspérités d'une piste en latérite. Descente et vertige d'une course de montagne. Coup de frein, coup de guidon. Le chargement des sacoches tressaute, culbute, et m'entraîne de tout son poids vers l'extérieur des virages. Dans l'effort je ne fais plus qu'un avec ma machine : les muscles des freins tendus à l'extrême, les chocs de la fourche dans les épaules, l'armature des bras à la limite de la rupture... Il y a entre nous comme un bloc de sensations communes. La douleur devient presque intolérable et m'impose une halte pour la nuit dans cette brousse. D'ailleurs le site est pittoresque et m'inspire déjà, par avance, de savoureux moments de solitude et de recueillement.

Cependant une horde de jeunes cyclistes sur des V.T.T. et en tenue fluo, font une apparition pour le moins incongrue. Les petits diables, ahuris devant mon obstination à vouloir bivouaquer dans ce lieu inhospitalier, crient au fou. « Les montagnes regorgent de lions, de serpents et de bandits » disent-ils avec une exagération évidente. Du coup je n'ai pas d'autre alternative que de les suivre jusqu'à la ville de Keren. Je ne suis même pas libre de jouer le sauvage !

Le lendemain matin, rebroussant chemin vers la capitale, je découvre des aspects du paysage jusque-là ignorés. La tête relevée et ralenti par l'ascension, je suis tout entier absorbé et surpris par ce que j'ai manqué la veille. Tout est si différent. Je ne me souviens même plus avoir traversé ce village étonnamment verdoyant. Les champs sont irrigués et des vergers de papayes et de mangues bordent une étroite rivière au milieu d'une végétation clairsemée. Des femmes, gracieuses dans de longues tuniques blanches, marchent à l'ombre d'une haie de flamboyants en fleur. D'autres, se protègent du soleil avec leur parapluie, tandis que les hommes, au port altier, progressent avec indolence, les bras ballants repliés autour d'un bâton posé sur leurs épaules.

Alors qu'il règne ici une chaleur à claquer une durit (38°C à l'ombre), je pose pied à terre, tire de mon bidon les dernières précieuses gouttes d'eau, et entre au cœur du village. C'est un genre de bidonville campagnard fait de cabanes de bric et de broc, d'amoncellements de tôles ondulées, de branches et de murs en torchis. Une horde d'enfants m'introduisent auprès du chef du village en criant des bribes de mots italiens ; vestige linguistique du dernier colonisateur.

Je me retrouve ensuite assis sur un petit banc dans la fraîche pénombre d'une baraque qui sert de bar. Une dizaine d'Ethiopiens boivent leur thé pendant que je peine à avaler une platée de spaghettis fortement épicés. Je fais l'erreur de distribuer des chewing-gums en nombre insuffisant pour tous, ce qui entraîne quelques petites querelles.

Plus tard dans la journée, je dresse ma tente sur le flanc décharné d'une colline entre d'énormes rochers et des buissons de plantes épineuses. L'endroit semble désert mais très vite apparaît un enfant dépenaillé, les pieds nus, et accompagné d'un chien. Parce qu'offrir quelque chose a toujours été une manière universelle de rentrer en communication, il apporte avec lui un peu d'eau dans un gobelet. Je réchauffe son eau à laquelle je rajoute du café, puis des biscuits, et pendant plus d'une heure nous cherchons à nous comprendre l'un l'autre. C'est le meilleur moment de la journée.

L'enfant parti, c'est un vieil Erythréen, petit, maigre et drapé dans plusieurs couches de tissu, qui à son tour fait son apparition. C'est un chauffeur routier de 61 ans qui a garé son camion en contrebas de la piste. Je lui offre du café et une boule de pain. La discussion est très limitée car l'homme ne parle ni l'anglais ni le français, juste le tigrénien. Je comprends néanmoins son désir un peu étrange de vouloir dormir avec moi sous la tente, mais je refuse. Puis, le petit homme, plein de vivacité et tout sourire, commence à me soupeser les testicules. La première fois je prends ça pour une tentative d'explication gestuelle, une manière de dire « vous êtes un homme bien équipé ». Mais lorsqu'il insiste en me serrant toujours un peu plus fort et un peu plus longtemps, cela devient douloureux et vraiment trop équivoque. Culture différente et tradition ancestrale ne peuvent pas tout expliquer. Mon ouverture d'esprit a des limites.

J'interdis donc au vieil homme de continuer ses attouchements suspects. Nullement offusqué, et n'ayant rien d'autre à faire, il me laisse seul et s'en va en riant et en sautillant dans l'obscurité entre les silhouettes presque humaines des grands cactus. Chez nous, pour attirer la chance, c'est bien plus simple : on touche du bois !

De retour à Asmara, je passe la soirée avec trois jeunes Erythréens dont les prénoms - Joseph, Salomon et Moïse - laissent supposer que leurs parents ont lu l'Ancien Testament. Ils ont entre 18 et 20 ans et effectuent leur service militaire pour une solde mensuelle de 20 F. Ils rentrent tous les soirs chez eux et préparent la nourriture qu'on leur fournit. Ils sont sympathiques, cultivés et bien vêtus, mais démoralisés par l'absence de travail. Leur seule ambition est de partir à l'étranger. Rusés jusqu'à la corde, ils mentent comme ils respirent. Ils me disent, par exemple, qu'il n'y a rien de plus simple que de draguer en Erythrée. Pour me le prouver ils me demandent de choisir une des deux filles assises à une table voisine. Au départ, choisir une fille comme une marchandise me rebute un peu, cependant celle qui porte un chemisier rouge (choix alléchant) n'est pas pour me déplaire. Mes comparses doivent faire le premier pas. Mais leur ardeur juvénile et leur orgueilleuse assurance sont soudainement ramollies. Finalement à force d'encouragements mutuels ils surmontent leur timidité, et Joseph est désigné comme émissaire galant.

Il se déplace vers la table des jeunes filles, et calmement, tel un entremetteur, il essaie de persuader l'heureuse élue d'être pour un soir dans les bras d'un beau et noble pédaleur errant. Les deux créatures de rêve me lorgnent d'un œil inquisiteur et m'examinent en connaisscuses. J'esquisse vers elles un sourire dévastateur et porte à mes lèvres le breuvage pétillant et cnivrant de la bière avec la confiance de l'homme assuré d'une victoire imminente. Pour marquer le coup, je leur lance un regard foudroyant par-dessus la monture métallique de mes lunettes. Intimidées, elles se lèvent et avancent vers notre table... Mais, la tête haute et d'un air offusqué, elles sortent du bar sans même poser un seul regard sur mon visage déconfit !

Joseph nous rejoint en exprimant son plus grand regret. Il justifie l'échec de sa mission par le fait que les deux filles sont sœurs et ne veulent pas se séparer. Si ce n'est que ça, pourquoi ne les a-t-il pas invitées toutes les deux ? Quelle andouille ce Joseph !

*

Dans la Corne de l'Afrique les moustiques sont porteurs de la malaria. En revanche il y en a très peu sur les hauts plateaux où se trouve la majorité de la population. Cette nuit-là, pourtant, je suis réveillé par le bourdonnement caractéristique de cet insecte diptère. Aussitôt, dans l'obscurité, j'attrape ma bombe insecticide et vaporise énergiquement au-dessus de mon lit. L'odeur de mon insecticide me paraît étrange, mais c'est déjà trop tard : mes draps sont recouverts de mousse à raser !

Je resterai bien ici plus longtemps à profiter de la vie si calme et douce d'Asmara, s'il n'y avait pas, en écho à ma vaste curiosité, ce besoin insatiable de mouvement qui me galvanise et me pousse en avant. Alors, sans tarder, je quitte la ville, plein sud, vers l'Ethiopie. En chemin je croise quatre jeunes baroudeurs anglais partis de leur pays en 4x4. Ils sont installés en bordure de route sur leurs sièges pliants et prennent leur petit déjeuner : Un thé avec un nuage de lait condensé et des tartines à la confiture d'abricot. Des Anglais sous les tropiques.

Après quoi, à midi, je me retrouve attablé dans un petit bar en compagnie de deux jeunes femmes italiennes. Au centre de leur visage, elles ont un nez typique qui fait penser à quelque chose de grand. Elles séjournent en Erythrée pour venir en aide à des enfants orphelins. Sur leur tee-shirt des colombes et des mains ouvertes sur un globe terrestre encerclent le mot « *Pax* ». Heureuses, elles sourient sans arrêt. Elles sont en mission pour le Seigneur.

30. TREIZE MOIS D'ENSOLEILLEMENT

Le poste douanier entre l'Erythrée et l'Ethiopie se présente sous la forme d'une simple cabane en bois et d'une barrière plantées au milieu de la brousse. La piste continue ensuite à dévaler la montagne vers la rivière Mereb, véritable crevasse inhospitalière et frontière géographique entre les deux pays. Arrivé au bord de la rivière, je m'apprête à franchir le pont lorsque des enfants se mettent à courir à mes côtés en criant et en gesticulant. Leur ferveur excessive, sous une chaleur aussi accablante, a de quoi intriguer. Essaient-ils de me prévenir d'un danger imminent ? Probablement, puisque à mi-chemin du pont je me trouve soudain face au vide ! Depuis les ravages de la guerre il ne reste plus que la moitié du tablier. Je bloque mes roues à la limite du grand plongeon. De l'autre côté c'est l'Ethiopie, il n'y a plus de pont, plus de route, la misère.

Je franchis donc la rivière à gué. De jeunes enfants tout nus, le ventre gonflé, s'éclaboussent dans l'eau claire. Misérables beautés, leur peau noire étincelle au soleil. A mon passage ils rient et crient « *tilaille, tilaille* », diminutif pour « Italien » et qui sert à désigner tous les étrangers.

La piste cahote ensuite dans un soleil de feu sous un amoncellement de cailloux. L'armature d'un porte-bagages casse, puis tous les kilomètres, je m'arrête pour remettre des rustines qui, sous l'effet des chocs et de la chaleur se décollent sans cesse (six crevaisons en une matinée). Je commence à manquer de colle mais enfin je parviens tant bien que mal au premier village.

Celui-ci, esseulé dans la rocaille jaune des collines, est constitué d'une dizaine de baraques en terre brune. Il se trouve dans la province du Tigrée, une des plus pauvres d'Ethiopie. Il n'y a presque rien à manger. Pas de légumes, pas de fruits et pas de viande. A force d'insister je peux quand même acheter un œuf dur, du pain rassis et du Coca dégazéifié. Je trouve ensuite de l'eau chaude stockée à l'air libre dans des bidons métalliques rouillés. L'eau a goût de charbon. Puis, ne parvenant pas à résoudre le problème épineux de ma chambre à air, je me résigne à prendre un camion jusqu'à la prochaine localité (Adwa) située à 25 kilomètres.

A 15 heures un camionneur entre enfin dans le village et accepte de me prendre. Cependant il a prévu de repartir à 22 heures. J'attends donc, espérant être emporté bien plus tôt par un autre véhicule. Mais, une heure plus tard, le même camion est de retour et, contre toute attente, s'apprête à quitter le village pour Adwa. Le chauffeur n'a pas changé d'avis, mais comme je vais l'apprendre plus tard le système horaire en Ethiopie est différent du reste du monde. La journée temporelle commence à partir du lever du soleil. Ainsi, la montre du chauffeur éthiopien indique 22 heures, alors que sur la mienne il n'est que 16 heures.

Aidé par d'autres passagers qui se sont entassés sur le chargement de sable, je fixe mon vélo et mes bagages sur la roue de secours. En Afrique la fonction d'un camion est mal définie. Celui-ci sert aussi bien d'engin de chantier (sable et sacs de ciment) ; de taxi (cargaison de passagers divers) et même d'ambulance pour transporter un vieillard malade à l'hôpital d'Adwa.

Sorti du village, le camion aborde tout de suite les premiers contreforts des pentes qui vont nous mener au plateau. La piste en lacets se love autour des collines tandis que le chargement de bétail humain que nous sommes, se pelotonne en une grappe compacte à l'abri des rafales de poussière. Arrivé sur la pointe de l'escarpement qui marque l'extrémité du plateau, le chauffeur fait une halte et exige des passagers d'être payé sur-le-champ, soit 5 F par personne. On ne me demande rien mais je sais qu'à la fin je dois payer pour deux personnes (moi et mon vélo !) Après de longues minutes de transactions, où chacun rechigne à verser la totalité de la somme, le chauffeur finit par obtenir ce qui lui est du, sauf d'une jeune fille, qui, fort de sa beauté et de son charme, fait de la résistance passive.

Cependant le chauffeur, insensible à ses minauderies, menace de faire demi-tour si elle ne paie pas. Comme personne ne bronche et que la demoiselle refuse toujours de se soumettre, il manœuvre un demi-tour et commence à amorcer la descente. Alors, seulement, la jeune fille plonge sa main dans son corsage et sort un billet de un birr (un franc). Le voyage peut continuer...

Arrivés à Adwa, je décharge mes bagages aussitôt convoités par une horde d'enfants sauvages. A chaque vague successive, un adulte les fait fuir à coups de bâton. Finalement, je réussis à m'extirper de cette embuscade improvisée grâce à un adolescent, plus courageux et plus malin que les autres, porteur autoproclamé, qui m'entraîne à l'abri dans une petite auberge.

Adwa n'a rien à voir avec les villes de l'Erythrée. La vie semble plus animée, plus rustre, et la pauvreté plus oppressante. La télévision est inexistante et l'électricité coupée à partir de minuit. Des groupes de bergers du Tigrée vêtus de toile de jute, d'une beauté farouche, et coiffés de grands sombreros, avancent fièrement dans la rue principale, un bâton en équilibre sur leurs épaules. Ils descendent pour un soir dans la ville tels des cowboys du Far-West couverts de poussière et d'illusions.

Le jeune président de l'Ethiopie, Zeles Zenawi (33 ans), est originaire de la ville d'Adwa. Il fut élu à la tête d'un gouvernement pseudo-démocratique après la fuite du dictateur Menguistu le 22 mai 1991. L'Ethiopie est le troisième pays africain par l'importance de la population (55 millions d'habitants) et classé parmi les pays les plus pauvres du globe. La population se regroupe sur les hauts plateaux (plus de 2 000 mètres d'altitude) qui occupent le centre du territoire. Addis-Abeba, la capitale, se situe à 2 300 mètres d'altitude, et contrairement à ce que l'on croit, les pluies y sont importantes (1,15 mètre par an, soit le double des précipitations de Paris). Ceci fait de l'Ethiopie le château d'eau de l'Afrique Orientale et donne naissance à de nombreuses rivières dont le Nil Bleu. En revanche les pluies, concentrées sur deux ou trois mois par an, arrosent uniquement les hauts plateaux. Ailleurs, dans les plaines, la sécheresse et la famine menacent. En Ethiopie il y a 13 mois (12 mois de 30 jours et 1 mois de 5 ou 6 jours). « Treize mois d'ensoleillement » comme nous le rappellent partout les affiches touristiques.

Dans l'attente d'une nouvelle chambre à air, qui doit venir de la capitale, je passe la journée à Adwa en compagnie de deux étudiants qui m'invitent chez eux. La sœur de l'un d'eux est alitée dans sa chambre, affaiblie par la maladie. Prudemment je demande des explications à mon hôte :

– La malaria ? La fièvre jaune ? Le béribéri ?

– Pire, répond-il, une dépression amoureuse !

Le lendemain je crapahute à nouveau au cœur d'une nature à la beauté sauvage, plus vraie que dans mes rêves les plus fous d'Afrique : Des aigles, des rapaces et des vautours tournoient dans le ciel teinté de rose. La nuit, des hyènes rient aux éclats... Et le matin j'ai toutes les peines du monde à expliquer aux bergers de détourner le regard le temps de retirer mon pyjama et de me changer. Lorsqu'ils finissent par comprendre mes explications gestuelles et qu'ils réalisent mon embarras, eux aussi se mettent à rire aux éclats. Pendant ce temps, des lapins gambadent tranquillement à nos côtés. Ils ne s'effraient pas de notre présence. Ils savent qu'ici la tradition interdit aux hommes de la région de manger la chair de lapin... famine ou pas.

Une autre nuit, afin de pouvoir dérouler ma tente sur un champ de caillasses, je déplace les grosses pierres qui gênent. Le lendemain matin un berger, visiblement en colère, remet chaque caillou à sa place. Je me suis probablement installé sur sa terre, et sans faire gaffe - honte à moi - j'ai chamboulé ses meubles, ou, comme le soulignerait plus doctement un ethnologue : « j'ai contrarié l'ordre cosmique des lieux ! »

Chaque rivière, chaque vallée encaissée apporte son lot de beauté et de souffrance. Cette fois-ci, l'entortillement vertigineux de la piste m'entraîne jusque dans les entrailles du canyon de la rivière Tekeze. Alors que dehors pèse la pénible chaleur de la pleine matinée, je me fais offrir de l'eau par des villageois cachés dans la fraîche obscurité de leur petite hutte. L'eau a l'aspect opaque et boueux du fleuve. Cependant, n'ayant plus rien à boire, je l'accepte avec gratitude, et avale une bonne gorgée au goulot, sans laisser le temps à ma pastille de chlore d'agir.

Les 45 °C affichés sur mon thermomètre devraient m'inviter à plus de sagesse, mais je veux à tout prix poursuivre mon voyage jusqu'au village voisin situé à 20 kilomètres. C'est une erreur de taille car la piste quitte rapidement le creux ombragé de la vallée pour devenir extrêmement pentue. Le versant du canyon se dénude peu à peu des quelques mimosas-parasols qui se sont pelotonnés au bord de la rivière. Si bien que, 3 kilomètres plus loin, au détour du cinquième lacet, je vacille et tombe à bout de force à l'ombre d'un maigre arbuste.

48°C à l'ombre du soleil ! La folie brûlante du début de l'après-midi est implacable. L'air devient irrespirable. Recroquevillé sous l'arbuste, je rationne mon dernier litre d'eau noirâtre. Je n'ai même plus la force de démonter mon pneu qui continue à se dégonfler doucement, mal remis de ses deux crevaisons de la matinée. A demi inconscient, je me fais presque piétiner par un troupeau de vaches squelettiques. En quête d'un peu d'ombre, elles voulaient s'imposer sous mon abri de fortune.

A 16 heures, la chaleur semble desserrer sensiblement ses crocs. Las d'attendre, j'entreprends une longue et difficile ascension. Il me reste à peine un demi-litre d'eau. Je regonfle mon pneu. Un kilomètre plus loin, toujours exposé au soleil, je nage dans ma sueur tandis qu'un tam-tam résonne lourdement sous ma voûte crânienne. La pente devient trop raide, mon pneu arrière glisse sur la terre et tourne dans le vide. Je pousse mon vélo, foulant d'un pas lourd la poussière brûlante de la piste. L'intérieur de ma bouche est âpre et sec. Ma sueur me pique les yeux et couvre mes lunettes d'un voile translucide.

J'ai peut-être grimpé 3 kilomètres supplémentaires sous ce soleil de martyr, tout de force et de lenteur, si proche et pourtant si loin du prochain village. Je ne suis pas préparé pour une telle difficulté. Les 20 kilomètres représentés par 2 centimètres sur la carte, ne laissent rien présager de cet enfer. La chaleur pèse comme du plomb. Après une nouvelle heure d'attente (les véhicules sont très rares) je charge mon vélo dans la benne d'un camion sur un tas de marchandises hétéroclites, sacs de semoule, fagots de bois, charbon, chèvres, entassés pêle-mêle parmi une dizaine de passagers. Après une ascension digne des plus belles routes en lacets des fjords norvégiens, nous faisons une halte pour la nuit dans la petite agglomération d'Adi Arkay.

Puis, le lendemain, toujours dans le camion, nous poursuivons l'ascension sur une des plus impressionnantes routes depuis le début de mon périple. La piste s'accroche sur les parois d'une falaise recouverte de cascades de verdure et de rochers volcaniques. Au sommet du col, à 3 120 mètres, une vue panoramique embrasse la chaîne des montagnes noires du Semiens avec ses arêtes acérées et tourmentées, parmi lesquelles culmine le Ras Dachan, quatrième plus haute montagne d'Afrique (4 620 mètres d'altitude). A ne pas manquer.

A Gonder je découvre le château du roi Fasilides. Son architecture de château fort illustre l'histoire très riche de l'Ethiopie qui fut pendant longtemps un royaume puissant qui s'étendait jusqu'au Yémen. La fierté nationale des Ethiopiens est très forte et de nombreuses personnes portent le nom de grands rois : Menelik, Thewodros, Yohannes, Sélassié... Pendant longtemps l'Ethiopie fut citée comme exemple par les autres pays africains, car elle a su résister à toutes formes de colonisation et ne fut jamais occupée durablement par les occidentaux. Mais aujourd'hui Gonder est une ville d'indigents, de mendiants, de handicapés et de lépreux qui tendent la main (s'ils en ont) pour recueillir une petite pièce de misère.

*

Après la ville de Gonder je poursuis mon cheminement éthiopien pour le moins décousu : Vélo, camion, vélo, camion, vélo... de quoi faire rougir de honte un aficionado de la pédale. Je me sens comme la caricature d'un pédaleur errant, la parodie de moi-même. Cependant, comme je vais m'en rendre compte par la suite, une telle diversité dans les transports permet aussi de rentrer en contact avec les habitants d'une manière différente et très enrichissante.

Je viens à peine de rentrer dans le village de Meshenti (à vélo) qu'une horde d'enfants excités se rue à ma rencontre. C'est un grand jour de fête pour les Ethiopiens (Pâques), où toutes les familles catholiques, même les plus pauvres, tuent un mouton et vident d'innombrables bouteilles d'*arak* (eau-de-vie). Les enfants ne semblent pas être en reste, puisqu'ils courent à mes côtés en criant pleins d'ivresse les « you, you, you » faussement tribaux. On m'interpelle sans cesse avec ce « you » (toi) anglophone utilisé à l'excès par les professeurs d'anglais pour interroger les élèves et ensuite répété par les enfants ou les adultes à l'approche d'un étranger.

Désirant me désaltérer, j'emboîte le pas à un adolescent et entre dans une obscure échoppe où je commande un Fanta. Tout le village s'est agglutiné autour de nous. Les enfants commencent à ouvrir les sacoches. Difficile de leur interdire, je suis submergé par un essaim de mains qui cherche à me toucher.

Un homme à l'allure de jeune prédicateur mystique entre dans l'échoppe bondée. Habillé à l'occidentale, il porte une petite barbe en pointe, de longs cheveux et à la main un bâton de prophète. Comme il comprend l'anglais, je lui explique que je veux de l'eau et lui fais passer mes bouteilles. La bousculade nous étouffe presque. On commence à se battre pour me voir de plus près.

Une vieille femme qui habite dans la maison voisine, dérangée par le remue-ménage, exige en hurlant que je débarrasse le plancher. La tension monte. Un adulte lance une volée de coups de bâton aux enfants, mais ils sont si nombreux qu'il est vite noyé par leur audace juvénile. La vieille hurle un peu plus encore, ne faisant qu'exacerber la joyeuse fureur des enfants. A son tour, le prédicateur me supplie de partir avant que je ne me fasse complètement dépiauter. L'adolescent et ses amis me réclament de l'argent. Mais, au risque de créer de nombreux jaloux, je ne peux rien leur donner, l'émeute tournerait au lynchage.

Je monte sur mon vélo et me fraie un passage au cœur de la tribu sauvage. Les adolescents me poursuivent en criant des *you, you* vindicatifs et me jettent des pierres. Tout le village semble secoué par une sorte de frénésie barbare. Pris de panique, j'appuie furieusement sur les pédales. Quelques cailloux sifflent à mes oreilles. Lorsque j'aperçois enfin la limite du village, les cris commencent à s'estomper. Je force encore un peu. Puis, dans un dernier effort et poussé par la frayeur, je relève la tête et entrevois cette vision d'enfer : Trois énormes vautours, perchés sur les dernières huttes du village, prennent lourdement leur envol au-dessus de ma tête.

Après cette mésaventure je me rends compte à quel point la région est peu sure. Plusieurs fois on m'a prévenu que c'était dangereux de voyager seul dans ce pays sans escorte, mais comme toujours j'attendais de voir pour croire.

Quelques kilomètres plus loin, je suis à nouveau immobilisé par une crevaison. Une voiture de Handicap International qui passe fortuitement dans le coin me tire d'affaire et me raccompagne jusqu'à la prochaine ville, Bahir Dar, au bord du lac Tana. Soulagé, je m'installe dans une petite auberge à 6 F la nuit. Un havre de paix et de gentillesse. Les pays où se côtoient les extrêmes sont les meilleurs. On ne s'y ennuie jamais.

Le lac Tana, le plus grand lac d'Ethiopie, situé à 1 850 mètres d'altitude, est ceinturé de montagnes et donne naissance au Nil Bleu. Il fut longtemps considéré par les explorateurs et les géographes comme la seule source du Nil. Pour y accéder depuis la ville, on doit traverser un petit parc d'eucalyptus, hélas, endroit de prédilection des habitants pour déféquer. C'est donc la vision et les narines perturbées que je descends jusqu'au bord du lac. Les rives sont entourées de roches volcaniques. En voulant m'approcher je glisse sur un rocher et tombe dans l'eau. Le lac est infesté d'hippopotames et de crocodiles, mais je ne leur laisse pas le temps de venir goûter au pédaleur errant.

Je visite ensuite une école primaire, où parmi une centaine de dialectes existants, on enseigne la langue officielle du pays : l'amharique, qui possède sa propre écriture. Dans les classes surchargées on apprend l'anglais dès le plus jeune âge, car plus tard, à l'université, tous les cours sont en anglais. On vient en cours soit le matin soit l'après-midi en fonction de sa période. Les enfants semblent très disciplinés et attentifs.

Il est 5 heures du matin. Je prends le car pour Addis-Abeba. La foule endormie s'attroupe autour du véhicule délabré, les portes encore fermées. Je surveille attentivement mes bagages, butin inestimable pour la rapine, des petits voleurs en haillons, qui n'attendent qu'une seconde d'inattention de notre part pour nous déplumer. L'ouverture des portes du car déclenche aussitôt une bousculade sauvage. On s'agrippe aux vêtements, on joue du coude, on se bastonne avec allégresse, et on s'injurie comme des chiffonniers. C'est un réel plaisir que de pouvoir se défouler et frapper son voisin sans arrières pensées. Enfin, à moitié étouffé, je me jette sur le premier siège disponible, heureux comme un petit enfant victorieux.

Cependant, ayant repris ma respiration, je tâte ma poche arrière avec un vilain pressentiment. De fait, mon porte-monnaie a disparu dans les limbes de la petite malhonnêteté de survie. Soit 120 F plus mon ticket de bus à 30 F. Un autre voyageur imprudent a subi le même sort. A se demander comment les pauvres peuvent être aussi pauvres ?

Le voyage (520 kilomètres) dure un jour et demi. Parfois au plus fort de la pente, le moteur se met à cliqueter, à hoqueter, et alors c'est la panne irréversible. Les voyageurs descendent calmement du bus et vont s'asseoir sur l'herbe (s'il y en a), de préférence à l'ombre (s'il y en a). Nous attendons, nous discutons, parfois nous allons chercher de l'eau pour refroidir le moteur, mais personne ne se plaint, c'est la volonté de Dieu (s'il y en a).

Puis nous repartons. Des poules se promènent dans le couloir, elles vont visiter de la famille dans la capitale. Nous essayons de dormir, mais surpris par la piste cahoteuse nous sommes sans cesse projetés et à moitié assommés contre les vitres.

A la fin de la première journée nous dormons à l'hôtel. Je suis aidé pécuniairement par mes amis éthiopiens (mon argent est resté dans mes bagages sur le toit). Nous reprenons la route à 5 heures du matin. Traversée inoubliable de la vallée du Nil Bleu. Le bus suffoque encore deux fois avant de franchir le haut du plateau, puis, enfin, après avoir rampé, cahin-caha, à travers les étendues des labours et des forêts d'eucalyptus, nous atteignons Addis-Abeba.

31. OÙ EST MA LIONNE ?

Pendant notre trajet en bus une amitié sincère s'est nouée entre moi et plusieurs voyageurs. L'un d'entre eux, soucieux de m'épargner d'éventuels désagréments, m'a conduit jusqu'à un petit hôtel tranquille près du centre ville. Teferi Mekonnen a 26 ans, porte le même nom que l'empereur Sélassié, et travaille comme professeur de langue amharique au lycée. Une petite barbe naissante entoure son visage fin. Les yeux aux aguets, un sourire communicatif, pondéré, intelligent et généreux, c'est un être exceptionnel comme j'en ai rarement rencontré. Monté à la capitale pour assister au mariage de sa cousine, il m'y invite.

Nous allons d'abord chez les parents de la mariée dans une ruelle de bidonville. La pièce principale est décorée de guirlandes tandis que le sol est recouvert d'herbe fraîche. Je me présente à la famille qui m'offre de l'hydromel. Comme chez nous, la mariée se prépare en secret et ne doit être vue qu'au dernier moment.

J'accompagne ensuite Teferi au centre ville où la cérémonie doit avoir lieu dans le parc central d'Addis-Abeba, havre de fraîcheur bucolique, ombragé par de nombreux arbres tropicaux et agrémenté d'oiseaux exotiques et multicolores. Seule la famille et les amis de la mariée sont conviés. Celle de son futur mari organisera sa propre réception plus tard.

Deux cents invités attendent avec impatience l'arrivée de la mariée. La majorité d'entre eux sont vêtus à l'occidentale, costumes cravates pour les hommes et robes longues pour les femmes. Seules quelques personnes plus âgées portent le long costume blanc traditionnel.

La mariée, étincelante dans une robe blanche, se présente enfin, unie à son futur époux, d'une dizaine d'années plus âgé qu'elle. C'est fréquent en Ethiopie, où l'homme, avant de se marier, doit pouvoir subvenir aux besoins de sa femme. Le couple est impressionné par la foule. La mariée ne sourit pas, tandis que son époux arbore selon l'usage un air sérieux et digne.

Comme beaucoup d'Ethiopiens le couple préfère ne pas se marier religieusement car étant très croyants ce serait pour eux un engagement trop important, perçu comme une contrainte, comme un lien éternel excluant pour l'avenir toute séparation.

Une fois le mariage officialisé par la signature des principaux intéressés, la famille se regroupe dans un coin du parc pour festoyer. On s'assoit à l'ombre de grands sycomores puis on apporte de l'inggera arrosée d'hydromel et de bière. Ensuite, au milieu d'un cercle formé par les invités, on danse des danses traditionnelles de plusieurs régions d'Ethiopie, rythmées par le seul son du tambourin. Les femmes jettent quelques *you you* pendant que la foule frappe des mains en cadence. La fête, joyeuse et colorée, se prolonge jusqu'en fin d'après-midi.

De retour à l'hôtel, un peu groggy, je m'allonge sur mon lit. Passe par là la fille de la patronne, Séblé Abebe, 18 ans, que je n'ose croire, dans ma fierté de jeune homme, insensible à mon charme de pédaleur errant. Je l'attire dans mes bras velus, sujet de curiosité et d'émerveillement. Nos deux lèvres se frôlent mais elle hésite, elle fuit. Je reprends le dessus mais elle m'échappe à nouveau. Séblé ne veut pas être brusquée, elle veut prendre son temps. Séblé est une fille raisonnable, sa mère rôde à deux pas d'ici.

– Demain, peut-être, Serge je serai à toi, soupire-t-elle en remettant son voile.

En attendant moi, ce soir, je suis à moi. A moi !

Une heure passe, il est 23 h 30. L'image de son corps me tenaille. Je me tourne et retourne dans mon lit sans parvenir à dormir. Soudain la porte s'ouvre avec fracas. Séblé entre, talonnée par la bonne. Elles ont besoin de mon matelas ! J'ai à peine le temps d'accepter qu'elles se jettent sur mon lit pour me le retirer et repartir sans remerciement. Je reste là, un peu pantois, dépouillé d'une nuit tendre et d'une bonne partie de mon lit. Je suis du genre « gentil » ; on en abuse souvent !

L'hôtel Salitu où je réside est une maison confortable. Cependant les patrons appartiennent à une ethnie dominante qui exploite allègrement le personnel. Les trois servantes qui ont entre 16 et 25 ans logent dans un débarras, tandis que le gardien de l'hôtel dort devant la maison dans la niche du chien ! Apathique et jamais souriant, il prend un malin plaisir à donner des coups de pied au vieux chien de garde boiteux. Même le plus simple des hommes aime faire sentir son pouvoir sur plus faible que lui. Au fait, le chien il dort où ?

Une fois les tâches journalières terminées et le client devenu rare, on consacre son temps au sempiternel rituel de la cérémonie du café. (L'Ethiopie est un pays producteur de café - l'origine du nom vient d'une vallée éthiopienne nommée « Caffa »). A un moment ou un autre de la journée, on consacre une bonne heure à la préparation du café. Les grains, encore frais, sont grillés sur une plaque métallique chauffée par un petit poêle à charbon portatif. La préparatrice prend alors le plateau et souffle la fumée dans le visage d'un invité, signe distinctif de son importance (je m'en suis pris des sacrées doses). Les grains sont ensuite broyés et moulus manuellement avant d'être plongés dans l'eau bouillante. Enfin le café est prêt à servir dans des petits verres. On y rajoute du sucre ou du sel, puis on le sirote lentement. Les journées passent ainsi, à boire du café et à palabrer, le plus souvent en mâchant une plante locale : le khat.

Le khat est un arbuste dont les feuilles vertes libèrent une drogue comparable aux amphétamines. Le khat se consomme très frais. Sa vertu est de stimuler celui qui en mâche, feuille par feuille, jusqu'à en faire une grosse boule verte dans la bouche. Ses effets physiologiques sont bénins et l'on peut consommer du khat pendant des années sans subir de troubles graves (sauf peut-être à la dentition). Cependant la botte de khat, correspondant en moyenne à une demi-journée de consommation, est égale au prix d'un kilo de viande de mouton. C'est un gaspillage insensé quand on pense qu'un travailleur dépense la moitié ou les trois quarts de son revenu à son achat pendant que ses enfants et sa femme doivent survivre avec le reste.

Lors de mon séjour à Addis-Abeba, je passe également du temps en compagnie de Thewodros T. Sadik, un Ethiopien de 23 ans champion de courses cyclistes, par ailleurs vendeur d'articles d'imprimerie et de fournitures de bureau. Ses lunettes de soleil lui donnent un peu l'allure d'un noir américain. Il est entreprenant, dynamique, parfois autoritaire et, contrairement à beaucoup de ses compatriotes, il croit en un avenir meilleur.

Ensemble nous sillonnons les rues de la capitale à vélo, lui pour son entraînement quotidien, et moi à la découverte d'Addis Abeba, une étrange capitale qui ressemble à un grand village de trois millions d'habitants. Située à 2 300 mètres d'altitude, la ville déploie d'innombrables et gigantesques bidonvilles ceinturés de collines couvertes d'eucalyptus. Si les grands bâtiments sont rares, en revanche la plupart des routes sont goudronnées.

Lorsqu'on parcourt lentement les rues d'Addis-Abeba ce qui frappe d'abord, c'est l'étalage de la misère. Des mendiants, des orphelins, des cireurs de chaussures attendent quelques pièces pendant que les handicapés rivalisent d'ingéniosité pour accéder au statut enviable et rémunérateur du plus misérable. Les culs-de-jatte rampent dans la poussière en gémissant, les lépreux portent en triomphe leurs membres sectionnés, tordus, boutonneux, et suppurants. Certains poussent même la tragi-comédie jusqu'à se contorsionner en pliant leur jambe derrière leur cou. A tous je donne de l'argent quand j'ai des pièces dans mes poches. Cependant je suis bien embarrassé lorsqu'un gamin me tend des moignons à la place des mains. Complètent cette galerie des horreurs les groupes de militaires, amputés et en chômage technique qui font l'aumône, courbés sous le poids de leurs médailles.

Depuis deux jours déjà j'affiche un air taciturne, expression à peine voilée d'une grande frustration dont Séblé est la cause ; elle qui a eu l'audace de repousser mes fougueuses étreintes. Or, ce midi, au restaurant de l'hôtel, un jeune homme et deux jeunes filles sont assis à la table voisine. L'une des jeunes filles, craquante avec ses cheveux tressés et son grand châle jaune, me fait des signes du coin de l'œil. Je ne peux refuser l'invitation et vais m'installer à leur table.

Je partage avec eux l'*inggera* (grande galette molle cuite à base de semoule de tef que l'on mange avec les doigts). La jeune fille qui se prénomme également Séblé ignore tout de l'anglais mais ses intentions sont claires. Avec ses longs doigts délicieux elle glisse un morceau de *kaïnot* (viande de chèvre) dans ma bouche, geste éthiopien pour déclarer son amour. Alors, moi aussi, en retour, je lui fais avaler des morceaux de mon affection (du bœuf), assaisonnés d'un petit « *hodi shaleu* » (je t'aime).

Vu que c'est Séblé n°1 qui fait le service et qu'elle me lorgne d'un mauvais œil, je préfère quitter le restaurant en compagnie de l'autre demoiselle. Nous buvons un café dans une pâtisserie voisine, balbutions des banalités puis échangeons nos numéros de téléphone. Je dois la recontacter ce soir pour fixer un nouveau rendez-vous.

De retour à l'hôtel, Séblé n°1 me joue la scène de la jeune fille vexée et jalouse, et veut tout savoir de mes faits et gestes. Elle s'est parée de ses plus belles boucles d'oreilles et maquillée comme pour un rendez-vous entre amants. Son attitude a changé. Elle dévoile des charmes insoupçonnés et tente à nouveau de me séduire. Je dois rappeler Séblé n°2 mais une telle démonstration d'affection me fait hésiter. Séblé or not Séblé, je suis tiraillé entre deux feux. Finalement, malgré la beauté et la chaleur charnelle de la deuxième, je reviens à mon premier caprice.

Mauvais choix. Séblé me rejoue la même scène que le premier soir « je veux, je ne veux plus ». Finies les sensations à doses homéopathiques. Cela me rend malade. Je n'ai plus envie de jouer. Je veux être un lion. Où est ma lionne ?

Le lendemain, changement de tonalité, ma passion dévorante se métamorphose en une joyeuse folie. Je me barricade d'abord dans ma chambre en refusant de payer la nuit. La servante frappe à la porte en me suppliant d'être raisonnable mais je crie, à qui veut bien l'entendre, qu'il va falloir d'abord me passer sur le corps avant que je ne débourse un seul centime. Séblé répond à mes appels de détresse en criant au fou et en réclamant sans contrepartie, le paiement immédiat pour la nuit. *Taieut !* Je saute sur mon matelas, attrape le formulaire de l'hôtel, et le déchire sous ses yeux catastrophés. Quelle rigolade ! Dans la chambre voisine, un voyageur anglais accablé par la fièvre essaie de dormir. L'Ethiopie c'est génial !

32. NUIT CHAUDE

De retour sur ma bicyclette, en route vers Djibouti, dans un petit village entre Nazareth et Awash. Un camion citerne a basculé par-dessus le rebord d'un pont, et déverse dans le ruisseau un liquide noir et visqueux. Les villageois ont du pétrole mais plus d'eau potable. Debout sur le parapet du pont, ils tirent une mine d'enterrement. Jamais contents !

La route, droite, traverse ensuite une brousse aride et volcanique où les fragments d'une forêt de buissons épineux s'étendent vers l'est depuis la faille de la vallée du Rift. Point d'animaux sauvages à l'horizon, mais des hommes, tout nus, couverts de terre grisâtre et argileuse. Les femmes sont légèrement vêtues et leurs cheveux tressés coupés court. Cependant, comme un rappel incongru à la modernité et à ses fâcheuses conséquences, la route se retrouve une nouvelle fois obstruée par un accident. Cette fois-ci il s'agit d'un train qui est entré en collision avec un camion bourré de caisses de soda. Les wagons sont couchés sur le ballast. Comment une chose pareille peut-elle arriver ? La route rencontre la ligne de chemin de fer une seule fois sur 100 kilomètres, il ne passe que trois trains dans la journée, et la circulation routière est réduite à peau de chagrin. La probabilité d'un tel accident est presque nulle. Sauf en Afrique !

Le jour de mon anniversaire (17 mai) je m'arrête à Awash, un village situé au centre du parc national du même nom. Je fais la connaissance de Murgata Tegene, un jeune homme de 25 ans qui, le soir même, et en dépit de sa grande pauvreté, promet de m'offrir un joli cadeau d'anniversaire.

Vers 22 heures, donc, Murgata frappe à ma porte et entre en compagnie d'une jeune Ethiopienne. Elle est d'une beauté délicieuse, toute jeune et fraîche, le charme propre à sa tribu. Elle a les cheveux noirs tressés, les traits délicats du visage, le nez paré d'une petite perle d'or, tandis que ses membres, lisses et fermes à la couleur onctueuse du caramel, tranchent magnifiquement sur sa longue robe en mousseline bleue.

C'est une lycéenne, une amie de Murgata, qui ce soir-là va visiter son oncle. En vérité un bien mauvais prétexte à l'intention de ses parents, car Asmora se révèle être mon cadeau d'anniversaire !

Murgata nous laisse seuls. Elle parle l'anglais comme moi l'éthiopien. Il faut donc rivaliser d'habileté pour exprimer nos désirs réciproques. Les miens tiennent à un an et demi de voyage et d'abstinence sexuelle. J'ai des choses à dire... et à faire.

Alors, sans un mot, je lui verse quelques gouttes d'un reste de parfum libanais « fraîcheur des bois » sur son poignet, sur ses pommettes, sur sa nuque, sur le haut de sa poitrine... Un frisson parcourt son corps et un sourire illumine son visage. Je respire au plus près l'heureux mélange qu'exhale le parfum chaud de sa peau avec l'essence de pinède. Drôle de cocktail. Puis, passée cette petite entrée en matière olfactive, je laisse ma main partir à la recherche de contrées lointaines. Bien que le désert soit si proche, on ne sent ici rien d'aride, rien de cette nudité absolue de sable et de roche, mais une fraîcheur tranquille et innocente. Cependant, Asmora pousse une petite plainte de désapprobation. Elle ne veut pas que je la déshabille !

Quelques minutes passent, je suis dans de beaux draps, tout nu, le dos tourné à cette prude demoiselle afin de lui permettre de se défleurer à l'abri de mon regard ludique. Elle se glisse rapidement sous les draps sans me laisser le temps d'embrasser le panorama. Nos deux corps se touchent, nos dix doigts s'entrecroisent. Elle est si douce qu'on dirait qu'elle est faite en peau de banane, elle en a le contact lisse et l'étonnante élasticité, sauf à la plante des pieds dont je sens la rugosité toute africaine. C'est peut-être une coureuse de fond ? Alors j'ai toute la nuit...

Après quoi - comment décrire la chose ? - je m'aventure autour de collines arrondies. Je gravis des sentiers interdits. Elle se hisse et se replie sur elle-même. Je fouille des cavités secrètes. Etreinte des mers chaudes et de la forêt tropicale humide. Cependant, curieusement, je manque de vivacité. La piste est souple et pas très raide ; moi non plus !

Dans le jargon des cyclistes on appelle ça une crevaison, un pneu flasque, une patte molle. Est-ce le résultat d'un excès de khat ou trop d'anxiété ? Un peu des deux probablement. J'ai besoin de reprendre mon souffle.

Une heure plus tard je me sens d'aplomb pour une nouvelle aventure. J'y crois dur comme fer. Nous commençons à mieux nous connaître. Je me dis « Vas-y doucement Serge, le haut du col est encore loin. » Mais, trop tôt, je suis un professionnel de l'endurance qui vient de connaître les affres du sprinter. Je suis trop rapide laissant ma coéquipière à la traîne. Asmora ne dit rien mais son silence est tranchant. Déprimé, je me lève, j'enfile mon jean, puis je sors dans la cour de l'hôtel m'asseoir sur la terrasse.

Si j'étais un héros de cinéma je fumerais une cigarette et, d'une traite, j'avalerais un verre de bourbon. Ma compagne sortirait de l'ombre, languide et réconfortante. Puis, elle me serrerait dans ses bras en me disant : « Ce n'est rien, Sergio, ça arrive à tout le monde... ou presque ! »

Le temps passe vite et me donne de nouvelles forces. La nuit est si courte. Je rêve d'un nouvel homme.

Nos ébats gagnent en spontanéité et en originalité. Nous empruntons de nouvelles pistes. Notre trajet sinueux le rend acrobatique. Nous nous perdons. C'est la première à gauche vous ne pouvez pas la manquer. Mais, qu'est-ce que c'est que ça ? J'ai du chewing-gum collé aux fesses ! C'est une étape burlesque. Pédale Serge, pédale. En danseuse, en danseuse...

Au petit matin, la jeune fille, les yeux tirés, sort du lit et enfile sa robe bleue. Je lui donne un peu d'argent, puis, à petits pas, discrètement, elle quitte ma chambre. Elle a 16 ans. Et moi 28, juste.

*

Trop fatigué pour repartir, je reste au village pour la journée et vais faire une petite balade à vélo près de la rivière Awash, située à 4 km. L'eau boueuse de cette rivière a la particularité de ne jamais atteindre la mer. Elle se perd dans le sable chaud de Djibouti et alimente le lac Abbé, le lac le plus salé du monde.

Je me laisse descendre au fond du vallon lorsque trois militaires fortement armés se dressent en travers de la route. Ils crient et arment leur mitraillette dans ma direction. J'opère donc une halte stratégique et lève les bras au ciel en criant « Touriste, touriste, touriste ! ».

Les trois soldats m'interdisent avec force et conviction de poursuivre ma route. Au-delà du pont, disent-ils, la région est infestée de tribus en ébullition toujours promptes à détrousser les voyageurs solitaires.

Sous leur contrainte je vais donc rester encore deux jours à Awash dans l'attente d'un train pour Djibouti. Je passe mes journées avec Murgata. Très pauvre, il n'a pas les moyens d'acheter des livres pour aller au lycée, et dort dans une cabane faite de branches et de débris métalliques. Pendant la guerre il a subi les rigueurs de la famine et me montre l'excès de peau qui lui est restée sur les os. Ensemble nous visitons les différentes tribus présentes dans le village. Les Oanos, les Afars, les Wolos... Impossibles de les photographier sans rémunération. Les traditions ne se perdent pas ; elles se paient. Nuance.

La ligne de chemin de fer djibouto-ethiopienne qui relie Djibouti à Addis Abeba fut construite par les Français au XIXe siècle pour faciliter l'accès de la capitale à la mer. Aujourd'hui le réseau est vétuste, les wagons délabrés, les locomotives diesel constamment en panne et la ligne est entretenue avec les moyens les plus rudimentaires. Les incidents faisant partie du lot quotidien, je ne suis donc pas surpris lorsque mon train entre en gare avec 7 heures de retard sur l'horaire prévu.

Je prends un ticket de première classe jusqu'à Dire Dawa, dernière ville éthiopienne. Dans le wagon qui ressemble à une seconde classe française de troisième zone il y a six militaires affectés à notre protection. Précaution inutile, puisqu'à l'arrêt dans une gare et profitant d'une coupure de courant, un voleur réussit à s'infiltrer par une fenêtre du wagon, et à dépouiller quelques passagers.

Alors, pour éviter de sombrer dans un dangereux sommeil, je pointe mon nez hors de la porte d'accès et savoure le paysage qui déroule inlassablement son décor de broussailles épineuses. Une hyène effrayée court en zigzag dans la poussière, tandis que des hommes, tels des véliplanchistes, se tiennent accrochés à bout de bras aux parois extérieures des wagons.

Escale d'une journée à Dire Dawa. Le prochain train en partance pour Djibouti est prévu le lendemain matin à 5 heures. Cette fois-ci, le hasard me met en rapport avec un Ethiopien d'une quarantaine d'années. L'homme travaille dans une ambassade à Djibouti et profite de ses vacances annuelles pour retourner dans son pays. C'est un homosexuel et il désire coucher avec moi. Ma réponse négative lui fait comme un coup de poignard. En effet, en Ethiopie, où ces pratiques sont totalement taboues, il n'a que rarement l'occasion de pouvoir assouvir ses désirs. Lui-même a été initié par des militaires français, alors, bien sûr, il pense que s'amuser entre hommes est dans la nature de tous nos compatriotes. Faut jamais généraliser !

Le soir, je me retrouve embrigadé dans une troupe de fêtards condescendants : un jeune cheminot, un responsable des chemins de fer et un obscur homme d'affaires. Dans leur énorme 4x4 aux roues solides nous faisons la tournée des bars. Le circuit est bien rôdé : bières, affaires louches et filles à gogo... Une bande de lascars, le ventre gonflé d'orgueil, qui passent leur soirée désœuvrée à noyer leur mépris dans l'alcool.

Je rentre à l'hôtel intoxiqué de fatigue et de bière, et trouve l'homme de quarante ans sur le seuil de ma porte me suppliant de faire preuve d'humanité à son égard. Quand bien même je voudrais, je ne pourrais pas. Je vomis mes excès et sombre dans un sommeil titanesque. Hélas, l'heure du réveil arrive trop vite. A 4 heures du matin, un esclave noir frappe à ma porte. - Je le ferais fouetter. « Oui, oui, j'arrive. »

Une heure plus tard, je me précipite sur le guichet de la gare parmi une cohue de voyageurs en furie. Des bras et des mains pleines d'argent voltigent à travers la lucarne à la face du fonctionnaire impassible. Un homme m'aide à franchir la mêlée et à acheter mon ticket, puis je m'installe avec mes affaires dans le premier wagon couvert. C'est un wagon de marchandises tout en bois, qui serait à peine autorisé, chez nous, à transporter le bétail. Prix du billet pour 400 kilomètres et deux jours de voyage : 4,75 F ! Ambiance et prix imbattables !

Après deux heures d'attente, le lentissime pour Djibouti prend son élan, la motrice crachotante, prêt à affronter l'immensité caillouteuse et ravagée du désert. Je me retrouve tassé avec mon matériel au fond du wagon bondé de femmes et de sacs de marchandises. Elles font des affaires en transportant du khat vers la frontière djiboutienne. L'air chaud s'engouffre dans le fourgon, chacun se retrouvant secoué et comprimé dans un espace minimum, économisant ses forces pour le reste du voyage. Un aveugle affublé d'une grosse boule rouge sur le front ouvre des yeux plein d'eau qu'il ne parvient pas à fixer ; un bébé est endormi sur le sein délesté de sa mère ; des voyageurs en équilibre sur le toit et accablés par la chaleur réclament de l'eau à chaque arrêt ; une femme malade de Somalie gémit sur le sol parmi ses déjections ; un fou enchaîné à un énorme boulet menace de frapper les voyageurs ; deux femmes roulent sur le sol poussiéreux en se battant pour une histoire de khat... Le train file doux.

En dépit du prix ridicule du trajet et des conditions de voyage aléatoires, le train possède son contrôleur. Celui-ci ne vérifie pas mon ticket car il a confiance en l'honnêteté des étrangers (blancs). Alors, je profite de l'occasion pour passer mon ticket à une jeune femme qui voyage en fraude. Après ce petit geste de solidarité elle ne peut se départir d'un grand sourire et veut se marier avec moi. Côté mariage, j'ai la cote !

Le train, pour ne pas faillir à sa réputation, tombe en panne. Nous passons une nuit entière bloqués dans une bourgade cernée par l'obscurité glaciale du désert. Puis nous repartons de bon matin, tirés par une locomotive fraîchement rafistolée.

Au passage de la douane djiboutienne, les douaniers nous sortent des wagons, puis nous regroupent, entre hommes et entre femmes, dans une grande cour grillagée, genre volière de zoo. Pendant que certains militaires épluchent nos papiers, d'autres ont tout loisir de fouiller nos bagages et trier ce qui les intéresse. Je suis un peu inquiet, car avant d'entrer en douane, des femmes, qui ne voulaient pas payer des taxes sur toutes leurs bottes de *khat*, en ont bourré plein mes sacoches, à l'abri des regards inquisiteurs des douaniers. Finalement tout se passe bien, et je me retrouve, tel le médecin d'un cycliste dopé, à jouer le contrebandier « en dehors de mon plein gré » !

33. DJIBOUTI

Sorti de la gare de Djibouti, je me laisse entraîner par un jeune homme dans les ruelles d'un bidonville parmi un amoncellement de baraques croûlantes étalées sur la terre battue. Il habite dans une pièce sans confort aux murs blancs peints à la chaux, où s'entassent un nombre indéterminé d'individus. Notre arrivée est particulièrement mouvementée. Mon hôte a volé et revendu une chaise appartenant à la famille. Les cris et les reproches cinglent de toutes parts. Mais mon hôte repousse les attaques en se targuant d'avoir un invité de marque et des responsabilités qui dépassent largement les peccadilles dont il est accusé. Il veut m'imposer dans le groupe. Je n'ai pas trop confiance mais difficile de faire marche arrière. Je suis à bout de forces et incapable d'envisager une alternative pour la nuit. Cependant, le chef du quartier, alerté par le remue-ménage, se présente et me fait comprendre sans ambages que mon accompagnateur est un petit escroc dont il faut se méfier. La meilleure chose à faire, selon lui, c'est de quitter les lieux.

Plus tard je vais apprendre que très peu d'hommes blancs s'aventurent dans ce taudis à la réputation de coupe-gorge. C'est un ghetto pour les réfugiés de Somalie, du Yémen et de l'Ethiopie. Je me retrouve donc seul, jeté à la rue, égaré dans les dédales sinistres de Djibouti. La nuit tombe mal.

Où aller ? En dernier recours, faute de trouver un endroit sûr pour le camping ou un hôtel bon marché, je pars à la recherche de l'Ecole des Frères de La Salle. Après plusieurs atermoiements, embrouilles et fausses pistes j'arrive finalement à l'école vers 20 heures. Un frère s'y trouve encore. Je lui demande l'asile comme pour un pèlerin. Il me lorgne d'un mauvais œil ; je dégage une odeur de sueur animale, hirsute, macéré par la fatigue, résultat de mes excès d'authenticité ferroviaire. Mais qu'importe cela, le frère ferme ses livres. Je suis le bienvenu !

Au cours de mes pérégrinations africaines j'ai perdu 6 kilos, il m'en reste tout juste 54. Par chance pour ma santé dépérissante les frères sont de bons vivants, consommant sans modération des produits venus de France : vin, camembert, viande, salade... Autre moment de réconfort moral, je récupère une nouvelle roue arrière ramenée de France par un militaire.

Cependant je suis à Djibouti comme dans un cul de sac. La guerre qui sévit au Yémen m'empêche de poursuivre mon trajet comme prévu. Le seul moyen pour éviter ce pays c'est de prendre un avion pour Dubaï (Emirats Arabes Unis) et d'entrer à Oman par la voie terrestre, et si possible à vélo.

A Djibouti une grande pauvreté côtoie la richesse. Cette situation est favorisée par l'importante présence des militaires et civils français (Paris maintient à Djibouti sa plus grande base militaire à l'étranger : 3 500 soldats et une dizaine de Mirages F1). C'est le pays africain qui reçoit l'aide au développement français la plus importante par habitant ; une aide exceptionnelle de 65 millions de francs à un Etat qui viole chaque jour les droits de l'homme, une manne qui est par ailleurs gaspillée militairement par le régime d'Assan Gouled pour contenir les luttes entre tribus. La langue française est apprise à l'école tandis que la langue parlée est l'arabe ou le somalien. Entre les casernes, les résidences coloniales et le Prisunic, on rencontre de nombreux mendiants, voleurs, et orphelins de la rue. Il existe notamment une prostitution infantile, dont les militaires français, paraît-il, ne sont pas les derniers clients. Puis, comme si cela ne suffisait pas, il y a des problèmes ethniques importants entre les Issas et les Afars. Leurs fréquentes échauffourées m'empêchent d'ailleurs de visiter le Nord de la région.

Dommage car Djibouti est mondialement renommée pour ses paysages lunaires ravagés de soleil et de feu. En effet le pays se situe dans une zone volcanique au confluent de deux plaques tectoniques. La mince épaisseur de l'écorce terrestre est le centre de phénomènes telluriques impressionnants et donne naissance à de nombreuses sources d'eau chaude. Ainsi, au robinet, il est impossible de faire couler de l'eau froide !

En conclusion Djibouti est un pays tourmenté, déchiré par les guerres civiles, premier pays au monde dans la pratique des mutilations génitales féminines (90% des femmes sont excisées), couvert de lacs salés, et à 90% désertique. C'est l'un des endroits les plus chauds de la planète où l'humidité de l'air approche les 100% ! Bref, un pays où il ne fait pas bon rester !

34. DUBAÏ, TU ES FATIGUÈ ?

Pour entrer à Dubaï, contrairement à ce qui m'a été dit, il faut impérativement un visa. Résultat je me retrouve coincé dans le hall d'arrivée de l'aéroport comme un vulgaire sans papiers. Expulsable.

La seule manière d'obtenir un visa pour Dubaï c'est d'avoir un sponsor (en l'occurrence un hôtel de luxe) susceptible de faire les démarches administratives et, en contre partie, d'assurer l'hébergement (prix exorbitant à la clé). Je téléphone donc à des hôtels, mais la nuit est déjà bien avancée, personne ne veut examiner la situation avant le lever du jour. Puis, pour corser un peu la sauce, demain est un vendredi, jour férié pour les musulmans. Tous les bureaux vont être fermés.

Je passe donc toute la journée du vendredi dans la salle de transit. Pour me tenir compagnie dans cette cellule de verre réfrigérée, j'ai avec moi un certain M. Hamed Moussa. C'est lui qui, trompé par un ami, m'a tuyauté sur la soi-disant dispense de visa pour Dubaï. Il est le directeur du Duty Free de l'aéroport de Djibouti et il est venu à Dubaï pour effectuer des achats et approvisionner à bas prix sa nouvelle boutique de matériel Hi-Fi.

Samedi, aux premières heures de la matinée, je contacte l'agence de voyages qui m'a vendu le ticket d'avion (Air Pontavia). Au téléphone, le patron de l'agence m'assure qu'il va me sortir de là dans les délais les plus brefs. Ce que cela veut dire je n'en suis pas très sûr, quoi qu'il en soit la journée s'éternise et se conclut comme elle a commencé, à ceci près que je me retrouve seul. Hamed Moussa, grâce à l'intervention de son hôtel quatre étoiles, a quitté l'aéroport. Alors, je passe une nouvelle nuit sans gloire à déglutir des sandwiches sous cellophanes, et à essayer de trouver le sommeil sur les fauteuils molletonnés aux odeurs de cigarette et de papier journal. La climatisation extrême me glace le sang et ajoute à mon insomnie.

Dimanche et troisième jour d'attente dans l'aéroport. Pontavia est cloué au sol. Je suis au bord de la dépression atmosphérique. En dernier recours - c'est bizarre comme il y a toujours un dernier recours ! - je contacte le consulat de France à Dubaï. M. Henri Samy, le consul, est très coopérant et fait le maximum pour me sortir de cet embrouillamini douanier. Le patron de Pontavia décolle de son bureau. Les douaniers se montrent plus conciliants. Je peux espérer une liberté inconditionnelle pour le lendemain.

Enfin, lundi, le directeur de Pontavia m'apporte un visa valable 14 jours. Une fois sortis de l'aéroport, nous faisons un petit crochet par le consulat français. Je remercie vivement M. Samy. Hélas, il m'informe qu'il m'est impossible de traverser la frontière de Dubaï par la voie terrestre car selon le règlement du pays, quiconque arrive par avion doit repartir par avion !

Quatre jours d'attente, de frustration et d'angoisse pour en arriver là (pendant un moment on a même menacé de me renvoyer vers la France). Un conseil, si vous allez à Dubaï, ne voyagez pas à vélo et n'oubliez pas votre visa !

Dubaï est l'un des sept Etats qui constituent les Emirats Arabes Unis. La ville essaie de jouer une autre carte que celle du pétrole en voulant devenir le Hong-kong du golfe arabique. Dans la ville tout est axé sur le tourisme commercial. Les visiteurs viennent du monde entier pour acheter tout ce qui se vend et à des prix les plus compétitifs. Pour accueillir tous ces portefeuilles les hôtels de luxe poussent comme des derricks sur un champ pétrolifère. Heureusement le directeur de Pontavia m'a trouvé un petit hôtel occupé par les indiens et les marchands africains, au prix modeste de 80 F la nuit.

Je revois Hamed Moussa et l'accompagne de boutiques en boutiques pour acheter par cartons entiers : téléviseurs, chaînes Hi-fi, appareils photo... L'avantage c'est qu'ici y a peu de contrôles douaniers et aucune taxe. Ceci attire notamment les commerçantes somaliennes qui achètent des tonnes de vêtements ou de tissu. Mais ceux qui se font le plus remarquer, ce sont les nouveaux riches russes, en shorts et en survêtements de marque, qui sont venus ici blanchir l'argent sale de la Mafia. Ils achètent le matériel Hi-fi et l'orfèvrerie la plus tape à l'œil. Ils sont d'ailleurs si nombreux que les panneaux sont écrits en cyrillique.

TRIBULATIONS TROISIÈMES

« Cette éternelle jeunesse trouve dans le mythe de l'aventure, les rites initiatiques qui lui manquent ... Une symptomatologie caractérisée par une forme d'immaturité ou d'inachèvement psychologique. »

Christian POCIELLO
« L'aventure : pratiques et représentations ».
Universalia 1992

« Voyageur, écrivains, ethnologues, chercheurs, envoyés spéciaux, diplomates, missionnaires... Ces marioles partent voir ce que personne ne voit mais ils pensent ce que tout le monde pense. »

Daniel MERMET
Là-bas si j'y suis

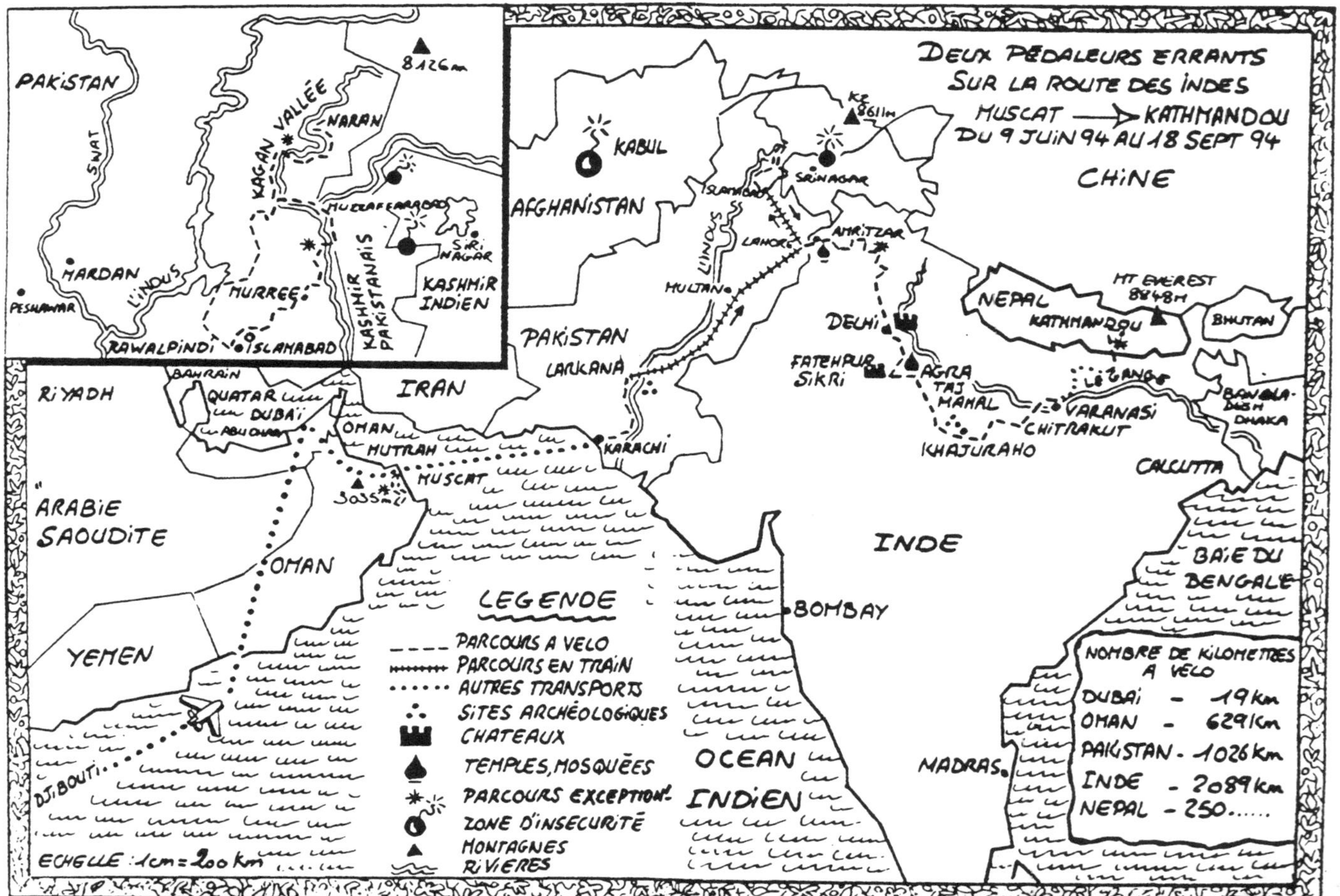
DEUX PÉDALEURS ERRANTS
SUR LA ROUTE DES INDES
MUSCAT ⟶ KATHMANDOU
DU 9 JUIN 94 AU 18 SEPT 94
CHINE
PAKISTAN
SWAT
KAGAN VALLÉE
NARAN
8126m
MUZAFFARABAD
SIRI NAGAR
KASHMIR INDIEN
KASHMIR PAKISTANAIS
MARDAN
PESHAWAR
L'INDUS
MURREE
RAWALPINDI
ISLAMABAD
KABUL
AFGHANISTAN
K2 8611m
SRINAGAR
LAHORE
AMRITZAR
MULTAN
LARKANA
KARACHI
DELHI
FATEHPUR SIKRI
AGRA
TAJ MAHAL
KHAJURAHO
CHITRAKUT
VARANASI
LE GANGE
NEPAL
KATHMANDOU
MT EVEREST 8848M
BHUTAN
BANGLADESH
DHAKA
CALCUTTA
INDE
BOMBAY
MADRAS
BAIE DU BENGALE
OCEAN INDIEN
IRAN
RIYADH
BAHRAIN
QUATAR
DUBAÏ
ABU DHABI
OMAN
MUTRAH
MUSCAT
3035
ARABIE SAOUDITE
YEMEN
DJIBOUTI
LEGENDE
PARCOURS A VELO
PARCOURS EN TRAIN
AUTRES TRANSPORTS
SITES ARCHÉOLOGIQUES
CHATEAUX
TEMPLES, MOSQUÉES
PARCOURS EXCEPTIONl.
ZONE D'INSECURITÉ
MONTAGNES
RIVIÈRES
ECHELLE : 1cm = 200 km
NOMBRE DE KILOMETRES A VELO
DUBAÏ - 19 km
OMAN - 629 km
PAKISTAN - 1026 km
INDE - 2089 km
NEPAL - 250.....

35. LE TOUR INFERNAL

Depuis quelque temps déjà mon frère Philippe - même père, même mère, même date de naissance à trois ans d'écart - se sentait irrésistiblement attiré par l'appel des grands espaces et de l'aventure à bicyclette. A l'époque de mon départ ses obligations professionnelles l'avaient empêché de faire le grand saut en avant, mais cette fois-ci il est décidé à tirer un trait définitif sur ses planches à dessins, ses rêves d'artiste et sur sa vie débridée de jeune provincial exilé à Paris. En dépit de plusieurs atermoiements et de mauvais concours de circonstances (notre rencontre prévue au Yémen fut reportée par la guerre civile) plus rien ne peut le retenir. Son avion décolle de Paris le *10 avril 1994* et huit heures plus tard, il atterrit à Oman, au sud de la péninsule arabique, où je l'attends de pied ferme depuis deux jours.

Il est deux heures du matin. J'arpente depuis longtemps déjà le grand hall de l'aéroport de Mascate, lorsqu'enfin les portes coulissantes s'ouvrent sur un groupe de voyageurs, les traits tirés, en costumes cravates et burnous blancs. Parmi eux, tranchant aussi vivement qu'une tache de ketshup sur du linge blanc, Philippe le bourlingueur novice, passe les barrières comme il aurait franchi le Rubicon : la tête haute, coiffée d'une casquette américaine, poussant de tout son poids un chariot encombré d'un énorme carton d'emballage (son vélo). Comme deux frères mafiosi qui ne se seraient pas vus depuis le meurtre de Jojo la Frime, nous nous saluons calmement et échangeons des civilités fraternelles. Nos gestes sont souples et pondérés, notre joie tout intérieure, bouillonnante, comme la chaleur du pays. Premier choc pour Philippe, vêtu de sa lourde veste « *Camel trophy* » et tout droit sorti d'une France frissonnante : les 32,7C° de la nuit. Il ouvre la bouche tel un poisson sur le pont d'un chalutier, à la recherche d'un peu d'air, à deux nageoires de l'asphyxie.

Un douanier nous invite à rester dans sa chambre pour la nuit. Cependant, nous sommes trop pressés de trouver un endroit calme et partager entre frères ces premiers moments de retrouvailles. Poliment on décline l'invitation et nous partons sur l'autoroute déserte, un tronçon de 40 kilomètres reliant l'aéroport à la capitale.

Rien ne peut gâcher notre joie, même pas ces deux gendarmes, deux motards en mal de discussion, qui nous immobilisent sur la bande d'arrêt d'urgence sous prétexte que nos vélos ne sont pas éclairés. Le temps de tailler une bavette et de fixer nos lampes de poche sur nos vélos, et nous sommes à nouveau libres de filer dans la nuit. Gagnés par la fatigue, nous déposons nos guêtres sur les bas côtés de l'autoroute sous un bosquet de dattiers. Mais le sommeil n'est pas à l'ordre du jour. Un trop plein d'émotions, de souvenirs, et de chaleur humide nous tiennent éveillés jusqu'aux premières heures suffocantes de la matinée.

Mascate, en dépit de son statut de capitale, n'est qu'une bourgade parmi un conglomérat de petites villes modernes et verdoyantes, piquetées de maisons blanches dispersées dans un paysage de collines escarpées. Oman est un pays riche qui s'est développé économiquement grâce au pétrole. Le régime de monarchie absolue assure au sultan Qaboos Bin Saïd la totalité des pouvoirs. On ne peut pas le manquer, son portrait est affiché dans tous les magasins, tandis que les grands édifices publics sont baptisés à son nom : La maternité Qaboos, le stade Qaboos, l'autoroute Qaboos, la morgue Qaboos...

Dans l'attente de nos visas pakistanais et iranien nous bivouaquons sur la plage de Qurm. A l'ombre d'une rangée de palmiers et d'un emplacement pour barbecues, nous faisons la connaissance d'un curieux personnage nommé Soprane Houla. C'est un Pakistanais employé comme peintre ouvrier dans un hôtel de luxe jouxtant la plage. Maniéré, la chevelure épaisse type affreux-afro, il travaille à Oman depuis trois ans. Le pays, en effet, accueille plus de 350 000 travailleurs immigrés, sur une population totale de 1,55 million d'habitants. La plupart viennent de l'Inde, du Bangladesh ou du Pakistan, et occupent aussi bien des emplois subalternes comme arroseurs de palmiers, cisailleurs d'herbe ou ramasseurs de dattes, que commerçants ou artisans. Quant aux Omanais, ils s'octroient les postes administratifs, ou alors travaillent comme ingénieurs dans l'industrie du pétrole et la distribution d'eau. En somme, et en partie à cause de leur fierté, le choix d'un emploi pour un Omanais est assez restreint.

En ces instants bénis passés sur les plages à faire trempette en compagnie de Soprane, Philippe trouve beaucoup d'avantages à être pédaleur errant et aurait volontiers assimilé cela au paradis s'il avait pu partager son bien-être avec quelques baigneuses. Mais les femmes à Oman sont plutôt du type casanier. Elles ne sortent que très rarement de chez elles, et osent encore moins s'aventurer sur une plage. Quelques-unes cependant y font de courtes incursions, toujours dissimulées sous le tchador local, très pratique contre les coups de soleil.

15 juin 1994. Nous avons prévu de partir à la découverte de l'arrière pays en effectuant une petite boucle à l'est des montagnes désertiques et calcaires du Hadjar.

Nous longeons d'abord la superbe corniche du port de Mascate ; un raz de marée de verdure, de fleurs et de palmiers, rendu possible par le pompage et le filtrage de plusieurs millions de litres d'eau. Puis, la route cisaille son chemin entre les crêtes acérées de petites montagnes dénudées. Sous ce soleil de dromadaire notre ardeur est vite ramollie. Chaque pente nous arrache des litres d'eau. Philippe a le souffle lourd et se demande bien pourquoi il a tant de mal à pédaler. Ce n'est pas par manque d'entraînement ou faiblesse musculaire, seulement son organisme, contrairement au mien, n'est pas encore bien adapté à la rigueur du climat. Fortement agacé par tous ces monticules qui cassent son rythme habituel, et résolu à ne pas se laisser intimider par le fort coefficient des pentes, il veut les achever à l'arraché, d'un coup sec et net. Saisissant l'occasion d'une descente il se propulse plein d'énergie, à la vitesse de l'inconscience, à l'assaut d'une nouvelle butte. En trois minutes à peine de sprint kamikaze, le missile errant a conquis l'obstacle. Mais au-delà, comme il le découvre, ce n'est qu'une enfilade, à perte de vue, de nouvelles pentes à escalader, une infinité de sprints mortels en perspective. Alors, tremblotant, couvert de sueur, et le regard hagard il dépose son vélo sur le bord de la route. Sa résistance thermique et son moral viennent de disjoncter. Il fait quelques pas sur ses mollets flageolants, gémit et crache tous les excès de sa folle jeunesse dans un canal d'assainissement.

En haut de la côte notre moralomètre est bien bas. Car pour ajouter à notre désarroi les mauvaises indications des Omanais nous ont rabattus sur notre ville de départ. Nous avons fait une boucle de 40 kilomètres inutile et épuisante. Un peu las, nous plantons nos tentes sur les cailloux encore brûlants d'un *wadi*. Pendant la nuit il fait si chaud et si humide que nos abris se transforment en étuve infernale. Plutôt que de mourir à l'étouffée, nous nous résignons à dormir à la belle étoile... pour le plus grand plaisir des moustiques !

*

A 6 heures du matin le camp est levé, mais il est trop tard, le soleil décoche déjà ses puissants rayons. Il ne nous laisse aucune chance. Deux heures plus tard, les 40 °C sont allègrement franchis. La chaleur tombe par averses lourdes et étouffantes, tandis qu'un vent haletant rend l'air irrespirable. L'asphalte s'imprime dans un paysage calciné à travers des champs de cailloux au pied de versants dénudés. Philippe, épuisé et mal remis d'une mauvaise nuit, a des difficultés de respiration et progresse péniblement. Enfiévré par la chaleur, ses forces s'évaporent comme neige au soleil. Au bord de la défaillance, il arrête un pick-up et supplie le chauffeur de le conduire au prochain village. Cependant, celui-ci lui conseille de persévérer jusqu'à la prochaine station-service située à 2 kilomètres.

Deux kilomètres ce n'est rien me direz-vous, sauf quand on est assommé par un coup de chaleur et qu'il faut pédaler sous un soleil implacable. Avachi sur sa monture, Philippe appuie lourdement sur les pédales et assaisonne chaque coup de rein de râles inquiétants. Dans l'effort, il se déporte sur le bas-côté, glisse sur le gravier, et s'effondre dans la poussière. Il reste allongé quelques secondes, puis, tel un humanoïde puisant une faible étincelle d'énergie dans ses batteries de secours, il se remet sur pied et pousse sa bicyclette jusqu'à la station-service.

Les pompistes indiens dans leur uniforme rouge observent perplexes l'arrivée de notre pitoyable cortège. Sans même prendre le temps de les saluer, nous jetons nos carcasses desséchées sur le distributeur d'eau fraîche. Une impression d'infini plaisir coule dans nos gorges.

Nous restons dans la cafétéria climatisée jusqu'en fin d'après-midi. Dehors les bourrasques brûlantes du vent caressent la peau nue des mécaniciens. Travailler dans de telles conditions est un véritable exploit. Pourtant ce sont eux, fascinés par notre périple, qui nous demandent des autographes !

Puis, de retour sur la route, nous pédalons jusqu'à laisser le soleil s'incliner devant la nuit. L'air du soir est chaud et épais. On s'y vautre à la recherche d'un improbable sommeil.

*

Troisième jour et toujours la même musique, une note d'aridité en plus. Cette fois-ci nous avons trouvé le moyen de rester coincés en pleine zone désertique dans le creux d'un canyon. Selon les conseils d'un ingénieur des ponts et chaussées autrichien qui nous a offert des photocopies de cartes d'état-major, ce chemin doit être un raccourci. Certes, mais la route goudronnée s'est transformée en une piste défoncée qui emprunte, dans une gorge étroite, le lit desséché d'un *wadi*. A plusieurs reprises nos roues s'enfoncent dans la caillasse et l'échine courbée nous devons pousser nos lourdes charges comme des bousiers. Les galets quelle galère ! Et l'autre, le roi « désastre », toujours aussi implacable finit par nous achever. Impossible de poursuivre notre lutte sous cette chaleur, au bord de l'inanition, le besoin d'ombre est devenu vital.

Hélas, dans le canyon, aussi terrible que pittoresque, seuls quelques fourrés d'arbustes distillent encore des gouttelettes d'ombre, futiles remparts contre l'embrasement du ciel. Alors, tels deux insectes qui cherchent à se protéger des crocs d'un prédateur, nous nous glissons dans une étroite crevasse un peu en hauteur, à la base d'une paroi rocheuse, parmi d'énormes éboulis. Nous essayons de récupérer des forces. Mais ne rien faire est déjà trop dur. Il fait trop chaud. Il faudrait boire pour refroidir les carburateurs, mais il ne nous reste plus qu'un litre d'eau chacun pour tenir jusqu'à la tombée du jour. Il n'y a, en outre, nul salut à attendre du côté de cette piste sauvage. Aucun véhicule ne viendra s'y aventurer, l'endroit est trop impraticable, inaccessible, loin de tout.

Il est 11 heures. Nous sommes obligés de rationner l'eau et la soif commence à nous tourmenter. C'est alors que des chèvres, menées par un jeune berger, défilent devant notre grotte. Aussitôt Philippe, à la manière d'un naufragé qui aurait hélé un lointain navire, l'interpelle. « *Water ! Water !* » tente-t-il de lui réclamer en lui montrant sa bouteille. Mais le berger ne le comprend pas. Tout sourire il saisit la bouteille et commence à boire le reste du précieux liquide. Philippe, complètement paniqué, lui retire le goulot de la bouche. « *No ! No ! Not my water !* » Résultat : il se retrouve avec une bouteille presque aussi vide que le moral !

L'air devient irrespirable. Au loin nous entendons le bruit d'un moteur. Un avion peut-être ? Un mirage ! Par instinct de survie Philippe bondit de rocher en rocher jusqu'à la piste et se jette au travers de la route. Et, contre toute attente, surgit face à lui, brinquebalant sur les galets, un pick-up Toyota bleu.

Quelle surprise ce fut sans doute pour les deux hommes de nous voir dévaler la pente, à moitié nus, et gesticulant comme des forcenés. Eux non plus n'ont pas d'eau, mais en revanche ils sont disposés à nous conduire jusqu'à la prochaine agglomération située à 10 kilomètres de là.

Une fois installés à l'avant du pick-up nous nous rendons compte à quel point l'état de la piste est déplorable. Nous sommes secoués comme sur un dromadaire en rut. A plusieurs reprises le conducteur est obligé de manœuvrer en marche arrière pour contourner les énormes ornières de cailloux et éviter l'enlisement. D'ailleurs, nous nous demandons bien pourquoi ces deux lascars sont venus s'aventurer dans ce canyon. Quelque chose paraît louche, d'autant que le conducteur, visiblement inquiet, ne cesse de scruter les alentours à la recherche du moindre signe suspect, comme s'il redoutait la présence de la police.

Enfin, le véhicule s'immobilise à l'orée du village. Le conducteur ne veut pas aller plus loin. Aidé de son compagnon il décharge nos bagages à la hâte, puis, sans nous laisser le temps de le remercier, il attrape l'argent que je lui tends et redémarre au quart de tour. Le véhicule soulève un sillon de poussière, emportant les deux hommes dans les montagnes désertiques, y vivre leur vie de bandits en cavale !

Au bout de la route on nous a promis le paradis : une oasis blottie dans les profondeurs d'un canyon. Mais ce chemin vers l'Eden est loin d'être pavé de bonnes intentions et cette fois-ci - quatrième jour de désert - c'est sur une piste sableuse que nous subissons les premiers harcèlements du soleil.

La surface de la piste s'avère potable mais en revanche le dénivelé est infernal. De petites côtes très pentues se dressent comme autant d'obstacles quasi-infranchissables. Nous devons y hisser nos vélos comme d'énormes blocs de granit. Le soleil rogne un peu plus encore dans notre moral, tandis que nos forces s'effritent peu à peu, rongées par la chaleur. Nous avons parcouru 24 kilomètres, et il nous en reste encore 8 avant d'atteindre l'oasis. Or comme je n'ai pas l'intention de rester bloqué dans ce pays perdu, je poursuis ma route, abandonnant Philippe à son triste sort. Chacun pour soi !

Je gravis péniblement chaque butte. La chaleur devient abrutissante. Cependant Philippe continue à me suivre. Totalement ravagé il souffle comme un ours des montagnes. Je m'énerve :

– T'es complètement givré de continuer sous cette chaleur et dans de telles conditions, reste ici je vais chercher de l'aide.

Comme ivre, Philippe titube sous un arbuste. Je l'abandonne là, repartant aussitôt entre les versants abrupts. Je pose pied à terre tous les 200 mètres pour m'asperger d'eau, traçant ma route par à-coups sous la mitraille des rayons du soleil.

Enfin au sommet d'une crête, j'aperçois en contrebas, dans un décor grandiose, la localité de Mazara. Le petit village, telle une poussière de verdure, niche au cœur d'une arène chaotique de montagnes déchiquetées. Mais le temps de la contemplation m'est compté. J'amorce une folle descente jusqu'au village, où je trouve une camionnette et son chauffeur. Celui-ci, très vite convaincu par la couleur de mon argent, me conduit jusqu'à la dépouille de Philippe que nous trouvons, 5 kilomètres plus loin, étalé de tout son long sur le sol. Seule sa tête est à l'ombre, coiffée d'arbustes épineux et couverte de terre rougeâtre. Il a épuisé sa réserve d'eau. C'était la fin. Ou presque.

Au village c'est le temps du réconfort. Imaginez un décor de Genèse où les pommiers seraient des dattiers, où les vignes seraient des roseaux, et où Adam et Eve seraient deux pédaleurs errants. Nous nous moquons bien de la chaleur, plongeant nos corps roussis dans l'eau claire et profonde de l'oued, véritable ruissellement de fraîcheur au creux de ce canyon aride. Nous sommes détendus. De petits poissons mordillent notre peau, se rassasiant de notre saleté. Les palmiers, bercés par la brise, se courbent tel « les longs cils apeurés d'une bédouine adolescente». Quelques femmes omanaises lavent leur linge et rient entre elles. Nous nous laissons envahir par la quiétude du petit matin. La vie d'ange baigne dans l'huile !

Alors que les Omanais, comme à leur habitude, gardent leurs distances, nous sommes souvent invités à manger chez un commerçant indien, Sinil Kumar, qui tient la seule épicerie de Mazara. Tous les mois il verse un loyer au propriétaire (son sponsor) qui en échange doit lui fournir une habitation. Celle-ci, constituée de quatre murs en béton tient plus du garage que d'une maison. Certes, Sinil et trois autres de ses compatriotes ont un toit, mais par manque de place ils doivent dormir dessus !

Pendant des siècles les Omanais ont vécu à la manière des bédouins. Ils allaient d'un point d'eau à un autre en traversant le désert, se nourrissant du lait de leur dromadaire et de quelques dattes. Ils étaient fiers et nobles, toujours prêts à sortir leur poignard pour défendre leur clan ou égorger un mouton en l'honneur d'un invité. Puis la découverte du pétrole a bouleversé toutes les valeurs. En moins d'un siècle Oman est passé d'une société nomade à une société moderne de haute technologie.

Cependant la modernité fait parfois d'étranges compromis avec la tradition, comme en cette fin de matinée, sur le chemin du retour vers Mascate, où nous trouvons refuge dans un petit hameau. Quatre ou cinq maisons en torchis blanc sont éparpillées dans la morne plaine, chacune entourée par un grand mur. Des femmes, la curiosité en effervescence, acceptent, sinon de nous laisser entrer, au moins de nous installer à l'ombre d'un abri pour les chèvres. Respectant les distances d'usage elles ne nous approchent pas, laissant leurs enfants, d'abord craintifs, nous apporter de l'eau et de quoi nous allonger sur un grand tapis arabe. Nous sommes à 50 kilomètres de la capitale et pourtant leur attitude semble tout droit sortie du Moyen Age. Certes les véhicules ont remplacé le légendaire vaisseau du désert, mais c'est là la seule présence de modernité dans le hameau. Ainsi lorsque Philippe montre son appareil photo, les enfants sont pris de panique et s'enfuient. Quelques-uns même se mettent à pleurer. Jamais je n'ai vu de tels comportements de frayeur, même au fond de la brousse éthiopienne.

Très vite, un vent enflammé transforme notre gîte en un véritable brasier, flirtant avec les 50 °C à l'ombre. Je suis constamment obligé de couvrir mon visage avec un mouchoir imbibé d'eau, alors que les enfants nous toisent en plein soleil, accroupis, pieds nus, sur les braises tranchantes des silex. Philippe me dit que j'ai l'air d'un piètre pédaleur errant. Plutôt que de lui répondre, je m'enferme dans un mutisme froid, et seuls les agissements curieux d'une petite fille arrivent à me sortir de ma torpeur. Elle a mis la main sur un pigeon malade qu'elle tord dans tous les sens. Curieuse, comme le sont les enfants et totalement insensible à la douleur du volatile, elle tire sur ses ailes et avec ses petits doigts écrase les yeux amorphes au fond des orbites. C'est un jouet, sans plus, dont elle se lasse vite. Ayant terminé son tripatouillage macabre, elle jette le pigeon sur les plaques chauffantes de notre abri. Et comme si la chaleur ne suffisait pas à nous abattre, nous entendons crisser sur la tôle les ailes du pauvre volatile condamné à cuire d'une mort lente...

*

Nous nous sommes accordé une journée de repos au port du village de Sidap. Philippe se baigne entre les barques des pêcheurs, tandis que je surveille les vélos, allongé sur un filet de pêche, bercé par le ressac. A son retour, Philippe, furieux, constate que ses lunettes de soleil ont été chapardées. Plus tard, alors que nous sommes attablés au restaurant du même port, des enfants parviennent à glisser leurs sales mains dans mes sacoches. Ma radio - un autre compagnon irremplaçable - a disparu. Le restaurateur indien, qui dit n'avoir rien vu, ne veut manifestement pas d'histoires avec les autorités locales. Quant aux clients Omanais, ils font mine de ne rien entendre, baissent la tête et continuent de plonger leurs mains dans leurs platées de riz et de poulet. Oman est un petit pays tranquille ; il faut toujours se méfier du pétrole qui dort !

Si les Omanais roulent sur l'or noir c'est avec une prudence excessive et une rare incompétence. Car les Omanais sont de très mauvais conducteurs et paniquent dès qu'ils aperçoivent - phénomène rarissime - un vélo sur la route. Combien de fois avons nous entendu crisser les pneus des véhicules derrière nous, ou failli être renversés par un chauffard ? Pas étonnant donc que mon premier accident depuis mon départ ait lieu à Oman. C'est une conductrice au volant d'une énorme voiture japonaise, qui génée par l'angle de vision réduit par la capuche de son voile, me renverse. La femme arrête son véhicule et accourt pour me relever. Très courtoise, elle s'excuse en anglais. C'est la première fois qu'une femme omanaise me dit quelques mots. Un accident de parcours manifestement !

Toujours dans la série des petits accidents sans gravité c'est au tour de Philippe. Il souffre d'un mal de dos épouvantable. Soit ! Le remède est simple : j'ouvre un tube neuf de baume Saint-Bernard, et malgré son aspect peu engageant, j'étale ladite crème avec la volupté d'un peintre impressionniste qui aurait pour toile la charpente musclée d'un pédaleur errant. L'effet immédiat est saisissant. Philippe, le dos rougi par la douleur, pousse un cri et essaie sans succès d'essuyer le baume meurtrier, puis, comme un fou, traverse la plage et plonge dans la mer pour atténuer ses souffrances. Le baume bienfaiteur s'est transformé sous l'effet de la chaleur en un terrible vitriol !

Toujours dans la série « ne jouez pas avec le feu ». Ce jour là nous sommes invités chez un jeune Omanais à venir prendre le thé. Cependant, avant d'entrer au bercail, celui-ci doit obtenir l'autorisation paternelle. En attendant, les sœurs du jeune homme, aussi belles que jolies, sortent de leur demeure pour nous offrir un verre d'eau. Finalement, le père est absent et nous ne pouvons rentrer sans son consentement. Les jeunes omanaises s'en retournent donc dans le cloître familial. Impossible de les suivre. Qui s'y frotterait s'y brûlerait !

Quelques jours plus tard, nous prenons notre petit déjeuner sur une aire de verdure aménagée, lorsqu'un homme de forte corpulence sort de son véhicule et nous apporte un paquet de grosses carottes de Californie. Haresh Vijaysinh est un homme d'affaires indien qui possède à Oman sa propre entreprise d'import-export. Apprenant que nous avons des difficultés pour obtenir un visa Iranien (la réponse se fait toujours attendre) et que nous devons quitter Oman dans les trois jours, il nous propose de prendre un cargo pour le Pakistan. Hélas, en raison de certaines restrictions liées aux contrats d'assurances, la compagnie maritime refuse de nous embarquer. Une fois de plus je suis contraint de prendre l'avion. Cela devient vraiment frustrant pour un pédaleur errant de devoir sans cesse survoler le globe. Mais puisqu'il faut continuer, vaille que vaille, nous quittons par la voie des airs la torpeur étouffante de ce pays. 900 kilomètres plus à l'est, de l'autre côté du golfe Arabique, nous attend un délire invraisemblable... Une folie nommée Karachi.

36. DANS L'ŒIL DU CYCLO

Et le cauchemar peut commencer... *29 juin 1994*, l'effet de surprise est total. Nous venons de quitter la tranquillité de l'aéroport de Karachi où nous avons passé une nuit courte à dormir sur l'esplanade, quand soudain, nous sommes happés par le flot bouillonnant de la circulation. Scooters, triporteurs pétaradants, camions peinturlurés, minibus bondés, c'est un torrent tumultueux de quincaillerie motorisée. Au bord de la noyade et comme asphyxiés par le hurlement des klaxons, il nous faut un certain temps avant de réaliser que la conduite au Pakistan s'effectue à gauche. Nous roulons du mauvais côté de la double triple voie, la voie triplement rapide, triplement suicidaire.

A cet instant, nous réalisons que notre seule chance de survie se trouve de l'autre côté de l'avenue, de l'autre côté de ce fleuve en furie. Charriés à tout va, nous esquivons des monstres de ferraille, des cyclistes kamikazes, et les plus dangereux de tous, les autobus, véritables récifs ambulants. Sans cesse ils nous coupent la route pour venir s'échouer sur les trottoirs et déverser des grappes entières de passagers téméraires. Le remplissage doit se faire en même temps car aussitôt ils repartent avec un nouveau lot de voyageurs accrochés pêle-mêle aux échelles mal soudées et aux barreaux des fenêtres. Derrière, perdus dans l'écume de dioxyde de carbone, courent désespérément les naufragés de la route. Ceux-là, plus malchanceux ou mal entraînés, trop vieux ou trop jeunes, sont incapables de rattraper la flotte tonitruante de cuirassés multicolores.

La tempête fait rage. Nous nous accrochons solidement à la barre de nos deux roues, nous faufilant, le vent en poupe, entre les écueils de chalands ambulants, traçant notre chemin derrière des épaves de chariots débordants de fruits, au cœur d'un déferlement de travailleurs en attaché-case et une horde de piétons frénétiques. Coups de reins, bousculades, manœuvres d'évitement, il faut se frayer un passage avec force et agilité. Car déjà, aux premières heures de la journée, Karachi, la capitale économique du Pakistan, en ébullition, s'active à flux tendus, laissant à la traîne les timides, les hésitants, et les autres, comme nous, petites poussières insignifiantes dans l'œil du cyclone.

Karachi est une ville de sonnés, de timbrés, de frappés, ou tout autre adjectif associant le bruit à l'extravagance. Une ville de 13 millions d'habitants qui, à l'instar du Caire ou de Bangkok, aurait grandi trop vite. Sauf qu'ici, outre l'explosion urbaine fulgurante et l'insuffisance criante d'infrastructures routières, s'ajoute, sur fond de luttes politiques et religieuses, une anarchie collective proprement hallucinante. Impossible d'oublier ces heures passées le soir à déambuler sur les trottoirs à sentir contre soi le contact humide et furtif de la foule. Car Karachi est une provocation permanente à tous nos sens : Nous ressortons du restaurant les lèvres en feu badigeonnées de piment. Dans la rue, nous avalons une fumée âcre à fendre les poumons. Tout se mêle et se superpose. Les gigantesques étalages, de bananes, de mangues et de litchis, projettent comme autant de jets de couleurs dans la grisaille. Cela devient parfois beau. Comme au fond de cette ruelle, où dans un nuage de fumée bleu acier, des ânes endormis, aidés par des enfants pliés sous le poids des sacs remplis de terre, escaladent inlassablement de profondes et boueuses fondations. Un monde envoûtant où même le vacarme des taxis et le flot de la misère semblent s'estomper derrière la beauté étouffante et métallique de Karachi. Une caresse dans la nuit sur nos yeux à la fois émerveillés et... dégoûtés.

Le lendemain matin, nous nous lançons à la recherche d'un singe dans les dédales bigarrés du marché ; un cyclone dans le cyclone. Les buffles sont abattus entre des étalages de fleurs et de fruits exotiques, leurs énormes têtes décapitées s'entassent dans une charrette attendant qu'un boucher musulman, loin d'être un doux, fracasse les crânes pour en extirper les cervelles. Devant ce carnage j'esquisse une grimace de dégoût, tandis qu'une patte de poulet, tombée je ne sais d'où, craque sous mon pied ; des pétales de roses flottent dans une flaque de sang ; des odeurs épicées battent l'air ; des cacatoès éructent leurs prières ; des poussins fluorés en vert, rouge et bleu font la joie des enfants... Nous ne savons plus où donner de la tête et des yeux, quand enfin nous arrivons devant un macaque enchaîné, qui est, du reste, comme tout le reste, trop agressif à mon goût. Finis les cauchemars marrants de Karachi, il est temps pour nous d'aller rouler notre bosse sur les routes du Pakistan.

Nous quittons Karachi par la voie rapide vers le nord en remontant le cours de l'Indus, grand fleuve autour duquel sont concentrées les terres agricoles et la majeure partie de la population du Pakistan. La route s'étire à travers un paysage monotone, semi-désertique, parsemé de broussailles chétives et de verdures laides. A intervalles réguliers les aboiements d'un klaxon nous arrachent de notre torpeur, nous laissant juste le temps d'empoigner notre guidon avant d'être propulsés sur les bas-côtés dans la traînée poussiéreuse du camion.

A midi nous nous délestons de nos montures dans une gargote destinée aux camionneurs. Sur de la terre battue un alignement de lits en grosses cordes tressées (*charpoïs)* sert de tables aux routiers. Installés sur l'une d'elles, à la manière d'un fakir sur ses clous, nous commandons une bouillie de viande épicée garnie de riz et de *chapati* (galette de pain non levé). Les routiers crasseux sont couverts de cambouis. Aucune femme à l'horizon. C'est un univers d'hommes indifférents à la propreté, à l'hygiène et au confort. Le cuisinier assis en tailleur, transpire à grosses gouttes et crache au-dessus des marmites de pâtisseries sucrées. D'ailleurs le sol est maculé par d'innombrables éclaboussures rouges, à se demander si les oiseaux pakistanais ne sont pas atteints par une étrange et sanguinolente diarrhée. En fait cela provient des crachats des mâcheurs de *bétel* (feuilles de poivrier). Les os de poulets sont également jetés à même le sol et aussitôt recouverts par un grouillant tapis de mouches vertes. Jamais de ma vie je n'en ai vu autant. Le sol terreux est piqueté par la noirceur des insectes, tandis que les supports métalliques des réservoirs d'eau disparaissent sous une couche de rouille vivante. Car les mouches passent indifféremment là où il y a à saliver : sur le chien, dans les latrines, dans nos assiettes !

Un peu plus loin, un enfant affecté au service fait tomber sur la terre battue un morceau de glace aussitôt assailli par des mouches rendues aveugles de voracité. Cependant, l'enfant insouciant ramasse le glaçon, souffle dessus pour en extirper le gros de la saleté, puis le plonge à nouveau dans la réserve d'eau.

A cet instant, comme par hasard, les yeux sur notre timbale (couverte de mouches), nous hésitons à boire notre eau. Mais nous la buvons. Beurk beurk beurk !

Conséquence prévisible de notre «dégoustation» alimentaire, la maladie se développe rapidement dans nos entrailles. J'ai trop bu de virus et mon estomac a du mal à digérer l'insalubrité des camionneurs. Dès l'aube j'expérimente, bien malgré moi, les chutes du Niagara version mousse au chocolat, tandis que Philippe, en pleine forme et par esprit de contradiction, préfère s'illustrer par un bon blocus de Berlin !

J'ai toutes les peines de l'univers à avancer. A 10 heures, assommé par la fatigue, je m'effondre sur un lit de cordes tressées. A midi, vacillant et fiévreux, mais poussé par les exhortations de Philippe, j'emboîte la roue à sa bicyclette. Nouvel arrêt sur un terrain vaguement laid. A bout de forces, je vide mes boyaux d'une quantité incroyable de liquide infecté et me recroqueville sur moi-même. Philippe en profite pour prendre un cliché de la scène ; souvenir d'un vrai voyage au Pakistan. Car ici, comme en Inde, la maladie semble être une épreuve incontournable pour tout voyageur avide d'authenticité gustative.

En fin d'après-midi nous sommes accueillis par un restaurateur bienveillant, M. Farooas Sarfaraz. Son restaurant affiche un autre standing que les bouis-bouis habituels des routiers. On y trouve des chaises et des tables d'une propreté devenue rare. Ici, les camionneurs, dissuadés par les prix, laissent place à des automobilistes plus fortunés. Les femmes, comme dans beaucoup d'autres endroits publics, ne sont pas autorisées à entrer. Elles restent enfermées dans les véhicules, attendant que leur mari leur apporte un peu de nourriture. Un citadin, moins respectueux des traditions, préfère manger dans la voiture en compagnie de sa femme, laquelle, entre deux bouchées, est toujours prompte à se voiler le visage au risque d'avaler son tchador.

M. Farooas nous offre à manger (surtout à Philippe qui se goinfre de poulet et de frites). Moi je ne peux rien ingurgiter sauf quelques mangues coupées en lamelles et présentées sur des lambeaux de glace que je laisse fondre sur ma langue. La propreté des lieux nous inspire à boire l'eau en toute confiance...

A tort, car la majorité des relais routiers, comme celui-ci, ne possèdent pas de réfrigérateur. La fraîcheur des boissons est assurée par des blocs de glace conservés dans de grosses caisses de bois. Et justement, M. Farooas, en entrepreneur avisé, a lui-même créé une petite usine de réfrigération que nous allons visiter en sa compagnie. L'eau qui sert à la fabrication de la glace est stockée dehors dans une citerne ouverte à tous vents. Malgré son oxygénation par un circuit fermé, une mousse blanche peu ragoûtante recouvre la surface du bassin. M. Farooas nous assure sans broncher qu'il s'agit seulement de résidus de sels, rien d'inquiétant. L'eau passe ensuite à l'intérieur du hangar où elle se retrouve réfrigérée dans des caissons métalliques rongés par la rouille... Mon estomac a soudain comme un retour de nausée.

M. Farooas possède également une usine de fabrication de poteaux électriques. Là en revanche, côté hygiène nous n'avons rien à craindre. C'est du béton ! A notre arrivée, en pleine nuit, les chefs d'équipes saluent le grand patron sous la lumière tamisée des lampadaires. Ils se prosternent avec respect mais sans humilité excessive. Le chef de l'usine, opportuniste, nous fait comprendre, devant M. Farooas impassible, qu'il est obligé de faire travailler son équipe presque 24 heures sur 24 sans obtenir un salaire en conséquence. Alors, bon prince, le big boss sort de sa tunique une liasse de billets, et la lui tend discrètement.

Nous passons la nuit à l'extérieur du restaurant, à même le sol de la terrasse en béton, avec M. Farooas silencieux allongé à nos côtés. Vers minuit, Philippe, soudainement pris par une crise gastrique aiguë, s'enfonce discrètement dans l'obscurité du désert pour aller vomir tous les virus réactivés par la décongélation de la glace.

Le petit matin nous trouve éveillé, les visages blancs arrosés par une pluie fine de mousseline tiède. Nous sommes fatigués, moi par le jeûne, Philippe par une mauvaise nuit. Mais l'ouragan viral est passé, une nouvelle journée de survie nous attend...

« Le justicier de la route pédale vers l'aventure du cyclo. Il signe de la trace de son pneu, d'un “P” qui veut dire pédaleur masqué, pédaleur masqué, pédaleur masqué. » Les Pakistanais n'ont qu'à bien se tenir, car Philippe de Talipiacus, dit le pédaleur masqué, est sur leurs traces. Ç'en est trop de leur arrogance. Les monstres de bric-à-brac et de quincailleries décoratives se prennent pour les maîtres du bitume, bousculant sans vergogne les faibles cyclistes en les forçant sur les bords défoncés de la chaussée ou en les terrifiant avec le vacarme « musical » de leur assourdissant klaxon. Mais, Philippe, qui a dissimuler son identité derrière un foulard, des lunettes et un chapeau noir, se tient prêt à venger les trop nombreuses victimes de notre caste.

Un camion, chargé comme un buffle et progressant au rythme lent d'un pachyderme boiteux, nous dépasse en nous crachant au visage une épaisse fumée noire. Le « duel » à la Spielberg peut commencer. En une petite accélération Philippe fond sur sa proie et s'accroche au pare-chocs. Le chauffeur, surpris par cette singulière agression, fait hurler d'agonie ses klaxons. Mais en vain, Philippe tient bon. Le copilote ouvre la portière et vocifère contre le cycliste mystérieux. Après de longues minutes de souffrance psychologique pour le chauffeur et son acolyte, Philippe lâche sa prise, et savoure, dans sa barbe noire, la triomphante victoire du pédaleur masqué...

En fin d'après-midi, passablement éreintés par la chaleur et le vent contraire, nous nous engageons sur un petit chemin vers le village de Manjhand ceinturé de rizières asséchées (les premières averses de la mousson se font attendre). Les venelles du village sont si étroites et labourées de boue que nous sommes forcés de poser le pied à terre. Nous nous frayons un passage sous le regard d'une centaine d'yeux, subissant de toutes parts les tâtonnements indiscrets et les rires des enfants, avant d'être finalement pris en tenaille par la foule. Mais, comme c'est fréquemment le cas, un homme émerge du lot, et s'honore de nous accueillir pour la nuit. Il s'agit de M. Mohamed Saleh Memon, l'instituteur du village.

Installés dans une petite maison qui sert de local de réception, nous avons toute la soirée pour faire plus ample connaissance avec ce nouveau pays. Les notables du village, en tunique blanche, pantalons larges, et coiffés de bonnets cylindriques défilent à tour de rôle dans la cour. Certains hommes se tiennent par la main (prendre celle d'une femme est jugé indécent). Nous bavardons sans retenue, comparant les prix et les coutumes de nos deux pays respectifs. Les hommes, qui fument la pipe collective, acquiescent où s'étonnent de nos remarques - avec un étranger les langues se délient facilement.

Pendant ce temps, selon les préceptes de la Charî'a islamique, les femmes, que nous ne voyons jamais, restent cloîtrées derrière les murs de leur maison, à cuisiner ou à coudre. Notre hôte vit sous le même toit que ses parents et les familles de ses frères. Conformément à la coutume, le mariage de notre hôte a été arrangé par ses parents dès le plus jeune âge à l'intérieur de la même communauté de famille, les *bradris*. Un tel engagement ne pouvant pas être laissé à « la fantaisie du choix individuel ou à la myopie de la passion ! »

Pendant le repas nous pouvons difficilement refuser (ou purifier) l'eau qui nous est offerte. J'imagine que mes hôtes, manifestement conscients des problèmes d'hygiène, l'ont fait filtrer. En réalité, il n'en est rien, l'eau est puisée directement dans l'Indus et bue telle quelle. Un peu égoïstement, je me demande si je vais passer une nuit tranquille. Cela allait être le cas, mais pas pour tout le monde...

Lorsque nous nous réveillons au petit matin, nous sommes surpris par l'agitation qui règne autour de nous. M. Saleh, le visage décomposé et la gorge serrée, nous annonce la triste nouvelle. Son père a succombé à une crise cardiaque pendant la nuit. Maladroitement, nous essayons de dire quelques mots de réconfort. On nous offre une tasse de thé, mais visiblement notre présence crée un malaise. Nous comprenons que nous devons partir rapidement. Certains hommes nous massacrent du regard, de là à ce qu'ils associent notre visite au malheur qui vient de les frapper, tout est possible, la douleur causée par la mort soudaine d'un proche pouvant réveiller tant de croyances superstitieuses.

C'est donc passablement déprimés que nous retournons sur la route. Il nous reste 2000 kilomètres à faire avant d'atteindre Rawalpindi. Plus d'un cycliste en aurait eu les jambes coupées. Par ailleurs, vu notre lente progression, nous craignons de ne pas atteindre le Tibet avant les rigueurs de l'hiver. Aussi, lorsque Philippe est soudainement torturé par de nouvelles et brutales douleurs abdominales, accompagnées d'une fatigue intense, de fièvre et de vomissements, nous n'hésitons pas à prendre le train. N'imaginez pas que cela sera de tout repos, car un voyage en train au Pakistan est une épreuve d'endurance et de résistance rare. La suite dans le prochain wagon...

37. TRAÎNERIE ERRANTE

Pour ceux qui sont à la recherche d'un défi original, pour ceux qui veulent franchir les barrières de l'extrême, pour ceux enfin pour qui la conquête de l'Everest, du cap Horn ou du Pôle Nord sont autant de raisons de vivre, ne cherchez plus votre nouvelle destination aventureuse. Car il en existe une où endurance et résistance deviennent des mots trop faibles, j'ai nommé le « Transpakistanais », l'express de tous les délires.

Conscients que nous nous engageons pour un long et difficile voyage - 1 200 kilomètres en troisième classe entre Larkana et Rawalpindi - nous nous mettons dans les meilleures dispositions, tels des explorateurs aguerris, le moral affûté, prêts à supporter toutes sortes d'adversités ferroviaires. Premier assaut, première attente : le petit train qui doit nous conduire jusqu'à Rohri, notre correspondance pour l'express Karachi-Rawalpindi, accuse un retard de 2 h 30 sur l'horaire. Après quoi, une fois dans le train, la locomotive tombe en panne, et il faut patienter deux bonnes heures dans les wagons surchauffés avant qu'elle ne soit remplacée. Finalement, cette première partie du voyage dure six heures. Six heures pour faire 60 kilomètres soit une moyenne soutenue de 10 km/h ! Deux fois moins vite qu'à vélo !

Pour la correspondance, nous encaissons sans broncher, mais avec une pointe d'agacement, un nouveau retard de quatre heures. A l'embarquement le train est si bondé que nous devons entasser nos bagages dans le passage près de la porte des toilettes. Vers 23 heures, tandis que Philippe fait le guet, j'essaye de m'endormir sur le plancher poussiéreux contre les sacoches. Mais je suis constamment réveillé par les Pakistanais qui m'enjambent pour se ruer dans les toilettes. Agressé par le parfum enivrant de l'urine, je cherche un peu d'air à travers la portière entrouverte du wagon. Dehors, les silhouettes verdâtres des rizières, striées de canaux d'irrigations, défilent inlassablement devant mes paupières de plus en plus lourdes.

Une sombre atmosphère enveloppe le compartiment. Les passagers ne forment plus qu'une masse informe de corps recroquevillés, écrasés par la fatigue et ballottés par les imperfections du ballast. Certains, étendus sur les banquettes en bois, dorment dans des positions acrobatiques, alors que d'autres, plus malchanceux, comblent de leur corps inerte les derniers espaces vierges du couloir. A cette heure-ci, en troisième classe, castes, traditions et tabous volent en éclats. Les femmes dévoilées perdent toute dignité. Les Imams refoulent leurs vilains rêves. Les enfants ne sont plus que des pantins, et la cargaison une énorme et indécente ronflerie.

En dépit du vacarme et des secousses, Philippe finit par s'affaler sous un enchevêtrement de jambes flasques. C'est mon tour de garder un œil sur les sacoches, mais je sens la fatigue l'emporter. Seul un vieil homme décharné semble résister au sommeil. Le menton posé sur son genou il adresse un sourire de gratitude à un monde invisible. La nuit se traîne ainsi, par bribes de somnolence, tandis que de petits ventilateurs essoufflés distillent, dans l'air moite et suffocant, des effluves de sueur et de pieds déchaussés.

Aux premières heures de la matinée, toujours aussi gorgé d'humidité et de chaleur, le compartiment se réinstalle dans la routine. A l'arrêt d'une gare, les hommes se ruent sur une fontaine pour se laver et faire leurs ablutions. Nous profitons de ces haltes interminables pour nous frayer un passage vers les « stands de ravitaillement ». Nous avons le choix entre une mixture épicée de beignets de pommes de terre (*puri*), une bouillie de riz et de pois chiches, ou une tranche de melon blanc. Sinon, quand le train avance, car cela arrive parfois, il faut attendre le passage d'un des innombrables vendeurs à la sauvette qui parcourent les wagons chargés de seaux de glace. Avec nous ils gagnent à tous les coups ; notre besoin en jus de mangue est intarissable.

Les quelques bribes de conversations, que nous engageons avec les autres voyageurs, ponctuent timidement la journée jusqu'à ce que le soleil se couche à nouveau sur les maisons en torchis. Les buffles affables se vautrent dans les mares de boue. Les femmes et les enfants peinent dans les champs de canne à sucre, tandis que de jeunes joueurs de cricket, tout vêtus de blanc détonnant, exultent leur joie de vivre... Un long voyage en train, abstraction faite de ces rigoureuses contrariétés, est aussi une invitation au rêve et à la mélancolie ; un défilement abstrait, dénaturé, de petites scènes de la vie quotidienne.

Vingt-quatre heures après notre départ nous faisons escale à Lahore où nous transbordons nos sacoches vers l'avant du train qui doit nous amener à Rawalpindi, notre destination finale. Nous montons dans un wagon qui est, comme tous les autres, plein à craquer. Cela ne nous laisse pas d'autre alternative que d'entasser nos bagages sur une grosse malle, et de nous heurter à l'hostilité de son propriétaire. Cet espace lui est implicitement réservé, et nous devons déguerpir. Cependant, jugeant que ce n'est pas mieux ailleurs, nous insistons pour rester, faisant monter d'un cran la colère du Pakistanais. S'ensuit une bousculade doublée de cris faits d'un charabia d'urdu et d'anglais phonétiquement inintelligible, mais totalement compréhensible.

Un jeune homme, témoin de la scène, nous tire de ce mauvais pas en nous invitant dans son compartiment où il reste encore quelques demi-places assises. Philippe le suit d'abord en reconnaissance avec une partie des bagages. Il descend sur le quai pour rejoindre l'autre wagon. Soudain, le conducteur de la locomotive - un sacré farceur - met les turbines du diesel en action. L'express est sur la voie du progrès : il bouge ! Un peu trop tôt à mon goût, car, destin fatal, je me retrouve éloigné de mon inséparable frère par une enfilade infranchissable de wagons peuplés d'une faune compacte et sauvage.

Ne sachant pas si Philippe vient d'être kidnappé, c'est avec un grand soulagement que je vois réapparaître le jeune Pakistanais. Habitué à toutes sortes de tempêtes, il m'entraîne, de wagon en wagon, à travers une houle impressionnante. Comment est-il possible d'entasser autant de passagers dans un train ? Nous bousculons de vieilles femmes. Je monte sur les valises. Je reçois une cage d'oiseaux dans la figure. Le crochet d'une sacoche se coince dans une robe... Et vogue la galère.

Enfin, j'aperçois Philippe rongé par l'inquiétude d'avoir perdu sa sacoche (ou son frère ?). Je prends place à ses côtés, plaqué contre un contorsionniste pakistanais. Complètement épuisé, et ayant perdu toute décence, je glisse sur le sol entre les deux rangées de sièges, m'allonge sur les miettes et les peaux d'oranges, et passe le reste du voyage imbriqué sous les jambes des autres voyageurs. A 4 heures du matin, anéantis, étourdis, courbatus, nous parvenons enfin au terme de ce véritable chemin de croix. L'express Karachi-Rawalpindi, plus jamais ça !

De Rawalpindi nous passons à la ville limitrophe d'Islamabad, la nouvelle capitale politique du Pakistan construite de toutes pièces entre 1960 et 1963 par les Européens. Pressés de découvrir les contreforts de l'Himalaya, nous partons pour une petite excursion vers la vallée de Kagan, via la route du *Karakorum* « éboulis noirs » et le Cachemire.

La balade commence plutôt mal pour Philippe qui égare son portefeuille rempli d'argent. Facile d'imaginer ce qui peut en résulter dans un pays considéré comme « le plus corrompu du monde, après le Nigeria », où, vols, pots-de-vin, rackets, et kidnappings sont monnaie courante. En réalité son oseille il l'avait oubliée sur le comptoir d'un marchand de légumes. Mais, avant même d'y avoir pensé, et, contre toute attente, c'est un automobiliste pakistanais, parti à nos trousses, qui le lui rapporte. Une honnêteté fantaisiste qui défie les lois naturelles des statistiques. Vilain Pakistanais, iconoclaste et casseur de préjugés !

La première partie du trajet ne présente pas d'obstacles bien redoutables. Nous pédalons à notre aise parmi le doux relief de cette région potagère en empruntant la fameuse route du Karakorum qui traverse la chaîne himalayenne pendant plus de 1000 kilomètres avant d'atteindre la Chine. Puis nous la quittons pour un itinéraire moins surchargé de circulation, à l'assaut de pentes beaucoup plus raides. Sous l'effet de la chaleur (38 °C), le goudron mal colmaté, se décolle sous nos pneus. Les champs rétrécissent puis disparaissent. Au bout d'une demi-journée d'une ascension régulière, nous entrons dans une forêt de conifères, fraîche et ombragée.

La fin de l'après-midi approche et il est temps de déposer nos guêtres. Hélas, nous pénétrons en pleine zone militaire, et la route, qui grimpe en colimaçon entre les sapins, aligne une double rangée de fils barbelés infranchissables. Nous sommes condamnés à monter au-delà du camp dont l'étendue témoigne de la puissance de l'armée pakistanaise. Manifestement celle-ci, sous les ordres du ministre de l'Intérieur, le Général Babar, ne manque pas de terrain pour entraîner les Talibans à la guérilla, ou d'espace pour tester leur bombe atomique !

Ce dernier coup du sort parachève durement une journée déjà longue et épuisante. Philippe, à bout de force et de patience, s'immobilise sur le bas-côté. Le souffle coupé, il perd l'équilibre et s'effondre sous son vélo en poussant des râlements colossaux. Aussitôt, je me jette à son secours et le dégage de son lourd fardeau. Pourquoi suffoque-t-il ainsi ? Un mauvais coup de bambou ? Une crise d'asthme aigu ? Un infarctus ? Quelle que soit la raison, je le couche sur le dos, les bras en croix, et commence à lui faire des massages cardiaques. Ne sachant pas trop comment il faut s'y prendre, je frappe comme un malade sur sa poitrine. Philippe se met à crier... de rire ! Cardiaque ou pas il est du genre chatouilleux !

Finalement ce n'est qu'une fausse alerte, et Philippe se remet en selle aussi sec. Après avoir dépassé ce satané camp de m... nous parvenons enfin au sommet du col dans la pénombre du soir, avec un nouveau dilemme à résoudre. Il est trop tard pour descendre l'autre versant y chercher un abri, et les pentes fortement inclinées sont impraticables pour le camping. Le seul endroit plat se trouve en contrebas sous un pylône à haute tension. Sans trop réfléchir nous nous empressons d'installer notre bivouac à l'abri du pylône sur une plate-forme en pierre surplombant le vide avec une vue magnifique sur les silhouettes crépusculaires des montagnes. Un seul hic au tableau : au pied du pylône, la terre et les arbres sont calcinés. N'y aurait-il pas un risque d'être grillés par un éclair malicieux ?

Poussés par les avertissements alarmistes de deux individus de passage, une étincelle de bon sens nous fait faire volte-face. Nous nous installons plus haut, à l'écart de cette structure à attirer la foudre, plus en sécurité sous l'obscurité des grands arbres. De fait, la grandeur naturelle des solitudes, le silence apaisant du soir, et notre velouté d'asperges, agissent comme un merveilleux somnifère.

On aborde enfin la vallée de Kagan, une large et profonde vallée qui entaille les contreforts de l'Himalaya, rejoignant la route du Karakorum par le col de Barbusar qui culmine à 4 600 mètres.

La route, très pittoresque, escalade des pentes abruptes dans une forêt profonde, et plonge dans les ravines creusées par des torrents. De ci, de là, les flancs verts des montagnes sont balafrés par de petits chemins sinueux, allant de villages en hameaux, jusqu'aux maisons isolées construites tout en bois. Il n'est pas rare de voir descendre du haut des cimes, suspendu le long d'un câble, un énorme tronc d'arbre. En dépit de la déforestation croissante, l'exploitation semble ici se faire au compte gouttes.

Hormis la migration estivale des touristes pakistanais entassés dans des Jeeps, la route est peu fréquentée. D'abord goudronnée, elle se détériore très vite pour laisser place à une piste sableuse et défoncée. Sur le flanc des montagnes, les paysans pakistanais, vêtus de costumes gris et coiffés de grands bérets en forme de galette, cultivent le maïs ou font sécher en terrasse des quantités d'abricots. Les montagnards ont cette étrange habitude de s'accroupir sur un rocher au-dessus des précipices. Côtoyant le vide, tels des rapaces affublés d'un corps de crapaud, ils semblent épier leur proie. En général nous sommes bien accueillis, sauf parfois par les nuées de gamins qui guettent le touriste une pierre à la main. Un soir, sous la tente, un professeur nous enseigne comment fumer du haschisch. Il affirme que 70% des Pakistanais consomment de la drogue. Boire c'est illégal, fumer c'est la tradition.

Espèce de petit conte : Il était une voix, si petite, si fragile, imperceptible comme la brisure feutrée d'une aiguille de pin, qu'il nous fallut peu d'imagination pour y déceler les frémissements d'une nouvelle rencontre.

Le jour vient de jeter un voile de clarté dans la brume matinale quand nous sommes alertés par des petites paroles enfantines. Cédant à la curiosité, nous voyons dans l'entrebâillement de notre toile, une silhouette se détacher confusément aux premières lueurs de l'aube. Une fillette aide un vieil homme à gravir la pente escarpée de notre nid d'aigle. Une ascension assez difficile puisque nous sommes perchés une bonne dizaine de mètres à l'aplomb de la route sur une plate-forme de drainage dans le lit asséché d'un petit ruisseau.

Alors que Philippe accueille le vieillard téméraire, il s'aperçoit à ses tâtonnements qu'il s'agit d'un aveugle. Le vieil homme, sorti de la nuit des temps, s'accroupit sur les cailloutis, murmure fébrilement quelques mots à la fillette, puis tend l'oreille à l'écoute de la forêt en éveil. L'histoire aurait pu continuer comme cela sur le ton d'un antique conte bucolique :

– Toi qui parles, aurait dit l'aveugle, es-tu oiseau, lion ou poisson ?

– Je suis pédaleur errant, aurait répondu Philippe, de la race de ceux qui pédalent et de la famille de ceux qui errent.

Mais la vie sur notre planète est bien plus terre à terre. L'aveugle tend sa main, fait quelques gestes sacrés et marmonne des mots incompréhensibles. Intrigués par les mystérieux agissements de notre visiteur, nous essayons de communiquer. Philippe se laisse prendre la main que l'honorable vieil homme se met à palper délicatement. Peu à peu, nous comprenons qu'il est à la recherche de quelque chose. Nous lui offrons une brioche qu'il décline, comme il refusera notre argent. Alors que veut-il le papy des montagnes ? C'est clair il en veut plus... Plus de brioche, plus d'argent. Nous n'avons pas été assez généreux avec le vieux bougre. Nous devons récompenser ses exploits d'alpiniste aveugle et nous attendrir devant l'image d'Epinal offerte par un personnage tout droit sorti d'un livre pour enfant.

Je ne me souviens plus ce que nous leur avons donné. En revanche, lorsque l'aveugle est redescendu avec la fillette vers la vallée des hommes, je sais ce que nous avons perdu : les illusions naïves et si belles de notre enfance.

A l'approche de Naran - l'aboutissement de notre balade dans la vallée - la piste devient mauvaise, profonde et boueuse, et à certains endroits, à moitié emportée par les cours d'eau que nous devons franchir au petit bonheur la chance. Elle traverse également la moraine d'un glacier que nous passons avec succès, tandis qu'un camion imprudent, enlisé dans une gangue de boue glacée, est obligé de se faire tracter par un énorme bulldozer. « Là où les véhicules trépassent, les vélos passent ». Maxime bien connue des pédaleurs errants.

Cependant, ces derniers kilomètres à se vautrer dans la mélasse ont été particulièrement éprouvants pour mon dos, de moins en moins charnu, de plus en plus squelettique. Je dois à tout bout de champ faire halte tant la douleur est insupportable. Néanmoins, nous atteignons Naran, petit village de montagne constitué de baraques en bois et bétonné d'hôtels quelconques.

Ce doit être le point de ralliement de toutes les Jeeps du Pakistan, tant il y en a. C'est d'ailleurs une mode chez les bourgeois occidentalisés du Pakistan de venir crapahuter dans les montagnes. Par dérision, les journalistes pakistanais ont surnommé cela la « Pajaro culture » du nom des luxueuses voitures tout terrain que s'achètent les bienfaiteurs du peuple avec une partie des dons des ONG.

La principale attraction du coin c'est le lac Saiful Muluk, enchâssé dans un cirque de montagnes à 8 kilomètres du village. Un défi de plus que nous avons fait à vélo, sur une piste encore plus escarpée, à travers des glaciers encore plus grands, et des ornières de glace et de boue encore plus profondes. Derrière le lac, au demeurant assez décevant, se trouvent les dentelures enneigées de la chaîne du Karakorum, avec ses nombreux sommets dépassant 7 000 mètres, parmi lesquelles se dresse la silhouette du Nanga Parbat à 8 126 mètres. (Le K2 est caché derrière).

DECOUVERTE DES JOIES DE LA NATURE AU PAKISTAN

Le chemin du retour vers Islamabad se fait à une toute autre allure. Nous fonçons tête baissée sur la route défoncée. Comme dans un jeu vidéo nous devons avoir les réflexes affûtés pour esquiver les obstacles. Pas question d'enjamber le parapet et de tomber à pic dans le ravin ; pas question de percuter de plein fouet les énormes rochers couchés au milieu de la piste ; pas question de freiner brutalement et de perdre l'adhérence sur les graviers. C'est la grande voltige d'une course de montagne. Une seule manette de jeu, notre guidon, une seule partie, notre vie !

La descente est rapide et nous y prenons goût. Un peu plus vite, un peu plus de risques, la chance nous accompagne. Tête baissée nous abordons une portion goudronnée en forçant notre allure. Hélas en bas de la côte, la route se dénude soudainement de son enrobé. Philippe déboulant à tombeau ouvert et emporté par la vitesse, se déporte sur le côté, heurte un tas de pierres, s'envole dans les airs, et retombe comme une crêpe molle, une dizaine de mètres plus bas. Freiné par son bras et sa hanche qui râpent le sol couvert de gravats, il finit par s'immobiliser sous son vélo. Fin du jeu.

Des cantonniers, témoins de l'accident, se portent aussitôt à son secours et l'aident à s'extraire de sa machine disloquée. J'arrive sur les lieux quelques secondes plus tard, découvrant Philippe debout pantelant et ruisselant de sang. Le SDF, dit-on, est un accidenté de la vie, la preuve !

Nous sortons la trousse de secours, les compresses stérilisées, les bandes de gaze, la pince à écharde, le Mercurochrome, le goutte-à-goutte et les instruments de chirurgie afin d'opérer sur le terrain. En quelques minutes, sans attendre le Samu pakistanais, nous réussissons à rafistoler le bras déchiqueté de Philippe. En revanche son compagnon de mauvaise fortune, le vidéo-vélo, dans un état dépressif, nécessite des soins intensifs. Le porte-bagages est mal portant (très grave pour un porte-bagages) et plus grave encore, la jante avant est complètement incurvée de l'intérieur. Il nous faut une bonne heure pour recintrer totalement la roue, après quoi nous repartons en ayant à l'esprit ce mot dont nous avions presque oublié l'existence : « prudence ».

Le même après-midi nous traversons la frontière du Cachemire, un Etat princier à majorité musulmane qui en 1947 hésita entre le rattachement à l'Inde ou au Pakistan, qui venait d'être créé. Depuis lors ce territoire montagneux constitue une pomme de discorde entre les deux pays. Par trois fois ils se sont affrontés dans une guerre meurtrière, en 1949, 1965 et 1971. Aujourd'hui, les rapports entre l'Inde et le Pakistan, qui administrent le Cachemire, ne cessent de se détériorer, au point qu'on a évoqué l'éventualité d'une confrontation nucléaire. Le Cachemire est divisé par une ligne de front qu'il nous est défendu d'approcher à moins de 10 kilomètres.

Le soir nous trouvons un emplacement de rêve à flanc de précipice, au-dessus de la ville de Muzzafarabad, chef lieu du Cachemire pakistanais. La ville, adossée aux falaises majestueuses, se love dans le serpentin bleuâtre d'un méandre du Kishanganga. Philippe, désireux de mieux connaître la vie quotidienne des habitants de la région, décide de s'aventurer chez le propriétaire du terrain sur lequel nous avons planté nos tentes, et qui nous a déjà rendu une petite visite amicale.

Cependant, désorienté par l'obscurité croissante, il se fourvoie dans la propriété voisine. Le chien de garde, un molosse alerté par l'odeur de camembert de l'intrus, le prend aussitôt en chasse, et l'oblige à se réfugier dans la villa où il entre sans frapper, surgissant dans la pièce principale au milieu d'une assemblée de personnes recueillies pour la prière du soir.

Fort embarrassé, Philippe tente de se montrer rassurant en expliquant par gestes les raisons de son intrusion, et ce, malgré son visage mal rasé et son bras écharpé couvert de sang qui pourraient très bien le faire passer pour un fanatique barbu en cavale. Cependant une belle et jeune Pakistanaise, saisissant quelques mots d'anglais et amusée par ces pantomimes, remet Philippe sur le droit chemin. Une demi-heure plus tard il est de retour au bivouac avec une énorme touffe de coton pour panser ses plaies. Bilan de la journée : la chute était coton. La fille était coton. Le coton était coton. Bref tout le monde était content !

*

De retour à Islamabad, nous séjournons sur le terrain de camping réservé aux touristes étrangers. Outre que ce confinement représente un gage de sécurité, les voyageurs sont également attirés ici par les prix planchers. C'est pour nous l'occasion de renouer des liens avec la grande famille des baroudeurs occidentaux, nos congénères. Il y a ces motards suisses rachitiques (trop d'authenticité) qui recherchent leur ration de dépaysement et de liberté sur le chemin pittoresque des Indes. Il y a ceux qui trouvent dans la chaleur, le désordre et les paysages sauvages, un terrain idéal pour mettre à l'épreuve leur audace et leur capacité de survie, plus avides de prouesse que de découverte. Il y a ceux qui viennent ici pour se retrouver parmi leurs semblables, se flattant d'appartenir à la même famille, convaincus que leurs destins inextricablement liés et leur inclination commune pour les voyages, contribuent symboliquement à la communion des peuples. Il y a ceux qui, sous l'effet d'un conditionnement médiatique (publicité, reportages), affichent leur déception de ne pas découvrir le pays « original » qu'ils connaissent déjà par procuration. Il y a ceux - hippies, bohèmes - qui restent ici par désœuvrement, se retrouvant entre fumeurs de joints, libres de planer ou de réagir contre la civilisation moderne jugée trop artificielle... Le jeune réceptionniste Pakistanais, l'air ahuri, paraît dépassé par les élucubrations de tous ces drôles d'étrangers. Heureusement que nous sommes enfermés dans ce parc, sans quoi nous risquerions fort de contaminer la population.

*

Compartiment sueur : J'avais dit « Plus jamais ça ! » Et pourtant nous l'avons repris, le train de l'enfer. Afin de quitter le Pakistan avant l'expiration de notre visa, il nous faut rejoindre au plus vite la ville de Lahore. Résultat, 6 heures de voyage debout dans le couloir à supporter le tintamarre infernal, la poussière suffocante et la chaleur. Dés le départ, un père de famille, lippu, obèse et suintant, s'affale de tout son poids sur nos sacoches. Sa fille, plutôt laide, avachie sur le strapontin, intéresse un passager au regard frustré de ne pouvoir l'aborder (pourtant il y a, paraît-il, 72 façons admises pour un homme de regarder une femme). Afin de conjurer les effets déprimants de la claustration, Philippe et moi, nous nous relayons sur les marchepieds extérieurs du wagon. Je suis là, assis aux côtés de deux enfants, pointant mon nez à la recherche d'un peu d'air, lorsque je reçois en pleine poire du thé et de la crème anglaise. Cela vient d'être jeté d'une fenêtre située dans le wagon précédent, réservé aux femmes, et gardé par un farouche et jeune cerbère. Les enfants protestent et vocifèrent. Mais les vieilles rombières dans leur harem improvisé continuent, avec la plus grande indifférence, à balancer dans la nature le surplus de custard jaunâtre.

Couvert de sucreries gluantes je me réfugie à l'intérieur du compartiment pour voir défiler les vendeurs les plus hétéroclites : vendeurs de petites bouteilles de parfum (pour masquer les mauvaises odeurs), de battes de cricket (pour frapper son voisin), de pop-corn et de couteaux... Dans ce cortège sans fin de quémandeurs, il y a les membres d'un parti politique distribuant des cartes imprimées et réclamant de l'argent en vociférant dans leur haut-parleur, aussitôt suivis par des mendiants aveugles et amputés qui n'ont que l'aumône comme faible moyen de subsistance.

A l'arrêt dans une grande gare, les nouveaux voyageurs sont si nombreux qu'ils se battent pour entrer dans le wagon, se heurtant aux passagers qui essaient d'endiguer le flot en criant et en repoussant les intrus. La marée inhumaine nous accule contre le compartiment des femmes d'où nous sommes aussitôt refoulés par l'eunuque agressif, quitte à ce que l'on périsse étouffés et piétinés à mort. Des passagers musclés tentent de fermer la porte du wagon coinçant plusieurs personnes entre le battant et le chambranle. Leurs cris d'indignation se transforment en cris de douleur. Certains lâchent prise et se retrouvent sur le quai. La porte se referme enfin. Des familles sont séparées. Encore plus de hurlements et de colère... Drôle mais épuisant !

38. MALICE AU PAYS DES MERVEILLES

Frontière indienne, vendredi 29 juillet 1994. Un officier des douanes quasi illettré recopie en plusieurs exemplaires les références de nos passeports. Comme nous sommes obligés d'épeler chaque mot, cette formalité nécessite, à l'instar de nos relations futures avec les Indiens, une bonne dose de patience et de self-control. Après quoi nous passons devant trois impressionnants officiers barbus enturbannés. C'est le comité d'accueil des douaniers sikhs installé sous une banderole Pepsi-Cola. Tous les murs sont d'ailleurs placardés d'innombrables logos rouges et blancs, donnant à cette douane des allures de stand publicitaire pour une course cycliste. A croire que le poste frontière est sponsorisé par cette célèbre boisson pétillante. *Welcome to Pepsi-land.* Surréaliste !

Cependant, débarquant dans un nouveau pays, nous sommes prêts à tout accepter, déblayant le terrain dans le fourmillement des images pittoresques et inattendues. D'abord nous nous habituons à revoir dans les rues deux créatures restées quasiment invisibles dans les pays musulmans : les cochons et les femmes ! Les uns, maraudeurs, avalent les dernières miettes de détritus, et les autres, élégantes en *sari* et ointes de la *tika* (point de poudre colorée sur le front), vaquent librement à d'autres occupations.

Nous sommes entrés dans l'Etat du Pendjab, un des plus riches du pays, peuplé de sikhs, une minorité religieuse proche de l'Hindouisme, qui manifeste de fortes velléités d'indépendance (En juin 1985 l'armée indienne envahit le temple d'or d'Amritsar, occupé par les extrémistes Sikhs, faisant plus de 1000 morts, et aboutissant quatre mois plus tard à l'assassinat d'Indira Gandhi.) Fier, noble et à la carrure imposante, l'homme sikh est différent des autres Indiens. Réputé bricoleur, affable et ayant un sens du commerce aigu, il se déplace en scooter, ne se rase pas et ne se coupe jamais les cheveux qu'il enroule dans une bande de tissu. Ainsi, l'age d'un Sikh, à l'instar d'un oignon, se détermine par le nombre de couches d'étoffe de son turban. Plus l'homme est âgé, plus l'oignon est grand. Les enfants sikhs portent donc de petits turbans qui ressemblent, avec leur gros nœud, à des bonnets de Schtroumpf. *Welcome to Schtroumpf-land*. Surréaliste !

Nous passons une nuit à Amritsar, principal sanctuaire de la communauté sikh. L'hôtel dans lequel nous sommes a ceci de singulier que tous les murs du couloir et de notre chambre sont recouverts de grands miroirs. Il y en a partout sauf à un seul endroit... dans la salle de bains !

Il fait nuit, nous dormons depuis quelque temps, bercés par le ronronnement du ventilateur, et oublieux des multiples bruissements, brouhahas et tintamarres qui émanent de la rue. Puis, curieusement les bruits se font plus nets, plus proches, emplissant notre palier, jusqu'à notre porte, martelée par un coup sec et vigoureux. L'hôtel, sens dessus dessous, est envahi par les forces de l'ordre. Un policier sikh nous interroge, vérifie nos passeports et fouille du regard les quatre coins de la chambre à la recherche d'un sac de cocaïne ou d'une prostituée. Lorsqu'il en a fini avec nous, nous retournons nous coucher. Mais cinq minutes plus tard, même rengaine. C'est au tour d'un officier hirsute et souriant de nous faire la conversation. Gentils mais un peu barbants les Sikhs. Nous voulons dormir mais c'est impossible. Nous ne réalisons pas encore très bien que nous sommes en Inde, le pays où le mot tranquillité n'existe pas.

Le lendemain, je suis maalaaaade. J'ai dû absorber trop de virus pakistanais lors de notre voyage en train. Fébrile, diarrhéique, fiévreux, je manque totalement d'appétit et ai le ventre anormalement gonflé. Pour aggraver la situation, la mousson, qui jusqu'à maintenant se faisait attendre, déverse des trombes d'eau sur la vallée du Gange. Pour les Indiens c'est un espoir de bonnes récoltes, mais pour nous un désagrément de plus, seulement compensé par une baisse relative de la température (35 °C).

En fin d'après-midi, assommé par la fatigue, je me hâte de planter ma tente à la lisière d'un verger, tout près d'une ligne de chemin de fer où passent d'impressionnantes locomotives à vapeur. Soudain un énorme nuage noir fond sur nous à la vitesse d'un Canadair, et lâche une quantité incroyable d'eau. L'orage est terrible. Le vent souffle en bourrasques puissantes. Réfugié sous ma tente, je m'aperçois très vite que le sol est argileux, que mon duvet est capable de flotter, et qu'en ayant de l'eau jusqu'au coude je suis dans une position idéale pour compléter ma gastrite d'une bonne pneumonie !

Encore un matin. Le soleil enveloppe le paysage d'une lumière rosée qui, au lieu de répandre la santé et la joie, a attiré une bande de villageois matineux et curieux. Facile d'imaginer ce que peut ressentir un animal enfermé dans une cage de zoo. J'essaie d'écrire tandis que les paysans se lèchent les babines derrière la moustiquaire de ma tente. Les bavardages et les rires vont bon train. Chaque détail, chaque objet nouveau apporte son lot de commentaires. J'ai l'impression d'être analysé de la tête aux pieds comme un produit de luxe exposé derrière une vitrine. Agacé et souffrant, je m'enferme dans un mutisme dédaigneux. Mais cela ne gêne nullement les Indiens qui peuvent rester des heures accroupis devant nos tentes, figés, imperturbables, quoique l'on fasse, même dormir !

Les premiers jours, cette sensation d'être un objet de curiosité nous amuse, mais cela devient très vite stressant. Notre bulle d'intimité est constamment violée. Même si la pression reste amicale (les Indiens dans l'ensemble ne sont ni voleurs*, ni désagréables) faire du camping sauvage dans une Inde surpeuplée dégénère vite en une expérience éprouvante qui nous poussera par la suite à profiter un peu plus des hôtels bon marché.

Pourtant, ce matin, parmi la foule, un homme suffisamment audacieux et communicatif nous invite à prendre le thé dans son village. Nous lui emboîtons le pas sur de petits sentiers longeant les canaux d'irrigation, à travers des étendues de rizières et des champs de cannes à sucre. Chaque parcelle de terrain cultivée témoigne de la richesse agricole du Pendjab. De même que les trois quarts de la population indienne, nos hôtes vivent dans un petit village, logeant toute une famille à l'intérieur d'une modeste maison aux murs blanchis à la chaux. Dans la chaleur humide, brassée par les pales d'un ventilateur de plafond, un notable sikh à six doigts de pieds (un heureux présage) nous désigne fièrement le poster d'un prophète sikh. C'est un chevalier guerrier, le *Guru Govind Sind*, bardé d'armures, et chevauchant les nuages, armé jusqu'aux dents de sabres et de couteaux, sensé trancher l'avidité, la haine et l'illusion. Quelle que soit la religion, le prophète a toujours été un bon prétexte pour exacerber les fibres nationalistes.

D'Amritsar nous voulons une nouvelle fois flirter avec l'Himalaya en nous dirigeant vers Dharamsala, lieu de résidence et d'exil du Dalaï Lama. De la plaine monotone du sous-continent, nous nous heurtons vites aux boursouflures nuancées de la chaîne montagneuse. Dans les collines, piquetées de pitons sableux, semblables à de grosses termitières, des tribus de macaques jouent à cache-cache sous des fontaines de lianes avant de se perdre sous le feuillage épais de la jungle tropicale.

---

* En France il y a 100 fois plus de vols, (4 300 vols pour 100 000 habitants contre 43 pour 100 000 en Inde), 10 fois plus de viols, et 50% en plus de meurtres ! Source Encyclopédia Universalis 1994.

Cependant, la chaleur étouffante conjuguée au relief du terrain, convient mal à mon état de santé. Ma fatigue se révèle si phénoménale que je peux à peine appuyer sur les pédales. Depuis quelques jours je ne mange plus. Tout en moi est dans un état de maigritude avancée, sauf mon estomac ballonné comme celui d'un petit Biafrais. Grimper des kilomètres de côte sous un soleil de plomb, ce n'est plus une vie. Je ne veux plus être un Don Quichotte de la pédale, le visage creusé semblable à la peau d'une vache crevée. Plus le terrain est raide, plus je suis à plat. A l'occasion, je m'arrête pour m'allonger sur un lit de feuilles pourries, et gémis sur moi-même, cherchant dans le regard de Philippe un soutien moral. Puis je repars, dans la douleur et l'expectative, poursuivant mes tribulations forcées derrière Philippe, le seul à pouvoir me tirer de cette mauvaise passe.

De fait, il nous dégote un hôtel (un petit palais comparé à l'étroitesse suffocante de nos tentes) aux accents de vieille Inde coloniale. Traités comme des petits maharadjahs, on nous sert nos repas dans le patio de notre chambre. Par ailleurs, Philippe me trouve (une jolie infirmière - non) un élixir miracle composé de vitamines B qui stimule mon appétit. Après une journée passée dans les profondeurs douillettes du lit, recouvrant une partie de mes forces, j'enfourche derechef mon engin de torture, toujours fatigué, mais sur la bonne voie, celle de la guérison.

*

Dans cette région nous rencontrons une ribambelle de cyclotouristes indiens. Non pas des randonneurs en vacances, mais des pèlerins à vélo. Ils vont de temples en petits sanctuaires sur les traces des incarnations de Vishnu livrer leur obole à un dieu parfois inconnu (il y a 27 millions de divinités dans le panthéisme hindou). Enrubannés de couleurs chatoyantes ils prennent un malin plaisir à nous dépasser, se déhanchant avec vigueur sur leur « *Hero* » en acier, espérant atteindre, sinon le nirvana, au moins le haut de la colline.

L'Inde, c'est le pays des religions, où des animaux, tels le singe, l'éléphant et la vache sont considérés par l'hindouisme comme des divinités. N'essayez pas, comme moi, de faire de l'humour en disant que vous aimeriez manger leur vache, ça ne les fait pas du tout rire ! L'amour de la vache n'est pas gustatif, il est spirituel et profondément ancré dans les coutumes indiennes. Le cheptel de bovins, le premier au monde, est essentiel dans l'économie rurale. Les buffles tirent la charrue, servent d'attelage, et leur bouse séchée est un précieux combustible. En revanche, leur production de lait est très faible, (trois fois moins qu'en France). Ils ne sont jamais abattus (60% des bovins sont improductifs). De fait, il n'est pas rare de voir une vache errante chassée d'un village aller grossir la ménagerie grouillante des villes (poules, chèvres, cochons, singes, hommes...) et vagabonder à peu près librement pour se nourrir de détritus. Nous avons vu des vaches méditer au milieu de l'autoroute... qu'importe ; des vaches bloquer la circulation des villes pendant des heures... qu'importe ; une vache kleptomane voler un concombre sur l'étalage d'un marché... qu'importe : la vache est vachement sacrée !

Mon état de fatigue nous pousse à redescendre plus tôt que prévu vers la plaine surpeuplée du Gange. Nous passons par la ville « moderne » de Chandigarh, créée par Le Corbusier. Nous y mangeons dans un fast-food occidentalisé, à ceci près que le bœuf des hamburgers est remplacé par du poulet. Quant aux demoiselles elles ont caché leur nombril et la peau cuivrée de leur ventre, en troquant leur sari traditionnel pour des jeans moulants. Le tissu porté à fleur de peau révèle les contours délicats de leurs formes, corroborant la légende selon laquelle la silhouette de la femme fut créée par *Twashtri* (le dieu ouvrier) à partir d'une trompe d'éléphant. Il leur donna aussi, paraît-il, le moelleux de la poitrine du perroquet, la douceur du miel, et la cruauté du tigre ; à vérifier...

Le stress permanent, dû à la surpopulation, et le strip-tease culturel auquel nous sommes confrontés nous poussent, pour ce soir, à demander l'autorisation de camper dans la tranquillité d'un petit parc d'attractions. Mais les gardiens, en contrepartie, réclament un prix exorbitant. Alors nous forçons plus loin nos investigations, faisant monter d'un degré notre état de frustration et d'irascibilité. A de tels moments les liens fraternels sont soumis à rude épreuve : les insultes tombent, répercutant, comme un exutoire, les contrariétés de la journée. Finalement nous pédalons pour atteindre le seul terrain en friche des environs, un pis-aller fait de taillis semi-marécageux.

Apaisé par la rédaction de mon journal de bord, je sors de ma tente pour remettre à Philippe des bougies, mais le bougre a disparu ! Sa tente et son vélo ne sont plus là ! Sans très bien comprendre les motivations qui l'ont poussé à faire cette fugue, je retourne sous ma tente et mange en solitaire notre ration de pâtes. La soirée avance, et Philippe n'est toujours pas revenu. Alors je m'étends sur mon matelas, ferme les yeux et m'efforce de ne pas me laisser ronger par l'inquiétude. Mais à ce moment de la journée, les prémices du soir, gorgé de cet air chaud et velouté, presque palpable, avec les chauves-souris louvoyant entre les arbres, et la complainte des paons dans l'obscurité, entraînent toujours une certaine mélancolie, et dans ce cas particulier, un sentiment insaisissable de culpabilité. Zut !

Au jour naissant, tandis que le brouillard s'effiloche sur le sol spongieux, j'aperçois confusément, environ à 50 mètres derrière les frondaisons humides de la futaie, un igloo orange. Philippe est de retour. Je le rejoins et déverse sur lui ma colère, le trop plein d'une nuit confuse et tourmentée. Il me rétorque qu'il voulait être seul, jouir d'une soirée entière d'intimité avec lui-même. La foule donne soif de solitude.

*

Compte tenu des calories qui sont nécessaires pour remplir notre dur labeur quotidien, la nourriture disponible dans la campagne indienne est loin de répondre à nos besoins. Plutôt qu'une partie de plaisir, se nourrir devient une affaire de mauvais goût, une souffrance gustative extrême, une épreuve de subsistance. Car dans les gargotes, très en deçà des restaurants indiens qui fleurissent en Occident, la variété des aliments ferait mourir de rire un étalagiste de supermarché : pois chiches, petits pois, pois noirs, pois poisseux... Pouah !

Les étals, alignés sur le bas-côté de la route, exposent leurs grosses marmites en inox sur des fourneaux improvisés, dégageant un fumet alléchant pour les routiers et les mouches. Y mitonnent à feu doux, dans une mixture gargouillante hyper épicée, les principaux ingrédients. Pour nous l'époque des surprises est terminée. Nous savons ce que contiennent ces marmites : pois chiches, petits pois, pois noirs, pois poisseux... Pouah !

En dehors du pois on peut trouver du riz, mais la nourriture de prédilection c'est le *dhal*, une espèce de bouillie de lentilles jaunes qui garnit presque chaque pouah. Parfois nous mangeons du mouton mais, plus souvent, du poulet, flanqué d'un morceau de radis, d'un oignon et d'un demi-citron vert pathétique. Après ce plat, comme il nous reste toujours un petit creux, nous nous traînons dans l'échoppe voisine y enfourner des « friandises » pâteuses, laiteuses et sucrées.

Dans les restaurants de moyenne catégorie les choses ne se présentent guère mieux. La nourriture indienne est correcte mais peu variée (*poulet tandoori, biryani*). Quant à la cuisine occidentale elle se révèle n'être qu'une pâle imitation qui frise parfois le ridicule. Je me souviens de cette fois où Philippe, en mal de bœuf, se retrouva avec un pavé, que dis-je, un cube de viande entouré de quatre frites ! A se demander si la patate n'est pas sacrée elle aussi ?

*

L'Inde, « le pays des extrêmes », cela resterait anecdotique s'il ne s'agissait que du plus petit plat de frites. Hélas cela devient une terrible réalité dès que l'on roule sur les routes. Dire que la circulation en Inde est dangereuse serait un bien faible euphémisme, le terme de génocide routier serait plus juste !

Comme une parfaite illustration de cette situation, la route N° 1 entre Chandigarh et New Delhi est sans doute la plus meurtrière au monde. En effet, son infrastructure déplorable conjuguée à l'inconscience collective des chauffards indiens, font de cet axe une kyrielle macabre et ininterrompue d'accidents en tout genre. Des véhicules sont couchés pêle-mêle dans les fossés d'irrigation ou compressés contre d'indéracinables acacias, tandis que tout ce qui bouge semble irrémédiablement attiré l'un vers l'autre : bus contre tracteurs ; camions contre *Tempos* (énormes engins de transport à trois roues tractés par un moteur pétaradant) ; voitures antédiluviennes contre buffles éventrés... La route n°1 n'est qu'une longue casse sanguinolente.

Ici c'est un *rickshaw* (voiturette à 3 roues), soufflé par un bus, qui perd l'équilibre et se retourne sur ses trop nombreux passagers. Un homme, écrasé sous la cabine, se tord de douleur pendant que ses compagnons de voyage, cherchent déjà un autre moyen de locomotion. Plus loin, c'est un camion *Tata*, lancé à pleine vitesse, qui, plutôt que de céder sa place sur le parapet d'un pont, vient se frotter contre la paroi d'un bus venant en sens inverse. Les pare-chocs et les rétroviseurs volent en éclat. Le bus s'immobilise mais le camionneur, trop heureux de s'en être sorti à si bon compte, continue son cheminement meurtrier. Plus loin encore, c'est un scooter surchargé, conduit par un Sikh, qui se déleste de l'une de ses deux passagères. Arrivant derrière, j'évite de justesse la femme qui fait plusieurs roulés-boulés avant de se relever chancelante au milieu de la route !

Si l'Indien est reconnu pour sa grande tolérance, alors le chauffeur doit être un sahib « Hyde » qui se métamorphose, derrière le volant de son pachyderme, en chauffard « Jekyll ». La route lui appartient, plus question de partage ou d'amour pour son prochain. Le Mad-Max maboul ne connaît que la pédale d'accélérateur et le klaxon. Les cyclistes téméraires égarés sur la chaussée, les tracteurs essoufflés, les charrettes pleines à craquer et les animaux sacrés sont sur la liste des futurs macchabées du voleur de vitesse qui, en dépit du bon sens et pour un salaire payé en monnaie de singe, prend tous les risques pour passer, passer, passer...

Et il trépasse, comme beaucoup d'autres, finissant sa triste carrière d'intouchable du volant comme carcasse humaine enchevêtrée dans les débris de son cadavre mécanique (précipitant sa réincarnation sous la forme d'un frigidaire). Mais, dans cette phénoménale extermination, les plus vulnérables sont les cyclistes. Inutile de les plaindre, car leur insouciance vis-à-vis des dangers de la route et leur attitude inconsciente surpassent de loin leur faiblesse. En effet pour un Indien, un vélo doit rendre les mêmes services qu'un tracteur et transporter les choses les plus intransportables. Imaginez une échelle portée par deux cyclistes à travers la circulation, ou un pousse-pousse dans lequel seraient entassés, avec toute l'incongruité d'une œuvre d'art dadaïste, une moto, une machine à coudre et la récolte annuelle de bananes du village ! Du burlesque à tire-larigot. Car tous ces acrobates sillonnent la route au gré de leur fantaisie. Inutile de leur dire qu'ils roulent sur le mauvais côté de la chaussée ou de leur faire remarquer que regonfler son pneu au milieu de la route comporte des risques... Le cycliste indien a une idée fixe, un seul *Dharma* (devoir), transporter sa marchandise. Pour le reste, le dieu de la bicyclette veille (d'un œil distrait).

Après avoir traversé la ville de Panipat, qui a cette étrange réputation d'être la ville indienne la plus peuplée par les mouches, nous rentrons dans la capitale indienne : New Delhi.

Comme dans de nombreuses villes indiennes il règne ici la même agitation, la même circulation intense, et le même bourdonnement caractéristique des autos-rickshaws. Ces petits taxis bon marché, fabriqués à partir d'un scooter surmonté d'une caisse brinquebalante noire et jaune, sont à l'image de l'anarchie qui règne dans une ville indienne. Les pilotes, émules de Rémy Julienne, et aussi déséquilibrés que l'engin pétaradant, n'hésitent pas à emprunter les sens interdits et à se faufiler sur les trottoirs en bousculant les piétons imprudents. Et ceci, à la plus grande joie des passagers, secoués, bosselés, asphyxiés !

A Delhi, compte tenu des prix élevés des hôtels, nous atterrissons, bon gré mal gré, au pénitencier touristique que certains esprits imaginatifs osent désigner sous le nom de « *Tourist camping site* ». En fait il y a très peu d'emplacements pour planter sa tente et le baroudeur doit se contenter de dormir dans de minuscules bungalows en béton. On a le choix entre une cellule ordinaire sans fenêtre, ou une cellule « deluxe » tout aussi petite et toujours sans fenêtre, mais à laquelle un rideau a été rajouté devant la porte ! Il est impossible d'y entrer les vélos, difficile d'y ranger toutes les sacoches, et particulièrement éprouvant de partager son cachot (26 F la nuit) avec les nombreuses fourmis autochtones à la curiosité aussi insatiable que leurs compatriotes humains !

A flâner dans les rues de la capitale, l'axiome selon lequel le touriste est un gibier de premier choix, va vite se révéler exact. Cherchant à remplacer ma radio volée à Oman, nous embarquons en compagnie d'un conducteur de rickshaw, et de son ami sikh qui prétend connaître le meilleur magasin de Hi-fi de tout le pays. Après de longues minutes à sillonner la ville jusqu'à son extrême extrémité nous découvrons ce fameux magasin qui vend tout ce qu'il y a de plus luxueux ; tout sauf du matériel Hi-fi ! Cependant, pour nous prouver leur bonne foi, les deux comparses nous amènent dans un quartier commerçant, foisonnant de petites boutiques à l'ancienne. Mais les seules radios disponibles datent des années soixante. Alors, à bout de patience, nous retournons au centre ville. Et là, justement, des radios il y en a plein, dans un centre commercial situé sous nos pieds, à l'endroit même où nous avons embarqué pour notre longue et inutile balade !

Une nouvelle radio en poche, nous traînons au cœur de *Caunaught Place* où de jeunes cireurs, à la vue de notre faciès d'homo-touristo-non-habilis et attirés par l'état misérable de nos chaussures, se proposent de les rafistoler. Nous nous laissons facilement amadouer par les gamins, qui aussitôt se font plus nombreux à tournoyer autour de nous. Il y a là des masseurs de dos, des pédicures autodidactes, et des laveurs d'oreilles, brandissant, en guise de diplôme, leur petit carnet avec les annotations des clients satisfaits. L'un d'eux, à partir de ses notes, fait un effort pour communiquer en français « *guili guili ! La chatouille ! Ho là là ! Oui !* » Le travail terminé les gamins nous annoncent une augmentation exponentielle de leurs tarifs. Les négociations sont ardues. Avec trois points de couture, deux lacets, et un cirage je m'en tire quand même pour 40 F !

Un peu dépités, on prolonge nos divagations à travers le flot compact de la capitale. Soudain un piéton se dresse face à moi, le doigt pointé en direction de mes pieds. Je baisse la tête et découvre un gros morceau d'excrément nauséabond placé bien en évidence sur la pointe de ma Reebok remise à neuf. Le passant, très sympathique, tire de son sac un chiffon et se propose d'essuyer la saleté. En même temps, les badauds, attirés par le moindre signe de fait divers, se sont agglutinés autour de nous. Mais lorsque le passant sort de son sac, outre une éponge, tout un attirail de nettoyage, je me doute que la fiente mystérieuse n'a pas atterri là par pur hasard. Le décrotteur, en mèche avec un jeteur de crottes, a déployé toute l'ingéniosité des petits malins en butte à la misère. Une fois de plus je suis tombé dans le panneau et débourse force roupies.

Nous avons à peine passé le coin de la rue que nous voyons un homme débouler à bride abattue en scooter, heurter violemment un piéton avant de tomber à la renverse. Le passant, blessé à la jambe, se relève claudiquant tel un chien boiteux, et, comme il sied à une caste inférieure, sans oser se plaindre. Le pilote vérifie l'état de son scooter, et sans s'attarder d'avantage repart en laissant le pauvre hère se débrouiller avec ses blessures.

Manifestement en Inde les *Mahatma Gandhi* ne roulent pas les rues, c'est une lutte quotidienne pour la survie où les plus forts et les plus malins écrasent les plus faibles. La vie au quotidien est bien trop difficile pour faire des sentiments. Nous-mêmes, à force de nous faire tondre, nous nous laissons aller à des excès. Plutôt que d'avoir à subir une saucée qui pisse comme vache sacrée qui urine, nous nous embarquons sous la capote d'un pousse-pousse. Le cycliste, chétif et décharné, pédale difficilement, et même lorsque la pluie cesse il maintient son allure d'escargot. Pourtant nous sommes des touristes étrangers, notre statut devrait lui imposer un effort supplémentaire. Lorsqu'il nous dépose aux portes du pénitencier, nous négocions fermement le prix. Non mais, vous n'imaginez tout de même pas qu'on allait se laisser embabouiner par un intouchable de la pédale !

*

Trois jours plus tard, ayant infléchi notre route vers le centre de l'Inde, nous côtoyons l'une des faunes les plus riches du monde. Si les tigres se montrent discrets, en revanche il y a, pour rehausser notre émerveillement, les hérons et les aigles du parc naturel de Barathpur. De là nous découvrons la ville fantôme de Fatpur Sikri, l'ancienne capitale de l'empire moghol, laissée à l'abandon après le règne de l'empereur Akbar (1570-1586). L'entrée monumentale donne accès à une enceinte remplie de chefs-d'œuvre architecturaux construits de grès rouge, finement sculptés, combinant le style musulman avec le style hindou, symbole de cette fusion des croyances si chère à Akbar. Mais ce qui nous fascine le plus à Fatpur Sikri, outre son excellent état de conservation, c'est son isolement dans la campagne et cette ambiance hors du temps qui y règne. Notre nuit dans le petit village, blotti au pied des murailles, est un réel envoûtement. Dans le lacis de ruelles pavées et bordées d'échoppes irradie une irrésistible atmosphère de vie moyenâgeuse : Des cochons pataugent dans la boue, des singes cabriolent de toit en toit, des saltimbanques côtoient des chiens qui copulent devant la foule captivée, des montreurs d'ours font dresser sur leurs pattes les bêtes enchaînées, tandis qu'au-dessus des taudis de pierre et de torchis, noyée dans les fumerolles des cuisines, domine la silhouette imposante de la mosquée rose. Inoubliable !

Si les Indiens sont en majorité hindous, (83% de la population) il n'en reste pas moins que l'Islam occupe une place très importante (10% de la population). Cela fait de l'Inde le plus grand pays musulman au monde, tant par le nombre de fidèles que par l'héritage de ses richesses culturelles. Qui ne connaît le Taj-Mahal ? Un tombeau monumental de marbre blanc élevé à Agra par l'empereur Moghol Shah Jahan à la mémoire de son épouse morte en 1629 après avoir donné naissance à leur quatorzième enfant. Orné d'incrustations de pierres précieuses, le monument abrite, derrière de somptueux écrans de marbre blanc ajouré, les sarcophages des deux époux. Cependant le Taj-Mahal, témoin de la richesse artistique de l'empire Moghol, est un contraste saisissant avec l'architecture contemporaine de l'Inde réalisée sans goût, parfois à la limite du fonctionnel (je me suis cogné plusieurs fois la tête en descendant les escaliers !).« Mad in India » (fou en Inde) pourrait-on dire...

39. MAD IN INDIA

L'Inde, toujours sous le coup du modèle de croissance imposé par Nehru a encore une industrie fermée sur l'extérieur, dépassée et non concurrentielle. Nous avons testé des lames de rasoir « made in India ». Effectivement elles étaient bien fabriquées en Inde ; elles ne rasaient pas !

Tout est un peu comme ça dans ce pays, désireux de faire aussi bien que les produits étrangers mais sans la technologie, ni les infrastructures industrielles. De fait, il existe sur le marché d'innombrables copies de produits de renom qui ne sont que des leurres ; ça a le goût de l'authentique, ça ressemble à de l'authentique mais ça n'a jamais été autant toc. La qualité est loin d'atteindre les normes internationales et les fabricants indiens ne semblent guère se soucier de respecter les marques déposées. Ainsi les imitations de boissons gazeuses pétillent à foison, avec de singulières contrefaçons telles Campa-cola ou Thumbs-up, breuvages noirs pétillants (Coca-Cola fut longtemps une boisson prohibée en Inde). Le graphisme de Campa-Cola, par exemple, est si proche de son grand frère que seul un œil averti peut faire la différence. Les voitures *Ambassadors* sont des modèles anglais vieux de quarante ans qui sortent encore neuves des usines indiennes. Nous avons également vu une fausse « *Vache qui rit* », en tout poil identique à la célèbre marque française. « *La vache sacrée qui rit* », et pourtant il n'y a vraiment pas de quoi !

Quand les klaxons commencent à piaffer - donc un bon moment après l'aurore - notre duo de choc se trouve déjà sur le pied de guerre. Le camp est levé, et nous finissons d'arrimer notre barda pour une nouvelle et exaltante journée de découverte. Soudain, je sens une piqûre presque insignifiante transpercer la peau tendre de ma cheville. Ce que je vois à mes pieds me glace le sang : un petit scorpion jaunâtre, radieux, le sourire aux crocs, vient d'y injecter son venin !

La plupart des piqûres des 600 espèces de scorpion existantes, quoique douloureuses, sont inoffensives. En revanche j'ai ouï dire qu'en Inde il faut se méfier des *petits* scorpions. Or, justement celui-ci est petit, jaune et laid !

Sans m'affoler, je continue mes préparatifs, à la fois curieux et inquiet de sentir les premiers effets du venin, essayant de me rassurer en feignant de croire qu'il sera toujours temps - peut-être - de trouver un antidote chez un sorcier hindou.

Finalement, la douleur ne dépasse pas le stade d'une piqûre d'abeille, et pour me rassurer tout à fait, un villageois de passage nous explique à grand renfort de mimiques que ledit scorpion est inoffensif, nous avertissant, en revanche, des dangers mortels des serpents locaux (chaque année, en Inde leur venin tue plus de 15 000 personnes). Nous poussons un grand ouf de soulagement. Le scorpion est un leurre de scorpion, un pastiche d'animal venimeux, juste un peu piqué sur les bords !

La journée, qui a commencé sous le signe du scorpion, s'étire dans la campagne indienne. Nous sommes parfois ralentis par des nuées de vautours qui festoient sur les cadavres de vaches, projetant sur la route un nuage de poussière pestilentiel, où se mêlent les odeurs de chair pourrie et de plumage tout crotté. Puis, nous traversons en bateau une large rivière gonflée par les crues de la mousson. Sur l'autre rive la police, mitraillette à l'épaule, fouille les passagers, sauf les femmes, les vieillards, et les touristes étrangers à vélo. De retour sur le bitume, nous faisons face aux remous habituels des jeunes autochtones qui nous assourdissent à longueur de journée par de criards « *Tata* ». C'est leur façon de nous saluer avec ce mot simple et percutant emprunté à la célèbre marque indienne de camions Tata (Le groupe Tata, premier trust industriel de l'Inde, à longtemps été associé au capitalisme et à la libre entreprise occidentale).

Enfin, au bout de 71 kilomètres, lorsque nous sentons cette journée routinière tirer sur sa fin, nous posons nos pieds engourdis sur la face d'une colline dénudée. Nous sommes aussitôt assaillis par une horde de jeunes bergers accompagnés de leurs brebis bêlantes. Ils nous proposent de venir passer la nuit dans leur village, ce que nous acceptons de bon cœur. Pendant deux ou trois kilomètres nous marchons à travers les pâturages, sur les pas des pâtres moqueurs et turbulents.

Dés l'entrée du village c'est le délire. On nous pousse jusqu'en haut d'une butte où se trouve un petit temple hindou. Des enfants courent et sautent dans tous les sens, tandis que les adultes, comme assaillis par une nuée de sauterelles, tentent de calmer leur frénésie à coups de bâtons. Le calme revenu, on nous présente aux chefs du hameau. Personne ne parle anglais, c'est le début d'une longue soirée d'incompréhension.

Car la curiosité des Indiens passe avant toute chose, nous imposant une cordialité débordante proche de la dictature amicale. Leur désir d'accueillir des étrangers est si grand que nous nous sentons dépossédés d'un contact plus naturel et plus intime. Les villageois nous observent sans broncher, imperturbables, patients, comme s'ils respectaient le cheminement d'un rituel mystérieux, attendant sans doute que l'esprit vital de la divinité du temple vienne s'installer à l'intérieur de nos corps. De fait, une fois qu'il est entré (sans notre consentement) ils nous attachent un fil de coton jaune autour du poignet (un lien avec l'âme). Ainsi placés sous la protection des dieux nous pouvons faire honneur à la nourriture : du riz soufflé mélangé à de la poudre de biscuits, et une bouillie de pommes de terre pimentée, le tout arrosé d'une bonne gorgée d'eau trouble enrichie de virus vitaminés.

Ainsi sustentés, et après la tension mentale et physique des dernières heures, nous n'avons qu'une hâte : grappiller à la nuit quelques heures de sommeil. Les villageois décident, après force palabres, de nous installer dans une chambre libérée à notre attention. La foule nous suit. Pendant notre déshabillage nous pensons avoir droit à un peu d'intimité. Mais non, leur curiosité est si radicale que l'on doit se plier à la moindre sollicitude de nos hôtes. Ils veulent nous voir, tout voir ! Je porte un slip blanc à petit pois. Dans la foule : effusion de regards inexpressifs !

Le lendemain matin, à l'heure où les vaches somnolent encore, Philippe profite de la clarté relative de l'aurore pour sortir furtivement de notre chambre et aller faire ses besoins, n'importe où, à la mode indienne. Tapi dans un coin en friche il besogne dur quand soudain un grincement lui fait relever la tête. Derrière les arbres, à quelques mètres, autour de la margelle d'un puits, un groupe de femmes lui jette des petits coups d'œil à la dérobée. Pour une fois elles trouvent matière à rire !

Nous quittons le village sans attendre l'heure du petit déjeuner, mettant notre hôte dans une position délicate. Mais nous avons épuisé notre réserve de patience. Nous voudrions nous effacer, ne plus être portés sur un piédestal, alors qu'en vérité notre passage est vécu comme un événement dont il faut être à la hauteur. Paradoxalement nous sommes prêts à tous les compromis culturels et pleins de bonnes intentions, mais incapables, cette fois-ci, d'assumer notre rôle de voyageur occidental.

Le soir suivant, changement de décor, nous nous retrouvons dans un relais gouvernemental logiquement réservé aux employés de l'administration, mais dans lequel, à force de patience et de sollicitation, nous sommes admis. Une élégante construction de style colonial nous ouvre donc ses portes pour une nuit à neuf sous dans une chambre spacieuse meublée à l'orientale. Engoncés dans nos confortables fauteuils autour d'un guéridon en rotin, un serveur barbu et solennel nous apporte le café accompagné de biscuits digestifs. Soirée british très « Old India ». Rien à voir avec l'expérience d'hier. Pourtant, elles sont toutes les deux, dans leur diversité et leur richesse, une manière directe d'appréhender le pays, et de s'impliquer personnellement.

De telles confrontations avec la vie quotidienne sont certes enrichissantes, mais exigent aussi beaucoup en investissement personnel. Parfois, pour se reposer, le voyageur préfère privilégier le passé, avancer sur le terrain conquis de l'histoire, et jouir d'une expérience culturelle, a priori, plus facile à maîtriser. Nous sommes à Kajuraho, un ensemble de temples construits sous la dynastie lumineuse des Chandellas entre 950-1000 après J.-C. Chaque temple arbore un grand toit en « épis de maïs » tapissés de bas-reliefs de personnages et d'animaux, un nombre incroyable de figurines, parfois de taille réelle, sculptées dans les moindres détails. Mais la singularité de ces temples, comme un pied de nez à la pudibonderie des Indiens (une grande retenue subsiste entre les sexes), tient dans la présence importante de figures érotiques très suggestives (Enlacement de dieux et de déesses, bacchanale d'animaux mythologiques). Les sculptures sont fascinantes et très instructives quoique certaines positions, dignes du Kâma-soutra, nécessitent une gymnastique acrobatique d'une grande dextérité et des animaux pour le moins complaisants !

Au fil des jours et au fur et à mesure de notre avancée, la jungle s'est refermée sur nous. Comme drapés dans un vitrail de chlorophylle, nous évoluons sous une ondée de lumière filtrée par la frondaison épaisse des grands arbres, tandis qu'ici et là, de gros singes grisonnants vagabondent sur la terre moussue en grignotant les friandises de la nature.

Au détour d'une colline, dans le clair-obscur verdoyant de la jungle, nous tombons nez à nez avec une petite chapelle hindoue. Sous le fronton, un *sadhu,* assis en tailleur et portant une longue barbe aux allures de druide, contemple les profondeurs de la forêt. Il a les yeux rivés sur une procession de singes qui évoluent avec solennité parmi un enchevêtrement de fougères. Le gardien de la jungle, en ancien mystique, pousse des cris plaintifs. Les singes s'immobilisent. Le vieux mâle, plein de puissance, tend l'oreille, et essaie de comprendre. Une mère serre dans ses bras son nourrisson. Des minutes de silence indéfinissables de beauté.

De retour vers la vallée des hommes, et à peine remis de notre sauvage rêverie, nous entendons au loin des cuivres accompagner le coucher du soleil. Peu à peu nous rattrapons, entre les champs de paddy, une procession guidée par les pulsations mélancoliques d'une petite fanfare. Au centre du groupe, entre les trompettistes novices et les joueurs de trombone, se tient une jeune femme en tenue d'apparat. Pendant une partie du trajet, nous nous mêlons aux villageois qui vont, en grande pompe, présenter la jeune fiancée à la famille de son futur mari. Puis, la nuit nous presse vers d'autres lieux et recouvre d'un voile nébuleux et mystérieux les glapissements de cette étonnante fanfare de joueurs de blues.

A force de contemplation, le temps passe et nous dépasse. Pressant l'allure nous abordons les faubourgs d'une obscure bourgade. Des fumerolles aux odeurs de bouses brûlées flottent à travers le torchis des cabanons. De cette pénombre crépusculaire naissent des images irréelles : squelettes de bicyclettes, écorchures de bananiers, buffalos monstrueux... Les lumières grimaçantes des ampoules suintent dans la brume. La ville, peu à peu, se dissout et seul le cri perçant d'un paon vagabonde encore dans la nuit fantôme. L'Inde peut aussi être magique.

L'Inde magique, l'Inde extravagante, mais aussi l'Inde zoo. Car dans ce pays, adepte de la réincarnation, on considère qu'il n'y a pas de différence essentielle entre l'homme et l'animal. Les animaux ont une âme, certains sont sacrés, et l'on doit accepter de vivre avec eux, quels que soient les nuisances et les problèmes de cohabitation occasionnés. Le singe occupe une place de choix dans le palmarès des animaux perturbateurs. Malicieux, voleurs, souilleurs de points d'eau, 50 millions de primates batifolent librement dans les villes, parfaitement acclimatés à cette jungle d'asphalte, où ils ont élu domicile dans un embrouillamini de toitures, d'antennes et de lianes électriques. Parmi toutes ces villes il en est une où le singe est vénéré comme un roi, et plus nombreux que tous les grains de riz dans la marmite d'un éléphantesque maharadjah. Cette ville, bénie des dieux, est baptisée Chitrakut, la ville des Singes Sacrés.

Que Chitrakut soit une ville sacrée, on ne peut pas le nier. En revanche, les singes, habitués à plus de tranquillité, ont subitement disparu pour laisser place à une foule de primates encore plus délirants. Pendant trois jours de festivités des milliers de pèlerins se rassemblent sur ce site sacré pour y célébrer le culte du dieu singe Hanuman ; une procession ininterrompue de rituels de purification et de cérémonies festives.

Les croyants débarquent des quatre coins du pays. Les plus curieux d'entre eux, allongés sur la route, imitent les gestes du nageur, puis ils se relèvent, frappent des mains en marmonnant inlassablement la syllabe *Om, Om, Om*, avancent d'un pas, s'étendent à nouveau sur le goudron, et effectuent ainsi des kilomètres et des kilomètres de génuflexions. C'est un genre de sacrifice initiatique, une manière d'accumuler les mérites et d'attirer les faveurs des dieux. Plus l'auto-châtiment est sévère et plus la récompense divine sera grande.

Une fois nos guêtres déposées à l'hôtel nous nous laissons entraîner par le flot continu des fidèles qui se pressent vers la rivière purificatrice. Par-dessus ce déploiement de moutonnement multicolore ondoient les baluchons rapiécés des sadhus. Cet ascète religieux, qui vit uniquement de la bonté de ses ouailles, peut être tour à tour grandiose et éclatant drapé dans une longue tunique orange, brandissant un trident de Neptune, ou alors quasiment nu, couvert de boue grise et rasé comme un Attila. Mais à nos yeux les 6 millions de religieux hindous ont déjà atteint le nirvana... de l'excentricité !

Cinq kilomètres plus loin, la marée de fidèles s'engouffre enfin dans les ruelles étroites de la ville. Les maisons, transformées pour l'occasion en échoppes de bibelots religieux, regorgent de poudre de vermillon au *simrick* servant à tracer une raie dans les cheveux des femmes mariées. La ville draine ainsi un flux inépuisable de pèlerins qui vont se tasser contre les rives de la rivière sacrée. Des femmes voilées, gracieuses, le sari humide imprimé sur leur peau, se purifient dans l'eau bénite, et côtoient de vieux *yogis* gâteux et tremblotants. De jeunes ascètes hirsutes se font raser la tête et jettent au fil de l'eau, comme une offrande, leurs reliques capillaires. Un éléphant caparaçonné d'or et de soieries piétine la foule. Des sadhus sirotent un thé sur le toit d'une maison et discutent de la dernière mode des anachorètes : perforation de la langue, élongation du pénis, enfouissement de la tête dans le sable les jambes repliées derrière les oreilles... Des confettis de pétales de fleurs éclaboussent l'autel, nous entraînant dans un autre monde, au cœur d'un tourbillon de ferveur coloré.

Gavés au-delà de nos attentes par le mysticisme des Indiens, nous retournons à notre hôtel lorsque nous croisons un sadhu, le bras droit levé vers le ciel. Il est ainsi depuis des années. Avec le temps les os se sont affaissés, rendant le bras aussi rigide qu'un pieu. Un peu trop pieux sans doute. Mais comme en toute chose, l'Inde est le pays des extrêmes. C'est tout un roman, une jungle en folie.

Dans notre difficile quête vers la tranquillité, nous n'avons rien trouvé de mieux ce soir là, que le poste de police d'Oraï (prononcer « oreille »). On y découvre qu'un policier est un Indien comme un autre. Dès que nos tentes sont dressées derrière les baraquements, les curieux en uniforme défilent en ordre dispersé, nous imposant leur insigne étoilée, loin d'être des étoiles filantes. Puis, à la nuit tombée, les aspirants sont relayés par d'autres vampires. Des vrais, des suceurs de sang, de gigantesques chauves-souris qui, par centaines, virevoltent au-dessus de nos têtes pour se réfugier sous le feuillage des platanes dans un indescriptible vacarme. Impossible de dormir ! Peu à peu, l'Inde suce notre énergie de pédaleur errant.

Toujours sur les traces des pèlerins, nous arrivons à Varanasi (Bénarès), la ville sainte de l'Inde, où l'on afflue par millions pour se purifier dans les eaux du Gange et laver ses péchés ; à défaut d'autre chose. Car l'eau des crues, boueuse et noirâtre, qui a submergé les fameux *ghâts*, semble plus propice à propager les microbes qu'à apporter aux croyants la vitalité éternelle.

Outre les images hiératiques, autre constante indienne - quoique plus anecdotique - les murs de notre chambre d'hôtel sont tapissés d'interrupteurs. Plus d'une dizaine pour actionner les lampes et la ventilation. Le côté risible de la chose, c'est qu'à chaque fois que nous allons à l'hôtel, nous avons droit à la panne de courant. C'est systématique, on ne peut pas y couper !

Donc, il fait nuit totale. Coupure de courant. Nous déambulons dans les ruelles glauques de Varanasi, fuyant les accros du touriste : ces vendeurs de haschisch et ces hallucinés du vêtement traditionnel fait main, dont la persévérance épuise toujours les réserves de notre incommensurable patience. Nous préférons nous en remettre à l'innocence dégourdie de deux gamins. Ils ont entre dix et onze ans. Elevés à l'école de la rue, ils prétendent pouvoir tout nous trouver.

– *Vraiment ? Tout ! Des filles ?* demande-t-on au hasard.

– *Follow us...*

Et nous les suivons, dans les dédales délabrés et lugubres de la vieille cité sainte. Le ronronnement des générateurs couvre à peine le bruit spongieux de nos pas sur les bouses sacrées. Des silhouettes furtives de vaches glissent dans l'ombre. Nous traversons les restes d'une baraque en ruine, pour surgir dans un terrain vague, face à un entremetteur. Par prudence tout est dit à demi-mot. Son dernier prix :

– 200 $ la nuit avec une *Devadasis* « une servante des dieux » (prostituée).

– Et puis quoi encore ! Allez les enfants, on rentre.

Sur le chemin, les deux mômes nous mettent en garde contre les petites bêtes qu'il y a dans le corps des femmes, des petits moustiques infâmes qui transmettent des maladies. Puis les gamins délurés de Kâma-soutra veulent nous vendre du hasch. Mais tout ça, ce n'est que de la poudre aux yeux. Pas de servantes. Pas de filles. Ah les vaches !

Nous sommes à 15 kilomètres de Varanasi dans un restaurant anonyme, comme endormis et envahis par une étrange torpeur. Il nous reste encore 300 kilomètres à parcourir dans cette région déshéritée aux paysages rizicoles farouchement indiens. 300 kilomètres avant d'atteindre le Népal et les hautes montagnes. Nous avalons nos dernières bouchées sans enthousiasme. Le ciel est livide. Puis, comme si une telle décision ne demandait aucune discussion, nous décidons d'entériner notre séjour indien par une rupture dans notre routine de pédaleur errant, une petite friandise sous la forme d'un voyage en bus.

Deux jours de voyage comme une illustration parfaite de la frénésie indienne. Avant même de nous lancer sur les routes tumultueuses, une musique suraiguë, stridente, emplit la carlingue de notre bus et vient torturer nos pauvres tympans. C'est pour le chauffeur une manière de se réchauffer la cervelle, une mise en route de sa démence. Il crache dans ses mains et augmente le volume du transistor. Aussitôt, une soupe inaudible éructe du plafond et fait exploser les haut-parleurs !

Nous sommes tous bien inconfortablement assis sur l'armature dégarnie de nos sièges, lorsque le chauffeur démarre en trombe, creusant un sillon dans la foule parmi des débris de pousse-pousse surchargés. Nous réalisons très vite que nous sommes embarqués dans une course poursuite entre deux bus qui desservent la même ligne. Par orgueil, par compétition, ou par le simple fait d'être Indiens les deux chauffeurs vont rivaliser d'audace pour rafler à la route le maximum de passagers.

L'accélérateur sous le plancher et les injecteurs crachotants, notre chauffeur relègue rapidement son concurrent au rang de poursuiteur. Notre bus va bon train, culbutant sans vergogne les cyclos-tous-risques, lorsque des usagers (nuisible caste) demandent à descendre. Le chauffeur ouvre les portes, mais les passagers hésitent. Le bus avance encore à petits pas tandis que la silhouette de notre ennemi se détache derrière. « Allez, allez ! » Le chauffeur crie, les yeux rivés sur son rétroviseur pressentant l'humiliation d'être doublé. « Sautez, sautez » il crie, comme un pilote d'avion aurait crié à des parachutistes effrayés. Les femmes et les enfants d'abord. Et hop ! Les passagers ont à peine basculé pardessus bord que déjà nous les perdons de vue dans la poussière de notre subite accélération.

Nous avons échappé de justesse à la rétrogradation en dernière position. C'est une victoire exaltante pour le pilote, une victoire qu'il a hélas à peine le temps de savourer car déjà devant lui se profile un nouvel obstacle : un homme sur le bord de la chaussée hèle notre bus.

Le pilote, grisé par la vitesse fait d'abord mine de ne rien voir, puis à contrecœur, poussé par son collègue, il s'arrête sur le bas-côté en maugréant et en pressant le perturbateur de rallye de monter et plus vite que ça. Mais c'est déjà trop tard, Ayrton sénile nous dépasse, claironnant à tue-tête sa pitoyable victoire.

Les passagers poussent des cris de désespoir. Car il est acquis que nous sommes tous engagés dans une expédition commune, que nos destins sont inextricablement liés. Or ils n'ont pas payé pour se faire dépasser par un gros nul ! Il est temps pour le pilote de leur montrer qu'il est capable de prouesses... Et il l'est !

Très vite, et en partie à cause de la puissance supérieure de notre bolide et de la fureur du pilote, nous sommes sur les pare-chocs de notre rival. Le chauffeur fait une première tentative pour doubler, mais l'autre, espèce de traître, bloque effrontément notre passage. Nous faisons d'autres assauts, mais à chaque tentative il s'interpose. C'est un fieffé tricheur qui connaît trop bien les règles de mauvaise conduite.

Peu de temps après, il doit ralentir pour prendre des passagers, mais plutôt que de laisser passer la circulation en se rangeant sur la gauche, il s'immobilise au milieu de la chaussée, bloquant du même coup notre passage. Cela n'effraie nullement notre pilote, au contraire, il se met à accélérer, se déporte sur le bas-côté gauche de la route et fait rugir par trois fois son klaxon tonitruant, esquivant de justesse les passagers qui descendent de l'autre bus. Sur le visage de notre chauffeur, nous pouvons lire toute la satisfaction puérile de son coup de force, heureux comme un enfant qui aurait joué un mauvais tour à son camarade. C'est un beau succès, beaucoup de frayeur certes, mais nous reprenons notre première place, n'est-ce pas là l'essentiel ?

La plupart des voyageurs ne disent rien, comme si tout était « normal » ; d'autres en revanche, à l'image du chauffeur, ne cachent pas leur enthousiasme. Autant d'inconscience partagée, cela devient effrayant. Jusqu'à quel degré d'irresponsabilité peuvent-ils supporter les délires du chauffeur ? Peut-être jusqu'à le laisser conduire en pleine nuit sans phare ? Je n'osais pas l'imaginer, mais c'est exactement ce qui se passe. Par chance une étincelle de bon sens jaillit dans la cervelle d'un voyageur. Puis d'autres, comme lui, manifestent leur crainte (légitime !) de se voir transformer en pulpe d'Indien dans une bananeraie. Une heure de réparation plus tard, la lumière revient, et notre bus poursuit brinquebalant dans les ténèbres, son chemin d'illuminé, au milieu d'une haie incongrue de noctambules déféqueurs !

Deux jours de voyage en bus plus tard, nous arrivons dans la petite ville de Motihari à 60 kilomètres du Népal. Ville anonyme s'il en fut, mais qui eut le privilège de donner naissance à Georges Orwell, l'un des meilleurs romanciers de science fiction.

Cependant, pour les enfants d'aujourd'hui il n'y a là qu'une triste réalité. Dans le collège que nous visitons ils s'entassent une centaine par classe ! Mais ceux-là ont de la chance, car les autres, la majorité, issus de familles trop pauvres, se retrouvent livrés à eux-mêmes dès leur plus jeune âge.

Comme nous allons le constater plus tard, il y a une grande différence entre un enfant indien et un enfant chinois. Le petit Chinois, « le petit empereur », souvent enfant unique, est chouchouté, engraissé, emmitouflé sous plusieurs couches de vêtements laineux, et il pleure constamment... C'est un bébé gâté. A l'inverse, le petit Indien, issu d'une famille nombreuse, est jeté presque nu dans la rue ou dans les champs, et dès qu'il peut faire ses premiers pas, il doit subvenir aux besoins de sa famille... C'est déjà un adulte.

Travailler, travailler, l'enfant indien doit travailler. Ainsi, il nous arrive fréquemment d'être attablés dans des gargotes où le service est assuré par des enfants pour nourrir des clients qui sont d'autres enfants.

C'est notre avant-dernière soirée en Inde, et nous sommes assis dans une lugubre petite cahute en bois. Il pleut triste. Des mares croupissantes de boue maculent la rue. Nous attendons, sans empressement, que l'on nous serve notre infect repas quotidien. De l'autre côté de la rue, à travers un crachin suppurant et à la lumière meurtrie d'une ampoule alimentée par le moteur essoufflé d'un tracteur, nous observons trois enfants mécanos d'une douzaine d'années, pieds nus, couchés dans la crasse sous le châssis d'un camion. Un transistor distille des grésillements inaudibles. Deux gamins sortent de l'ombre, en portant dans leurs bras rachitiques une énorme pièce en fonte noircie qu'ils déposent brutalement dans une flaque de rouille huileuse. Puis les adolescents éteignent le moteur du tracteur. Aussitôt, la lumière, le vacarme et la musique se taisent.

Dans la nuit, subitement devenue silencieuse, ils s'approchent de notre gargote. Ils ont les paupières lourdes et les mains lessivées par le cambouis. Sans force, ils s'assoient sur les tabourets en bois. On leur apporte une énorme platée de riz avec un pichet d'eau. Ils avalent goulûment. Nous sommes assis à leurs côtés. Mais, même entre eux, ils n'ont pas la force de parler ou de s'étonner de notre présence. Je suis soudain pris par un violent désir de faire quelque chose pour eux, ne serait-ce que leur offrir un meilleur repas. C'est si simple pour moi. J'y songe, mais mon idéalisme est plus lent que leur empressement d'en terminer avec leur maigre pitance. Ils n'ont qu'une hâte, aller s'effondrer sur leur paillasse avec le faible espoir que leur courte nuit sera plus longue, car, songent-ils, demain ce sera comme aujourd'hui, désespérément misérable.

J'ai honte. Les mômes sont déjà morts tandis que des adultes puérils jouent aux pilotes de course avec la vie des passagers. L'Inde, un pays où les enfants deviennent très vite des adultes et où les adultes restent longtemps des enfants...

40. PAS SAGES ET CLANDESTINS

Vous avez sans doute pénétré un jour au cœur d'une grande foire, piétiné, écrasé, étouffé par le flot hilare, pressant le pas et bousculant, tête haute, votre voisin pour apercevoir cc qu'il reste de la femme-tronc. Alors, forcez maintenant votre imagination, gardez l'ambiance de ce bazar, retirez les stands champêtres, ajoutez dans la foule des camions crachant une épaisse fumée noire, des centaines de triporteurs, des vélos pataugeant dans la boue, et un tohu-bohu de cris et de klaxons... et vous y êtes, dans un monde qui déjà n'en est plus un et qui n'appartient à aucune nation, dans le *no man's land* entre la frontière indienne et népalaise.

Nous nous y plongeons en poussant nos vélos parmi les chargements hétéroclites des frontaliers, charriés à tout va, incapables de nous diriger. Où sont les postes frontières et leurs ribambelles de douaniers ? Existe-t-il vraiment un repère tangible à la limite de l'Inde et du Népal ? En fait la frontière se situe à la jonction de deux villes, l'une en Inde et l'autre au Népal. Mais confondues dans la densité du trafic, intense, compact et démesuré, elles ne constituent plus qu'une seule agglomération. Lorsque nous nous extrayons enfin de la foule, nous voyons tout de suite que les enseignes appartiennent à un autre pays. Nous venons de pénétrer illégalement au Népal !

Nos visas, au départ valables deux semaines, n'ayant pas été tamponnés, peuvent prendre effet à partir de n'importe quelle date d'entrée. Nous pouvons donc rester au Népal aussi longtemps que cela nous chante. Vive l'illégalité, ou presque, car cette absence de tampon va peut-être nous poser des problèmes lors de la vérification de nos passeports à l'hôtel, ou pire lorsque nous allons être contrôlés à la sortie du pays. Qu'importe, nous préférons continuer plutôt que de repartir dans la mélasse à la recherche d'un improbable douanier. Qui pédalera verra.

Nous avons du Népal l'image d'un pays de très hautes montagnes. En fait le contraste géographique est plus saisissant. Le pays est un étroit ruban de 180 kilomètres de terres bousculées, qui s'étirent d'est en ouest, entre le plateau tibétain et la vallée du Gange. Toute la partie sud, en bordure de l'Inde est constituée d'une grande plaine tropicale, puis, très vite, les premiers plissements forment de grandes vallées, qui graduellement s'élèvent et viennent buter contre les parois de l'Himalaya à plus de 8000 mètres.

Le décor est planté : un premier jour de vélo dans une jungle à la végétation dense et luxuriante, à la lisière du parc national de Chitawan, réserve de tigres et de rhinocéros. Pendant notre sommeil, nous sommes surpris par un terrible orage qui nous laisse toute la nuit les pieds dans l'eau, la gamelle écopante et les éponges en action. Le deuxième jour, sous l'influence de la végétation tropicale et de l'altitude, la montagne affiche une opulence et une beauté insoupçonnées. Progressivement la route goudronnée se cabosse et s'effrite par blocs entiers, laissant place à une piste boueuse. Nous traversons des torrents capricieux à gué. La vie des gens se délite par petites touches quotidiennes, très loin de l'événement médiatique de ce jour (Bill Clinton, en éternel va-t-en-guerre défensif, justifie une intervention militaire en Haïti). Mais personne ici ne doit s'inquiéter du sort des Haïtiens ou du reste du monde d'ailleurs. Pour eux, l'univers se limite à cette vallée et à quelques collines qui ondulent dans la brume matinale. Les préoccupations, élémentaires et pourtant primordiales, tiennent à la couleur du ciel, à la récolte de choux fleurs, au coq qu'il faut nourrir, et au bois mort qu'il faut stocker. « Pourquoi s'embarrasser l'esprit avec les problèmes des autres, la guérison de nos enfants passera toujours avant les maladies du monde ! »

Les siècles ont soufflé comme une brise imperceptible sur la campagne népalaise, immuable face aux soubresauts de la modernité. Les hommes, depuis des millénaires, vivent en symbiose avec cette nature. Ils construisent, se chauffent et se nourrissent de sa générosité. Ils pleurent, souffrent et périssent de ses excès. Nous sommes pris dans la même tourmente : on se laisse d'abord attendrir par la douceur relative du climat (28 °C). Nos yeux roulent émerveillés sur la route qui jongle entre des collines magnifiques où surgissent de petits villages enchanteurs, parmi des grappes de cabanes sur pilotis coiffées de toits de palme. Puis, sans prévenir, au-dessus de nos têtes une masse de nuages entre en ébullition.

Poussés par les courants chauds de la forêt tropicale les nuages se fracassent, tels des barbares, contre les murailles infranchissables de l'Himalaya. Roulant sur eux-mêmes, ils lâchent des courants d'eau tiède. Au loin le tonnerre gronde. La pluie bat sur les larges feuilles des bananiers. Par mille crevasses, des torrents de boue descendent sur la route qui s'affaisse par endroits, tandis qu'un vent frais vient nous saisir au détour d'un lacet. Les fermiers se réfugient sous des bâches en plastique, des canards barbotent dans des flaques d'eau boueuse. Puis le ciel épuisé devient blanc. Il s'apaise avec la pluie et se glisse en un épais brouillard dans les profondeurs de la forêt. Le soleil, d'abord hésitant, darde quelques rayons, et la montagne recommence à transpirer. La fraîcheur est partie avec le ruissellement de l'eau, aussitôt relayée par la chaleur.

Au quatrième jour de cette étape mouvementée nous franchissons notre dernier col à 2 488 mètres, et commençons notre descente vers la vallée de Katmandou sur une route laissée à l'abandon par les ingénieurs chinois. Affectés à sa reconstruction, des groupes d'enfants, rassemblés autour de monticules de roches, martèlent chaque caillou qu'ils transforment petit à petit en remblai. Sur des kilomètres, des centaines d'enfants, de femmes et de vieillards concassent minutieusement la montagne pour un salaire de 10 roupies (1 F) les 50 kilos (un bon casseur peut faire jusqu'à 250 kg/jour). En dépit de ce travail de forçat, l'ambiance paraît joyeuse. Des jeunes filles au sourire enjôleur ratissent la chaussée, tandis que d'autres escaladent le flanc de la montagne en portant sur la tête un panier de lourdes caillasses.

Katmandou, ces syllabes résonnent dans nos têtes, associées à de fabuleuses expéditions sur le Toit du monde. Mais elles évoquent aussi La Mecque des pèlerinages hippies des années baba-cool ; havre de paix pour les voyageurs au goût prononcé pour l'aventure et ses plaisirs exotiques ; cité du Moyen Age plantée au pied de l'Himalaya ; berceau des Sherpas téméraires...

Mais tant de clichés ne peuvent que nous mettre en garde

contre une possible déception. Nous ne sommes donc qu'à demi surpris par les grandes avenues qui nous conduisent à travers des quartiers industriels où règne, comme dans le reste du sous-continent, une tonitruante anarchie urbaine. Katmandou a une particularité géographique dont elle se serait bien passée. La capitale et son million d'habitants se tassent en effet à 1300 mètres d'altitude au fond d'une cuvette gigantesque cernée par les massifs de l'Himalaya. L'air stagnant et nauséabond qui s'échappe des usines y est donc emprisonné, accentuant les effets de la pollution, sans parler des rivières, souillées par les résidus des teintureries des fabricants de tapis.

Après ce premier contact, sans être trop démoralisés, blasés peut-être, nous nous dirigeons vers le quartier touristique de *Thamel,* au cachet indéniable. Dans ses ruelles circule une foule dense où se mêlent des charrettes et de robustes sherpas en short, pliés en deux sous un amoncellement de ballots de coton. Nous nous y échouons avec délectation, empruntant d'étroites galeries serrées entre de grands balcons découpés en dentelle de bois, débouchant par enchantement sur des esplanades où se dressent de magnifiques temples hindous et bouddhistes : *stûpas* aux grands yeux stupéfaits, et moult moulins à prières.

Lieu fécond de religion, d'histoire, et de tradition, le tourisme est venu s'y greffer plutôt plaisamment. Au fil des ans cette oasis gastronomique, ce lieu de rencontres et d'échanges entre voyageurs a été élevé à la hauteur d'une institution pour routards. Un cocktail équilibré entre les infrastructures touristiques (hôtels, restaurants, boutiques de souvenirs...) et l'authenticité népalaise (on n'échappe pas au sadhu attitré, pieuse mascotte aux 1001 clichés quotidiens et rémunérateurs, possédant sans doute - je ne serais pas surpris - une villa dans la banlieue de Katmandou). Cependant cette activité touristique a quelque peu été mise à mal ces dernières années par les coûts exorbitants des excursions, et par les phénomènes de mode entraînant les touristes vers d'autres pays d'Asie. Pour nous c'est un moment de détente et de réconfort. Nous goûtons avidement aux plaisirs gustatifs de Katmandou, et nous avalons des heures de sommeil dans une petite auberge très accueillante tenue par des exilés tibétains. Nous reprenons des forces avant d'aborder l'épreuve de l'Himalaya.

Notre principal souci à Katmandou est de savoir si nous allons pouvoir poursuivre comme prévu notre voyage vers le Tibet et la Chine. En effet, depuis les émeutes meurtrières qui ont secoué la capitale tibétaine en 1987, les voyages « en individuel » entre Katmandou et Lhassa restent théoriquement interdits, obligation étant faite d'être assisté par un guide. En fait les mesures de restriction envers les touristes se sont un peu assouplies au fil des années, et sur place les autorités ont tendance à fermer les yeux. En revanche, l'acquisition d'un visa chinois à Katmandou pose de sérieux problèmes, l'ambassade chinoise ne voulant traiter qu'avec les agences de voyages.

Nous partons donc à la chasse au visa dans les nombreuses agences patentées, mais nous déchantons très vite car les voyages organisés qu'elles nous proposent ne correspondent ni à notre soif de liberté (le vélo), ni à l'embonpoint de notre bourse (maigrelet). La plupart du temps la prestation comprend un aller-retour Katmandou Lhassa en avion, quatre jours, cinq personnes obligatoires, hôtel et visa compris : 5 200 F par personne ! Nous commençons à désespérer, allons-nous devoir faire l'impasse sur le Tibet ?

A force de chercher, parce que nous pouvons difficilement nous résigner à cette dernière éventualité, nous trouvons une agence qui nous fait une proposition plus raisonnable. Nous avons la possibilité de passer par la route, trois nuits à l'hôtel, visas et frais d'agence tout compris : 1 000 F. Cela reste toujours assez cher et le passage au Tibet à vélo demeure incertain, mais c'est ça ou faire demi-tour.

En fait, nous allons apprendre plus tard qu'il y avait un moyen plus économique pour franchir la frontière entre le Népal et la Chine. En effet, à l'époque, pour les douaniers chinois un touriste disposant d'un visa chinois suffisait largement, il n'était donc pas nécessaire de leur montrer une attestation estampillée par une agence de voyages. Toutefois le problème de l'obtention d'un visa à l'ambassade chinoise de Katmandou reste le même (il faut passer par une agence). Le plus simple donc, est de faire un visa chinois en Inde ou au Pakistan (en évitant de préciser que vous allez à vélo au Tibet). D'ailleurs, nous avons rencontré des Français qui, ayant obtenu leur visa chinois en France, n'ont eu aucune difficulté pour passer la frontière.

Deux semaines se sont écoulées depuis notre passage illégal au Népal. Notre hôtel ne nous ayant jamais réclamé nos passeports nous pourrions y rester éternellement. Mais, pour sortir du pays, nous avons besoin de papiers en règle. Cela serait idiot d'avoir fait tous ces efforts pour obtenir un visa chinois et de se retrouver bloqués à la frontière pour une broutille.

– Une broutille ! Vilains Français, est-ce que j'ai une tête de broutille ? La loi c'est la loi et vous serez punis, nous lance rageur un fonctionnaire des douanes à Katmandou.

– Mais...

– Il n'y a pas de " mais ", vous serez punis, punis, punis.

Silence administratif.

– Sauf si... nous tendons l'oreille. Sauf si vous m'apportez un justificatif pour me prouver que votre séjour au Népal n'a pas excédé les 15 jours réglementaires et qu'auparavant vous étiez bien en dehors du pays. Un document émis en Inde, tel qu'une facture d'hôtel fera l'affaire et je vous épargnerai une avalanche ruineuse d'amendes.

Voilà bien un langage de fonctionnaire, « justificatif », comme si nous avions gardé tous les morceaux de papiers inutiles dans la seule éventualité de nous tirer d'affaire lors de la traversée illégale d'une frontière ! Bureaucrates !

Enfin, il faut se plier aux exigences de l'inflexible douanier car il a raison. De retour à l'hôtel et en désespoir de cause, nous fouillons nos sacoches de fond en comble. Mais rien ! Pas une seule note de frais de pompiste, pas un seul récépissé de parking, pas une seule facture de blanchisserie... Nous sommes damnés, condamnés à payer les frais de notre négligence.

Mais en fait, nous la trouvons, la preuve. La preuve anecdotique, inattendue mais irréfutable : une pochette de tirages photos datée de l'Inde avec en prime un indice supplémentaire : Sur une de nos diapositives, qui représente la vue générale d'une rue indienne, on distingue un étalage de journaux datés du jour tandis qu'une horloge indique l'heure précise. Dès lors, c'est clair, nous n'étions pas au Népal à cette époque ; à vos loupes fonctionnaires népalais pointilleux.

Finalement les népalocrates acceptent hilares notre justificatif, sans même aller jusqu'à analyser notre preuve photographique. Puis, nous remplissons un nombre inouï de formulaires, et enfin, ils confisquent comme preuve notre pochette photo qui ira remplir le volumineux dossier des « *touristes frauduleux à bicyclette* ». Affaire classée !

9,81 : le point G du cyclo muletier. Loin d'être une source de plaisir, il est un de ces chiffres que la science, dans son infinie précision, a su mettre en avant pour calculer la force de la gravitation universelle. Que chaque corps soit irrémédiablement attiré vers le centre de la terre, cela ne fait aucun doute, et vouloir aller à l'encontre de cette évidence, c'est se heurter aux lois physiques universelles. A nous de te défier 9,81.

Pour l'heure nous sommes au fond, au creux, au pied du mur, écrasés par l'ampleur de notre défi. Katmandou est loin derrière. En deux jours, nous sommes descendus jusqu'au village de Dhulikel situé à 900 mètres d'altitude et à 60 kilomètres de la frontière tibétaine. C'est là que tout va commencer : 110 kilomètres d'ascension ininterrompue avant d'atteindre le sommet de notre premier col, le Lalung La à 5 124 mètres d'altitude.

Nous sommes détendus, un rien échaudés par notre dernière expédition himalayesque (nous avons passé une très mauvaise journée de mise à l'épreuve dans les montagnes environnantes de Katmandou, cassant notre matériel et notre moral sur des sentiers particulièrement récalcitrants). Mais je sais aussi par expérience qu'il est impossible de tout prévoir, et qu'il faut, avant tout, compter sur nos capacités d'adaptation et d'improvisation.

5.4.3.2.1. Zéro. Les deux héros de la pédalerie errante déclenchent le mécanisme de propulsion. Lentement les premiers maillons entraînent l'engrenage sophistiqué. Les genoux bien huilés se plient avec souplesse, les muscles des épaules se tendent, les bras tirent sur le guidon, les premiers efforts arrachent quelques centimètres à l'attraction terrestre. Ils sont lancés. Doucement. Ce qui compte avant tout, c'est qu'ils fassent un effort soutenu; la mise en orbite est encore loin : 4 224 mètres de dénivelé brut !

Don Quichotte existe, nous l'avons rencontré. Nous avons à peine parcouru 5 kilomètres lorsque nous voyons, dévalant la piste sur sa bicyclette, un hidalgo au chapeau large, la barbichette au vent. Vordi Fabregas Barbot de la Pobla de Segur (rien que ça!) originaire de Catalogne, a quitté le Pakistan depuis plusieurs mois, parcouru le Xigxiang, puis traversé tout le Tibet jusqu'à Lhassa, et doit terminer son périple à Katmandou.

Visiblement il est usé par le terrain. L'altitude et le contraste des températures ont tiré un trait lourd sur son visage élimé. Alors qu'il fait plus de 20 °C, il porte encore plusieurs couches de vêtements poussiéreux, vestiges vestimentaires des hauteurs glaciales. Il nous montre fièrement son bâton qui l'a maintes fois protégé contre les hordes de chiens sauvages. Nous le pressons de questions, impatients d'en savoir plus sur les mystères des hauts plateaux de l'Himalaya.

A cette évocation nous voyons briller un éclair dans ses yeux. Mais cet éclair s'éteint presque aussitôt comme une lueur de plaisir qui se serait éclipsée derrière l'usure du temps. Cela suffit, il en a marre, marre des grandes plaines majestueuses.

– Certes le désert c'est sublime, nous confie-t-il, une beauté pure, silencieuse, inoubliable, mais jour après jour, à trop en voir cela devient écœurant. On s'en lasse, et puis dans les steppes arides il n'y a rien à manger. Je me suis seulement nourri de tsampa et de pâtes instantanées et j'ai attrapé la guardia, un virus qui m'oblige à faire mes besoins à tout bout de champ... Non, cela suffit, ce fut une merveilleuse randonnée, mais maintenant j'ai hâte qu'elle se termine.

Avant de repartir pour un repos bien mérité vers les douceurs de Katmandou, il nous offre un petit dictionnaire Anglais/Chinois et des photos du Dalaï Lama, car, nous explique-t-il, les Tibétains harcèlent sans cesse les touristes afin d'obtenir des photos de leur maître. Il nous avise également de ne pas les distribuer à tort et à travers, seulement lors de grandes occasions. Nous sommes donc prévenus, pas de faux espoirs, la route va être belle mais difficile. Nous n'en attendions pas moins.

La journée s'achève en remontant en pente douce le cours tranquille du *Sun Kosi*, qui nous conduit, en fin d'après-midi, jusqu'à Kodari, dernier village népalais, situé à 1 873 mètres d'altitude.

Ce que nous apercevons derrière les barrières rouges et blanches du poste frontière nous glace soudain les mollets. Ca ne peut pas être ça : une muraille sombre et gigantesque, un rempart de roches et de verdure, en haut duquel - je ne sais comment - se trouve perché, accroché, placardé contre la falaise, plusieurs centaines de mètres en équilibre au-dessus du vide, un ensemble d'immeubles blancs scintillants et veillant, tels des gardiens éloignés mais fidèles, sur un empire céleste que l'on a surnommé l'empire du Milieu. C'est la ville de Zhangmu, un avant-poste de la Chine audacieuse et conquérante. Nous la voyons distante et narquoise, inaccessible pour le moins.

A cette heure avancée de la journée, la frontière est déjà fermée. Nous nous installons donc dans un gîte rustique (*lodge*), où font également halte plusieurs types de voyageurs qui dégringolent du Tibet. Il y a des alpinistes, équipés jusqu'aux dents, qui reviennent exténués des hauts plateaux après avoir échoué dans l'ascension d'un col himalayen. Parmi eux se trouve un cameraman (une expédition moderne digne de ce nom se doit de célébrer ses prouesses par un support médiatique) qui nous exprime avec franchise son ras le bol d'oxygène ! Complètent le tableau, une équipe de cyclotouristes suisses-allemands et un trio norvégien... Une vraie migration !

A chacune de ces rencontres, si furtives soient-elles, nous cherchons à tirer parti de nos expériences réciproques, et en l'occurrence, nous sommes tout particulièrement friands de la moindre information sur la Chine. Et là, justement, difficile de se faire une opinion, car rarement avons-nous recueilli autant de réactions contradictoires et passionnées sur un pays. Il y a ceux qui sont partis à la recherche d'une civilisation millénaire, mais qui reviennent déçus, voire dégoûtés par l'attitude matérialiste des Chinois. D'autres, instinctivement contestataires, à la dénonciation facile et consensuelle, mettent l'accent sur l'omniprésence d'un totalitarisme décadent. Certains, en revanche, sont enchantés par la diversité grandiose des paysages, par les singularités culturelles du pays, ou par la découverte des minorités. Tant de démesure dans les propos cadre mal avec l'esprit tout en nuances des Asiatiques, lequel, il est vrai, est très éloigné du tranchant cartésianisme des Occidentaux. Manifestement la Chine offre à boire ET à manger. Justement nous avons une fringale !

Premier Octobre 1994. Au commencement du jour dans le *no man's land* entre Kodari (Népal) et Zhangmu (Chine). Pour faire bonne mesure, la piste, inclinée dans le sens de la déraison, est massacrée par d'indomptables ruisseaux, et se révèle inaccessible aux transports en commun. Les touristes doivent emprunter des véhicules tout-terrain ou faire le trajet à pied. Nous-mêmes sommes forcés de poser le pied à l'eau et de pousser nos vélos à travers un torrent parsemé de grosses caillasses. C'est le 1er octobre, fête de la Révolution chinoise. Des militaires, en l'honneur de la patrie, se retrouvent de corvée à la réfection de la route. Pendant un instant, à notre vue, ils cessent de pelleter, mi-amusés, mi-perplexes, militaires.

Aïe ! Une douleur dans mon mollet gauche. Je commence à douter de mes capacités. Trop chargé, je songe que j'ai surestimé mes forces et que jamais je ne réussirai à atteindre le haut de ce fichu col, pas même cette première ville chinoise. Finalement, après avoir sué sang et eau, nous parvenons au fatidique poste-frontière. Mais après l'effort, c'est l'angoisse qui commence à nous tirailler, ne sachant pas si nous pourrons rentrer au Tibet et y voyager librement à vélo. En fait, les douaniers, affables et consciencieux, tamponnent nos passeports sans poser de question ; aucune fouille, aucune vérification pour savoir si nous voyageons par l'intermédiaire d'une agence de voyages. Nous sommes libres, libres de crapahuter en Chine.

Quelle aubaine ! Il nous faut une photo souvenir. Je commence à poser pour la postérité sous la banderole qui indique l'entrée de la Chine, quand un officier de police s'interpose. Il n'y a pas de mot pour dire « non » en chinois mais nous avons compris qu'il ne faut pas prendre de photo ici, c'est défendu, strictement pas bien.

– Allez, allez, circulez, crapahutez, y a rien à voir !

C'est notre premier jour en Chine, notre premier policier d'une longue série, alors nous sommes encore craintifs et obéissants.

– Allons mon frère, avançons et allons voir à quoi ressemble cette Chine...

41. KI KI SO SO !

Quelle horreur ! Impossible de voir en ce lieu autre chose qu'un refuge pour la racaille de la pire espèce. Ils sont laids, hideux, effrayants, couverts de crasse tel un crépi moyenâgeux. Les Tibétains, meute de crapauds aux visages rougeâtres et fripés, sont descendus des hauts plateaux sur la dernière marche de l'Empire, humer de leurs museaux, par-delà la vallée, ce petit air de liberté.

Les vagabonds errent dans la rue, leur dague dégainée accrochée à la ceinture, flanqués de femmes lourdaudes courbées sous le poids de leurs multiples couches de vêtements. A leurs pieds, dans leurs jupes, sortes de cuirasses de peau colorée et poussiéreuse, s'accroche une horde de gamins, ratons de suif, morveux jusqu'au menton, et la tignasse teigneuse. Leur dégaine, tout en excitant notre curiosité, nous inspire, pour le moment, plus de répugnance que de fascination. Alors, par une sorte d'instinct ancestral et xénophobe, nous cherchons refuge. La route se déroule en lacets vertigineux à flanc de précipice, au milieu de cabanes en bois et de bâtiments couverts de carrelage blanc incongru. Sans hésiter davantage, nous entrons dans un semblant de taverne.

Attablés, mal à l'aise, nous jetons un œil sur le menu et l'autre sur nos vélos que des brigands en vadrouille caressent et convoitent déjà comme de l'or. A la table d'à côté, deux voyageurs occidentaux discutent les prix avec un serveur chinois. Ils crient et s'offusquent des tarifs qui leur paraissent exorbitants. Hargneux et vindicatifs, ils se battent pour obtenir un rabais. Nous comprenons que c'est leur dernière ville chinoise, ils en ont déjà subi d'autres. L'expérience acquise les a rendus audacieux, intraitables et antipathiques, refoulant peut-être toute une accumulation de vexations avant d'entrer au « paradis » du Népal. D'ailleurs ils se libèrent vite et sortent du restaurant sans rien commander, trop excédés par l'insolence impassible de ce soi-disant « escroc ». Nous-mêmes, impressionnés par tant d'excitation et de haine, nous préférons quitter les lieux et trouver un endroit plus calme. Dans quelle galère sommes nous tombés ?

Nous nous accordons une nouvelle halte dans une autre gargote chinoise où nous disposons d'une vue dégagée sur nos vélos. Sans le savoir nous faisons connaissance avec nos premières chinoiseries : le maniement malhabile des baguettes, les plats de nouilles de riz, la boisson à l'orange et au miel *Jianlibao*, le décryptage hasardeux du menu... Pendant ce temps, un camion coincé par l'étroitesse de la route fait rugir son moteur, source d'émerveillement mécanique pour une flopée de durs à cuire tibétains toastés par le soleil de midi.

Depuis la ville de Zhangmu la piste grimpe dur. Nous y allons doucement, au rythme nonchalant du ruminant, ingurgitant la beauté des paysages himalayesques à base de sapins et de torrents bondissants. Notre halte du soir nous permet de faire le point sur nos provisions ; elles sont quasiment inexistantes, pas de lyophilisés, de soupes déshydratées, de barres énergétiques ou de chocolats moelleux. Dopés à la providence, nous nous ravitaillons au hasard de ce que nous livre le terrain. Une éthique qui ne semble pas correspondre à celle de ces deux bolides qui viennent de nous dépasser ; deux athlètes Autrichiens sur VTT en équipage léger partis affronter l'Himalaya en collectionneurs de cols. Chronomètre en main, deux minutes pour discuter, c'est bien assez, car ils se doivent de repartir, les muscles saillants, la queue de cheval au vent, courbés sur la piste du vélodrome, l'effort dans la vitesse, jusqu'au dernier souffle, l'esprit riveté sur leur futur et glorieux palmarès.

3 500 mètres, un cran de plus en altitude. Les conifères ont disparu et laissé place à une végétation devenue rase, piquetée de graminées en touffes et de bruyères grisâtres. Sur la piste sableuse qui monte en corniche, nous essayons de suivre à la trace les deux athlètes autrichiens mais un vent violent se lève et efface dans la poussière leur présence éphémère.

A partir de là, la nature reprend tous ses droits sur le monde des hommes. Commence pour eux le mal des montagnes (troubles divers liés à une ascension trop rapide). Les cultures disparaissent, la faune se montre discrète, et les hauts plateaux mal arrosés par les quelques rares pluies de la mousson se transforment en grandes plaines désertiques. Nous sommes à la lisière entre ces deux mondes. A la fois source de vie où jaillissent de la roche, comme autant de promesses vivifiantes, d'impressionnantes cascades d'eau glacée, tandis que sur les hauts sommets désolés courent, agités, à la vitesse d'un troupeau saisi de panique, de sombres nuages. Quelque force invisible paraît les étirer, les déchiqueter. Par moments l'un d'eux, n'y tenant plus, se détache, écartelé, pousse un dernier gémissement de fureur, puis, à bout de souffle, disparaît entre deux falaises.

Le lendemain matin nous arrivons à Nyalam, garnison chinoise, situé à 3 750 mètres d'altitude. C'est à Nyalam que nous allons à nouveau les rencontrer. Impossible de les manquer, par petits groupes dans le monde entier, les voyageurs du troisième âge sont sur les traces des baroudeurs. Ils en rêvent depuis longtemps, voyager, voir le monde en couleur, comme sur l'écran de télé, le relief de la vie en plus, avec ses odeurs suaves d'épices, ses couchers de soleil sur les plages de sable fin, ses monuments grandioses chargés d'histoire, et ses ruelles pavées de nostalgie. Les sexagénaires veulent voir par eux-mêmes, briser les barrières de leur village, verrouiller la porte de leur appartement, ne plus attendre le paradis comme ultime récompense. Ils ont sué toute leur vie, des années de labeur. « La maison est payée, disent-ils, les enfants se débrouillent, les petits-enfants sont adorables, enfin libres, c'est à notre tour, avec nos économies, une fois dans notre vie, de partir à l'autre bout du monde, c'est notre récompense, notre récompense, notre récompense... »

Ils sont donc là, une demi-douzaine d'Occidentaux assis au coin de la rue. Sans souffler mot, ils attendent un minibus tandis que les rayons de soleil claquent comme les lanières d'un fouet sur leur peau meurtrie. Une semaine au Tibet cela ne pardonne pas ; un soleil trop vif, une raréfaction d'oxygène, des conditions de voyage difficiles et les quinqua-dégénérés ont vu leur cure de jouvence se transformer en mur de souffrance.

Monsieur : La cinquantaine bedonnante, les mollets flageolants sous un short fleuri, les poils roussis, la carcasse lourde et avachie, la vidéo hi-8 Sony en bandoulière, et les yeux égarés dans la poussière, il cherche sa récompense.

Madame : Les cuisses charnues, potelées de cellulite, la poitrine flasque, étale un dixième tube de crème solaire (écran total force 1000 au beurre de carité) sur la surface rougeâtre et grillée de son visage. Toutes les cinq minutes, couche après couche, elle lève son museau au vent, et savoure sa récompense.

O vieillesse ironie : ils sont partis ivres de jeunesse rêvant aux ambiances sauvages des hauts plateaux, pour finir à bout de souffle en pitoyable gueule d'atmosphère. Mais, après tout, pourquoi pas, les vieux ont aussi le droit d'être jeunes et irresponsables. Vive les voyages !

A 4 000 mètres d'altitude, nous quittons le berceau du torrent et pénétrons dans un défilé étroit et profond, un couloir obscur au coeur de la montagne grise et rugueuse qui laisse entrevoir autre chose, plus grand, plus beau, inégalable nous le sentons. La pente est douce et peu à peu les murailles s'écartent devant nous, l'échancrure de la gorge s'ouvre en douceur, les arêtes de granit perdent de leur vivacité, les ombres vont mourir dans la poussière, puis soudain plus rien ne masque notre vue, les masses rocheuses ont disparu dans l'étendue, tout est écrasé par la clarté du ciel, écrasé par l'immensité de ce bleu pur et divin. La route monte encore, nous pouvons la suivre du regard, enlacée autour de vastes montagnes aux formes arrondies, encore 10 kilomètres et cela sera l'ultime consécration, notre premier col himalayen à 5 124 mètres d'altitude.

A cet instant, stimulés par l'approche imminente du *Lalung La*, objet de désir, nous voulons tout garder de ce paysage, chaque détail, chaque courbe, nous imprégner de toutes ces couleurs vives, boire cet air frais à pleins poumons, et conserver ce premier et dernier instant comme un souvenir éternel.

Cambrés sur nos petites reines, nous caressons les flancs ondulés des collines. Sous l'effet de l'altitude notre respiration devient plus forte, haletante. L'air vif enflamme nos poumons, mais à chaque coup de pédale c'est encore plus beau, encore plus bon. A l'horizon, profil gigantesque dans l'azur immaculé, un alignement de silhouettes blanches apparaît peu à peu derrière les rondeurs décolletées des hauts plateaux, tout à la fois sublimé par l'effort. Le Xixapanga (8 012 mètres) et le Gaurishankar (7 114 mètres), veilleurs majestueux de l'Himalaya, nous insufflent une volonté insoupçonnée d'arriver plus vite. Nous y sommes presque. Le vent devient glacial et nous saisit au détour des grandes courbes de la piste, quelques derniers coups de reins, les tempes palpitantes, nous voulons y être, nous y sommes, un cri et c'est fini : « *Ki ki so so* ! » (En tibétain : les dieux sont vainqueurs, les démons sont vaincus.)

Bordel de poésie, tout ça c'est bien gentil mais on se les caille douce en haut de ce col. Un vent violent glace mon appendice nasal, et je n'ai qu'une hâte, descendre et quitter ce royaume frigorichiant. Mais Philippe, un dur à refroidir, a une soif de contemplation qui me dépasse. Subjugué par le panorama, l'agoraphile s'extasie tel un bonze tibétain en pleine méditation, puis il veut dérober mon âme à l'aide de son appareil photographique. Alors je pose au milieu des monticules de pierres votives, des chiffons sacrés (*lupkas*) et des petits prospectus à prières qui volent à vau-vent dans l'espoir d'aller plus près des dieux. En attendant cela souille la terre, j'ai les oreilles qui brûlent, et l'ivresse des stratosphères qui me martèle le crâne. Mais qu'attend-t-il donc ? « Déclenche Philippe ! »

C'est une beauté sauvage, une beauté d'un autre genre et d'un autre âge, qui a jeté son dévolu sur Philippe qui ne veut pas le voir de cette oreille. Nous sommes à 4 800 mètres d'altitude, dans un hameau de cantonniers situé juste après notre premier col. La tenancière écoute complaisamment les commentaires déplacés d'une bande de Tibétains pure souche au regard louche de vieux briscards des montagnes. En leur compagnie nous avalons notre bol de riz tandis qu'ils découpent à l'aide de leur énorme poignard des tranches de viande de yak crue et de *pemmican* (viande séchée) qu'ils accompagnent d'une rasade de *tschang* (bière de riz et de millet), de thé salé baratté au beurre, et de *tsampa* (une farine d'orge grillée qui constitue leur nourriture de prédilection). Ils veulent que Philippe passe la nuit avec la tenancière. L'alcool et l'altitude mettent nos globules blancs et nos zygomatiques en effervescence, nous sommes tous pris par un fou rire irrésistible pour un sujet de blague universel. En fait les Tibétains sont plutôt sympas, laids mais sympas !

Cinquième jour au Tibet et énième crevaison. Cette fois-ci mon pneu déchiré fait éclater la chambre à air. Comble de l'imprévoyance, notre dernier boyau en état d'être gonflé est équipé d'une valve qui ne s'adapte pas à nos pompes !

Mais enfin, plutôt que de rester là, les bras ballants plantés devant la bêtise, j'insère la nouvelle chambre à air dans mon pneu, espérant, peut-être, qu'elle se gonflera par elle-même !

Toutes ces méchancetés se passent dans une large vallée alluviale encaissée entre deux pentes douces. Le silence est notre compagnon d'infortune, tandis que sur le glacis caillouteux résonne toujours imperturbable l'écho cinglant du soleil. Mais on devrait se méfier de ce désert qui dort, car au Tibet, plus qu'ailleurs, la substance est instable et fuyante. Chaque brin d'herbe, chaque pierre, chaque molécule est un atome de vie en ébullition, venue d'ailleurs, emportée dans les hautes sphères : poussière de Shakespeare, particule de Salvador Dali, atome du Bouddha, une infime partie d'eux-mêmes est peut-être éparpillée dans l'immensité tranquille de cette steppe, une trace insignifiante de leur esprit, qui, depuis des millénaires ou quelques secondes, attend le moindre tourbillon pour se soulever et insuffler son énergie sur quelques êtres vulnérables.

Nos sens s'habituent peu à peu au paysage qui ne paraît plus aussi désertique. Au loin, camouflés dans de profondes failles nous devinons des vestiges de fortins et à leurs pieds, enfouis dans le sable et le gravier, quelques amoncellements de pierres peuvent faire figure de village ; sombres caillasses, drapeaux de chiffons au vent, fossiles pétrifiés dans une âpre solitude. Puis notre regard s'accroche sur des ombres qui semblent vivantes et agitées. Une horde d'enfants emportée par la course et la frénésie de leurs cris sauvages se ruent dans notre direction.

Les misérables fondent sur nous comme un yak sur une touffe d'herbe. Leurs parents, craignant de voir s'évaporer leur âme fragile et volubile, les ont grimés de suie et de beurre, les rendant ainsi parfaitement repoussants et indésirables aux yeux des démons. Sales gamins, turbulents, moqueurs et chapardeurs. Mon tendeur ? Ils ont barboté mon tendeur. Ces mômes en tiennent une sacrée couche. Je déteste les enfants.

– Philippe montre leur que tu sais te servir d'un bâton. Les Chinois ont bien fait d'envahir ce pays de barbares !

Ma chambre à air enfin changée, il ne me reste plus qu'à la gonfler. Comme par hasard, sur la piste, à une centaine de mètres, est stationné un pick-up de cantonniers chinois et tibétains. Les ouvriers viennent d'achever leur repas, et digèrent, à moitié endormis, leur épaisse purée de tsampa. Ayant sollicité leur aide, sans enthousiasme ils dénichent au fond de leur coffre une vieille pompe à pied qui à l'instar de notre matériel a subi l'usure du temps. De fait, son absence d'étanchéité et de pression laisse mon pneu désespérément flasque.

Puis, comme si les événements devaient s'enchaîner avec la même logique implacable que dans un road movie, un motard tout droit sorti du Paris-Dakar apparaît dans un nuage de poussière, et se joint à notre petit groupe bigarré : deux pédaleurs errants accablés, des sauvageons en délire, et des cantonniers somnolents. Le motard, un Américain, barbu, poussiéreux, et associé à une escouade de touristes à moto, est rentré au Tibet sous la bonne garde de guides officiels chinois, une montagne de dollars et d'autorisations à l'appui.

Lui-même ne possède pas de pompe, mais, logistique sans faille oblige, un camion de ravitaillement, qui ferme la marche, peut nous être d'un grand secours. En fait, parmi leur volumineux équipement ils ne disposent que d'une pompe pour gonfler un canot pneumatique de sauvetage. En plein désert ? Sacrément bien organisés les aventuriers !

A tour de rôle on s'épuise pour gonfler mon pneu, mais leur jouet manque de pression. La mienne en revanche commence à monter. Je m'apprête à tout casser lorsque sur l'autoroute des baroudeurs un autre 4x4 pointe le bout de son capot. Un chauffeur couleur locale transporte un couple de belles gueules, Raybans étincelants, et grosses vestes d'alpinistes. A gauche, une blonde défraîchie au visage durci par l'attitude, à droite, un Marlboro-man au sourire condescendant :

– Alors mon petit gars tu fais du vélo au Tibet et t'es dans la merde, désolé on ne peut rien pour toi.

Merci, merci... Les guerriers de l'inutile sont venus au Tibet comme au supermarché des aventuriers. Ils viennent y goûter aux joies extrèmes de ce décor en carton-pâte, et jouer leur rôle de vedette sur un camp de base de l'Everest. Le Tibet n'est plus un lieu où l'on vit, c'est un théâtre d'opération. L'étoffe des héros, un tissu qui s'effiloche !

Pressés de quitter ce melting-pot au goût amer, nous nous remettons en selle. Les petites crapules bouddhistes en profitent pour nous poursuivre et nous jeter des cailloux assaisonnés par de terribles cris de guerre « Dalaï-Lama ! Dalaï-Lama ! » L'un de ces projectiles, lancé par l'une de ces sérénissimes andouilles, me frappe la quatorzième vertèbre ; ma vertèbre préférée...

Bon...

Il faut souffler. Les nerfs à vifs, nous nous arrêtons un peu plus loin pour le déjeuner. Au milieu de ces grands plateaux désertiques nous sommes livrés à nous-mêmes comme deux naufragés sur un radeau. Paradoxalement, la grandeur infinie des steppes réduit notre espace d'intimité. Plus d'échappatoire possible, le moindre problème mécanique, la moindre discussion prend des proportions ridicules. Tout là-haut, avouons-le, nous tombons bien bas, jusqu'à cracher nos tripes comme deux loups pris au collet. Philippe me traite de pédaleur amateur de pacotille. Je le déteste. La cohésion du binôme s'effrite. Mais, comme à chaque fois, une rasade de sommeil et une bonne Rustine psychologique ont vite fait de remédier à ces impondérables ravages et à ces égarements de l'esprit. Frères nous le sommes à vie.

Ainsi va la pédalerie errante, à travers des décors majestueux, aux tons doux, beiges, coupés d'un trait par un azur bleu éclatant et des horizons sans fin. La piste, longue saignée de sable, cahoteuse et ondulée, nous fait cruellement souffrir, mais nous prenons le temps de savourer le panorama, de faire de burlesques rencontres, et de respirer le grand air du Tibet.

A notre droite : l'appendice terrestre du monde, l'insurpassable gratte-ciel, le sommet des sommets, l'ultime limite supérieure de la terre ! Nous nous prosternons devant la face nord du Qomolangma « Déesse mère des neiges » et brandissons à sa gloire le Bruteul Trophy. L'Everest, 8 848,44 mètres au-dessus de la mer. Et pourtant, toutes proportions gardées, la croûte terrestre est plus lisse qu'une peau d'orange et, plus invraisemblable encore, plus soyeuse que la peau des fesses de ma sœur !

A notre gauche : Dans un paysage d'une austérité sublime, un auto-stoppeur, fantasque et lunaire, attend le passage improbable d'un véhicule. Puis, nous entrons dans Tingri, petit village fruste et base de départ des expéditions vers l'Everest. Deux voyageurs languissent là depuis trois jours, espérant être pris par un camion pour regagner Katmandou. Mais, sur ces hauts plateaux, les rares chauffeurs routiers demandent à être payés au prix fort (1F/km). Nous y faisons halte pour le déjeuner. Alanguis autour du poêle commun, notre repas de *momos* (gros raviolis à la viande de yak), est perturbé par l'un des voyageurs, qui, malade, gémit sur son matelas d'argent.

Droit devant nous : Une ribambelle de cyclistes. Jamais, de tout mon périple, je n'en ai croisés autant. Les VTT descendent un par un de Lhassa se livrer « aux forces écrasantes et indomptables de la nature ». Nous rencontrons une artiste peintre de Taïwan ; un duo nippon enchaîné à leur appareil photo ; une Américaine qui a pu regonfler mon pneu ; un Français esseulé (J.F. Gallien) avide de conversation ; un Autrichien armé de gros cailloux (précieuses munitions contre les chiens sauvages) ; un trio suisse, torses nus, incommodés par la chaleur (?!) ; un Anglais, mordu par un chien, qui tente de rejoindre Katmandou dans une folle course contre la rage... Ce chapelet incongru de cyclistes dévalorise quelque peu l'image que l'on se fait de notre défi. L'axe Katmandou-Lhassa ressemble davantage à une piste cyclable un peu rude qu'à une terre d'aventures !

Derrière nous : L'ascension particulièrement éprouvante du col de *Lak Pa*, situé à 5 252 mètres d'altitude. Une douleur sourde nous comprime le crâne, nous n'avons pas beaucoup de temps, le soleil va disparaître. En quelques minutes le versant du col passe de la grillade (15 °C le jour, ravivé par des rayons de soleil incisifs) au freezer (une chute brutale à moins 20 °C). Pour le bivouac, pas le temps de chercher une surface plane à l'abri du vent ou, selon notre habitude, de nous placer en position idéale pour attraper les premiers rayons de chaleur du soleil levant. Il faut se contenter de poser nos tentes sur le rebord galeux d'un torrent. En l'absence d'alcool à brûler et de bois - inexistant sur les hauts plateaux - nous avons toutes les peines du monde pour allumer notre feu, d'autant qu'il faut faire avec la raréfaction d'oxygène, et supporter l'air glacial qui s'engouffre en violentes bourrasques dans la brèche du ravin. Les quelques brindilles de buissons, glanées au hasard de la plaine, font un feu de joie bien tiède. Nous en sommes réduits à brûler la totalité de notre précieuse cargaison d'excréments d'animaux, composée de fiente sèche et de bouse de yak. Ce soir nos nouilles instantanées ont un petit goût relevé, si naturel et rustique !

Sous nous : Comme presque tous les matins une déficience rectale fait que je ne peux me contrôler plus de sept secondes, montre en main, entre le besoin de la réalisation et la réalisation du besoin. Il fait un froid glacial. La fermeture Eclair de la tente reste bêtement grippée. Mais pas le sphincter. Je panique. C'est déjà trop tard ! La catastrophe !

Et partout : Nous ne pouvons pas dire que la rencontre avec les villageois tibétains soit agréable ou de tout repos. A plusieurs reprises, on nous vole des bricoles : tendeurs, boissons, serviettes. Beaucoup font l'aumône ou réclament des photos du Dalaï Lama. Les enfants, armés de frondes, tirent sur nous comme au champ de foire. Philippe se fait presque violer par une horde de jeunes femmes délurées et moi-même, n'ayant pas eu ce plaisir, je vais jusqu'à frapper une fillette à coups de bâton, la poursuivant à travers champs, sous les regards amusés des parents indifférents ! Qui faut-il blâmer ? Les conquérants chinois qui exacerbent les mentalités par leur oppression, l'arrogante perversité du tourisme de masse, ou les traditions de brigandage, innées et ancestrales des Tibétains vis-à-vis des étrangers ?

Petit intermède historique : La Chine appartient-elle aux Tibétains ? Il faut savoir qu'au VIIe siècle de notre ère, les Tibétains sont quasiment les maîtres de la Chine. Un empire qui s'étend au Nord jusqu'à Xi'an, mais qui finit par décliner. Les barbares, manu militari, retournent se réfugier sur les hauts plateaux laissant les Chinois se développer en paix, le temps pour eux d'inventer le feu d'artifice, le papier-monnaie, le papier hygiénique, le casse-tête, et plein d'autres chinoiseries.

Les Tibétains se consacrent alors à une forme plus pacifique du pouvoir en s'intéressant à la religion. Ils mêlent habilement leur croyance chamaniste « *Bon* » au Bouddhisme introduit par les voyageurs venus de l'Inde au IIIe siècle. Tout va pour le mieux chez les meilleurs des Bons, lorsque des intégristes trop Bon, titillés par quelque faiblesse humaine, divisent ce courant en deux écoles : les bonnets rouges et les bonnets jaunes. Une différence de couleur et de doctrine, et c'est la guerre.

Au XVIIe siècle, alors que les Lamas jaunes finissent par établir une suprématie sur les Bonzes rouges, une autre peuplade de sauvages leur tombe dessus. Les Mongols, autrefois alliés, se font conquérants, mais pas pour longtemps, car les Chinois qui surveillent ce remue-ménage d'un très mauvais œil, viennent délivrer les oppressés en les oppressant à leur tour.

Ceci nous amène en 1911, où suite à un imbroglio entre la Russie, l'Angleterre et la Chine, dont je vous passerai les détails, le Tibet est à nouveau indépendant. Il se ferme de plus en plus au monde. Replié sur lui-même, inaccessible, mystérieux, le pays continue à vivre au Moyen Age, dirigé d'une manière théocratique et quasi dictatoriale par le Dalaï Lama, « le Dieu Roi ».

Les Chinois, qui entre-temps ont achevé leur révolution, décident en 1950, d'envahir en « libérateurs » ce pays « arriéré ». Le jeune Dalaï Lama, quatorzième du nom, négocie la paix en essayant de garder pour lui le contrôle politique, religieux et culturel du royaume. Bien sûr cela échoue. En 1959, il choisit l'exil, traverse l'Himalaya avec son trésor, et parvient à dos de yak en Inde, à Darhamsala, suivi par 80 000 fidèles.

Comme le dit lui-même le Dalaï Lama, les effets de la répression chinoise furent peut-être une juste punition face à leur isolement et à leur refus de suivre le cours de l'histoire. Quoi qu'il en soit cette répression fut sévère ; sur les 1 600 monastères que comptait le pays en 1959 il en reste seulement 10 en 1979. Les moines sont exécutés ou déportés dans des camps de travaux forcés, la population est muselée, le système agricole des communes populaires un désastre, de nombreuses femmes sont stérilisées, les villes détruites et reconstruites sur le modèle chinois, la culture tibétaine ignorée... En dépit de ce « génocide » des réformes récentes améliorent les conditions de vie des Tibétains. En 1980 la terre est redistribuée aux paysans, des écoles, des routes et des hôpitaux sont construits, des monastères restaurés. Le tourisme est à nouveau autorisé, les Tibétains peuvent rêver devant des postes de T.V. et acheter du shampooing. Beaucoup d'entre eux se laissent tenter par la modernité, et ceci au détriment de leur richesse culturelle. Cependant, pleurer sur la diversité perdue, n'est-ce pas un luxe d'Occidental ? Ce qui est différent, exotique ou traditionnel n'est pas forcément estimable. Bref, l'histoire continue son petit bonhomme de chemin. « Elle n'enseigne rien, car elle contient tout, et donne des exemples de tout. L'histoire justifie ce que l'on veut » (P. Valéry).

Notre entrée à Shigatsé, la deuxième plus grande ville du Tibet, est une déception. A la place de ce mysticisme tibétain auquel nous nous attendions, nous découvrons de larges avenues flanquées de buildings de pacotille, aux vitres bleues tape à l'œil, et revêtus de l'éternel carrelage blanc sanitaire des immeubles. Seul le Tashilhumpo, l'énorme monastère qui impose sa masse au-dessus de la ville, nous donne encore à penser que nous sommes bien au Tibet. Son toit d'or abritait plus de 4 000 moines, il en reste aujourd'hui près de 600, qui gardent avec fidélité un bouddha de 27 mètres de haut recouvert d'or.

Shigatsé, est le siège du Panchem Lama, la seconde personnalité religieuse après le Dalaï Lama. Emmené à Pékin dans les années soixante et étroitement surveillé par les autorités chinoises, il meurt en 1989. A partir de cette date, nombreux sont ceux qui attendaient des manifestations de sa réincarnation, en particulier les Chinois, plus hâtés qu'athées, qui ne voulaient pas laisser fuir ce nouveau chef spirituel. Ils décryptèrent donc avec une attention toute divine les oracles des grands lamas et, chose incroyable, les incroyants, les infidèles trouvèrent eux-mêmes l'heureux élu en la personne d'un jeune tibétain. A ce jour, le onzième Panchem Lama a disparu, probablement consigné à méditer dans un coin reculé sur les bienfaits du Petit Livre rouge.

Dans cette première ville chinoise nous avons notre première galère pour dégoter un hôtel. Refusés sans raison apparente dans une auberge tibétaine, puis dans un hôtel chinois, un autre trop cher, nous atterrissons finalement dans un grand hôtel touristique avec une chambre double à 40 F.

En dépit de son apparence un peu austère et des lourdeurs administratives du service, c'est pour nous un grand moment de réconfort après les nuits froides sous la tente et les relais rudimentaires que nous subissons depuis Katmandou. Nous savourons à nouveau les bienfaits d'un confort dit « artificiel » : sanitaires, douche, télévision, eau bouillante, thé, fauteuils et lits matelassés... merci Mao !

Le lendemain, aux premières heures du jour, Shigatsé s'ébroue, s'ingéniant à ne pas céder à l'engourdissement d'une ville de pionniers ramassée sur elle-même. Les colons chinois ont quitté leur ville surpeuplée, et ont immigré ici, alléchés par la perspective d'une terre ou d'une habitation qu'ils peuvent considérer comme la leur. Pour s'en convaincre, des hauts-parleurs débitent dans la rue des messages doctrinaux et des chants de variétés familiers. Les écoliers, un petit foulard rouge noué autour du cou (pour les meilleurs), croisent des soldats qui terminent en ordre serré leur footing matinal. Les boutiquiers qui ont passé la nuit enfouis dans leurs cartons de marchandises, émergent de leur épaisse parka bleue et ouvrent leur échoppe. Les fonctionnaires chinois, peu pressés d'aller servir la patrie, jettent un coup d'œil sur le dernier arrivage de téléphones portables en sirotant à petite gorgée leur bocal rempli de thé au jasmin. Une femme fluette et coquette, à la peau laiteuse, protégée des miasmes par un masque de chirurgien, gantée de cuir noir, et à l'ombre d'un chapeau de paille fleuri, pavane sur un VTT étincelant. Les infatigables tricoteuses sortent leurs grossières pelotes de laine et se mettent à l'ouvrage. Les poupées de soie, charmeuses de bars s'étirent, incrédules, et se raclent la gorge avant de mollarder sur le trottoir. Les meutes de chiens, exténués par une longue nuit d'errance et d'aboiements, s'affalent dans la poussière... Le bon vieux look des colonies !

Nous repartons dans l'après-midi, sur une piste interminable tracée au cordeau entre Shigatsé et Gyantsé. 93 kilomètres de tôle ondulée, exténuante de régularité, qui sape notre moral par de petites secousses brutales. Je ressens chaque soubresaut comme un coup de poignard dans mon foie fragile. Des cailloux lancés par des enfants frondeurs sifflent à nos oreilles. Mais les chants et la joie de vivre des anciens guerriers Khampas nous escortent. C'est le temps des récoltes. Les gerbes d'orge vannées, volent au vent, puis sont piétinées sous les sabots de robustes yaks, auréolés pour l'occasion d'un bouquet de pompons et de houppes rouges.

Enfin, à Gyantsé, et après les atermoiements habituels (suite à un refus dans un hôtel nous menaçons d'aller nous plaindre à la police ce qui fait bien rire le personnel), nous trouvons chaussures à nos pédales dans une sympathique auberge tibétaine, située à l'aplomb d'une falaise couronnée de fortifications élevées sous l'occupation anglaise.

Gyantsé est une des rares villes, peut-être la seule, qui a su préserver un charme tibétain. L'artère principale, longue et large avenue qui mène au monastère, est bordée de grandes maisons aux fenêtres colorées et de petits commerces à ciel ouvert où se vendent des batteries de casseroles en cuivre et des outils couverts par la rouille. Elle traverse également un marché à viande où d'énormes blocs de chair de yak, et de chevrotain, jonchent le sol, sans cesse convoités par les chiens errants.

Devant le temple, récemment restauré, des camions déversent, par villages entiers, une foule de pèlerins avec leur *tchouba* (large pelisse en peau) dévêtue d'une demi manche. Gagnés par une ferveur longtemps réprimée, ils se ruent dans les entrailles obscures de la pagode, puis à la lueur anémiée des lampes à beurre, les rustres bigots déroulent leurs offrandes aux pieds d'énormes statues de Bouddhas ventripotents et grimaçants, dont les oreilles aux lobes disproportionnés semblent alourdies à trop écouter les familles indisciplinées marmonner leurs mantras « *Om Mani Padme Um* » (Salut ô Joyau dans la fleur de lotus). Dehors, à l'entrée du Pango Chorten, la plus grande stoûpa du Tibet (32 m de haut), les visiteurs tournent les moulins à prières ; mécaniques spirituelles aux rouages grinçants, qui emportent dans l'onde claire des souhaits de vie meilleure et de protection divine.

Philippe, d'un naturel grimpeur, contourne le temple et escalade la montagne à l'assaut de la lamaserie. Trouvant portes ouvertes, il s'avance dans le cloître au milieu des moines regroupés pour leur séance de méditation. L'un d'eux, peintre traditionnel bouddhiste, invite le baroudeur barbu à partager le thé en compagnie d'un autre visiteur, un Belge, auteur de bandes dessinées, qui, sur les traces d'Hergé et du Yéti, effectue un repérage pour son prochain album. Tous les deux sont traités en pèlerins de marque, et achèvent leur visite par une session de recueillement autour de la couche du Dalaï Lama.

Col de Karo-la. Sous les lèvres d'un puissant glacier, nous atteignons les neiges éternelles. De son ventre s'écoule inlassablement un mince filet d'eau glacée ; une eau ruisselante de première vie qui s'abandonne pendant quelques instants sur un socle marécageux, puis, parvenue à son extrémité, hésitant entre deux pentes, se laisse glisser doucement vers l'un ou l'autre des versants. Le hasard la divise et l'entraîne vers des chemins séparés. Deux cours d'eau viennent de naître. Deviendront-ils petits ou grands ? Fleuve ou torrent ? Qu'importe, tous les deux sont attirés par une force irrésistible : Un destin de voyageur.

Le site du lac Yam Drok Yamtso surpasse en beauté tout ce que nous avons pu voir jusqu'à maintenant au Tibet. Le soir, nous campons sur ses rives, complètement subjugués par l'absolue pureté de l'éclat bleu de cette nappe d'eau gigantesque, corsetée dans une enceinte de rochers monochromes, et rehaussée par un tapis de lichen brun et rouge. Nous rencontrons un cavalier tibétain en cavale qui tente de rejoindre le Népal en franchissant la chaîne himalayenne (chaque année 4 000 Tibétains risquent leur vie pour rallier leur chef spirituel). Nous le renseignons sur les postes de police chinois qu'il doit absolument contourner, puis, lui souhaitant bonne chance nous partons à l'assaut de notre dernier col avant Lhassa.

En haut, entre deux *Tse* (autels de pierres empilées) et sous le regard sourcilleux d'un Himalaya souverain, LA récompense : une vue inoubliable sur le lac. Le reste du trajet n'est plus qu'une longue descente cahotante jusqu'à Lhassa. En 20 jours de piste au Tibet, nous avons parcouru 880 kilomètres, soit une moyenne de 44 kilomètres par jour (trois jours d'arrêt inclus).

INDE

Page précédente :
Porteuses d'eau.

1. Les pilotes des au
rickshaws, aussi déséq
librés que l'engin péta
dant... (page 248).

2. Un sadhu portant u
longue barbe aux allu
de druide contemple
profondeurs de la fo
(page 256).

3. et **4.** La journée s'ét
dans la campagne indie
ne. Nous sommes parf
ralentis par des nuées
vautours qui festoient s
les cadavres de vach
(page 253).

TIBET

1. Sur un talus, un bosquet lupkas claque au ver ensemençant les montagn de prières salvatrices (pa 300).

2. Barratage du beurre, agr menté d'une rasade de thé, consommé avec de la tsam (farine d'orge).

3. Profil du parcours au Tib

4. La masse rouge et blanc du Potala se profile au-dess de Lhassa, «l'assassiné (page 290).

CHINE

Pages suivantes : Laboura dans les rizières de Yangsh encadrées par des centain de collines verdoyantes ; pl loin, le radeau d'un pêche glisse doucement sur les ea miroitantes de la rivière (page 353).

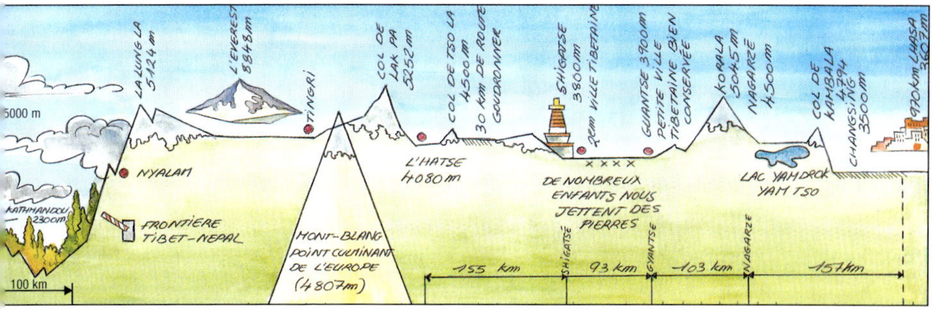
5000 m
KATHMANDOU 2300m
LA LUNG LA 5124 m
NYALAM
FRONTIÈRE TIBET-NEPAL
L'EVEREST 8848 m
TINGRI
MONT-BLANG POINT CULMINANT DE L'EUROPE (4807m)
COL DE LAK PA 5252 m
L'HATSE 4080 m
COL DE TSO LA 4500 m
30 km DE ROUTE GOUDRONNÉE
SHIGATSE 3800m 2ème VILLE TIBETAINE
DE NOMBREUX ENFANTS NOUS JETTENT DES PIERRES
GUANTSE 3900m PETITE VILLE TIBETAINE BIEN CONSERVÉE
KORALA 5045m
NAGARZÊ 4500m
LAC YAMDROK YAM TSO
COL DE KAMBALA 4794
CHANGSING 3500m
970km LHASA 3607m
100 km
155 km
SHIGATSÉ
93 km
GYANTSE
103 km
NAGARZE
157km

OK

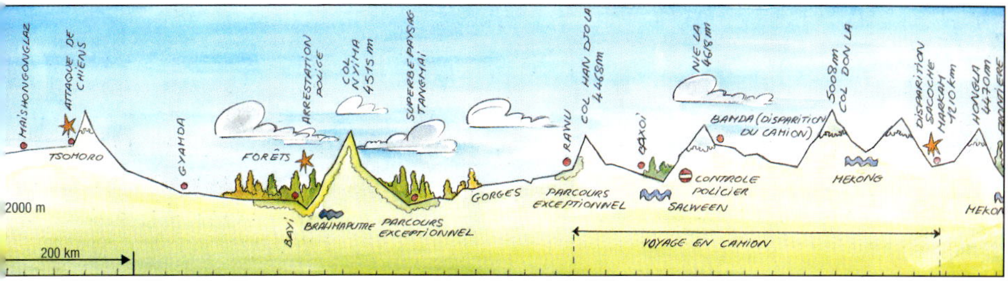
MAISHONGONGLAZ
ATTAQUE DE CHIENS
TSOMORO
GYAMDA
FORÊTS
ARRESTATION POLICE
BAYI
BRAHMAPUTRE
COL NYIMA 4515 m
SUPERBE PAYSAG TANGMAI
PARCOURS EXCEPTIONNEL
GORGES
2000 m
200 km
RAWU
COL HAN DJO LA 4468m
PARCOURS EXCEPTIONNEL
BAXOI
SALWEEN
NIE LA 4618 m
CONTROLE POLICIER
BANDA (DISPARITION DU CAMION)
5008m COL DON LA
MEKONG
DISPARITION SACOCHE MARKAM 1210 km
HONGLA 4470m
FRONTIERE
MEKON
VOYAGE EN CAMION

PHILIPPE
ALEXIS

Beautés de la nature : **Hong-kong** et la baie d'Along au **Viêt-nam.**

42. LHASSA L'ASSASSINÉE

« Mais où est-il, où est-il, où est-il ? » Nous l'avons aperçu de loin dans la distance. Le Potala, la citadelle imposante, le palais d'hiver du Dalaï Lama, le symbole d'un peuple. Puis nous l'avons perdu de vue dans la banlieue de Lhassa, derrière un alignement de bâtiments uniformes, gris et tristes. On se lamente « C'est ça Lhassa ? Une autre ville chinoise ? »

Nous sommes déjà engagés sur l'avenue principale qui traverse les faubourgs, lorsqu'une armée de coolies, à l'ouvrage sur la voirie, nous détourne de notre chemin vers les abords de la ville, au cœur d'une cimenterie débordante d'activité. Les minerais, directement extraits des collines environnantes, survolent la route sur des convoyeurs à bande, avant d'être engloutis par les tours d'extraction. Soudain une forte explosion déchire l'air au-dessus de nos têtes. La montagne fracassée s'éventre, libérant un épais nuage de poussière blanche. Des cailloux fusent et tombent sur la route à quelques mètres de nos bicyclettes. Il n'y a aucune mesure de sécurité, pas le temps, il faut du ciment pour construire ; construire la Chine jusqu'à l'asphyxie.

Un peu plus loin, comme le symbole d'un peuple moribond, deux énormes yaks gisent égorgés sur le sol. De leur cou noir écume par battements convulsifs le sang encore chaud, qui s'étale sur le sol, avant d'être absorbé, imprégné, digéré par la fine couche de chaux blanche de la cimenterie.

Enfin, nous quittons la banlieue, livrant nos pneus au moelleux du bitume des nouveaux quartiers. L'artère principale, sur laquelle roulent minibus et camions, est bordée par de larges pistes cyclables où circulent VTT fluos flambant neufs, vélos chinois *Flying Pigeon* et autres rickshaws. A un carrefour, une statue géante de deux travailleurs, dans le plus pur style réaliste socialiste, monte une garde emblématique, puis à un autre croisement, comme pour marquer la magnanimité des colonisateurs, surgit de l'enclume d'un forgeron exubérant, un énorme couple de yaks saillants et dorés. Jusqu'à la grande place du Jokhang le boom d'une modernité tape-à-l'œil s'inscrit sans discontinuer en lettres de néon sur des bâtiments carrelés, karaokés, night-clubs, restaurants enguirlandés, entrepôts et gargotes.

Puis, enfin, l'ombre chinoise du Potala se profile. La masse rouge et blanche est telle que nous l'imaginions, immense et impressionnante, avec une petite surprise cependant : la forteresse n'est pas sur la montagne à l'écart de la ville, mais se dresse fièrement sur le Mt. Marpori au centre même de l'agglomération.

Nous filons, sans mot dire, pressés de découvrir la partie tibétaine de la ville. Hélas, les grandes bâtisses à toit plat, en pyramide tronquée, et aux fenêtres entourées d'arabesques de bois peint, ont subi de plein fouet les outrages du rouleau compresseur chinois. Le quartier typique de Lhassa se réduit à quelques ruelles empreintes de nostalgie, cédant place peu à peu à une succession de bâtiments commerciaux aux allures de stands et de garages de banlieue, concédés à des prix avantageux aux nouveaux colons chinois. De fait, les Tibétains ne forment plus qu'un tiers des quelque 200 000 habitants que compte leur capitale historique. Le massacre, sous prétexte de modernisme et d'assainissement, est total et incompréhensible. Détruire cette architecture traditionnelle d'une grande beauté et en harmonie avec le paysage, pour élever à la place des blocs de béton hors contexte et laids, cela donne envie de pleurer et de crier : mais pourquoi tant de bennes ?

Cependant la ville déchue et déchirée est toujours là, et même si elle doit être ensevelie sous une couche terne et uniforme, il restera toujours au-dessus de l'immonde poussière cette bosse imposante comme un pied de nez aux autorités chinoises. Car le Potala, plus qu'un sommet parmi les merveilles du monde, est aussi le symbole d'une culture et le foyer vibrant de la haute spiritualité tibétaine. Sa renommée et la nécessité pour les Chinois de faire bonne figure auprès de l'opinion mondiale, lui assurent donc, pour le moment, une sorte de tranquillité, certes un peu artificielle et symbolique.

Nul Tibétain ne vient à Lhassa sans se rendre au Potala. Ouvert deux fois par semaine aux visiteurs locaux, nous allons les suivre dans leur procession. Le flot continu de pèlerins monte d'abord, haletants, d'extase en extase, jusqu'en haut de la colline pour aller se compresser en une foule compacte dans la grande cour d'entrée du palais. Heureusement pour nous, touristes d'un naturel moins patient, la générosité intéressée et pragmatique des Chinois va nous faire bénéficier, moyennant un tarif préférentiel exorbitant, d'un passe-droit passablement moins tortueux et suffocant. Nous contournons donc la cohue, grimpons en haut d'une échelle, puis, par une petite porte dérobée, et non sans une certaine jubilation, nous pénétrons dans les entrailles, que dis-je, dans les profondeurs du nombril même du Potala.

Ha ! Je m'exclame, Potala, burlesque évocation de mon enfance. Je... Oui... Ha ! Ho ! J'ai à peine le temps de reprendre mon souffle et d'admirer l'œil froid des caméras de surveillance, que nous sommes déjà entraînés dans un labyrinthe de boyaux imprégnés d'odeurs tenaces de musc et de beurre de yak fondu. On avance dans la pénombre sous des poutres ancestrales. On piétine de salle en salle, passant du Palais Rouge destiné aux cérémonies religieuses, au Palais Blanc, la résidence du Dalaï Lama. On trépigne au pied de son lit puis devant son bureau de travail où repose sous une couche de poussière un magazine étranger arborant en couverture une photo du Dalaï Lama dans une rencontre au sommet avec le Pape ! Pas le temps de nous émouvoir, le train trépidant des fidèles nous bouscule de l'avant.

Le passage à l'étage supérieur s'effectue par un escalier droit, sorte d'échelle de meunier, dont l'étroitesse et la pente très raide, agissent comme un véritable goulot d'étranglement. Nous y sommes comprimés en bas, enserrés parmi le frou-frou des rugueuses pelisses en peau de yak. Dans la bousculade, les membres de chaque famille, regroupés en un noyau compact, se cramponnent les uns aux autres par leurs longues tresses, telle une cordée de villageois unis et patauds. Ca tasse, mais ça passe !

Rassemblés dans les salles des prières, les fidèles psalmodient, marmonnent, rient et se prosternent devant une alignée de grands *Boddhisatvas* de bronze et d'or, tout couverts de *kata* (foulard cérémonial en soie qui enveloppe les dons des fidèles). Certains moines évoquent sans retenue les saccages exécutés par les Chinois (statues en or fondues et remplacées par des copies...) discours complaisamment écouté par des touristes alléchés, d'autant plus qu'il apporte une eau déjà abondante à leur moulin d'indignation. Les intellectuels occidentaux s'offusquent à satiété, y allant de leur rengaine mondialiste bien pensante, tandis que le peuple martyrisé, visiblement heureux d'être là, implore bonté et miséricorde divine. Chacun sa méthode.

Ce soir là nous soupons dans une obscure taverne tibétaine. Attablés à la lueur d'une bougie, notre attention se cristallise d'abord sur notre platée impressionnante de victuailles, avant d'être attirée, au-delà des portes ouvertes à tout vent, par une foule de pèlerins tibétains pelotonnés pour la nuit sur la banquise glaciale de la cour. D'autres, plus fortunés, assis à nos côtés sur des tabourets, braillards et édentés, titubent d'ivresse. Une vieille femme, aux allures de bonzesse clochardisée, rôde autour des tables en jouant du tourniquet. Sur le trottoir, un groupe de moinillons, le nez collé contre le verre froid des carreaux, reluquent les restes de nos bols. Un jeune touriste apitoyé se lève et tend sa gamelle aux mendiants, qui se jettent comme un seul animal sur sa maigre pitance. Pauvre Tibet !

Confrontés une fois de plus à l'expiration de nos visas, il faut se rendre dans les bureaux du service du P.S.B. (Police Security Bureau). Cependant, les inspecteurs chargés des prorogations ont vite fait de flairer l'entourloupe. Cela ne fait pas l'ombre d'un pli, nous sommes venus individuellement jusqu'à Lhassa à vélo sans être conduits par un guide. C'est très défendu ! Alors, jusqu'à nouvel ordre, nous sommes consignés à notre hôtel, et nos passeports sont confisqués.

Le lendemain matin, après une longue nuit d'angoisse, nous sommes de nouveau au poste de police. Et là, contre toute attente, le blâme retombe sur notre agence de voyages qui a fauté dans ses fonctions d'organisateur. Non seulement, aux yeux des autorités, nous sommes blancs comme soja, mais dans la foulée, ils prolongent nos visas d'un mois supplémentaire (contrairement aux 2 semaines d'usage), nous autorisant par ailleurs à poursuivre notre voyage à vélo jusqu'en Chine ! C'est presque le nirvana, à ceci près qu'ils nous obligent à repartir vers Goldmund, dans le nord du Tibet, nous défendant expressément de crapahuter vers les contrées du sud. Nous feignons de répondre favorablement à leur exigence. Les routes du nord nous attendent... A travers d'interminables plateaux... Et l'hiver qui approche... Et le risque de se faire amputer les doigts par le gel... Ben voyons !

43. PLAIE BOY

Notre sang bouillonne d'exaltation, à la mesure de notre défi insensé : un mois de voyage à travers des territoires interdits (le nord nous attend toujours !) Encore plus haut au fond de l'inconnu, nous allons nous frotter à la virginité du Tibet. C'est notre choix cette route défendue, vers de sombres forêts qui palpitent encore sous les pioches des pionniers, vers les grands fleuves de l'Asie qui zèbrent en de profondes vallées tout l'Est de l'Himalaya. Nous sommes des intrus, ivres de curiosité, qui voulons braver ce monde égaré.

Cependant un voyage à vélo, à travers une province recluse, présente des difficultés très sérieuses. Les rigueurs de l'hiver approchent et peuvent, à tout moment, nous surprendre et nous figer en haut d'un col. Les éboulements et les glissements de terrain, très fréquents, peuvent nous emporter au fond d'un précipice, et la route embourbée devenir impraticable. Mais parmi tous les périls possibles et imaginables il en est un qui nous paraît inévitable et auquel il va falloir nous soustraire en usant de toute la ruse, la patience et l'implacable volonté du pédaleur errant. C'est le péril vert, vert comme l'uniforme de la police, les empêcheurs de tourner librement le pédalier, les gardiens du temple céleste, toujours prêts à bondir sur nous autres, curieux envahisseurs, et à nous extirper le goût de crapahuter en paix. Bref nous risquons d'être refoulés *manu militari* et de payer d'affligeantes amendes fixées arbitrairement à la tête déconfite de la victime.

Or justement, en ce deuxième jour de tribulations depuis Lhassa, la tête de Philippe commence à ressembler à celle d'une victime. Victime de la guardia, ce gardien virulent des hauts plateaux toujours prompt à terrasser les grands voyageurs. Alors plutôt que de poursuivre jusqu'à l'épuisement, nous faisons halte en début d'après-midi au village de Tsomoro très typé tibétain.

Le hameau, constitué d'une dizaine de maisons de tourbe et de bois, sert de relais aux chauffeurs de camions. Nous y rencontrons nos derniers touristes du Tibet : un couple de trekkers anglais qui projettent de faire une balade au royaume du Yarlung en compagnie d'un villageois et de sa mule.

Nous profitons de l'après-midi pour visiter l'école. Dans ce bâtiment en pierre, le seul du village à être alimenté en électricité, trois instituteurs enseignent quelques rudiments de lecture (mandarin et tibétain) à une centaine d'élèves descendus des montagnes environnantes, pleins de courage et de volonté. L'éloignement des familles et l'absence de transports en commun obligent la plupart des enfants à loger dans la classe pendant plusieurs semaines d'affilée.

La nuit, expéditive, achève d'isoler, dans une obscurité glacée, les baraques en tourbe du village. Nous prenons refuge dans une auberge rabougrie, assis sur de larges banquettes, sous le plafond bas, près d'un poêle gonflé d'une chaleur pétillante. Nous sommes rassemblés, touristes et Tibétains à la lueur vacillante d'une lampe à beurre, serrés entre les cloisons terreuses, écrasés par les odeurs de grand-mère, de sève et de peau tannée. Le tuyau percé du poêle libère des fumerolles au parfum de bouses qui caressent les poutrelles où se balancent des boyaux séchés de sangliers. Rustre et agréable confort. Le chef de clan avec son poignard tranche des parts de saucisson noir. Ha ! Quel délice de pouvoir déchirer à pleines dents cette viande séchée et granuleuse, de tremper ces rondelles de graisse dans les pommes de terre éclatées, encore fumantes et gorgées de beurre fondu ! Le genre de souvenir rustique qui me fait, aujourd'hui encore, trembler d'émotion.

Puis, afin de satisfaire un besoin naturel, je sors sous la voûte éclaboussée d'étoiles. Accroupi derrière les baraques ébranlées, la brise glaciale mord toutes les parties dévêtues de mon corps. Derrière moi, j'entends les chiens sauvages grommeler dans les détritus, et les corbeaux, croassants et sautillants, épousseter leurs voiles noirs dans les ténèbres.

Avant que ces charognes ne me confondent avec un os funéraire, je me précipite plein de frissons à l'intérieur de notre dortoir où m'attendent Philippe et les deux autres voyageurs. Je cherche un bâton pour bloquer la porte qui ferme mal, et là, dans un sursaut, je les vois toutes les deux, au pied de mon lit, deux énormes têtes de yak, décapitées, reposant sur la terre battue du sol, assoupies dans leur crinière sombre, ébouriffées, encore humides de sang et de graisse ; macabres trophées aux yeux révulsés !

Je m'enroule dans de lourdes couettes, sur les planches disjointes qui servent de lit, banquette et sarcophage. Les grelottements de Philippe, camouflé sous son bonnet de laine tiré jusqu'au menton, se mêlent aux murmures des deux britanniques, amants en thermolactyl, qui corps contre corps, se réchauffent de leurs chauds baisers.

« Vite soufflons la lampe !

Vilaine nuit pleine de frissons !

Têtes effrayantes, ténèbres cous coupés ! »

*

29 octobre 1994, il est midi, un soleil cruel frappe à coups redoublés sur les collines dénudées. Comme d'habitude, nous avons besoin d'eau chaude pour préparer notre rébarbative portion de pâtes instantanées. Aussi, nous poussons un soupir de soulagement, lorsque des premiers contreforts du col, engoncée dans la pierraille, une masure un peu triste, mais ô combien providentielle, se présente.

La bicoque, entourée d'un muret, se dresse à une centaine de mètres de la piste. L'endroit, balayé par une brise silencieuse, semble désert, et seul un chien noir, à l'attache, somnole devant l'entrée. Je promène sur la colline un regard indifférent, n'accordant qu'un intérêt limité aux deux gros chiens jaunes terreux étalés sur une carpette de cailloux. Vision habituelle au Tibet que ces chiens errants, faméliques dogues à poil ras, qui jusqu'alors se sont révélés plus bêtes et mollasses que méchants et agressifs. C'est donc sans aucune appréhension que je fais mes premiers pas, mon jerrycan à la main, en route pour le plein d'eau chaude.

J'arrive à mi-chemin, lorsque le chien enchaîné, alerté par ma présence, se cabre sur ses pattes arrière en crachant ses tripes. Les deux autres se dressent à leur tour, ralliés par un troisième larron jusque-là dissimulé par la butte. En dépit de leurs grognements qui redoublent de violence, je continue d'avancer. Puis, soudain, comme si le signal de la mise à mort venait d'être lancé, les molosses se jettent en bas de la pente tout droit vers leur future victime. Voulant encore croire qu'ils bluffent, que ce n'est guère plus qu'une mise à l'épreuve de ma détermination, je poursuis, impavide, mon chemin face à la meute.

Dans un souffle les trois gueules acérées bondissent sur ma chétive carcasse. Un chien croque dans ma main gauche, un autre plonge ses crocs dans la chair de mon mollet droit. La peur me saisit, si forte et si soudaine, d'être déchiqueté vivant, mourir peut-être. Je me débats, recule et assomme les charognards avec mon bidon. Il faut que je reste debout, ne pas tomber. Mais l'un des fauves ne me lâche pas et m'enfonce jusqu'à l'os ses puissantes incisives. Gibier aux abois, je fixe Philippe d'un regard suppliant. Il ramasse une poignée de cailloux et les lance sur les bêtes. Mais, dans l'agitation de la curée, ses lancers manquent cruellement de précision, et demeurent d'autant plus inefficaces que les chiens, aveuglés par leur instinct sauvage, ne lâcheront prise pour rien au monde.

Surgit alors, de l'autre côté du muret, un jeune homme. Il siffle quelques cris étranges qu'il accompagne de jets de pierres. Les trois dogues cessent aussitôt leur manège, me laissant, titubant, le cœur en déroute, courir jusqu'à la ferme.

A l'intérieur, je suis accueilli par une famille de Tibétains rassemblés autour d'un fourneau. Tandis que mon sang pisse sur le sol battu, ils me font signe de m'asseoir, et tranquillement, sans affolement, la matrone essuie mes plaies à l'aide d'un coton filandreux imbibé d'un liquide épais et noirâtre sorti tout droit d'une fiole de derrière les fagots. Dès les premiers soins, dès que cela est plus propre et moins impressionnant, je constate les dégâts : Ma main lacérée, souffre de quelques blessures bénignes, en revanche mon mollet, plus sévèrement atteint, porte distinctement les stigmates profonds des canines. Mais plus que la douleur, somme toute assez supportable, une peur bien plus grande me dévore.

La rage, maladie mortelle et incurable. Je ne réalise pas encore très bien les conséquences de mon intrépide bêtise, encore trop heureux de ne pas avoir été dépecé vivant. Mes hôtes se veulent rassurants. Non je ne vais pas mourir, semblent-ils me faire comprendre. Pourtant, par précaution ils insistent pour que j'avale leurs petites boulettes de médecine traditionnelle : pastilles plâtreuses, et sombres pépites curatives aux allures de crottes de boucs !

Je remplis mon jerrycan d'eau bouillante, remercie mes hôtes par un flot de gestes, et sors pour rejoindre Philippe qui, armé de cailloux jusqu'aux dents, fait les cent pas devant les bicyclettes. Les chiens ont filé doux. Nous les imitons, nous arrêtant un peu plus loin, pressé que je suis de pouvoir jeter un œil sur la rubrique médicale de mon guide de voyage :

« La rage : On prétend que la rage est encore présente dans certaines régions du Tibet... Le temps d'incubation, avant l'apparition des premiers symptômes, peut varier de dix jours à un an ! » J'avale ma salive, il me reste dix jours à vivre, ou, dans le meilleur des cas, un an d'angoisse ! « Lentement le mal atteint le système nerveux, puis la victime est prise de douloureux spasmes autour de la gorge ; boire de l'eau devient impossible, et le malade meurt dans d'atroces souffrances après une paralysie totale des muscles respiratoires » Glup !

Philippe, me voyant glupir, veut me mettre un peu de baume au cœur. Il prétend que les Tibétains auraient réagi avec plus d'inquiétude s'il y avait eu un réel danger. Je fais mine d'être d'accord, mais franchement, au fond de moi, j'angoisse.

S'ouvrent alors devant nous deux solutions : retourner à Lhassa pour me faire soigner et vacciner, ou alors parvenir jusqu'à la prochaine ville avant dix jours en espérant y trouver un vaccin. La grande faiblesse des pédaleurs errants c'est de toujours aller de l'avant. Alors, la brise aidant, nous détalons d'un léger tour de roue, poursuivant notre épopée, comme deux vieux fous enragés...

*

Nous allons ainsi jusqu'au gros bourg de Gombgyamda, dont l'importance doit logiquement garantir la présence d'un médecin. Un rassemblement de curieux, qui s'est formé sur nos roues, nous guide jusqu'au dispensaire médical.

L'infirmerie, composée d'une pièce spartiate et peu soignée, est tenue par trois infirmières et un docteur, tous Chinois. Dans l'un des trois lits il y a un militaire, la mine défaite, couché en chien de fusil, et sous perfusion, alors qu'une foule de malades tibétains se serrent sur un banc en attendant le diagnostic de ces étranges sorciers en robe blanche.

En observant les Tibétains nous nous disons qu'une fois de plus la nature s'est jouée de l'homme. Le climat, les sombres forêts, les conditions moyenâgeuses, tout cela a imposé aux gens du cru une étrange manière de se vêtir. Les époques et les lieux s'entrechoquent dans notre mémoire, comme si nous étions soudainement transportés dans un village au cœur de la forêt de Sherwood, entourés par une bande de Robin des bois ! La ressemblance est saisissante, rien ne manque à la tenue : le petit chapeau pointu surmonté d'une plume, la veste verte à manches courtes, les bottines en cuir, un cuissard de cavalier, et un ceinturon ; la parfaite panoplie du justicier bucolique !

– Répondez-moi docteur, vais-je mourir, yes or no ?

Le docteur reste impassible devant mes supplications. Face à son anglais balbutiant j'ai un mal fou à lui faire comprendre que deux molosses ont mêlé leurs miasmes mortels à mon nectar de pédaleur errant. Finalement, réagissant plus par réflexe professionnel que par rapport à la clarté de mes propos, il consent à m'examiner.

Au milieu d'un rassemblement de Tibétains ébahis, le docteur palpe de ses mains expertes mon mollet contus, puis annonce son diagnostic, court, tranchant et sans appel : « *meiyou* ! » (y'a pas). Selon lui je n'ai pas la rage. Mais en fait, derrière cette affirmation péremptoire se cache une réalité bien plus crue : je n'ai pas la rage, car... il n'a pas de vaccin pour me soigner ! La logique chinoise dans toute sa splendeur.

Je le mordrais bien ce docteur et son diagnostic à la sauce *meiyou*. Je veux en avoir le cœur net et voilà qu'avec ses manières d'y toucher il me fait une belle jambe ! Non, j'ai besoin de certitude. Quitte à ce que les premiers symptômes se manifestent, je préfère reporter à trois jours ma prochaine visite médicale, le temps de rejoindre la prochaine grande ville dotée d'un hôpital.

Dans l'attente du pire, autant profiter du meilleur. Près du marché, en plein air, nous défions deux Chinois au snooker sur des tables bancales au tapis en charpie. Après quoi nous gobichonnons à grands frais, chez un sympathique arnaqueur, nous gavant comme des gens dont une longue route vient d'aiguiser l'appétit, remplissant notre estomac au-delà de ce qu'il peut contenir de porc, de choux et de champignons. Pour compenser la cupidité de l'aubergiste, un fabricant de roues de charrettes nous offre gracieusement 1,5 kilo de tsampa. Puis, sans nous retourner, repus, et pleins d'entrain, nous chaussons les étriers, et droit devant - Philippe le chapeau qui fend la brise, et moi le mollet à peine apaisé - nous nous jetons sur la piste ensablée.

Depuis Lhassa, et après le passage du col de Mashon La situé à 5 000 mètres d'altitude, la piste descend tout en nuances le long de la rivière Gyamda. La vallée dévoile un aspect du Tibet jusque-là ignoré. Ici règnent en maîtres de profondes forêts de sapins et de feuillus, alors que les villageois tibétains, souriants et accueillants ont remplacé les colons chinois, que l'isolement des lieux a rendu moins téméraires.

Après avoir longtemps serpenté sous les bois à l'aspect riant, une pluie fine et glaciale amorce la fin du jour, et nous pousse à conclure rapidement notre étape. Peu enclins à faire du camping sauvage dans les forêts humides ou sur les versants érodés de la vallée, nous portons nos espoirs d'hébergement sur un relais de cantonniers comme il s'en trouve dispersés sur la piste tous les 10 kilomètres. Ces chaumières, généralement partagées par une famille de colons chinois et de locaux tibétains, nous avaient en maintes occasions rendu service. Aujourd'hui, hélas, les uns comme les autres, gênés par notre présence, refusent de nous héberger.

Mais la chance, souriante et avenante, s'est manifestée autrement et de la plus belle manière qui soit : *Sri*, car c'est son nom, une Tibétaine de 20 ans, tout à fait radieuse dans sa robe noire brodée de fils rouges, les pommettes si fraîches et luisantes, accepte de nous escorter dans son village. Qu'importe que le chemin fortement escarpé soit hérissé de pierrailles et qu'il nous arrache nos dernières forces, nous sommes sur un nuage de béatitude.

Son hameau, blotti sous les chênes piquetés de feuilles d'or, effleure, robuste comme un bloc de granit, le flanc âpre de la montagne. Sur un talus, un bosquet de *lupkas* (oriflammes) claque au vent, ensemençant les montagnes de prières salvatrices. Les gamins, qui poussent des jouets en fil de fer tordu, courent après nous et nous apostrophent de mille clameurs de bienvenue.

Sri nous conduit jusqu'à la plus grande maison du village, où, toujours aussi accorte, elle prend congé de nous. La bâtisse est typiquement tibétaine, avec ses fenêtres trapézoïdales disposées sur une façade blanc cassé. Le rez-de-chaussée sert de grange et d'entrepôt, tandis que l'étage ressemble à un gigantesque loft rustique quadrillé de cloisons en bois.

Nous nous installons dans la pièce principale, faisant cercle autour d'un grand fourneau qui crépite généreusement. La grand-mère, pliée en deux sous le poids de l'habitude, remplit sans arrêt nos bols d'un thé pâteux au beurre de yak. Le maître des lieux, et notable du village, gagne sa croûte comme chauffeur routier. Sa femme, coiffée de longues tresses, semblable à une indienne d'Amérique, mitonne silencieusement le repas dans d'éclatants chaudrons de cuivre. Son frère, flottant dans un costume gris taillé à la chinoise, essaie de communiquer avec nous. Deux enfants s'amusent à se faire peur en tirant sur la barbe de Philippe. Complète l'assemblée un simple d'esprit, sourd et muet, qui s'acquitte du repas en tournant inlassablement le moulin à prières portatif.

Ce qui nous frappe d'emblée, dans cette bâtisse, c'est l'absence quasi totale d'objets contemporains. Nous nous amusons à chercher un indice qui puisse nous convaincre que nous ne sommes pas au Moyen Age. Peine perdue, tous les objets, de bois rustique ou de fer, peuvent être ancestraux. Seul aspect de la modernité : une pendule accrochée sur un antique calendrier, comme un rappel incongru que le temps passe, mais que, en réalité, rien ne change.

Après une nuit fraîche passée dans l'entrepôt, parmi des sacs d'orge pilée, des pommes de terre et des selles de mulets, nous ingurgitons notre ration de boulettes de tsampa. Et là, quelle n'est pas notre surprise. Par l'entrebâillement d'une fenêtre, nous voyons tomber nos premiers flocons de neige tibétains. L'hiver approche et nous sommes pleins d'inquiétude. Mais cela ne dure pas. Une heure plus tard, les nuages, tels des écharpes de soie blanche, glissent doucement sur la peau bleue du ciel.

Elle nous attend en bas de la colline, Sri et son sourire de cristal. Toute la nuit nous avons rêvé d'elle. Deux aventuriers, éperdus de reconnaissance, confus, qui veulent dire des choses, ou rien peut-être, avec des mots vides de sens, mais cela n'a pas d'importance car nos regards, eux, savent parler le langage universel de la tendresse et de l'amitié.

Puis prétentieusement, nous voulons conserver son image comme un souvenir. Deux Occidentaux qui veulent voler son âme. Elle ne veut pas. Vierge et divine elle nous dit non. Alors, le cœur endolori, nous la quittons plus seuls encore.

Heureux, quand même, nous nous en allons sur un chemin ensablé finement poudré de neige. Le soleil brille tiède à travers les branchages écarlates des feuillus. Nous embrassons du regard toute la vallée enflammée par les couleurs de l'automne. Au-delà du fleuve et des collines, les montagnes et leurs cimes coiffées de neige percent l'azur bleu du ciel comme des épées de fer-blanc. Vaste et évanescente féerie d'un paradis perdu, c'est trop beau !

Après coup, on se dit que nous sommes passés à côté de tout, que nous n'avons jamais rien vu, à peine imaginé que cela pouvait exister, que nous avons voyagé prétendument blasés, pleins d'orgueil et de fierté, à peine plus émus qu'un yak apathique, et, un matin, parce qu'un peu de neige saupoudre des arbres en feu, commence « l'immensité de la vie ! »

44. LA CAVALE DES FRÈRES LERET

« Ha ! Je déraille, mille millions de Bruteul de Bruteul ! » vient de cracher une énième fois Philippe en colère contre sa monture récalcitrante. Car ces derniers temps, un peu comme nous tous, son vélo paie un lourd tribut aux divinités malfaisantes de la montagne. La chaîne et le pignon, dents et maillons rongés par la boue et le sable, engrènent dans le vide, et Philippe sans lésiner sur ses efforts, doit hisser son fardeau jusqu'en haut des buttes à la déclivité devenue trop raide. Pour ma part, ce sont mes pneu matiques qui me mènent la vie molle. Depuis Lhassa, je roule sur des pneus rafistolés avec des lanières en peau de yak. Si, à l'usage ce cuir s'avère increvable et résistant, en revanche, destin farceur, le pneu se déchire ailleurs. Bref, nous avançons à qui mieux mieux, Philippe usant à satiété ses souliers et moi ressemelant sans relâche mes pneus lacérés.

Face à ces tracasseries mécaniques et considérant mon état de santé en sursis, nous décidons, de concert, mais non sans une certaine hésitation - car il y a un risque d'être arrêté par la police - de remettre un peu les choses en ordre à Bayi, la prochaine grande ville. Là, espérons-nous, je vais pouvoir me faire soigner, et Philippe, sa mutine de bicyclette !

Nous sommes comme deux vieilles fripouilles, la peau endurcie sous une couche craquelante de poussière, qui, de leur Far-Ouest, retournent anxieux vers une civilisation de pacotille. Nous avançons prudemment sous les ombres tranchantes d'abominables tours de carrelage blanc. L'avenue goudronnée se déploie en largesse inutile. La ville dort du sommeil du juste et les quelques Chinois éparpillés ici et là ne prêtent aucune attention à notre intrusion.

Et pourtant, leurs regards nous pèsent lourd. Nous sommes envahis par un sentiment de culpabilité et nos cœurs tremblent comme deux escrocs avant leur méfait. C'est sûr, une de ces racailles va nous dénoncer. Mais comment passer inaperçus avec 50 kilos de barda sur des bicyclettes d'un autre âge ? Alors, nous avançons.

Une enfilade de gargotes défile devant nos yeux tandis qu'une odeur piquante de friture ranime nos papilles gustatives. La prudence nous recommande de ne pas nous attarder, mais après nos mornes repas de tsampa, notre capacité de résistance se délaie vite par péché de gourmandise. Nous dissimulons nos vélos à l'ombre d'un arbre, puis nous nous glissons furtivement dans un semblant de resto où l'on sert une appétissante soupe de *jiao zi* (gros raviolis). Nous faisons bombance, l'inquiétude se dissipant peu à peu dans notre côlon intestinal. Une fois rassasiés, notre anxiété a complètement disparu et c'est pleins d'assurance que nous nous dirigeons vers l'hôpital, comme si nous étions soudain devenus invisibles.

Bayi, petite ville de 30 000 habitants créée de toute pièce autour d'un camp militaire, et située à 2 500 mètres d'altitude, au climat plus doux que Lhassa, est, paraît-il, destinée à devenir la nouvelle capitale provinciale. Au premier abord, l'importance de son hôpital nous réconforte, mais nous devons vite déchanter : le hall d'entrée est désert, les longs couloirs, ouverts à tous vents, résonnent comme dans une administration fantôme, tandis que des fenêtres brisées donnent sur des chambres vides. Moins qu'une ruine ou un hôpital à l'abandon, c'est en fait un bâtiment neuf trop vaste à ce jour mais susceptible d'accueillir à l'avenir un déferlement de nouveaux colons maladifs. Il paraît d'autant plus inoccupé que c'est l'heure du déjeuner, où, en l'absence d'un quelconque médecin il faut prendre soin de ne pas tomber malade. Seul, un gardien un peu nerveux nous implore de quitter les lieux et de repousser notre visite - agonie ou pas - en début d'après-midi.

Nous mettons ce contretemps à profit pour réparer le porte-bagages estropié du vélo de Philippe. Puis nous cherchons un nouveau pignon, poussant nos imprudentes investigations jusque dans les grands magasins d'Etat du centre ville. Notre hardiesse nous a rendus à ce point inconscients que par une espèce de vanité puérile nous ne cherchons même pas à nous dissimuler des policiers qui rôdent sur l'avenue. Enfin, sans rien avoir trouvé de satisfaisant, nous retournons à l'hôpital.

Un docteur, d'un air réjoui, m'accueille et me conduit à l'étage. Limité par un anglais rudimentaire, il s'aide patiemment d'un dictionnaire d'où il sort que « non », je ne suis pas contaminé car, à cette époque de l'année, prétend-t-il, la puissance du soleil annihile les effets de la rage ! Ses explications sont pour le moins vagues et emberlificotées. Mais c'est à prendre ou à laisser. Je le remercie par une énergique poignée de main puis, le sourire aux lèvres, je m'en vais rejoindre Philippe qui se prélasse, impassible à l'ombre de son chapeau de cow-boy, dans le hall d'entrée parmi une poignée de malades tibétains.

Cependant, comme nous allons l'apprendre par la suite, dès que nous franchissons le seuil de l'hôpital, le docteur, qui m'a si chaleureusement réconforté à coups de soleil antirabique, empoigne son combiné téléphonique, et à mi-voix, tel un collabo tout heureux de dénoncer un compatriote, révèle tout ce qu'il sait aux policiers du district. A l'autre bout du fil le capitaine jubile, les deux hors-la-loi à pédales sont venus se jeter naïvement dans son fief. Il n'y a plus qu'à les cueillir. Alors, calmement, avec son supérieur en civil, ils sortent de leur bureau, s'installent dans un side-car bleu et blanc, et démarrent en trombe dans les rues de Bayi. La chasse aux pédaleurs errants est lancée.

Nous ne nous doutons de rien, pauvres de nous, créatures innocentes qui, au lieu de repartir aussi sec se réfugier dans les forêts sauvages, se sont bêtement attardées. Oh ! Non pas par nécessité mais par faiblesse. Nous appartenons à ces drogués du « p'tit déj », ceux à qui il faut du café pour survivre, faute de quoi, ce sont des journées entières, gâchées par les maux de tête, la mauvaise humeur et le manque de caféine. C'est pourquoi nous papillonnons frénétiquement de boutique en boutique dans l'espoir d'y trouver notre sainte drogue. Et c'est juste au moment où nous mettons la main sur un lot entier de café moulu, que les agents du P.S.B. nous tombent dessus.

4 novembre 1994. C'en est fait des frères Leret après 400 kilomètres de tribulations en cachette au cœur d'un territoire interdit ; Serge déchiqueté par des molosses enragés ; Philippe désabusé par la défaillance de son matériel ; tous deux dénoncés par un médecin méchant malgré lui, puis, par amour du café, se retrouvant pieds et pédales liés entre les griffes du P.S.B. ! Non, vraiment, chienne de vie !

« Accusés, asseyez-vous ! » Ainsi commence l'interrogatoire dans une petite pièce du *Public Security Bureau for Aliens* de Bayi. La phrase a été prononcée par le capitaine sur un ton calme et affable. C'est un homme de forte carrure (pour un Chinois), il a une allure engageante, sympathique, rien de belliqueux ni de militaire. Il parle l'anglais. Poli à la limite de la gaucherie, il s'empresse de remplir nos tasses de thé tout en écoutant avec un intérêt admiratif le récit de notre odyssée. A l'inverse, son supérieur civil ne connaît ni l'anglais ni le sourire et nos exploits le laissent froid. De lui viennent tous les dangers.

Au bout d'une heure, le capitaine, après avoir obtenu de nous le maximum d'informations, semble retarder sans cesse le moment fatidique où il devra trancher sur notre sort. Car c'est logique, il faut punir notre audace, on ne circule pas impunément en territoire chinois interdit. Nous savons que dans de telles circonstances, nous pouvons perdre gros. Nous avons entendu parler de la boulimie de certains policiers à verbaliser le touriste en lui soutirant des sommes exorbitantes. Un voyageur autrichien, que nous avons croisé, s'est vu, sans autre forme de procès, confisquer son vélo, tandis que des Japonais ont eu à payer l'équivalent de plusieurs milliers de francs d'amende. Nous nous attendons donc à tout !

Après maintes hésitations, le verdict tombe : 60 F d'amende chacun et retour obligatoire en bus à Lhassa. Nous poussons presque un ouf de soulagement. Presque, car si le montant de l'amende reste symbolique, en revanche le retour à Lhassa est un rude coup au moral. Cela signifie que nous allons devoir voyager au Nord de la Chine en plein hiver, et probablement emprunter des transports en commun pendant des milliers de kilomètres. Mais le plus dur à avaler, c'est en fait le constat d'échec après tant d'aventures et de difficultés.

Nous nous obstinons alors en nous heurtant de front à leur « juste droit ». C'est une erreur car, plus qu'une confrontation entre des forces de l'ordre qui tentent de faire respecter une loi et des bourlingueurs qui veulent voyager librement, il s'agit en fait d'un choc entre deux cultures. Pour nous, c'est tout ou rien, continuer ou périr ! L'esprit chinois préfère, lui, les accommodements au conflit, les compromis à l'affrontement. Vouloir à tout prix l'emporter sur nos « adversaires » en les menaçant d'intervention auprès de l'ambassade française ou en montrant un entêtement excessif, c'est leur faire perdre la face et les placer dans une situation sans issue.

L'après-midi se distille méchamment. Nous nous obstinons comme deux petits chiens hargneux, défendant pied à pied nos intérêts. Enfin, après plusieurs tasses de thé, lessivés, essorés, moulus, nous nous résignons à retourner à Lhassa. En contrepartie, l'officier, par mansuétude ou par cynisme, jette un peu de lest, réduisant l'amende à 30 F chacun.

Les dernières lueurs du jour s'accrochent sur l'asphalte gris. Nous suivons le side car bleu et blanc jusqu'à l'autogare de Bayi. Le guichet est fermé et le prochain car ne part que le lendemain matin. Nous demandons alors aux deux officiers l'autorisation de repartir à vélo jusqu'à Lhassa. Ils ont toujours nos passeports et hésitent à nous les rendre, imaginant très bien de quoi nous pouvons être capables. Mais eux aussi sont fatigués. Alors, de guerre lasse, le chef nous tend nos documents et nous prévient :

– Retournez à Lhassa mais, en aucun cas m'entendez-vous, vous ne devez poursuivre votre chemin. Tous les postes de police des prochaines agglomérations ont été avertis. Si je vous rattrape, cette fois-ci, ce seront vos vélos que je confisquerai !

Il est deux heures du matin. Nous sommes dans une chambre du dortoir de l'autogare, la sonnerie de la montre de Philippe ne nous réveille pas en sursaut pour la bonne raison que nous sommes seulement assoupis, tout habillés, trop anxieux de connaître la tournure, tragique ou heureuse, des prochains événements ; fin prêts à nous évader, à nous envoler vers la liberté, loin de Bayi et de son Alcatraz.

Ce ne fut pas une décision facile à prendre. Nous avions toujours à l'esprit les menaces de l'officier. Et si c'était vrai ? Et si nous nous faisons intercepter aux prochains barrages ? Malgré tout, notre décision est prise : au nom de la pédalerie errante, il faut, quoiqu'il advienne, continuer notre chemin !

Le gardien de l'autogare, sans doute avisé par la police, doit nous surveiller. Une grande vigilance s'impose donc, ne rien laisser au hasard. Dans un dernier briefing, à haute voix, je parcoure la liste de notre matériel d'évasion :

– Lampe frontale... Torche... Vêtements sombres... Cagoule... Courage... Angoisse...

Philippe, avec l'assurance du bagnard qui prémédite depuis de longues années son escapade, me répond :

– Ouais ! Ouais ! Ouais ! Ouais ! Ouais ! Ouais ça ouais !

– Alors, filons d'ici !

Dès nos premiers pas, malgré la minutie de nos préparatifs, il advient ce qu'il advient toujours en pareil cas, comme dans tous les films d'évasion, la porte se met à grincer ! D'un grincement aigu qui se diffuse aux quatre coins des ténèbres. Tandis que l'écho résonne dans le couloir, une première goutte de sueur glisse sous nos aisselles. Par chance, le gardien dort profondément, préférant garder son corps bien au chaud près de sa femme.

A 2 h 05, nous sommes dehors, sains et saufs, près de l'autogare, perdus à l'autre bout de la ville, ou quelque part, on ne sait pas trop où.

Au hasard, sur la pointe des pneus, nous partons droit vers le centre ville. La nuit enveloppe tout dans son linceul et, seuls, les lampadaires de l'avenue principale projettent dans la ville déserte une lumière fade et orangée. Déboussolés, nous ne savons toujours pas quelle direction prendre lorsque, dans une rue adjacente, nous apercevons un homme et deux femmes sortant d'un véhicule. L'homme crie et chante en vacillant. C'est un jeune fêtard titubant d'ivresse.

Nous nous approchons de lui et dans un parfait « petit nègre » chinois je le questionne :

– Jeune homme, auriez-vous l'amabilité de nous indiquer la direction ?

Le temps que le cerveau du joyeux drille, baigné dans l'alcool de riz, réagisse et nous dissocie de deux pandas roses, il nous répond le plus naturellement du monde :

– C'est par là ! Pointant son doigt dans une direction assez imprécise.

Puis, apprenant que nous venons de France, il se met à chanter, la voix éraillée par l'alcool, mais avec l'entrain d'un soliste dépravé :

– *Faguo, Faguo, l'ariguo, l'ariguo...* (Français, Français, la rirette, la rirette...) ou quelque chose du même tonneau.

Devant ses élucubrations, nous ne pensons qu'une chose : « Mais qu'il se taise, qu'il laisse les évadés s'évader. Non mais, quelle poisse ! » Et nous repartons sur l'avenue, désemparés, laissant les cris de l'ivrogne mourir dans le caniveau.

Après ça, vous allez rire, nous croisons deux sentinelles, deux geôliers noctambules qui, torche en main, inspectent le moindre signe suspect dans la ville endormie. Or, justement nous sommes suspects, très suspects. Faut-il prendre la fuite et risquer de nous faire tirer dans le dos ? Je sais, j'exagère, mais tout de même, c'est bien ennuyeux. Alors, nous rusons. Nous nous approchons d'eux le plus naturellement du monde (comme si deux énergumènes étrangers sur leurs bicyclettes, en pleine nuit dans une ville chinoise interdite, pouvaient paraître naturels !) et je leur demande dans la langue du coin :

– Lhassa, je vous prie ?

Sont-ils, sous le coup de la surprise, instinctivement serviables ou cherchent-ils seulement à éviter les questions qui attirent les ennuis ? Quoi qu'il en soit, l'un d'eux soulève aussitôt sa matraque en plastique blindé et la pointe dans la direction où il faut qu'ils croient que nous allons. Nous nous courbons de gratitude, « *Chié-chié, chié-chié* » (merci, merci). Et comme par miracle, quelques minutes plus tard, le chemin caillouteux de la liberté défile sous nos pneus !

Mais les ennuis ne cessent pas pour autant (on manque d'expérience quand on s'évade). Notre matériel d'évasion chinois est de médiocre qualité (excusez le pléonasme). La torche de Philippe, équipée de deux piles *Fire Bird* (oiseau de feu) de 1,5 volt, à bout d'énergie, nous laisse dans une dangereuse obscurité. Alors, tous feux éteints, la tête pleine de regrets de nos dynamos depuis longtemps jetées aux ordures, nous découvrons comment la nuit peut être noire, noire, mais noire !

Pendant 2 ou 3 kilomètres, la piste surplombe les abords de la ville, et, dans le lointain relatif de la nuit, amorce une grande courbe autour de l'agglomération. Nous passons devant quelques cabanes non éclairées. Un chien se met à aboyer comme s'il voulait cracher tous les boyaux de ses entrailles. Nous sommes presque sortis de l'agglomération lorsque, devant nous, sous le halo circulaire d'un projecteur suspendu à la façade d'une grande maison, une ombre se glisse furtivement.

Nous posons le pied à terre. Que faire ? Cela ressemble à un poste de contrôle dressé à l'entrée de la ville. Et si les gardiens ont été prévenus de notre échappée ? Nos regards se croisent. Philippe peut lire dans mes yeux. Depuis sa naissance, il sait que nous sommes frères, frères par le sang, frères face au danger, frères dans l'adversité. Alors, d'un battement de cils, car cela suffit, il donne le signal du départ. Coûte que coûte, il faut passer.

En quelques secondes, nos ombres s'étirent dans la lumière du projecteur pour disparaître à nouveau dans la froide obscurité de la piste. Nous sommes passés. Il n'y avait personne, pas même un yéti !

Une heure plus tard, ma lampe frontale, équipée de quatre piles 1,5 volts *Moon Rabit* (lapin de lune), s'éclipse à son tour. C'est bien dommage car la piste est un désordre de crevasses, d'ornières de sable et de cailloux. Envahi par la fatigue, je perds l'équilibre et tombe sous mon vélo. Cent mètres plus loin je m'effondre à nouveau, m'écrasant comme une crêpe molle au fond d'un fossé. Je me relève et retombe un peu plus loin, encore et encore. Ivre de fatigue, groggy, je ne tiens plus sur mon vélo, comme si le fait d'avoir quitté notre prison avait soudain libéré toute la tension accumulée, une tension qui m'avait jusqu'alors soutenu, annihilant toute peur et toute fatigue. J'obtiens de Philippe, encore fringant, de faire une pause. Trente minutes de sommeil plus tard, mes accus rechargés, je me déhanche de plus belle sur ma selle.

Peu à peu, la piste s'élève sur le flanc de la vallée. Elle semble hésiter entre deux chemins, repartir fièrement à la conquête des hauts plateaux ou s'abandonner une dernière fois au confort de la ville de Nyingchi, à 20 kilomètres de Bayi, dont nous apercevons les scintillements dans la nuit. Mais la piste nous ressemble, d'humeur vagabonde, elle préfère s'enrouler dans les tourmentes du relief plutôt que de sombrer dans un matelas d'asphalte et de béton. Alors, comme une complice, elle nous entraîne et nous guide dans l'obscurité.

Au détour d'une colline boisée, sur les rives étroites d'un impétueux torrent qui se jette en contrebas dans le Brahmapourtre, l'air se fait soudain plus vif et glacial. Il dévale la montagne comme un avertissement de ce qui nous attend. C'est ainsi. Nous avons quitté l'hostilité humaine pour celle de la nature, puissante sans être arbitraire, cruelle sans être injuste, farouche sans être vicieuse. C'est notre éternel engagement contre la nature et les hommes.

Il est six heures du matin, l'aurore déborde des crêtes des montagnes. A bout de fatigue, nous nous cachons derrière des buissons dans une dépression humide, tourbeuse et marécageuse, à proximité d'un hameau de cantonniers. Nous attendons avec impatience les premiers étirements du soleil, les premiers rayons de vie dans le cœur assoupi des ouvriers. Puis, comme deux bêtes traquées - engourdies par le froid, hésitantes et muselées par la peur - nous sortons de notre tanière, espérant trouver dans le hameau un peu de chaleur et de réconfort.

Ses occupants viennent à peine de se réveiller. Cependant ils nous réservent un bon accueil à base de tsampa, de thé beurré et de sourires généreux. Seuls, leurs cochons manquent de savoir-vivre : tandis que nous nous réchauffons autour du poêle, les porcs, guidés par leur infaillible odorat, enfoncent leurs groins boueux dans mes sacoches et engloutissent la moitié de notre lingot de beurre !

Vers huit heures, nous sommes de retour sur la piste, à une trentaine de kilomètres de Bayi. Nous pensons avoir pris suffisamment d'avance sur d'éventuels poursuivants, mais le plus dur reste à faire, franchir un col, et non des moindres. Car depuis quelques jours nous sommes descendus bien bas (moins de 2 500 mètres, et le sommet du col flirte avec les 5 000 mètres). Pour se mettre à l'abri des policiers il faudrait le franchir dans la journée. Mais, est-ce bien raisonnable, vu notre état de fatigue ?

Ce n'est donc l'affaire que d'une demi-heure de lente ascension, avant que l'on ne succombe aux commodités d'un camion. Je m'installe à l'avant dans la cabine tandis que Philippe se retrouve dans la benne vide avec les vélos. Le jeune chauffeur roule à vive allure sur une route en lacets qui monte plus haut que notre imagination, à travers un paysage d'une majesté sans nom, et nous dépose 60 kilomètres plus loin dans un village de cabanes en rondins habitées par des bûcherons endurcis.

Avec Philippe, passablement secoué et frigorifié, nous y mangeons à notre faim. Dans l'après-midi, nous reprenons notre chemin, toujours autant, sinon plus encore, subjugués par la beauté des paysages. Le soir, nous montons notre campement, camouflés derrière un rideau de bambous, cachés quelque part, nulle part, loin de tous, seuls, fiers, heureux, grisés par notre succès, et courbés sous le poids de la liberté.

Ainsi, alors que la mauvaise fortune continue à nous jeter dans les situations les plus saugrenues, l'attrait de la liberté et de l'inconnu prend à nouveau possession de nous. Il a une saveur de danger cet attrait de l'inconnu par ces premières journées de cavale au cœur d'un automne glacial comme un hiver. Il a une forte odeur de traquenard, d'insécurité et de détresse, et pourtant, chaque coup de pédale nous transporte au-delà de ce que l'œil peut imaginer de beau, de parfait et de sublime.

En une nuit, nous avons rompu les liens avec le monde des hommes, soumis seulement aux intempéries et aux entraves du relief, livrés sans défense à toutes les incertitudes d'une fuite en avant. Seuls, pleins de vaillance et d'innocence, nous acceptons notre douce peine dans le suprême combat contre l'interdit, et l'irréductible force de la nature...

Aujourd'hui, c'est la piste qui disparaît dans un vaste champ de galets, submergée par la fonte d'un glacier. Nous trébuchons, nous glissons, de l'eau glacée jusqu'aux genoux, mais nous passons. Un peu plus loin, c'est un glissement de terrain qui a emporté notre petit sentier, fendu par des tonnes de boue rougeâtre, écrasé par des blocs de granit gigantesques qui, tels des météorites, ont sombré dans un cratère d'herbes folles et de sapins agonisants. Nous avançons encore, dans la boue, dans le sable, l'estomac blasé par la platitude de nos repas : pâtes instantanées *Rourongmian*, biscuits de survie *n*°75 de l'armée, bouillie tiède de tsampa. Nous allons même jusqu'à ronger les restes de viande sur la demi-tête fendue d'un cochon noir offert par des cantonniers tibétains !

Nous avançons encore. Rejetés ici par un Chinois suspicieux à qui nous avons demandé un peu de chaleur pour une nuit dans son auberge, un peu de chaleur pour les vagabonds que nous sommes et qui, la tête basse, repartent planter leurs tentes, en pleine nuit au hasard des fourrés couverts de givre et d'épines. Mais nous avançons.

Nous avançons toujours en évitant les hommes, les villes et les villages. Il n'y a pour nous ni confort, ni bonne compagnie, ni temps pour recoudre les chaussures déchirées de Philippe, ni médecin pour soigner mes diarrhées, ni visée, ni désir de conquête ou de dépassement de soi auquel on croit en lisant des récits d'aventures, bien calé dans un fauteuil épais. Nous sommes simplement effacés derrière notre voyage et notre envie de fuir. En cavale, livrés à nous-mêmes, à nos excès d'humeur, puissants et fragiles comme une chaîne qui a la force de son maillon le plus faible. Car pour un rien, nous sommes capables de traîner jusque dans la poussière nos pires instincts de férocité fraternelle. Mais, toujours, la nature superbe est là pour nous réconcilier.

Ainsi ce soir, à bout de nerfs, au bord du précipice, je sombre avec Philippe dans une colère puérile. Mais la nature, qui nous épie, nous rattrape et nous gifle somptueusement. Nous en restons muets, bouche-bée, assommés, ridicules. Nous sommes debout à l'extrémité d'un ravin terrible et profond, bordé de bambous et de lianes. Notre haine s'évanouit aussitôt à la vue du paysage. De l'autre côté de la gorge, sur la falaise, comme une longue fente sur un rideau de verdure, une fine cascade transperce une langue de brume, éparpille les feuilles de l'automne et glisse imperceptiblement dans l'eau calme et turquoise de la rivière. Quelques remous viennent lécher un banc de sable blanc tahitien tandis que de grands papillons multicolores apportent une dernière touche au ciel serein et aux montagnes immaculées.

A cet endroit, soudain redevenus frères, et cultivant en nous cette part de sauvage et ce goût ancestral du paradis perdu, nous installons notre bivouac. Nous voulons encore téter ce qu'il y a de plus beau au monde, sucer jusqu'à la dernière goutte le suc de ses mamelles. Mais c'est une mère sévère, imprévisible, jamais attendrie par les larmes de joie ou de douleur de ses enfants. Elle exige qu'ils deviennent plus forts encore, elle veut les serrer dans ses bras amoureux jusqu'à ce qu'ils étouffent.

Et, le lendemain, la neige se met à tomber. Les forêts et la végétation disparaissent et nous nous enfonçons dans le sol entre deux murailles de granit. Pendant deux jours entiers, au fond de cette longue gorge enténébrée, nous ne voyons plus que le bleu du ciel et le gris des roches. Maman est fatiguée et nous également, fatigués de subir la dure inflexibilité de la nature.

45. SECOUEZ, SECOUEZ-MOI !

Ce sont les meilleurs clichés qui restent. Pour celui-ci comme pour d'autres, une fraction de seconde suffit. Je suis suspendu parmi des particules de sang coagulé dans un ramassis de souillures d'épidermes et d'affreux petits poils noirs, secoué comme un antique tapis dans une remise de boucherie, en état d'apesanteur entre la toile rigide de la carlingue et la cargaison de peaux de yaks fraîchement dépecés, ma tête dans les talons, les bras en papillon, tout retourné dans une position si burlesque que Philippe est tordu de rire. Secouez, secouez-moi !

Nous en sommes arrivés là, trimballés dans un camion, pour gagner notre course contre les premières chutes de neige et l'expiration de nos visas. Plutôt que d'avoir à supporter cette portion monotone entre les parois étroites de ce défilé rocheux, nous nous sommes embarqués dans une galère mémorable en compagnie de deux boucaniers de la route.

C'est Charles Vanel et Yves Montand dans un « Salaire de la peur » tibétain. L'un, beau gosse des alpages, plutôt maigre malgré ses bras musclés de camionneur, est un jeune loup plein de vivacité qui se donne du courage dans les passages difficiles en crachant dans ses gants blancs comme s'il crachait sur la flamme d'une bougie en équilibre sur un baril de poudre. L'autre, le patron du chargement, un gars aux allures de petit père tranquille, entre deux âges, préfère baisser les paupières face au danger et marmonner les divines paroles de son mantra. Ce sont deux sacrés lascars qui ont dégoté, je ne sais où, une paire de donzelles chinoises endimanchées et les ont embarquées dans leur cockpit. Evidemment, ils s'amusent bien tous les quatre tandis que nous, pauvres zigotos, nous nous retrouvons dans la cargaison comme les deux ingrédients principaux d'un cocktail tibétain bien frappé, projetés avec énergie contre les parois du shaker dans un mélange de scalps de ruminants poussiéreux et de sang frais à l'odeur musquée. Impossible de s'agripper, çà *berdance* dans tous les sens, pelures de yaks et pulpe de pédaleurs errants. Finalement, dans une dernière cabriole, je réussis à me coincer dans un trou de peaux de yaks tandis que Philippe sur son trampoline rit à s'étouffer. *Bloody but merry*. Secouez, secouez-moi !

Les deux boucaniers semblent connaître la région comme le fond de leur coffre. Pour notre plus grand bonheur d'explorateurs, ils l'écument à tour de roues, à la recherche de leurs précieuses peaux, investissant le moindre hameau isolé, le moindre îlot retranché derrière le flot dénudé des collines. Dans l'après-midi de ce premier jour de navigation, roulant par monts et par hasard sur une piste égarée qui n'en est même plus une, le chauffeur serre son frein à main et fait taire le moteur encore chaud et haletant du camion.

Le froid hurlant s'engouffre dans l'entrebâillement de la bâche. Peu à peu une horde de gamins crasseux s'approche. Ils descendent d'une colline, sur laquelle on aperçoit, comme une forteresse, une bâtisse fortifiée sans fenêtres, en terre battue peut-être, qui montre avec désinvolture la puissance de ce petit royaume perdu. Alors que le patron parlemente avec le chef de la tribu, Philippus Alexis de Talipiacus, le conquérant, enjambe la ridelle et se propulse les deux pieds en avant sur la terre, qui n'est ni ferme, ni vierge, ni sainte ; juste un peu verte !

Les gamins, pris de panique, s'éparpillent dans tous les sens. Mais, peu à peu, comme des chiots craintifs, et après nous avoir suffisamment reniflés du regard, ils s'approchent, puis rassurés et pleins d'excitation, ils nous escortent en haut de la colline. Là, dans les jupes de la mini-citadelle, nichés dans les replis de la terre, des hommes ont entassé des cailloux sur d'autres cailloux, construit des murs, des toits, des étables, tout en pierres. Des femmes vêtues de leur *tchouba* colorée et fourrée de laine, le visage gris comme galet, la peau lézardée, se glissent dans les fentes des habitations. Nous faisons connaissance avec l'une d'elles, une vieille femme souriante qui serre dans ses bras une énorme bassine en étain. Avec elle, nous visitons le fortin qui sert d'entrepôt et d'étable pour les mulets, puis nous retournons jusqu'au camion avec le patron qui porte triomphalement sur ses épaules trois ou quatre peaux de yak... Nous dégustons à la petite cuillère les charmes du Tibet.

Deuxième jour de camion, nous poursuivons notre route sans les filles, ce qui nous permet d'être à tour de rôle assis bien au chaud dans la cabine. Car derrière, malgré les secousses et la chaleur des peaux de yak, il fait bigrement froid. Surtout en haut des cols lorsque nos mains se transforment en blocs de glace, et nos lèvres en viande congelée.

Nous brinquebalons doucement, à travers trous et bosses, nous arrêtant parfois plus d'une heure pour mener bataille dans de rudes négociations avec les villageois. Le patron, un habile commerçant, tâte et dénigre la marchandise pendant de longues minutes. Si le villageois refuse de baisser son prix, alors le patron remonte calmement dans la cabine et le chauffeur démarre. Mais, une dizaine de mètres plus loin, il s'arrête à nouveau, car derrière il entend crier le villageois dépité « C'est bon, c'est bon, prenez les vos peaux ! »

A chaque vallée, à chaque village, à chaque arrêt, la cargaison prend de l'ampleur, réduisant d'autant notre espace vital. Enserrés entre les peaux et la bâche nous ne pouvons plus nous asseoir, il faut rester couchés, cahotés sur le ventre et sur le dos. Secouez, secouez-moi !

Tandis que nous venons de frôler dix fois la mort, les pneus du camion à demi suspendus dans le vide du précipice (je n'exagère pas !), le chauffeur immobilise son engin à l'entrée d'un tunnel. De l'autre côté, en bordure de la rivière Salouen, se dresse un poste de contrôle militaire, dont on nous avait prévenu à Lhassa qu'il était particulièrement bien gardé et difficile à franchir. Philippe sort de la cabine et me rejoint derrière. Le camion redémarre, et tandis qu'il entre à faible allure dans le tunnel, notre hantise va croissant ; la peur d'être découverts, de risquer l'expulsion, et d'exposer les Tibétains à de lourdes sanctions. Instinctivement, nous nous enfonçons le plus profondément possible sous les peaux de yak.

Je jette un coup d'œil à travers la bâche déchirée. Par Bouddha ! Une cohorte de policiers s'active autour de trois camions neutralisés sur la chaussée. Ils ont relevé les bâches et fouillent scrupuleusement l'intérieur des cargaisons. Notre camion est stoppé à son tour. Deux policiers s'approchent. Alors, tout en retenant mon souffle, je m'engouffre comme jamais je ne m'étais engouffré de ma vie, sous des couches et des couches de peaux tannées, embourbé comme une taupe dans les linceuls cadavériques des yaks, avalé d'un bloc dans la panse du camion, mon visage frottant contre les tuniques de graisse encore fraîches et glaireuses. Philippe, à mes côtés, attend dans la même position, muet comme une vieille fripe.

– Ah la vache ! C'est sûr, nous allons nous faire pincer...

Un sacré hâbleur ce Montand tibétain ! Se vanter en riant devant un policier chinois d'avoir écumé toute la région, tout en lui offrant une cigarette par-là, un paquet par-ci. Sous son képi, le jeunot n'y voit que du feu. Quand même, par acquis de conscience, il écarte un pan de la bâche et avance son sale petit nez dans l'ombre. Un faisceau de lumière fond sur le tapis de poils noirs comme dans une grotte abandonnée remplie de trésors. Le silence dure depuis des siècles. Tout est pétrifié dans une odeur de cadavre et rien ne bouge... sauf deux petits cœurs rouges qui, tout au fond, palpitent.

La bâche retombe dans un ouf de soulagement, puis le moteur vrombissant du camion nous propulse à nouveau sur la piste. Une fois de plus nous sommes passés ! Non vraiment, nous avons du "peau" ! Secouez, secouez-moi !

Nous passons cette nuit au poste avancé de Bamda, à la croisée de deux pistes. Après avoir avalé un petit déjeuner copieux dans une cabane pour routiers, nous retournons dans la cour du caravansérail où doivent nous attendre nos deux compagnons et leur véhicule. Mais le camion a disparu !

Ahuris, inquiets, mais nourrissant néanmoins quelques espérances informulées, nous soupçonnons les Tibétains d'avoir profité de leur temps libre pour faire le plein de gas-oil à la pompe toute proche. Or, cet endroit n'est même pas un village, même pas un hameau, juste quelques baraques flanquées de chaque côté de la piste ; un tour d'horizon suffit pour se rendre à l'évidence : les boucaniers de la route ont pris la poudre d'escampette ! Dans leur chargement se trouvent nos vélos, notre barda, notre argent, nos adresses, toute notre raison de vivre !

Nous nous en voulons d'avoir été si bêtes, si naïfs, de s'être laissés rouler dans la farine de tsampa comme de vulgaires bourlingueurs débutants. Nous ne pouvons même pas aller nous plaindre à la police, nous sommes dans une zone interdite ! Jusqu'au bout, vous dis-je, jusqu'au bout le Tibet nous mettra à l'épreuve. Mais comme ça ne sert à rien de rester plantés là comme deux marmottes embaumées, nous rassemblons ce qui nous reste de volonté pour découvrir où sont passés nos deux pirates. D'ailleurs, il n'y a pas trente-six routes. Nous allons nous renseigner, savoir quelle direction ils ont prise, bien décidés, s'il le faut, à les poursuivre jusqu'en enfer.

Nous allons de cabanes en baraques mais personne ne sait de quoi nous causons. Tous ces innocents s'en fichent, ou sont complices. Alors, nos pas deviennent lourds, nos têtes remplies d'images effroyables. Il n'y a plus de baraque où décrocher le moindre indice ou un quelconque espoir, c'est fichu !

Sauf que là bas, Bouddha du ciel ! Il en reste encore une, presque perdue à l'écart des autres, une masure toute en bois qui a dû abriter Mathusalem. Puisque depuis le début de notre galère au Tibet nous nageons en plein roman, pourquoi ne serait-ce pas notre espoir, notre dernier espoir ?

Et effectivement la vieille Tibétaine édentée qui nous reçoit nous fait signe que les deux brigands sont bien partis de ce côté-là mais qu'ils vont repasser par ici, à un moment ou un autre, qu'elle dit la vieille. L'espoir, putain d'espoir !

Mais d'abord qu'est ce qu'elle en sait ? Rien, pas un nuage de poussière à l'horizon et cela fait soixante longues minutes que nous tremblons d'angoisse. Philippe qui est assis près de la grand-mère, et assommé par la fatalité, pompe cigarette sur cigarette, tandis qu'un peu plus loin, muet, j'envoie des petits cailloux dans un étang imaginaire. Les minutes s'étirent en longueur. La grand-mère, dont les vieilles mains égrènent un chapelet aux cent huit boules patinées, n'en sait probablement pas plus que nous. Tracassée et inquiète, elle se relève sans cesse pour scruter l'horizon. Cependant, et même en regardant de tous côtés, elle ne voit rien. Car il n'y a rien à voir. La vacuité du ciel est aussi profondément bleue que nos pensées sont vides. Nous n'espérons déjà plus, même pas à la vue de ce petit nuage de poussière grise qui salit l'aplat du ciel ; un petit nuage de rien dans cette matinée tranquille.

Le feuilleton est parfait, le suspense a été bien dosé. Nous nous sommes suffisamment rongés les ongles jusqu'au coude, quand les deux flibustiers refont leur apparition. Je suis en ébullition, prêt à les dépecer sur place et à vendre leurs peaux aux chacals de l'enfer. Face à notre colère, le petit père tranquille hausse les épaules en signe d'incompréhension, puis par gestes il nous explique qu'ils sont partis dans le village voisin acheter des peaux. Yves Montand, plus narquois, a le visage barré d'un sourire moqueur. Mais que voulez-vous, nous ne maîtrisons pas leur langue, et puis nous sommes plutôt heureux de revoir ces deux frimousses revenir avec nos bicyclettes et nos bagages. Alors enfin, bon quoi, tagada tagada, secouez, secouez-moi !

Nous achevons la journée chez une tête à claques qui s'est acoquiné avec nos deux compères ; une vieille fripouille gonflée de suffisance qui nous prend ouvertement pour deux idiots. Il nous tient la main, et babille comme s'il s'adressait à des enfants. Après le souper il nous entraîne dans sa chambre, vers deux lits, deux planches branlantes où nous pouvons dormir. Mais c'est sans compter sur sa femme qui dans un coin de la chambre, à la lueur atone d'une bougie, bourre de la viande hachée dans des boyaux de cochons. Toute la nuit, elle enfile des kilomètres de saucisses gluantes, cela fait un bruit de succion grotesque. Ce fut la nuit la plus saucisse de notre périple ! Le délire !

Dans l'après-midi du quatrième jour, nous arrivons enfin à destination dans la localité de Markam. Quatre jours pour faire 400 kilomètres dans un vibromasseur, quatre jours de froid intense tout pleins de tragédies romanesques. Nous sommes exténués, éreintés, physiquement et moralement. Mais ce n'est pas fini. Le Tibet est dur avec nous. Jusqu'au bout, il veut nous en faire baver, par petits coups, nous diminuer, nous écraser.

Je m'explique. Nous nous sommes arrêtés à la lisière du village afin de pouvoir décharger tranquillement nos affaires sans être repérés par les forces de l'ordre. Nous avons descendu nos vélos et je cherche nos sacoches qui, à force d'être entassées, se sont retrouvées profondément enfouies sous les couches de yaks. Je les lance une par une à Philippe en bas du camion. Puis, je m'apprête à descendre lorsque Philippe me fait savoir qu'il en manque une dernière. Alors, je cherche encore, paniqué comme un renard traqué par le mauvais sort. Je soulève et déplace des kilos de peaux de yak mais je ne la retrouve pas. Philippe me rejoint et ensemble, pris de folie, le cœur à nouveau en branle, nous cherchons dans tous les coins, jusqu'au fond de la cargaison. Peine perdue, une de mes sacoches a bel et bien disparu. Volée ou tombée dans les cahots de la piste, nous ne le saurons jamais. Cette sacoche contenait le reste de mon argent (1000 F), ma carte bancaire, mes adresses, mon réchaud, ma boîte à pharmacie, des vêtements... tout ça volatilisé !

Les pirates, en fait deux gars plutôt sympas qui ont pris des risques pour nous transporter, réclament avec raison ce qui leur est dû, soit 100 F pour quatre jours de voyage. Mais, avec ce qu'il nous reste, c'est-à-dire presque rien, nous ne pouvons même pas leur laisser ça, nous sommes franchement désolés. Ils se fâchent, mais moi je ne les entends plus, je suis dans un autre monde. Mon corps devient lourd. Tout en moi semble se diluer et glisser sur les parois intérieures de ma carcasse. Les entrailles, les muscles, les os, tout devient horriblement lourd et flasque. Tout est entraîné vers le bas, comme un liquide visqueux. Cela descend lentement entre les omoplates, le long des jambes, jusqu'aux pieds, traverse les pieds même, s'enfonce dans le sol, dans la terre, perce la terre, et tout l'univers et tout le firmament... Secouez, secouez-moi !

Dès que nos affaires sont déposées dans l'auberge, nous nous risquons dans la rue principale. Avec le peu d'argent qui me reste dans les poches, j'achète à des Tibétains, avachis pêle-mêle sur le trottoir, la toile extérieure de leur couette, qui n'était d'ailleurs pas à vendre, mais qui désormais va remplacer, faute de mieux, ma sacoche perdue. Puis, nous passons à la banque dans l'espoir de retirer de l'argent avec la carte bancaire de Philippe, mais le banquier, derrière les grilles de sa prison, n'a jamais vu ça. Il pense que nous voulons lui vendre une carte en plastique !

Alors, nous en restons là, avec en tout et pour tout une poignée de *Yuans* pour tenir à la façon des aventuriers du XXe siècle qui, face à l'adversité pécuniaire, se heurtent, comme des gamins, aux bienfaits pervers de la technologie : pas de puce, pas d'argent ! C'est la triste réalité. Nous sommes contraints à la modestie du pèlerin et à la précarité du sans abri, condamnés à aller de l'avant afin de trouver une banque « évoluée ». Jusqu'où ? Nous ne le savons même pas !

Ce soir, en traversant la cour du caravansérail pour rejoindre notre litière, et après une coupe de cheveux revigorante, je me sens déjà mieux. Il me semble même entendre, en sourdine, le tempo saccadé d'une musique de discothèque.

– Ecoute Philippe, écoute ce que l'on entend lorsque rien ne se fait entendre.

Et Philippe écoute, déployant ses larges oreilles dans la fraîcheur de la nuit. Intrigués, nous avançons vers cette source anachronique de musique jusqu'au seuil d'une porte masqué par un lourd rideau noir. Nous écartons un pan de l'étoffe et nous nous retrouvons, aussi étrange que cela puisse paraître, dans une boîte de nuit chinoise, avec sa piste de danse et son karaoké.

Une cinquantaine de regards se posent sur nous. Le moment de surprise passé, une adorable serveuse s'approche et nous installe dans un profond divan derrière une table basse. Sur la piste, un duo de chanteurs en herbe improvise un air de variété chinois, s'égosillant à martyriser le plus stoïque des lamas. De mélodies en mélodies sucrées, un policier prend le relais et démontre de sa belle voix qu'il a d'autres talents que répressifs.

Puis la musique, sur des rythmes de rock, reprend son allure frénétique. Les lumières multicolores des spots tournoient sur la piste tandis que les jeunes Chinois et Chinoises se trémoussent avec enthousiasme et conviction. Les Tibétains, eux, ne dansent pas. Certains sont assis derrière une table, mais la plupart d'entre eux, les femmes surtout, restent parqués debout dans un coin, les yeux étincelants de perplexité, ahuris de stupeur devant cette joyeuse bande de sauvages gigoteurs.

De l'autre côté de la piste, réunis en conciliabule, trônent quelques Chinois plus âgés, aux allures de mafiosi, entourés par trois policiers en uniforme. L'un des gangsters, vieil ours enseveli dans un grand manteau de fourrure, les yeux dissimulés derrière des lunettes de soleil malgré l'obscurité, murmure quelques mots à l'oreille d'un policier penché à sa hauteur. Celui-ci relève la tête et regarde dans notre direction. Les ondes de son regard traversent notre système de sécurité. Une fois de plus nous sommes en état d'alerte. Jamais ils ne nous laisseront tranquilles ceux-là !

Et c'est vrai, le policier, le même qui a montré ses talents de chanteur, la trentaine, belle allure, traverse la piste et s'approche de notre table. Tout souriant, il se présente en anglais et nous pose quelques questions d'ordre amical. Notre système immunitaire est en branle. Nous nous attendons à ce qu'il nous passe les menottes, au lieu de quoi, il interpelle la serveuse et nous fait servir une chope de bière chacun ! Nous trinquons avec lui, à la France, à la Chine. *Gambei !* (Cul sec !) Et glou et glou et glou...

La fête bat son plein et nous démontre avec force vigueur que les bougres de Chinois ne sont pas de mauvais danseurs. Or, dans ce domaine, je suis particulièrement lamentable et je reste cloué sur mon divan, mon verre de bière à la main, en essayant de convaincre Philippe qu'il faut montrer de quoi un Français est capable, car l'honneur de la France, lui dis-je, et de tout l'Occident, est en jeu. Je le pousse :

– Vas-y, jette toi à l'eau.

Mais bon, quoi, enfin, il hésite. Soudain, les spots s'éteignent, nous laissant dans une douce obscurité teintée de rouge. La musique devient langoureuse et les couples s'enlacent pour un premier slow. A vrai dire, cela manque un peu de romantisme. La plupart des couples ne sont pas mixtes, les hommes valsent entre eux, et les femmes trottent entre elles.

Nous ne pensons déjà plus à notre policier qui a rejoint son gang de malfrats, lorsqu'il profite de la pénombre pour se glisser à nouveau jusqu'à nous. Ce qu'il advient dépasse toutes les bornes du bon sens, car figurez vous que cette armoire virile de beau gosse, de crooner, cet ennemi juré de la pédalerie errante, a, comment dire cela ? un faible pour Philippe. Il est tombé sous son charme occidental de baroudeur hirsute et insiste pour qu'il accepte le prochain slow. C'est un ordre !

Philippe, sous le coup de la surprise, car c'est la première fois qu'il se fait draguer par un policier mâle, se laisse littéralement aspirer sur la piste dans les bras du diable lui-même. Imaginez la scène, Philippe avec son chapeau de cow-boy et sa veste grise *Camel trophy*, mal à l'aise, faisant quelques pas maladroits, serré contre l'uniforme de ce Don Juan aux bras musclés et aux mains puissantes. Imaginez-les se serrant l'un contre l'autre dans un slow langoureux et burlesque. C'en est trop, je ne tiens plus ! Philippe dans sa danse loufoque a dépassé les limites du raisonnable. Je suis secoué de spasmes d'hilarité, brisé par des éclats de rire, j'en ai mal au ventre, des larmes coulent dans la mousse de ma bière. Secouez, secouez-moi !

Philippe se sent humilié, son amour propre piqué au vif, si remué dans son for intérieur qu'à la fin du slow il se dégage avec dégoût de son partenaire, un sourire crispé aux lèvres, et reste pantois sur la piste glissante. D'ailleurs, il n'a pas le temps de rejoindre son siège. La musique, en un tourne pied, l'a déjà entraîné sur un nouveau rythme. Il ne résiste pas, il veut effacer la honte dont son visage est encore empreint. Il veut montrer qu'il peut faire quelque chose de normal, ne pas être la risée de tous. Cela tombe bien, car c'est l'une de ces danses chinoises, aux accents de swing folklorique, qui exclut tout esprit d'individualisme. Les danseurs, alignés côte à côte, bougent selon une chorégraphie bien établie. Il faut danser dans l'ordre et en cadence, à la manière chinoise, un pas en avant, deux pas en arrière, ne pas sortir du rang. Et Philippe, dans tout ça, se meut de son mieux pour être synchrone, pour se soumettre à la discipline et s'effacer dans la masse.

Le tableau est magnifique et plein d'élégance, un bel exemple de nos contradictions humaines. Nous voulons être libres, montrer que nous sommes maîtres de notre destinée, que nous pouvons jouer au petit malin contre l'ordre établi, et voilà qu'un beau jour, sans le vouloir, nous nous retrouvons happés par un représentant de l'ordre sur la piste d'une boîte de nuit ! D'ailleurs, ne sommes-nous pas tous individualistes, frondeurs et hypocrites qui dansons aussi avec le loup, qui ravalons pour quelques instants ou pour une vie, notre quant à soi et nos illusions de jeunesse, préférant nous jeter à corps perdu dans cette douce et risible valse afin d'accorder notre vie aux rigueurs de l'époque.

Tandis que Philippe s'amuse, moi, espèce d'asperge plantée sur mon divan, je ne sais plus quoi penser. En quelques heures, je suis passé de l'état d'abattement à l'état d'une flamme pétillante de vie. Je croyais que c'était la fin quand ce n'est que la suite d'événements contradictoires si précipités que mon esprit en est tiraillé de part en part.

Nous sommes rentrés dans notre chambre. Depuis quelques heures, je suis allongé à ruminer le flux et le reflux de cette journée. Tant et si bien que ma cervelle bouillonnante finit par détraquer complètement mon organisme digestif. Il faut, dans la minute même, et impérativement que « ça » sorte.

Je cours comme un malade dans le couloir de l'auberge en retenant mes entrailles et sors dans la nuit glaciale. Cependant mes éructations ne me laissent même pas le temps d'atteindre les toilettes au fond de la cour. Je m'accroupis sur un tas de détritus couvert de neige, là où tout n'est que désordre, saleté, stupre et vomissures, allant jusqu'à souiller mon pantalon de mes visqueuses idées noires. Ça me fait mal. J'ai envie de crier, de mordre la neige... Je pourrais tout aussi bien en rire.

Finalement, je retire mon froc nauséabond et me retrouve entièrement nu sous la ceinture, à moins 12 °C, à courir à travers la cour puis dans le couloir éclairé de l'auberge. Puis, comme si toute cette farce ne suffisait pas, un militaire se pointe à l'autre bout du couloir !

Tête baissée, je le croise en essayant de cacher ma nudité. Je suis au-delà du stade de la honte, écrasé, anéanti, à l'état sauvage, libre et plein de souffrances, pulvérisé, parvenu au dernier degré de ma conscience, comme une flammèche dans un caveau. Je n'aspire plus qu'à une seule chose : de l'ordre dans mon corps, dans mes entrailles, dans mon esprit. J'en ai assez de vomir toutes ces idées de liberté, et de grands espaces. Je veux de l'ordre, encore de l'ordre, une ruée vers l'ordre. Je veux être ordinaire, rentrer dans le rang, un pas en avant, deux pas en arrière, avoir la même opinion que la majorité car c'est toujours le plus grand nombre qui a raison. Je veux de l'ordre, obéir à toutes les lois, ne plus écouter ma conscience égoïste car je sens que tout ce qui est en moi n'est que contradictions, futilités, que tout m'échappe, que je suis autant maître de moi qu'un puceron de l'univers. Je veux de l'ordre, de la religion, une sécurité morale et spirituelle, un père tout puissant pour m'indiquer la « vraie », « la seule » voie. Je veux de l'ordre, vous m'entendez, je veux de l'ordre... Secouez, secouez-moi !

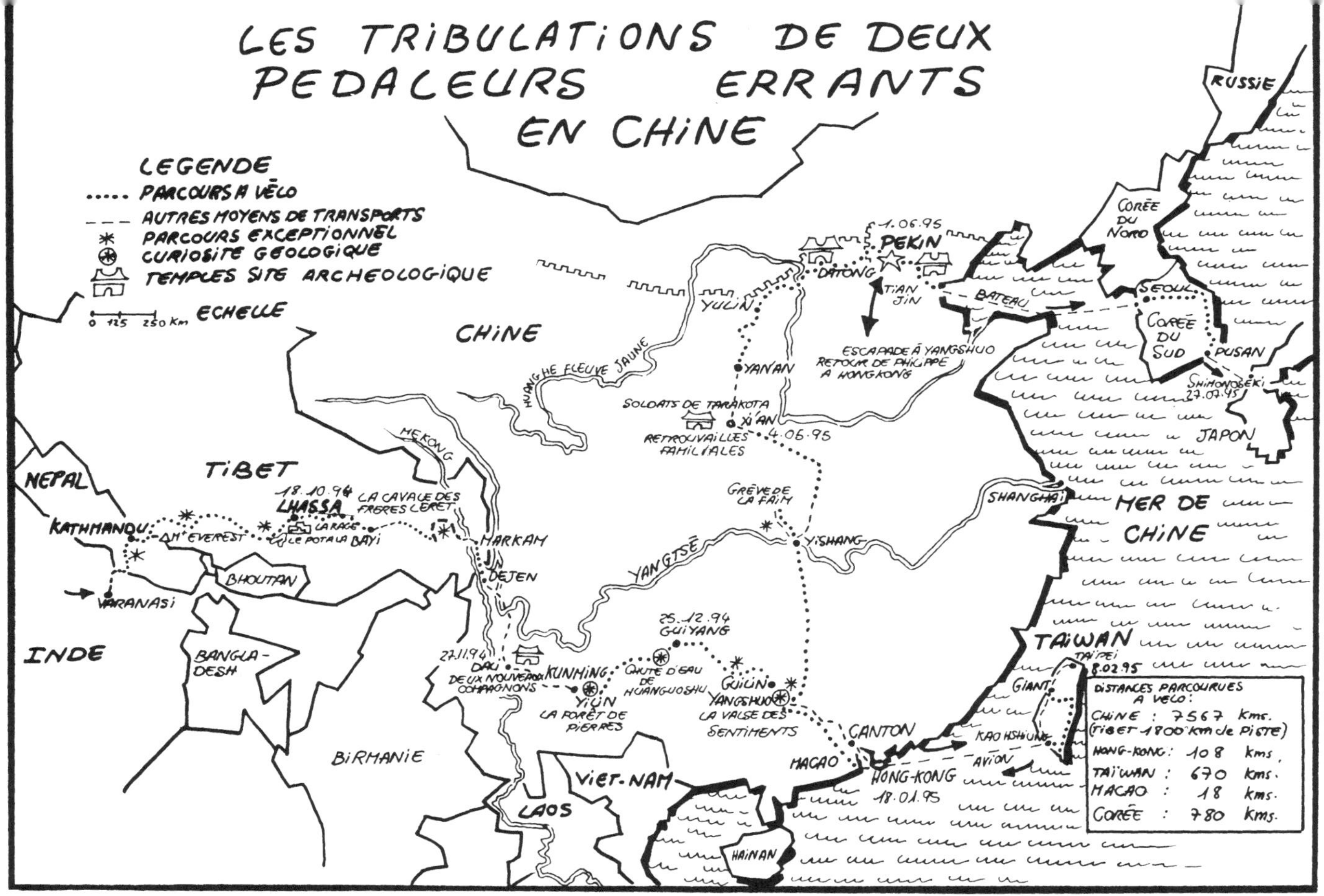

LES TRIBULATIONS DE DEUX PEDALEURS ERRANTS EN CHINE
LEGENDE
PARCOURS A VÉLO
AUTRES MOYENS DE TRANSPORTS
PARCOURS EXCEPTIONNEL
CURIOSITÉ GÉOLOGIQUE
TEMPLES SITE ARCHEOLOGIQUE
0 125 250 Km ECHELLE
CHINE
RUSSIE
CORÉE DU NORD
SEOUL
CORÉE DU SUD
PUSAN
SHIMONOSEKI 27.07.95
JAPON
1.06.95
PEKIN
DATONG
TIAN JIN
BATEAU
ESCAPADE À YANGSHUO RETOUR DE PHILIPPE À HONGKONG
YULIN
YAN'AN
HUANGHE FLEUVE JAUNE
SOLDATS DE TARAKOTA
XI'AN
4.06.95
RETROUVAILLES FAMILIALES
MEKONG
TIBET
NEPAL
18.10.94
LHASSA
LA CAVALE DES FRERES LERET
LA RAGE
LE POTALA
BAYI
KATHMANDU
Mt EVEREST
HARKAM
DEJEN
BHOUTAN
VARANASI
INDE
BANGLA-DESH
BIRMANIE
GRÈVE DE LA FAIM
YISHANG
YANGTSÉ
SHANGHAI
MER DE CHINE
25.12.94
GUIYANG
27.11.94
DALI
DEUX NOUVEAUX COMPAGNONS
KUNMING
CHUTE D'EAU DE HUANGUOSHU
YILIN
LA FORÊT DE PIERRES
GUILIN
YANGSHUO
LA VALSE DES SENTIMENTS
CANTON
MACAO
HONG-KONG
18.01.95
AVION
KAOHSHIUNG
GIANT
TAIWAN
TAIPEI
8.02.95
VIET-NAM
LAOS
HAINAN
DISTANCES PARCOURUES A VELO:
CHINE : 7567 Kms.
(TIBET 1800 km de PISTE)
HONG-KONG : 108 kms.
TAIWAN : 670 kms.
MACAO : 18 kms.
CORÉE : 780 kms.

47. CHIOTS ET CHINOISERIES

Nous restons une journée de plus à Makram, le temps d'achever nos derniers préparatifs. C'est une drôle de sensation que de reprendre le guidon. Il nous reste deux ou trois jours avant de sortir du Tibet, et nous sentons que ce pays, malgré les saveurs aigres-douces de nos péripéties, va laisser quelque chose d'inexprimable et de fort englouti au fond de nous-mêmes.

Après deux jours de pérégrinations sans histoires nous arrivons en haut du col de Hong La à 4 470 mètres d'altitude et plongeons à bride abattue dans un gouffre sans fin ; 60 kilomètres de descente vertigineuse qui nous éjecte hors du Tibet au fond de l'impressionnante vallée du Mékong. La nuit nous a depuis longtemps rattrapés lorsque nous sommes accueillis par une vieille aubergiste chinoise, le visage resplendissant, toute fière de nous montrer une bible traduite en chinois (il y a 1% de chrétiens en Chine ; 20% de confucéens ; 8% de bouddhistes).

Puis le mardi *28 novembre 1994*, dans l'après-midi, nous arrivons dans la ville de Dejen. C'est un point marqué au noir dans notre itinéraire car nous savons que dans cette ville interdite de nombreux touristes ont appris à leurs dépends qu'on ne badine pas avec la loi chinoise. Les deux chemins qui s'offrent à nous nous obligent à demander notre route à un groupe de travailleurs. Ceux-ci nous renseignent vaguement, et sans nous retourner, vite fait, nous appuyons sur les pédales.

Je ne sais pas pourquoi, mais au bout d'une dizaine de kilomètres sur cette piste, un méchant doute nous effleure. Au lieu de quitter le vallon, comme le laisse deviner notre carte, nous débouchons sur le flanc de la montagne, suspendus à plusieurs centaines de mètres au-dessus d'une grande vallée. Ce doit être à nouveau la vallée du Mékong, mais nous n'en sommes pas sûrs, et comme sur cette route en corniche il n'y a pas âne qui vive, aucun syndicat d'initiative, nous poursuivons notre chemin plus désemparés que jamais.

Il nous faut faire plus de 20 kilomètres supplémentaires avant d'atteindre un groupe de baraques à l'allure pitoyable. Parmi des bâtiments abandonnés à moitié en ruines, se tiennent une auberge en bois et un hameau de cantonniers. L'aubergiste, le visage râblé et macéré comme du vieux cuir, nous accueille sans sourciller et nous conduit dans une chambre à l'étage de son antre, pour la modique somme de 3 F par tête de cycliste. Nous essayons de lui soutirer quelques renseignements concernant cette localité anonyme, mais il ne comprend rien à nos simagrées, plus préoccupé, semble-t-il, par une querelle conjugale avec sa femme.

Et ventre Saint Gris, ce n'est pas une dispute de peccadille, il crie à fendre ses poumons, tandis que sa bonne bouille de femme verse des larmes sur ses gros seins. La colère de l'aubergiste n'est pas feinte. D'abord, accoudé lourdement sur la table, il rumine sa colère ; une période d'abattement profond où l'on sent monter en lui comme un grondement sourd. Puis sa femme, d'une subtilité perverse, perce l'abcès à coup de petites phrases assassines. Aussitôt l'aubergiste éclate dans une fureur explosive. A court d'arguments il jette la soupière et les assiettes sur le plancher en bois. A chaque bris de vaisselle, son fils, âgé d'une dizaine d'années, cramponné aux jupes de sa mère, se fend en sanglots déchirants.

Notre présence ne les gêne pas outre mesure, nous recevons notre dose de crachats lestés de lambeaux de nourriture, mais que dire ? Ce que nous voulons c'est le repos du guerrier et un peu de substance dans les entrailles. Alors, au bout de la grande table en bois, nous attendons, les nerfs à vifs, que l'autre fils, plus âgé mais simple d'esprit, nous cuisine une pâtée quelconque. Résultat, les nouilles sont parfaitement immangeables, mais comme il faut en finir avec cette soirée vomissante, nous avalons le tout, et sans saluer la compagnie, nous allons nous glisser sous nos couettes, les narines titillées par l'odeur tenace de piment rouge qui sèche sur le balcon, tandis que les cris et les bris de vaisselle cassée bercent notre sommeil.

Le lendemain matin nous trouvons confirmation autour d'une tasse de thé offert par le jeune cantonnier du coin que nous avons fait fausse route. Le soleil a beau briller, il n'y a pas l'ombre d'un doute. Alors, sans plaisir, nous repassons une deuxième couche sur cette piste de cornichon, et la vie n'est pas belle, surtout que

Philippe, dans les côtes, doit pousser sa monture récalcitrante. A la lisière de Dedjen, un Tibétain mi-figue, mi-raisin, nous fait l'hospitalité de partager pain et saucisson, et enfin, ouf, nous reprenons le bon chemin, mais le bon chemin allié à la fatigue, ne fait rien de bon à notre moral et c'est pour nous l'occasion d'apprendre que la colère est une maladie contagieuse. Le virus de l'aubergiste, qui n'a rien perdu de sa virulence, nous entraîne dans des abîmes de rage et de fureur. Le monde entier tremble. Je m'écroule de désespoir dans un fossé. Philippe est si stupide ! De son côté, Philippe, abattu, s'adosse contre un arbre. Serge est si stupide ! Mais que faire ? Sur le calendrier nous sommes nés le même jour. Nous nous excusons fraternellement de notre attitude humaine, puis je vous laisse deviner la suite... en route mauvaise troupe !

Le soir, toujours sans vivres, nous forçons un peu la main à un propriétaire tibétain pour qu'il nous invite autour de son chaudron. C'est un bavard, et sa mère une vieille alcoolique tordue de rire. Cependant le contenu de son chaudron, ma foi, nous met l'eau à la bouche. Ça gargouille et ça pétille de saveurs ragoûtantes. Nous demandons ce que contient cet appétissant bouillon, « petits porcs, petits porcs » s'empresse de répondre notre hôte en imitant les grognements distinctifs de cet animal. Ah quelle chance délicieuse d'être atterris ici !

Enfin, après de longues minutes, la cuisson est terminée. La maîtresse de maison plonge une grosse louche dans ce ragoût. Nous sommes prêts à tendre notre bol lorsqu'elle soulève le chaudron et l'emporte au sous-sol ! « Petits porcs, petits porcs » insiste-t-elle. Nous comprenons, c'est la nourriture des cochons ! Alors, tandis que les porcelets s'empiffrent les groins, nous nous contentons plus modestement de galettes de pain non levé !

Le souffle de l'épopée s'est peu à peu dissous dans la quiétude matinale. J'arrache une page de plus dans mon calendrier en songeant avec un frisson d'inquiétude à la distance qui nous sépare de la prochaine ville : 200 kilomètres qui doivent impérativement se faire avant une semaine, date à laquelle notre visa expire. Les difficultés du terrain et les ennuis mécaniques ne nous ménagent guère d'autre choix que de plier bagage et d'embarquer dans le premier véhicule utilitaire venu.

Comme par hasard c'est une camionnette qui transporte trois yaks vivants ! Ça devient une habitude, nous sommes abonnés au yak. Debouts dans la remorque en compagnie d'un jeune Chinois et de son chien, nous sommes allègrement secoués tandis que les yaks perdent l'équilibre et glissent sur leurs déjections. Nous arrivons dans l'après-midi au village de Pangzoula passablement éreintés et couverts de bouses. Puis, le lendemain, nous trouvons un bus qui nous conduit jusqu'à la ville de Dali via les gorges du Tigre et la vallée profonde du Yang-tseu.

C'est le grand bond en avant dans la fourmilière, nous avons franchi le rideau de bambou et quitté définitivement les hauts plateaux enneigés pour l'empire du Milieu : Partout des hommes et des femmes vont et viennent, les uns traînent une carriole chargée de cochons ou de bois, d'autres poussent des charrettes de fruits ou de pierres. Notre bus se fraie un passage dans la marée de bicyclettes noires en klaxonnant à crever les tympans. Des armées de travailleurs bâtissent, des milliers d'hommes, de femmes, d'enfants piochent, sarclent et creusent la terre ; transportent, pédalent et vident leurs paniers remplis de légumes ; vendent, négocient et pèsent des kilos de viande ; un maelström où rien ne se perd et où tout se trouve ; 1 milliard 250 millions de petits Chinois...

*

Il est 9 heures du matin et nous nous armons de toutes pièces pour une nouvelle expédition. Le sourire aux lèvres, je me retourne vers Philippe.

– Alors, que penses-tu de mes nouvelles sacoches ?

Philippe examine les deux grands paniers en bambou que je viens d'acquérir, et qui vont désormais remplacer mes deux sacoches arrière.

– Ouais, c'est pas mal, elles sont peut-être un peu grandes et pas très hermétiques, mais ça a une sacrée allure.

Et il a raison, mon vélo ressemble maintenant à une espèce hybride mi-campagnard chinois, mi-baroudeur hi-tech, un amalgame de technologie moderne et de folklore champêtre, qui n'est pas pour me déplaire.

– Tu vois, Philippe, pour une fois, je serais bien resté ici quelques jours de plus pour me reposer.

Mais il ne peut s'empêcher de faire une moue dubitative.

– Oui, sauf qu'ici pour moi il y a un peu trop de touristes.

En effet Dali est une petite ville entourée de montagnes, nichée en bordure d'un lac, qui avec trois grandes pagodes, son aspect traditionnel et sa douceur de vivre, a su attirer de nombreux voyageurs étrangers.

– Je sais Philippe que tu n'aimes pas trop ces Mecques touristiques mais de temps en temps ça fait du bien de pouvoir déguster une crêpe au chocolat ou de pouvoir bavarder en se faisant comprendre, et puis c'est quand même grâce à la présence des touristes que nous avons pu trouver une banque qui accepte ta carte bancaire.

– Et il était temps, il me restait à peine 50 F dans les poches. Mais, si comme tu l'affirmes, l'importante activité touristique aurait dû simplifier notre vie, alors pourquoi nous ont-ils refusé l'extension de notre visa ?

– Parce qu'en Chine les lois sont suffisamment floues pour être laissées à l'appréciation de la police locale. Puisque les policiers de Dali ne veulent pas nous accorder plus d'une semaine, je préfère tenter ma chance plus loin.

– Ça d'accord, mais c'est demain que notre visa expire et si la police de la prochaine ville refuse de nous aider, tu vois le tableau : 500 yuans (300 F) d'amende pour chaque jour passé illégalement en Chine.

– Je sais, mais si on veut poursuivre à vélo c'est un risque qu'il va falloir prendre.

Philippe, tout en approuvant d'un hochement de tête se retourne pour observer deux chiots qui courent sur la pelouse de l'hôtel. Nous restons tous les deux muets, un brin attendris par les jappements de ces deux boules de poils brunes au museau aplati qui offrent une merveilleuse diversion à nos tristes pensées. Je songe que peut-être je pourrais à nouveau céder à la tentation canine. J'interroge Philippe.

– Qu'est-ce que tu penses de ces chiots ?

– Pourquoi, tu veux en acheter un ?

– Faut voir, faut voir...

Leur maîtresse, qui fait partie du personnel de l'hôtel, nous fait comprendre par signes que le mâle est à vendre pour 300 yuans (200 F). Alors, sans hésiter, je lui tends trois billets. La concierge apporte des chiffons qu'elle met dans le panier de feu Vetsca. Cependant à l'expression de son visage nous comprenons qu'elle a quelque scrupule à laisser partir son bébé, et presque en murmurant, elle me fait part de ses appréhensions. Je la rassure de mon mieux, mais la pauvre femme garde sur ses lèvres un sourire crispé, et retient quelques larmes. Que dire de plus ? Les vélos sont chargés, la mère chienne cherche son chiot, Philippe s'est coiffé de son chapeau de feutre gris ; autant de signes qui nous persuadent qu'il est temps pour nous d'embrasser l'asphalte chinois. Nous saluons nos hôtes, et sans nous retourner, nous partons pour de nouvelles aventures avec un nommé *Dali*, notre nouveau compagnon.

Vingt kilomètres plus tard, et sans traîner, nous nous dirigeons vers le poste de police de la ville de Xiguan. Nous attendons déjà depuis vingt minutes, rencognés dans un fauteuil autour d'une tasse de thé en compagnie d'une jeune Chinoise anglophone qui s'est proposée de nous aider dans nos démarches administratives. Enfin, l'officier du service des extensions apparaît sur le seuil de la porte de son bureau. C'est un policier en civil, la trentaine, le visage barré d'un sourire circonspect et au regard intelligent. Il parle anglais, et nous sentons qu'avec lui nous allons pouvoir nous faire comprendre, qu'il va saisir le sens de notre mission circumambulatoire. Après tout, un coup de tampon ce n'est pas lui demander la lune. Il parcourt lentement toutes les pages de nos passeports, esquisse un sourire qui nous paraît bienveillant, puis lève la tête et se tourne vers nous.

Notre regard, d'une fixité étonnante, est suspendu à ses lèvres. Enfin il prend une profonde inspiration et d'une voix dure et lapidaire il nous décapite.

– *I don't care for you, I do nothing for you, go out, go out, go out !* (Je m'en balance ! Je ne ferai rien pour vous, sortez, sortez, sortez !)

Nous restons sans voix, le cœur prêt à bondir hors de nos poitrines pour aller s'écraser dans un bruit mou sur le carrelage. Je me suis promis de garder mon calme et de jouer tout en finesse cette entrevue, à la manière chinoise, mais son refus est si soudain, si antipathique et sans appel que j'ai du mal à me ressaisir. Je balbutie :

– Vous comprenez que ce n'est pas dans notre intérêt de transgresser la loi chinoise mais comme notre situation actuelle ne nous permet pas de rejoindre la frontière dans les délais légaux nous aimerions solliciter une faveur spéciale de votre part... (brève respiration)... pouvez-vous au moins nous accorder deux ou trois semaines, peut-être que...

Mais la brute ne me laisse pas le temps de poursuivre et crie de plus belle.

– Je m'en fous, sortez de Chine, je ne veux plus vous voir, sortez, sortez...

La jeune fille ne sait plus où se mettre, et Philippe, les mains crispées, les dents serrées, réagit comme si quelqu'un venait d'appuyer sur le bouton rouge qui allait déclencher une guerre nucléaire.

– Mais il est complètement malade ce type !

Le policier, les yeux injectés de haine, va jusqu'à nous jeter nos passeports en pleine figure en criant toujours « sortez d'ici, sortez immédiatement ! »

Soudain comme si la tension était parvenue à un stade où il ne pouvait plus la supporter, Philippe bondit de son fauteuil et se dresse face à l'inspecteur maboul.

– Jamais je n'ai vu ça, c'est votre rôle d'aider les touristes étrangers lorsqu'ils ont des difficultés, et vous nous insultez de la pire manière... jamais, jamais je n'ai vu ça, vous êtes un...

Philippe est parvenu à se retenir, mais le policier comme un dément continue sa litanie.

– Je m'en fous, sortez de Chine, je ne ferai rien pour vous, et si demain par malheur je vous retrouve dans ma ville vous paierez une amende dont vous vous souviendrez, alors sortez d'ici et que je ne vous revoie plus, adieu !

C'est inutile d'insister, nous sommes tombés sur un fou de la pire espèce ; un fou au pouvoir qui, pour une raison inconnue, veut notre peau.

De retour dans la rue, face à la station de police, la jeune traductrice nous fait ses adieux en nous adressant un sourire gêné. Je me tourne vers Philippe.

– Alors, que penses tu de cette situation tragi-comique ?

– Eh bien, Serge nous sommes dans la mouise, c'est moi qui te le dis.

– Pour être dans la mouise, nous sommes dans la mouise, il ne nous reste plus qu'une journée pour sortir de la Chine, et si j'ai bien saisi la situation, trois possibilités nous sont offertes : 1. Continuer en bus jusqu'à Hong-kong en essayant d'arriver avant demain minuit, ce qui me semble impossible ; 2. Retourner à Dali pour obtenir une semaine de prolongation sur notre visa, et sortir de la Chine tranquillement ; 3. Continuer en bus jusqu'à Kunming, la capitale de la province, où nous aurons peut-être plus de chance avec la police locale. Alors ?

– Serge, cela fait plus de six mois que je suis ton compagnon d'odyssée et je pense que maintenant j'ai fait mes preuves en tant que pédaleur errant. Les difficultés du terrain et la bêtise humaine sont notre lot quotidien, et même si aujourd'hui cette andouille a dépassé la dose, je sais par expérience qu'avec un peu de bon sens et beaucoup d'obstination on peut franchir un nombre impressionnant d'obstacles. Alors en vérité je te le dis, pourquoi baisser les pédales maintenant, la chance va bien finir par tourner, allons jusqu'à Kunming.

– Bien dit, Philippe, je te reconnais en tant qu'illustre frère, obstinons-nous, obstinons-nous jusqu'à la dernière minute, jusqu'à la dernière seconde, allons jusqu'à Kunming et décrochons pour notre gloire et celle de Mondo vélo un mois de vadrouille supplémentaire, et vive la pédalerie errante !

Aussi vite fait que cela a été dit, nous embarquons dans un autobus couchette (grand bus sans sièges, aménagé en trois rangées de lits superposés) pour un voyage nocturne plutôt confortable, et arrivons à Kunming le lendemain matin aussi fringants que deux chevaliers sur un champ de bataille.

– C'est là, Philippe, le bureau chargé des prorogations ?

– Oui c'est là. Vas-y, rentre.

– Non, toi d'abord.

Nous sommes en Chine au pays de Confucius, du yin et du yang, là où les ondes négatives et positives finissent toujours par s'équilibrer sur la balance de la vie, et si hier nous sommes tombés entre les griffes d'un extrémiste antipathique, c'est pour mieux retomber aujourd'hui dans les bras d'un policier aussi courtois que professionnel qui nous fait sans aucune hésitation une extension d'un mois sur notre visa. (En fait, selon les lois chinoises trois extensions, en plus du temps accordé par le visa, sont possibles. Un visa de trois mois peut être étendu jusqu'à six mois moyennant 30 F pour chaque mois supplémentaire).

Rien que ce petit cercle rouge sur notre passeport nous fait l'effet d'une grande délivrance, et en franchissant le seuil de la porte, comme si le dernier voile de nos contrariétés venait d'être écarté, nous découvrons ce qui n'a été jusqu'alors qu'une toile de fond à nos péripéties : la Chine !

La Chine dans toute sa splendeur, Kunming, une ville de deux millions d'habitants, capitale de la province du Yunnan, une gigantesque et entreprenante sangsue gigotant dans une tenue de costume gris et de carrelage blanc, chacun y allant de son numéro pour suivre les directives de l'honorable et décrépit Deng Xiaoping ; « enrichissez-vous, faites de l'argent, encore et toujours plus d'argent. » Depuis, les balayeurs dans la rue ont troqué leur veste bleu Mao pour un costume respectable de fonctionnaire, tandis que les banquiers, voulant éviter d'être pris pour des éboueurs, ont préféré ranger leur costume au placard et se vêtir de survêtements et de baskets Nike. A chacun son signe extérieur de richesse.

Maintenant que nous avons du temps et de l'argent, nous pouvons nous attarder quelques jours dans cette ville et nous frotter à la vie quotidienne des Chinois. Notre premier souci est de trouver un lieu d'hébergement. Un souci qui n'est pas des moindres, puisque comme vous le savez déjà, les touristes en Chine doivent obligatoirement choisir (dans le cas où il y en a un) un hôtel réservé aux étrangers. Les raisons d'une telle ségrégation sont d'abord de canaliser les influences néfastes que pourrait avoir un étranger sur la population autochtone, puis ensuite, et surtout peut-être, profiter du poids respectable de leur bourse.

Nous y allons au hasard, en quittant les larges avenues, pour les petites ruelles animées, dans l'espoir de décrypter, parmi cette jungle d'idéogrammes, un signe qui indique l'emplacement d'une auberge bon marché. Au premier petit hôtel c'est sans surprise que nous entendons le « *Meiyou* » (y'a pas) fatidique. Les réceptionnistes ne nous apportent aucune explication logique, nous insistons et supplions pendant une demi-heure, mais c'est toujours *Meiyou, Meiyou, Meiyou* !

Nous persévérons jusqu'à la prochaine ruelle où derrière une rangée d'étals garnis de victuailles particulièrement alléchantes nous découvrons une petite pension où nous sommes accueillis par trois Chinoises d'une vingtaine d'années également fort appétissantes. Elles n'y connaissent rien au règlement discriminatoire de leur pays et c'est tant mieux pour nous. Sans tergiverser, nous nous installons dans une chambre double confortable, équipée d'une T.V. et d'une douche adjacente, le tout pour la bienheureuse somme de 13 F.

Cependant, dès l'arrivée de la nuit, le patron de l'hôtel, un chauve qui se serait bien arraché les cheveux en nous voyant, nous ordonne de quitter les lieux. Nous refusons tout net, il insiste, alors nous nous obstinons jusqu'au dernier retranchement. Nous ne serons délogés que par la police, si tel est son désir de les avertir. Il hésite et sort de la chambre soucieux. Finalement nous resterons chez lui pendant trois jours.

Le lendemain matin, Philippe trouve un concessionnaire Giant où il peut enfin changer son plateau et son pignon, tous deux hors d'usage, tandis que de mon côté je vais à l'hôpital pour me faire vacciner contre la rage. En effet si je ne suis pas encore mort c'est que je dois bientôt l'être.

Les docteurs du centre de vaccination m'expliquent que pour être efficacement protégé je dois faire cinq injections à un mois d'intervalle chacune. Ils sortent du frigo une énorme seringue puis injectent le sérum dans mon avant-bras. Ventre-bleu ! L'ensemble de mon bras est soudain saisi par une douleur atroce, inimaginable. Je m'évanouis presque, et reste pendant cinq bonnes minutes complètement assommé, étourdi. En sortant de l'hôpital je suis encore plus malade qu'avant et jure que c'est là mon dernier vaccin antirabique. Pour comble d'infortune, mon vélo a été cadenassé dans de grosses chaînes et placardé d'une pancarte en écriture rouge infamante. Je suis en stationnement illicite et l'on a immobilisé mon véhicule. On parvient à retrouver le gardien, lequel, voyant la pâleur de mon visage, me fait grâce de l'amende.

Les Chinois, qui dans leur longue histoire ont plus d'une fois été confrontés à des famines catastrophiques, en sont venus par la force des choses à manger presque tout ce qui peut exister de vivant sur pattes ou enraciné dans la terre. Aucune partie d'un animal ou d'une plante n'est gâchée et les cuisiniers chinois feront tout leur possible pour accommoder ce que nous prendrions pour des déchets : têtes de poisson, queues de cochon, embryons de poulet, cocons de papillon, racines, écorces... Manger dans un restaurant chinois c'est une promenade dans un zoo culinaire : escargot, grenouille, chien, chat, tortue, singe, sanglier, serpent, belette, rat, hippocampe, hérisson, hiboux, poux, genoux... rien n'échappera au palais curieux d'un Chinois ou à son ventre affamé, quitte à y sacrifier sa vie (des paysans de la province du Sichuan furent condamnés à mort pour avoir mangé du panda !) ou sacrifier ses économies (dévorer de l'ours n'est pas obligatoirement bon marché).

Tous ces mets exotiques attisent notre curiosité, et à force de déambuler dans Kunming nous sommes tentés d'essayer autre chose que la nourriture de base de la rue qui est par ailleurs délicieuse et variée. Notre choix se porte finalement sur un restaurant qui présente dans trois cages, trois spécimens vivants de la faune chinoise : une poule noire bizarrement plumée jusqu'aux pattes, un raton laveur et un serpent. Nous voulons au moins une fois dans notre vie goûter à la chair de ce dernier. Mais avant toute chose il nous faut demander le prix du reptile à la restauratrice avec toute la prudence qu'il convient d'avoir au contact de cette profession, ou, comme le disait si bien Alexandre Dumas « avec cette classe toute particulière de la société qui, lorsqu'il y avait des voleurs sur les grandes routes, était associée avec eux, et qui, depuis qu'il n'y en a plus, les a avantageusement remplacés. »

Depuis que nous sommes passés maîtres dans le langage des mains, nous savons que les cinq doigts écartés de la restauratrice signifient que le prix du serpent est soit de 5 yuans ou, attention à la méprise, de 50 yuans. Nous demandons confirmation, et à nouveau elle agite les cinq doigts de sa main, puis sur une feuille écrit le chiffre « 5 » suivi d'un gribouillis. Alors ce doit être 5 yuans, soit 3 F, ce qui pour le prix d'un serpent d'une longueur d'un mètre environ, nous paraît, même en Chine, particulièrement dérisoire. Mais, enfin bon quoi, quitte à avaler la couleuvre nous voulons grignoter du serpent, et nous nous installons comme deux hommes qui s'installent à une table d'un restaurant chinois, c'est-à-dire le plus naturellement du monde.

Pendant ce temps, un cuistot s'est emparé du reptile et entre dans la cuisine avec la pauvre bête qui siffle et se débat désespérément. De fait nous n'assistons pas à la fameuse scène où le serpent est décapité et dépecé devant nos yeux (nous y aurons droit à une autre occasion).

A nos côtés, un groupe d'employés en goguette avale une quantité impériale de nourriture. Un sauté de champignons et de pousses de bambous succède à une soupe de lard et de *tofu* (pâté de soja). Chacun plonge avec enthousiasme ses baguettes dans le nouveau plat qui arrive ; canard laqué, pieds de cochon au gingembre, soupe d'algues, boulettes de soja farcies, émincé de volaille non désossée... A intervalles réguliers ils lèvent de minuscules petites tasses remplies d'alcool de riz avalées cul sec en criant « *gambei* », et jouent au *mourre* : jeu dans lequel les participants pointent un certain nombre de doigts en hurlant un chiffre.

Pendant que le serpent, découpé en rondelles et cuit à l'eau, mijote dans son jus, on nous apporte, selon la coutume chinoise, deux verres ; l'un contenant le sang du reptile mélangé avec un peu d'alcool de riz, et l'autre son cœur encore palpitant. Ces deux délicatesses ont la réputation de favoriser la puissance virile de l'homme. Il faut bien ça pour qu'on ose tester cette mixture. Je me pince les lèvres et avale une petite gorgée de sang encore tiède... Philippe en fait autant... Puis, se jaugeant mutuellement, nous attendons un effet probant ; nous l'attendons toujours !

Enfin, une demi-heure plus tard, on nous apporte notre bouillon reptilien. La viande a la texture et la blancheur du porc avec les arêtes d'un poisson, mais n'a le goût ni de l'un ni de l'autre ; c'est du serpent avec sa saveur particulière (proche de la volaille) par ailleurs tout à fait acceptable.

Notre festin terminé, la tenancière nous présente l'addition dont la somme nous révèle que depuis la genèse de cette histoire il y a pour ainsi dire anguille sous roche. Cinq doigts cela veut dire 50 yuans. Ce qui pour un restaurateur peut passer pour une évidence, ne l'est pas pour nous. Nous avons le sentiment d'avoir été pigeonnés, et lorsque nous refusons de payer ce qui est dû, commence pour nous une nouvelle pomme de discorde. Aussitôt une petite foule de badauds, attirée par nos cris, se forme autour du restaurant, et commence à devenir d'autant plus compacte que les Chinois prennent un malin plaisir à observer deux étrangers se débattre dans une situation inextricable.

De longues minutes passent, la restauratrice agacée de jouer la pantomime appelle à la rescousse la réceptionniste d'un hôtel plus à l'aise avec l'anglais. Celle-ci écoute attentivement la plaidoirie des deux parties, puis en vue d'un compromis typiquement chinois, elle tranche la poire en deux, réduisant d'autant le prix du serpent. L'arrangement est accepté par tous, et nous regrettons déjà d'être montés sur nos grands chevaux pour si peu.

Après quoi nous amenons Dali à l'officine d'un vétérinaire pour s'y faire vacciner. Tandis que le chiot se fait piquer, le regard de Philippe est ostensiblement attiré par une alignée de cages où sont exposés des chiens de race. Lui aussi se verrait bien mettre la main sur un fidèle compagnon, mais la plupart des chiots sont des pékinois qui dépassent allègrement les 500 F pièce, et dont la laideur (ou la beauté, ça dépend des goûts) rebute Philippe.

Cependant, un peu à l'écart, sur le seuil d'une baraque en bois, nous apercevons un chiot blanc tout excité qui partage sa cage avec un dindon ! Ses conditions de vie l'ont sans doute rendu à moitié fou. Néanmoins nous nous renseignons auprès de la propriétaire du chiot : une mère Denis brocanteuse aux allures un peu louches. Que dire de plus ? Le chiot désemparé tire sur sa laisse et se jette dans les bras de Philippe qui se sent fondre d'amour, le dindon glougloute de tristesse, je sifflote. Sans tergiverser Philippe tend deux billets de 100 yuans à la mère Denis. Nous saluons la troupe de badauds qui s'est formée autour de nous, et nous partons, sans nous retourner, pour de nouvelles pérégrinations ; Philippe, moi, Dali, et un certain *Wilfried...* !

Notre première journée de vélo à travers la campagne montueuse et rizicole du Yunnan se déroule paisiblement. Le soir, nous confions au sol chinois notre bivouac, laissant la nuit répandre sur nos tentes un silence apaisant. Toute la troupe s'est regroupée sous ma toile afin de partager le dîner, où pour la première fois Dali et Wilfried, nos deux fidèles compagnons, se retrouvent à nos côtés. Il fait froid et Philippe, selon son habitude, a laissé dans sa tente une bougie en veilleuse afin d'y emmagasiner un peu de chaleur. Nous évoquons à voix basse notre journée. Les deux chiots se sont assoupis, tandis que dehors les quelques Chinois qui, sans curiosité excessive, se sont rincé l'œil devant nos tentes, ont disparu. Depuis, aucun son ne vient rompre le silence apaisant de la campagne.

Soudain un bruit crève les ténèbres, un bruit identique au souffle puissant d'un chalumeau, plus fort même que le jet d'un chalumeau, c'est même trop fort dans ce silence pour n'importe quel bruit. Philippe est le premier à comprendre. Il laisse tomber sa gamelle et déchire presque l'ouverture de ma tente en se jetant dehors. Les deux chiots pleins d'effroi se flanquent la queue entre les pattes, puis à mon tour je me traîne dans l'obscurité, et vois la scène dans toute son horreur : la tente de Philippe ravagée par les flammes !

Mon pauvre frère arrache des lambeaux de plastique enflammés qu'il piétine avec frénésie et toute l'énergie du désespoir. Il crie comme un supplicié en essayant de sauver le peu de ce qui reste de sa toile intérieure, tandis que son matelas en polyuréthanne se consume en sifflant.

Une fois l'incendie maîtrisé, Philippe reste de longues minutes éberlué devant la dépouille calcinée de sa tente puis, telle la victime d'un typhon, cherche à tâtons les restes inutilisables de sa demeure. Les sacoches ont été épargnées ; en revanche, sa trousse de toilette et une boîte en plastique laissée sur son matelas sont dans un triste état. Un peu comme Philippe d'ailleurs, qui s'inflige une cascade de reproches.

Quelques jours plus tard, Philippe, qui commence à se lasser de dormir à la belle étoile dans le brouillard givrant (je ne vais tout de même pas l'inviter sous ma tente, chacun ses problèmes !) demande à un cordonnier chinois de lui recoudre des bandes de plastique sur les restes de sa toile extérieure. Emporté par la nostalgie de la mère patrie, et doté d'une fibre patriotique peu commune, Philippe opte pour un rouleau de toile imprimée de rayures bleues, blanches et rouges. Résultat : l'étanchéité se révèle excellente, en revanche, question camouflage c'est zéro, son igloo patriote et tricolore attire les Chinois à des kilomètres à la ronde !

Puis, à nouveau, et ce n'est pas nouveau, nous affrontons la route longue et rude, sans rien entre nous et notre désir inné de découverte. Le temps est gris et maussade, une boue rougeâtre fuit sous nos pneus, tandis que nos chiots, installés à la hune de nos guidons, hument l'air à plein museau. Parfois lorsque nos deux montures s'approchent l'une de l'autre, ils se risquent en équilibre sur le bord de leur panier et se lèchent la truffe. Wilfried est le plus téméraire des deux, il est du genre chien fou, kamikaze et excité, alors que Dali est un chien plus introverti, boudeur, voire un poil dédaigneux.

Risquent-ils d'être avalés par un chinois canivore ? Certes le chien en Chine est apprécié comme une délicatesse revigorante, quoiqu'assez onéreuse, mais il convient néanmoins de faire la distinction entre le chien de ragoût de taille respectable, et le chien de compagnie, petit, racé et sans saveur. Dali, boule de poils immangeable, semble donc à l'abri de tout danger canophagique, en revanche nous avons quelque doute sur la taille future et peut-être appétissante de Wilfried, chien de rue non identifié.

Voilà pour les chiens, quant aux Chinois, depuis que les autorités locales ne les clouent plus dans leur commune, ils sont nombreux sur les routes à voyager à leur guise. Des motoculteurs convertis en triporteurs acheminent les paysans au retour des rizières ; en bas de collines mitées par de petits puits d'excavations, des camions ramassent des mineurs indépendants qui portent sur le dos leur lourde charge de minerai de charbon. Car la campagne chinoise est comme un vaste pays de coolies où tout est bon pour le transport des denrées : des palanches chargées de sacs de riz tiennent en équilibre sur le dos de portefaix efflanqués ; des vélos plus souvent poussés qu'enfourchés disparaissent sous des ballots de volailles et de légumes ; des pyramides vivantes de cochons vociférants s'entassent à qui mieux mieux sur de solides cyclo-pousses...

A chaque pause de midi nous faisons bombance dans une des nombreuses gargotes de campagne. Si quelques restaurateurs et aubergistes chinois persistent à maintenir leur réputation de vieux roublards - leur exigence frisant parfois le ridicule - nous arrivons toujours à nous entendre sur une somme raisonnable à débourser. D'ailleurs, débattre le prix en Chine est une pratique courante (sauf dans les magasins d'Etat où les tarifs sont affichés). Nous finissons par accepter le jeu, quitte à payer un peu plus cher ce qui est par ailleurs très bon marché (un repas complet avec de la viande ne dépasse pas les 10 F !) En outre, un nombre considérable de Chinois nous ont fait des faveurs ou aidé à sortir de situations embarrassantes. Comme cette fois où nous étions à court d'argent, et où des banquiers sont revenus nous servir dans leur banque un jour de fermeture ; à une autre occasion un aubergiste nous réclama 8 yuans (5 F) pour nous quatre et pour une nuit dans son auberge alors que l'officier de police, venu nous interroger, lui avait ordonné de nous taxer 20 yuans.

Ainsi, notre petite troupe, dont la partie canine a pris un peu de poids et beaucoup d'assurance, arrive, le 14 décembre, aux fameuses chutes de Huangguoshu.

Huangguoshu (la chute d'eau de l'arbre aux fruits jaunes) est la plus grande chute d'eau de Chine, et fait partie des attractions géologiques chinoises majeures, bien qu'elle soit peu fréquentée par les touristes étrangers. On retrouve sa photo un peu partout, notamment sur un paquet de cigarettes du même nom, et sur un poster fréquemment affiché dans les restos dont l'aspect sino-idyllico-kitsch (ciel bleu, fleurs et chute d'eau) est fort apprécié par les convives à la digestion poétique.

Au premier abord, les constructions anarchiques autour du site nous procurent une impression décevante, mais une fois descendus au pied de la chute, l'aménagement camouflé des infrastructures, tels que les chemins et petits ponts, nous laisse sans voix. La chute d'eau, d'une largeur de 81 mètres, plonge d'une hauteur de 74 mètres dans le bassin du rhinocéros. Mais c'est le tunnel creusé derrière la cascade qui constitue le clou du spectacle. Dans un vacarme gigantesque, on a l'impression d'assister à l'effondrement de toute la montagne. On est là si près du monstre, sous lui, les bras tendus on le caresse craintivement de peur d'être entraîné, broyé, pulvérisé dans ce gouffre de blancheur assourdissante.

De là nous faisons une pause d'une semaine dans un hôtel, le temps de rattraper notre retard dans nos comptes rendus. A la fin de notre séjour, un groupe de musiciens et de chanteurs chinois nous invitent à passer la soirée dans une discothèque. Entrée gratuite, ils connaissent bien le patron. Ils nous présentent sur un plateau deux ravissantes beautés, sculpturales et rayonnantes, aux formes avantageuses moulées dans de longues robes du soir. Elles ne comprennent pas l'anglais, et j'essaie en vain de communiquer avec ma partenaire qui semble plus intéressée d'aller danser un slow à la mode que de tailler une bavette. Philippe me pousse du coude pour me faire comprendre que je ne vais quand même pas manquer une occasion pareille. Traître frère. Alors avec elle je me lance dans la mêlée, la catastrophe à pleins pieds...

La danse comme la musique est un langage universel. De fait ma charmante cavalière n'est pas longue à se rendre compte du degré affligeant de ma médiocrité chorégraphique. Par bonté elle préfère m'épargner un supplément d'humiliation. Dépité - je lui ai pourtant dit - je retourne m'asseoir dans un coin de la pièce, tandis que Philippe sur la piste fond littéralement entre les seins de sa délicieuse Mandarine.

Pour me consoler, la jeune chinoise ne trouve rien de mieux que de me proposer de chanter le prochain slow et de montrer mes talents de crooner.

– Moi, chanter ! lui dis-je, mais je ne connais pas le chinois !

– Qu'importe vous chanterez en français. Connaissez-vous cet air ?

Elle me fredonne une mélodie qui ne m'est pas inconnue mais dont j'ai oublié la quasi-totalité des paroles. En dépit de ma résistance et à force de persuasion, elle me fait lever une deuxième fois de mon fauteuil, la catastrophe à pleins poumons.

Debout sur la scène, je tiens en tremblant le micro, les regards des danseurs braqués sur moi avec la même intensité que si j'étais un nouvel artiste venu du grand ouest, genre Alain Delon (en moins beau). Enfin l'orchestre joue les premières notes de musique, les couples sur la piste s'entrelacent de plus belle, je prends ma respiration, et encouragé par la voix suave de ma partenaire je chante :

– *Ce n'est qu'un au revoir mes frères, ce n'est qu'un au revoir, oui nous nous reverrons mes frères, oui nous nous reverrons.* (en français dans le texte).

A partir de là tout le reste de cette chanson n'est plus qu'un vaste trou noir dans mon esprit. Mais comme « *the show must go on* » et que tous mes auditeurs sont Chinois et peu familiarisés avec les subtilités de la langue française, j'improvise un texte à ma manière :

– *Je suis un pédaleur errant mes frères, je suis sur ma bicyclette, j'aimerais manger des rillettes du Mans, et du fromage mes frères, et vlan passe moi l'éponge !*

Dans la précipitation je ne peux pas faire mieux que de débiter une longue suite d'inepties, mais cela a l'air de plaire et lorsque mon numéro est terminé toute la salle se retourne pour applaudir. Je n'en demandais pas tant !

C'est un matin gris, d'asphalte, de la même matière et de la même couleur, un de ces matins sans vent, d'une fraîcheur saturée trop liquide pour être agréable, d'une blancheur trop blême pour en blêmir, un matin d'une lourdeur mortelle qui tire sur l'ennui comme sur nos muscles refroidis.

Nous achevons l'ascension d'une petite colline, lorsque Philippe, échauffé par ses premiers coups de pédale, veut se dévêtir légèrement. Il s'arrête, puis soudain, sans un bruit, sans un souffle, comme un pantin désarticulé, s'effondre sur la route. Sa tête, emportée par le poids de sa masse inerte, rebondit lourdement contre le bitume.

Je pense d'abord qu'il a perdu l'équilibre et qu'il va se relever, mais il reste là, immobile, étendu sous son vélo, comme mort, un mince filet de sang s'écoulant de son crâne fendu. A cet instant je prends peur, je crie, mais Philippe ne répond pas, ni ne réagit aux coups de langues vigoureux de son fidèle Wilfried. Alors je bondis vers lui et le dégage de son vélo. Son corps est parcouru d'un léger frémissement, et il se relève en chancelant à moitié groggy, le regard égaré, comme quelqu'un qui sort d'un long sommeil. Il balbutie quelques paroles incohérentes, Philippe est ailleurs, en état de choc. Après la syncope il a perdu toute notion du temps et de l'espace. Puis, peu à peu il retrouve ses esprits et essuie le sang qui coule derrière sa tête. Il ne se souvient absolument de rien de ce qui s'est passé toute cette dernière heure. Il a, semble-t-il, pédalé dans une autre dimension, inconnue jusqu'alors du commun des pédaleurs errants.

*

24 décembre 1994, la veille de Noël, dans la ville de Guiyang, la capitale provinciale du Guizou. Nous avons une fois de plus attendu le dernier moment avant de retirer de l'argent et nous sommes arrivés trop tard à la banque où le service des cartes bancaires est fermé pour le week-end. Nous sommes sur la paille, plus pauvres que pauvres, n'ayant nulle part où crécher. Heureusement le personnel de la banque, plein de commisération, nous trouve un hôtel modeste, et sans autres formalités, sans aucune garantie, nous avance, à taux zéro, un peu d'argent qui nous permet de tenir jusqu'à lundi !

En dépit de ce retournement de situation inespéré, nous passons ces jours de fête dans un climat plutôt morose. En Chine, la naissance du Christ passe complètement inaperçue. Comme l'année précédente c'est un Noël de chien, un tête à gueule avec nos bêtes... Nuit canine, nuit de Chine... La routine.

*

Premier janvier 1995, dans une ville à l'allure sans nom, il fait froid et nous avons choisi pour ce jour de fête, l'hôtel autorisé ; le moule à tarte gouvernemental à 40 F la chambre double, chauffage, télévision, et salle de bain alimentée en eau chaude. Nous pourrions prendre ça pour un début d'année prometteur si toutes ces friandises n'étaient pas qu'un terrible attrape-souillons. Rien, mais rien ne fonctionne, sauf la sourde antipathie de la réceptionniste qui refuse d'entendre parler d'une réduction, ou de nous fournir un bouchon susceptible de boucher notre baignoire !

Nous sommes à peine remis de toutes ces vexations, que nous voyons débarquer deux cyclo-baroudeurs. Vision rarissime puisque ce sont les premiers que nous rencontrons depuis Lhassa, soit en deux mois de voyage. C'est d'autant plus surprenant que derrière l'un d'eux est accroché une remorque dans laquelle dort paisiblement... un superbe husky !

Les deux cyclistes, originaires de l'ex-R.D.A., sillonnent notre planète depuis quatre ans. Ils viennent tout juste d'acheter le chien en Alaska, et ont tenté de le passer clandestinement à Hong-kong par avion en le dissimulant dans un grand carton ! Or dans ce pays l'importation des animaux est strictement réglementée. Le chien, vite repéré, fut saisi par les douaniers puis enfermé dans une fourrière. Enfin, après maintes complications administratives et pécuniaires, les deux Allemands réussirent à le récupérer, sous condition expresse qu'il se fasse escorter en taxi jusqu'à la frontière chinoise. Finalement, suite au stress et à la chaleur de Hong-kong, le chiot, habitué aux terres polaires, est tombé gravement malade, et depuis son maître doit, à la sueur de ses mollets, traîner cet avatar de chien de traîneau !

Quatre ans de voyage ont rendu nos semblables un brin condescendants, car ils ont vu des choses, des hommes, des villes, des paysages, une montagne de faits et d'événements qui leur permettent d'avoir opinion sur rue. Revenus de tout, ces deux grands professionnels de l'esbroufe regorgent d'humour, d'entrain, et d'anecdotes piquantes, essayant de répondre, malgré eux, à la vision gratifiante que l'on se fait d'un baroudeur à travers le monde. Ils prétendent ne jamais aller à l'hôtel - sauf ce jour-là ! - réclamant presque avec arrogance davantage d'hospitalité. Ils en parlent comme de leur dû ! Les autochtones n'ont rien d'autre à leur donner, ils leurs «doivent» bien ça !

Le lendemain matin nous avons rendez-vous avec eux pour le petit déjeuner, mais à 8 h 30 leur chambre est déjà vide. Sans doute les deux *glose-trotters* sont-ils pressés de courir le monde et de « cueillir quelques croquis pour leur album vorace ».

*

Nous sommes une bonne troupe d'amis, deux hommes et deux chiens qui quittons la ville la plante des pieds sur les pédales, l'asphalte dur et humide ronronnant à nouveau sous nos pneus. Les badauds ébahis sortent sur le seuil de leur porte, les cochons s'enfuient dans les fossés, et les feuilles mortes de l'hiver, emportées par le souffle de notre enthousiasme, tournoient dans le sillage de notre folle et joyeuse équipée !

Il n'y a pas de plus grand bonheur que la pratique de la pédalerie errante : empoigner la vie et la savourer à loisir, aspirer à longs traits le spectacle de la nature, se frotter la cervelle contre les peuplades curieuses et oubliées du monde... Ainsi en va-t-il, jour après jour de nos tribulations, engloutissant des kilomètres dans la campagne assoupie, au-dessus des vallées, au creux des montagnes, devant des troupeaux de canards, des nuées de cochons, des essaims de buffles, par-delà des rizières en gradins clôturées de forêts de bambous, par-delà des villages où partout monte l'odeur de la canne à sucre fraîchement coupée, par-delà les champs secoués par les frétillements incessants des paysans au travail...

Aujourd'hui faut-il nous hisser sur la plus haute marche de la colline, vaste amphithéâtre de terrasses engourdies par l'hiver. Alors nous nous élançons sans hâte et plein d'insouciance, et arrivés en haut, ou presque, nous nous attendons toujours à quelque surprise : des pavés, des graviers, de la boue, que sais-je encore ? C'est le jeu de l'assaut contre le dispensateur de douleur, mais qu'importe nous roulons par-dessus chaque épreuve, et quand ça ne roule plus comme aujourd'hui, parce que la neige durcie et gelée est devenue une piste de porcelaine verglacée, alors nous jetons les chiots par-dessus bord, et nous poussons, le cœur vaillant, jusqu'en haut, hors d'haleine, triomphants, prêts à recommencer de bout en bout si c'était à refaire.

Après quoi, deux jours plus tard, en bas de la montagne, le beau temps refait surface. Nous voguons de village en village dans une région habitée par de nombreuses ethnies : les *Miao* farouches coiffées d'impressionnantes tignasses, les *Naxi* matriarcales où les hommes sont subordonnés aux femmes, les *Yi* vêtues de batiks et de costumes brodés main... Tout un groupe de peuplades à la croisée d'un empire vieux de mille ans, qui ne possède pas un mot de mandarin, la langue nationale. Environ 60% des locaux sont illettrés et 50% des villages de cette région inaccessibles par la route !

Il est une heure de l'après-midi, nous sortons d'une auberge de village où nous avons dégusté une fondue chinoise : viande et légumes crus plongés dans l'eau bouillante. J'examine avec attendrissement ma monture assoupie dans la chaude lumière du jour, et regonflée à bloc pour mieux affronter les turbulences de la piste. Puis j'appelle Dali qui, après avoir plongé sa tête dans un pot de peinture blanche, hésite entre courir après une oie ou poursuivre Wilfried qui s'enfuit en emportant dans ses crocs la dépouille d'un vieux rat. Enfin j'enfourche mon cycle Giant, fais un-demi tour de pédale, et soudain, car c'est toujours soudain, une formidable explosion déchire l'atmosphère. Je reste figé, immobile, le trouillomètre en surpression, je vois trop bien ce qui s'est passé, ma chambre à air a éclaté en emportant la moitié de ma jante ! ! !

Bisque bisque rage ! C'est le cas de le dire : Nous sommes sur la jante ! Impossible de réparer dans ce coin perdu, alors bis repetita, nous hélons le premier camion venu, nous y jetons nos vélos, nos chiots et tout le bataclan, puis à notre tour nous nous hissons entre les cartons de marchandises remplis de bonbons et autres friandises.

Que dire encore ? Qu'il n'y a que 74 kilomètres jusqu'à la prochaine ville, que cela nous prend tout l'après-midi parce que le camion est de la même famille que mon vélo, c'est-à-dire de la famille des consternants. Son pneu arrière gauche, qui n'en est même plus un, crève. Il faut une heure pour réparer. Ensuite, plus loin, un deuxième pneu éclate, et là que voulez-vous, à court de roue de secours il faut attendre qu'un véhicule veuille bien nous prêter la sienne. Et lorsque nous débarquons dans la ville, la nuit nous a déjà précédés. On nous refuse l'hospitalité dans des hôtels à moitié vides sous prétexte que nous avons des longs nez. Puis enfin, quand quelque hôtelier trouve notre frimousse acceptable, la police nous épingle et nous prie de rester jusqu'au lendemain pour une investigation plus complète !

Comment faire autrement ? Il faut réparer ma roue, du même métal que la chienlit (chromex delirium très mince), une merveille technologique aussi légère que la cervelle de son inventeur (réalisation française montée à Taïwan !) mais qui, et voilà le hic, ne peut être ressoudée qu'avec du matériel sophistiqué. J'opte d'abord pour une nouvelle jante, de la ferraille chinoise pure et dure, mais les trous ne sont pas en face des miens, du pignon, des rayons, et on peut prendre ça par n'importe quel bout, c'est un casse-tête chinois insoluble. Alors nous finissons par nous en remettre à la dextérité d'un soudeur es-alliage, et contre toute attente c'est un succès. La jante renforcée résiste à la pression. Bravo ! Bravo ! Bravo ! Au suivant !

– Savez-vous que vous avez franchi une zone interdite ?

Les deux agents de police ont tenu leur promesse, et sont revenus, épaulés par deux charmantes demoiselles, professeur d'anglais de leur état.

– Nous ? La bonne blague ! L'erreur est naturelle, nous sommes coupables d'innocence, puisse la bonté de votre cœur nous épargner monsieur l'agent.

– Ha ! Ha ! Donc vous avouez, votre compte est bon !

– Pitié, la barrière qui barrait la route était à moitié relevée.

– Balivernes que cela, la faute est punissable.

– Alors ?

– Alors vous devez expier, faire votre mea-culpa, avouez par écrit l'étendue sordide de votre méfait. Non, non ne riez pas (nous rions) faites preuve d'un certain repentir et vous serez libres sans avoir à débourser un seul kopeck.

Je n'invente rien, nous sommes en Chine comme deux touristes dissidents, forcés de faire leur autocritique. Alors je prends le stylo du sus-borné afin d'épancher à l'encre de Chine une autocritique en anglais quelque peu ironique, du genre : «...C'est alors que, l'esprit aveuglé par le souffle de notre épopée, nous nous sommes inconsidérément engouffrés sur ledit territoire. Fort heureusement la sagesse éclairée de l'agent Huang Lo a su nous remettre dans le droit chemin... et jamais, plus jamais - pensez donc - nous ne reviendrons fouler le sol immaculé de cette sainte province... Veuillez accepter Monsieur Huang Lo, nos honorables excuses. Serge et Philippe Leret, pédaleurs errants où il faut, Rongjiang 6 janvier 1995, 11 h 30 ».

Bras dessus, bras dessous, la joyeuse bande de rigolos signe et tamponne tout ce qu'il y a à signer et tamponner, puis, copains comme cochons, nous sortons dans la cour de la station de police où l'officier, aussi détendu qu'un pied flasque dont on vient de retirer l'épine, donne une bourrade amicale à Philippe. D'ailleurs, nous-mêmes, nous sommes dans les meilleures dispositions et c'est avec un réel plaisir que nous accompagnons dans leur école nos deux sympathiques traductrices.

Sur place, elles nous expliquent qu'elles doivent enseigner l'anglais dans des classes de plus de cinquante élèves pour un salaire mensuel de 300 yuans (200 F). A titre de comparaison, 80% de la population, essentiellement rurale, survit avec 1 500 yuans par an ! Après ce petit topo, que voulez-vous elles ne peuvent que céder à notre charme, ou est-ce simple curiosité ? Qu'importe nous sommes invités à manger chez celle qui a épousé un barbu de la tribu des *Dong*. Cependant comme elle est issue de la majorité chinoise des *Han*, elle ne peut avoir qu'un seul enfant (qu'elle a) alors qu'un couple appartenant à une minorité ethnique peut prétendre à deux enfants.

Cette jeune femme cultivée et un peu désenchantée, nous raconte sur un ton monocorde les répercussions de la révolution étudiante de Tien-anmen de 1989. Nous découvrons, à travers son témoignage (elle était étudiante à l'époque) que toute la Chine avait été secouée jusque dans cette petite ville provinciale (manifestations, arrestations et déportations).

En sa compagnie nous allons visiter un village *dong*, une minorité ethnique de deux millions de personnes, grands bâtisseurs de rizières en terrasses et experts en architecture de bois. Des centaines de villages, comme celui-ci, parsèment cette zone montagneuse difficile d'accès. Parmi les ruelles étroites et sinueuses, pavées de grosses pierres noires et glissantes, nous découvrons le petit temple du village dédié aux esprits du lieu et pointant fièrement vers le ciel son triple toit recourbé et décoré de dragons fabuleux. Cependant, laissé à l'abandon depuis la révolution culturelle, sa fonction religieuse est passée de mode. Il sert, aujourd'hui, d'une manière plus pragmatique, au séchage du riz !

Après quoi, nous affrontons à nouveau pistes ensablées, minorités effarouchées, villages de bûcherons, rizières à flanc de coteaux... Et un beau jour, le dimanche 8 janvier pour être précis, voilà que la piste imprévisible et caractérielle meurt dans la rivière. Le tracé de la route sur notre carte est en avance sur son temps. Certes la piste est en construction, mais suffisamment inachevée, voire inexistante, pour être impraticable.

Alors tris repetita, le lendemain nous hélons la première péniche venue, nous y jetons nos vélos, nos chiots et tout le bataclan. Le voyage nous prend la journée, de douceur, de soleil, dans un paysage de jungle asiatique, la barge louvoyant entre les buffles qui nagent à l'ombre de gigantesques banians.

Nous remettons le pied à terre, deux jours s'écoulent, et soudain, parce que c'est toujours soudain, une formidable explosion déchire l'atmosphère, et Philippe reste pétrifié, immobile, il voit trop bien ce qui s'est passé : sa chambre à air a explosé en emportant la moitié de sa jante ! Bisque bisque rage !

Il n'y a pas de fin au cycle infernal de nos tribulations, tout est écrit d'avance, de la durée de vie d'une jante au plus insignifiant des événements, chaque explosion a été amorcée par notre seule volonté d'avancer. C'est notre faute, nous pédalons derrière la mèche qui va nous faire sauter, et l'on saute, inévitablement. Nous ne voulons pas y croire, nous cherchons des excuses, à justifier l'évidence, à braver l'évidence. Alors nous nous battons. Nous trouvons un soudeur es-alliage, une femme catastrophe, qui, dans la chaleur de la flamme de son chalumeau emporte une bouchée entière de la jante du vélo de Philippe !

Plutôt que de voir sa roue entière disparaître en fumée, il met le holà à l'allumeuse et préfère s'en remettre au système D, déjà éprouvé au Tibet par son astuce de selle gonflable. Il fait tenir ensemble les restes de sa jante avec du ruban adhésif, des bouts de ficelle et des lanières de tissu ! Et contre toute attente c'est un succès. Sa jante rafistolée résiste à la pression pendant plus de 200 kilomètres. Bravo ! Bravo ! Bravo ! Aux survivants !

Nous attendions ce moment avec impatience : Guilin. Guilin et ses pics enchanteurs. Qui n'a rêvé un jour devant la poésie d'un tableau d'un maître chinois ? Qui n'a jamais été émerveillé devant ces « épingles à cheveux en jade bleu » surgissant de la toile comme d'une brume matinale ?

Mais résultat, rien, que dalle, une ville de plus, le genre de ville cacophonique qui montre avec véhémence son look de sanitaire de pacotille. Nous avons beau chercher du regard les célèbres tourelles de karst, il n'y a rien que des tours de béton vêtues de vitraux bleus moches, des bâtiments administratifs dégoûtants, une foule de costumes gris déprimants. Tout est moche, dégoûtant, déprimant, et même les alléchants gâteaux dans la rue révèlent un arrière goût de bidets désinfectés !

D'un revers de pédale nous passons notre chemin, replongeant dans le flot de bric-à-brac avec Dali et Wilfried perchés sur leur hune qui veillent au bon déroulement des opérations. Car, rappelons-le, les deux chiots ont l'avantage d'être Chinois et peuvent par conséquent lire les idéogrammes et nous indiquer la bonne direction !

Je m'arrête donc à un carrefour pour faire le point avec Dali sur le cap à suivre. Philippe, également immobilisé, se tient une dizaine de mètres derrière moi. Puis, ayant réussi à me dépatouiller du baragouinage d'un passant à qui j'ai demandé mon chemin, je me retourne et vois comme un grand vide dans le trop-plein de ferraille cyclique. Philippe et Wilfried ont disparu !

Qu'est-ce que c'est que cette histoire ? Je lance des regards éperdus dans la foule bourdonnante. Peut être sont-ils passés devant moi sans m'apercevoir ? Alors sans perdre une seconde, je me jette dans la mêlée à la poursuite de mon Houdini de frère, en maugréant de plus belle contre son inadvertance positivement insupportable !

Hélas ! Dans ma précipitation imbécile qui me fait pousser un sprint paniqué dans l'avenue principale, je ne vois pas Philippe plié en deux, examinant la jante de son vélo, et subséquemment dissimulé derrière le fatras d'un cordonnier ambulant.

« L'innocence incarnée » (Philippe) se relève en regardant droit devant lui avec cette impression très nette de quelqu'un qui se dit que quelque chose ne tourne pas très rond. « Où est donc Serge, mon imbécile de frère aîné qui n'aurait jamais dû l'être, le voilà encore parti devant moi sans s'assurer de ma présence. Non vraiment, son dédain est positivement insupportable ! »

Voilà donc, chers lecteurs, comment les éléments de l'intrigue ont abouti à cette triste réalité : deux pédaleurs errants et leurs chiens perdus dans le maelström incommensurable de la chinoiserie à pédales. Le vilain sort nous a séparés, nous qui sommes habitués à vivre en tandem 24 heures sur 24. Nous pataugeons dans le bouillon, si dense, que nous nous croisons sans doute, sans nous voir. Je vais et je viens dans l'avenue principale. Je questionne les badauds qui y comprennent moins que goutte, et enfin, à bout de patience (c'est-à-dire au bout d'une heure), j'adopte la stratégie du message dans la bouteille.

Tant bien que mal j'explique à un réparateur de vélos, placé comme il se doit au bord de la chaussée, qu'il faut tendre un message au prochain cycliste cow-boy accompagné par un chien blanc. Dans ce papier je donne rendez-vous à Philippe le lendemain après-midi devant la poste de Yangshuo, une petite ville située à 65 kilomètres de Guilin, où nous avons prévu de faire halte. Je motive le vélociste chinois par un pourboire, et m'en vais sur les routes de la campagne, réconforté par cette lumineuse et géniale idée (pensais-je modestement).

Pendant ce temps, Philippe guettait le moindre frétillement de pédaleur errant. Il attendait avec une patience que je ne lui soupçonnais pas. Tout l'après-midi il cherche du côté d'ailleurs. A bout de nerfs il frappe presque un hurluberlu qui le questionne avec insistance, et enfin, à la tombée de la nuit il s'en va dans l'obscurité, passe devant l'emplacement du vélociste chinois qui a depuis longtemps plié bagages, et, une quinzaine de kilomètres plus loin, il s'abandonne dans un fossé humide avec son Wilfried, et laisse passer la nuit glaciale. Il ne dort pas et ne songe pas à dormir, tiraillé qu'il est par mille inquiétudes.

Pendant ce temps (bis), moi, certain que mon message va lui parvenir et que Philippe a suffisamment de ressources pour se sortir de ce mauvais coup de pédale, j'ai depuis longtemps rejoint un village à 35 kilomètres de Guilin. Je m'installe dans une auberge avec Dali, lequel, surpris et interrogatif, dit « Tiens, tiens ! Ouaf, ouaf ? » et sur ces belles paroles nous nous enfonçons tous les deux dans les profondeurs de notre matelas.

On ne retient pas un Philippe aux abois. Dès le lever du jour, il fend la brume virginale du matin, si rapide qu'il laisse de la gomme sur le bitume face à mon hôtel, sans se douter que je suis là, à quelques roues, en train de brosser les dents de Dali qui marmonne, les crocs couverts de dentifrice, que, non vraiment, ce n'est pas une vie que celle de la caninerie errante !

A mon tour, j'enfourche Justine et glisse doucement dans la bruine, entre une double colonne de vendeuses de pomelos, en pensant que Philippe va me rattraper. Vaines supputations. A midi je parviens à Yangshuo. Puis, après avoir arpenté la ville de long en large pendant une heure, je me dirige vers le dernier hôtel qui me reste à visiter, et là, juste à côté, au Twin Peaks Café, j'aperçois le bougre de Philippus de Talipiacus, tranquillement attablé devant une somptueuse « Banana Pie » !

Nous nous élançons l'un vers l'autre, en oubliant nos querelles d'odeur de chaussettes, et nous nous empoignons fraternellement devant le regard attendri d'une serveuse qui pense que c'est là une bien bonne chose que les deux chiots se soient enfin retrouvés !

Yangshuo : des centaines de collines verdoyantes et escarpées qui surgissent du sol, plus hautes et plus élégantes les unes que les autres, leurs silhouettes énigmatiques se reflétant telles des fleurs de lotus dans les eaux miroitantes de la rivière Li. De ci de là, d'antiques villages avec leurs maisons en adobe et en briques noires, et enchâssés dans la mosaïque des rizières, cherchent à peine à se dégager de leur somnolence hivernale. Des barques de pêcheurs accompagnés de leurs cormorans glissent doucement le long de gigantesques rideaux de bambous. Cependant, vu la magnificence du site, tout est bien trop tranquille, trop idyllique...

De fait, l'illusion ne dure qu'un temps. A trois heures de l'après-midi on perçoit déjà à la surface transparente de l'eau de fines ondulations, comme des ridules sur une écharpe de soie, une vibration lointaine qui s'approche, prête à secouer la torpeur de Yangshuo.

Ils arrivent sur la rivière, tout droit des dortoirs étoilés de Guilin, ville hyper touristique qui voit défiler chaque année quelque sept millions de visiteurs*; *Ils* arrivent, une flottille entière de drakkars chargés de Kodaks automatiques ; les tours «opèrent à tort » débarquent sur les quais de Yangshuo des bancs entiers de touristes étrangers qui se retrouvent compressés dans un goulet d'étranglement de bibelots à marchander : peignoirs en soie, batiks, bracelets de jade, figurines en porcelaine, noix sculptées, pipes à opium, œufs cloisonnés, bouddhas...

Mais la grande majorité de ces touristes sont chinois. Ils viennent ici par milliers dans le cadre de congrès, ou séminaires tous frais payés par l'entreprise d'Etat. Ceux-ci trépignent et dépensent sans compter. Au pas de course, ou au trot dans un tricycle, ils visitent ensuite la grotte du dragon de jade avant d'être réinjectés dans un car climatisé vers Guilin.

Mais Yangshuo c'est aussi La Mecque chinoise des routards, lesquels, avides d'authenticité, sont partis en transhumance pour se regrouper des soirées entières autour d'une assiette de frites et 36 bouteilles de bière *Lijang* (la bière de l'éléphant). Ils écoutent *midnight oil*, visionnent en vidéo les standards américains tel que *Pulp fiction*, et, ainsi réunis, peuvent, à peu de frais et sans trop se départir de leur propre communauté, « tisser du lien social » à l'autre bout de notre village planétaire.

C'est dans un de ces parloirs que travaille la serveuse qui a accueilli avec enthousiasme les retrouvailles de nos deux chiots. En fait, elle est aussi cuisinière, mijotant du matin jusqu'au soir des plats susceptibles de satisfaire le palais délicat des baroudeurs. Sept jours sur sept au-dessus des fourneaux pour un salaire mensuel de 150 yuans (100 F). Le reste du profit passe entre les mains de la patronne qui flambe à longueur de journée autour d'une table de *mah-jong* (dominos chinois).

---

* A titre de comparaison, en 1939, un million de personnes dans le monde voyageaient à l'étranger. En 1990 elles étaient plus de quatre cents millions !

Xiao Lin (prononcez Shiao-Line) littéralement « petite forêt », a 25 ans, et parle un anglais correct qu'elle a appris pendant ses deux années au contact avec les touristes étrangers. On est tout de suite conquis par sa bonne humeur (et sa cuisine !). Simple et sans façon, sympathique et spontanée, elle pousse de temps en temps des rires euphoriques, et respire une joie de vivre et une fraîcheur que rien ne peut altérer. On peut lui reprocher d'être un peu candide ou enfantine, mais parmi les autres Chinois c'est un bol d'air frais qui est le bienvenu.

Nos chiots étant indésirables à Hong-kong, Xiao Lin se propose de les garder chez ses parents jusqu'à notre retour de Taïwan. Ce n'est pas une séparation facile, et c'est la mort dans l'âme que nous apportons nos deux chiots jusqu'au village de Xiao Lin situé à 7 kilomètres au sud de Yangshuo.

Une fois parvenus dans la fermette de ses parents, blottie entre les rizières et les pains de sucre, une multitude d'enfants, neveux et nièces, nous entourent. Des bébés aux culottes sans fond, sanglés à même le dos de leur mère, sont emmaillotés de plusieurs couches de vêtements colorés et brodés de motifs de papillons et de canards, (symbole de bonheur), et de dragons (symbole de fertilité). Ils portent également des bonnets qui, dit-on, possèdent des pouvoirs de protection grâce à leurs petites oreilles évoquant un tigre.

Nous remettons un peu d'argent au frère aîné de Xiao Lin afin qu'il puisse nourrir les chiots, puis nous visitons son élevage de tortues à poils verts (!) et goûtons à la chair juteuse d'un gros pomelo, la spécialité locale. Enfin, et en dépit des jappements déchirants de Wilfried et de Dali qui nous mettent les larmes aux yeux, il faut se résigner à jeter les amarres.

Lorsque nous sommes de retour sur la route, et que tout ce qu'il y a autour de nous n'est plus que silence et indifférence, il me semble entendre Philippe crier dans sa tête : « Wilfried ! Wilfried ! Mon petit Wilfried ! »

Mais nous allons revenir en Chine reprendre nos chiens et vivre d'autres étonnantes aventures. Pour l'heure j'achève ma deuxième année de tribulations ; 29 000 kilomètres au compteur et sept mois de compagnonnage avec Philippe. Prochain saut de puce en bus jusqu'à Canton, puis en ferry jusqu'à Hong-kong ...

47. GROS KONG !

Sans nul doute, nous sortons d'un drôle de rêve, loin des têtes à claques endoctrinées, des vélos et des porcheries, et des subtilités boueuses de la Chine. Nous passons dans un autre monde où d'un seul coup tout devient si simple ; il suffit de nous laisser glisser sur la passerelle illuminée du ferry-boat, nous laisser entraîner dans ce boyau de verre climatisé suspendu au-dessus du vide, et nous accostons un beau matin, deux siècles en avant, à la genèse d'un nouveau monde.

Le port, à l'embouchure de la rivière des Perles, n'a rien d'un port, ou plutôt il disparaît derrière la transparence du verre et des gerbes de lumières. Nous entrons directement dans un paysage de Duty Free de luxe et de vitrines souriantes. Des escaliers mécaniques nous transportent d'étage en étage. Un crépitement électrique emplit l'air. C'est le monde de la perfection, de la puissance silencieuse du succès, l'éclat de la prospérité et de l'efficacité. Nous sommes comme deux clochards en train de prendre un bon bain de modernité, et ça nous fait du bien. Tout est conçu pour nous, pour l'homme, par l'intelligence de l'homme, et de la façon la plus naturelle, comme il sied à la vie moderne, deux portes en verre s'écartent automatiquement devant nos vélos, nous propulsant dehors sur un tapis d'asphalte, au cœur d'une gigantesque forêt de pierres et de cristal pétrifiés.

Il est six heures du matin, la quasi totalité des 5,8 Millions habitants de Hong-kong dorment encore. Les rues de Kowloon (le quartier commercial de la péninsule) sont désertes. Nous marchons lentement le long des murailles, écrasés par le paysage ultra-grandiose. Une Porsche gris argenté file dans ce labyrinthe comme un gros chat qui rentre après une nuit de chasse. Nous avançons doucement vers les quais. Au pied d'une horloge monumentale (Times Square) des étudiants classent à même le sol les journaux du jour. Et là, devant nous, de l'autre côté de la rade, King-Kong dans toute sa grandeur, l'île Victoria et ses pics de lumière, ses gratte-ciel insensés coincés entre la mer et des collines escarpées, le tout serti dans un halo d'argent. Un monde modernisé, « magnifiquement hideux d'élégance ! »

Tandis que le soleil commence à miroiter sur les façades de verre et d'acier des buildings, les cols blancs se pressent sur la jetée pour avaler un bol d'air frais avant la mise en route de la turbine. Et nous, au milieu de ces costumes élégants et des secrétaires en tailleur ou minijupe, nous apparaissons, ni plus ni moins, comme deux vieilles loques répugnantes.

Pourtant un couple d'une trentaine d'années nous aborde, un Singapourien et une Philippine, qui, fascinés par notre épopée, nous entraînent aussitôt au McDonald's à proximité du Star Ferry. Depuis combien de temps n'ai-je pas goûté à cette nourriture synthétique ? Un vrai Mac-breakfast avec plein de Mac-bidules pour les enfants, des Mac-jeux pour construire un orphelinat, des Mac-sourires pour effacer la tristesse, et un personnel dynamique, plein d'énergie et pétillant de vie, j'adore... J'adore ces pros de la sympathie business qui ont eu cette généreuse idée d'employer des handicapés mentaux comme personnel d'entretien. Comment tu t'appelles ? Mac-amisole ? Non je rigole, c'est vrai c'est sympa comme Mac-idée.

C'est donc l'âme en paix que nous croquons à pleines dents dans un hamburger, lequel, paraît-il, symbolise le sein nourricier : arrondi, tendre, mou, mi-sucré, mi-salé, tiède, pris à deux mains ! Ceci fait, réconciliés avec nos fantasmes de nourrisson, nous remettons nos sales pneus sur le beau bitume, lequel à huit heures du matin a déjà disparu sous les pas de la foule, dense, comprimée, en action, les pas d'un peuple de gagneurs agités comme des sauvages, pieds nus sur des braises. Quel plaisir de voir autant de gens courageux, optimistes, utiles, en proie à la frénésie du travail, à l'édification d'une société exemplaire.

Nous plongeons à notre tour dans ce bouillon d'énergie. Emportés par le flot nous longeons les vitrines dorées de l'hôtel Hilton, puis nous nous aventurons dans les entrailles du populaire et peu recommandable Chong King Mansion, un grand immeuble délabré bourré de chambres d'hôtes susceptibles d'accueillir les baroudeurs peu fortunés. En fait, c'est un melting-pot délirant : des Sikhs, des Noirs, des Thaïs, des Jaunes, des Hindous, des Blancs cassés, des peu clairs et des franchement pas nets !

Je monte en investigation au neuvième étage derrière un Indien de commerce qui me jure avoir l'affaire du siècle : 150 $HK (100 F) pour une nuit à deux. Ouais, faut voir, mais pour voir il faut ouvrir la porte, et la porte est coincée, obstruée par un client allongé derrière dans le vestibule ! C'est là qu'il dort, emmitouflé dans des couvertures, car il n'y a plus de place dans le reste de l'appartement.

– Mais ce soir ou demain, m'assure l'Indien, il y en a qui partiront - peut-être - en attendant je vous propose de vous installer dans la salle de bains.

Je m'inquiète :

– Et nos bagages ? Et nos vélos ?

– Mettez-les dans le placard à balais. Me rétorque-t-il le plus sérieusement du monde.

Bref 150 $HK pour dormir à deux dans une baignoire, un plan à la Kong quoi !

Nous comprenons très vite que pour faire fonctionner toute cette belle mécanique il faut beaucoup d'argent, toujours de l'argent, et qu'on en ait ou qu'on n'en ait pas, ça revient au même puisque la base du problème c'est l'argent, la solution c'est l'argent, le résultat c'est l'argent, ou moins d'argent, ou plus d'argent, mais argent toujours. Et qu'il faille 150 $HK pour dormir dans une baignoire n'a rien de surprenant vu que le propriétaire doit gagner sa croûte comme tout le monde. Cependant une nuit dans une baignoire à 150 $HK ça ne nous disait trop rien et nous préférons tenter notre chance ailleurs, d'où l'idée d'aller se renseigner chez les petits gars de la réassurance, des collègues de travail de mon père, habitués à brasser des milliards, de quoi nous plonger définitivement dans le bain.

Pour ce faire il faut passer sur l'île Victoria, le centre des affaires, de l'autre côté de la rade. Or l'accès au métro, au tunnel autoroutier et au ferry-boat le plus proche, est interdit à la gent cycliste, d'où l'obligation pour nous de faire un détour de 8 kilomètres et d'embarquer dans le ferry approprié. Mais voilà, à Hong-kong, où que l'on soit, il n'y a pas de place pour le vélo. C'est le monde des moteurs à explosion et des voies électrifiées pour tramway à double niveau. Nous nous jetons donc à tort dans la circulation en pensant s'y perdre et s'y laisser porter, mais c'est comme si on avait injecté deux petits microbes dans les veines d'un monstre ; deux impondérables petits maniaques à pédales qui ne font que gêner la fluidité apparente du système et contaminer tout l'organisme. Alors sur les quadruples artères nous nous faisons bousculer par le flux des Toyota, des Honda et autres Barons de luxe, et dix fois, vingt fois... cent fois nous frôlons la mort sous les pare-chocs de ces enzymes gloutons.

Indubitablement, c'est l'expérience la plus dangereuse de notre carrière, plus encore que dans l'inconscience collective de l'Inde où nous pouvions à la rigueur, dans le désordre naturel, trouver notre place. Mais ici c'est différent, il faut donner l'impression que les choses tournent rond, qu'on a les moyens de cracher de l'énergie et que tout appartient au monde surévolué du mouvement, de l'action, du succès, du pouvoir et de la réussite... Et nous, nous sommes exclus de ce formidable progrès ; trop lents, trop silencieux, pas assez Kong !

Nous nous dirigeons tant bien que mal parmi les méandres des échangeurs, et puis, lorsque nous sommes presque habitués à rouler l'un par dessous l'autre, à deux coudées à peine au-dessus de nos têtes, un énorme quadriréacteur déchire l'atmosphère, rase les toits dans un nuage de kérosène et atterrit une centaine de mètres plus loin sur la piste de l'aéroport de Kai Taik : une longue langue de bitume gris étirée sur la surface de la mer. C'est démentiel, hyper démentiel, j'adore !

A vrai dire, qu'un avion glisse au fil de l'eau ça passe encore, mais lorsque nous voyons au beau milieu des immeubles un paquebot posé béatement sur le parvis, entouré d'arbres et de fleurs, ç'en est fini de nous... Nous sommes des arriérés mentaux qui n'ont rien vu, des primitifs, alors pour être sûrs que nous ne rêvons pas, nous nous approchons de la bête, et là, c'est le cas de le dire, nous nous rendons compte que nous avons été menés en bateau ; celui-ci n'est en réalité qu'un gigantesque yacht fac-similé, tout en béton, qui sert de centre commercial de luxe. Un formidable trompe-l'œil, un sacré décor... Un décor à la Kong !

Après quoi, nous traversons sans encombre le chenal entre la côte et l'île, parmi les barges, les dragueurs, les porte-conteneurs, les sampans, les frégates militaires et autres jonques. Puis c'est le même manège, en plus dense et plus compact, une bousculade à l'orteil des plus beaux et des plus chers gratte-ciel du monde.

Nous nous faufilons entre les tramways qui n'en finissent pas de décharger les neurones à deux pattes. Une boutique sur deux est consacrée à l'électronique, à la photo, aux bijoux de 18 carats... Nous nous perdons. Trop de ruelles, de passerelles, de bretelles, de tunnels... Nous cherchons une rue, puis un numéro, puis des pièces pour insérer dans la fente du caisson téléphonique... « Allô ! Allô ! Ben Ho where are you ? »

Et puis clic ! Comme on coupe le courant, le manège s'arrête net. Seul un léger ronronnement fait vibrer la cabine de l'ascenseur de service. Nous nous y sommes entassés avec nos vélos et tous nos bagages. La gorge un peu serrée nous levons la tête vers la bande lumineuse qui scande l'ascension. Nous montons, nous montons, car un ascenseur, comme son nom l'indique ne doit pas pouvoir descendre, ou alors ce serait un « descenseur », il doit monter ! Comme chaque chose ici bas... Et ça me fait réfléchir, nous autres pédaleurs errants, grands voyageurs habitués à labourer le plancher des vaches, voilà que nous nous retrouvons dans une petite cabine qui arpente à longueur de journée les hautes sphères de la haute finance, encastrés, pour ainsi dire, dans cet emblème de l'architecture verticale. A notre vision terre à terre du monde, étalée dans le temps, et dans un mouvement horizontal, se substitue une vision où tout est vertical, triomphant, entassé, condensé, en vase clos.

Enfin, nous atteignons le vingt-cinquième étage du Harcourt Building, avec cet air contrit de deux pédaleurs errants un peu effrayés de pénétrer chez les Aborigènes à cravate. Nous sommes d'autant plus embarrassés que nous n'avons pas pu laisser nos vélos en bas dans le grand hall d'entrée devant la vitrine luxueuse du vendeur de Rolls-Royce et de Jaguar, et qu'il a fallu monter nos montures toutes crottées jusque dans les bureaux étincelants de cette société d'assurances respectable. De l'ascenseur, nous roulons à pneus feutrés sur la moquette tondue de près et abordons timidement le comptoir de la réceptionniste.

Elle a un léger recul de surprise - pensez donc ! - puis, comme si elle était habituée à toutes sortes de catastrophes, elle nous accueille les bras grands ouverts, un sourire démesuré sur son visage épanoui, et nous invite à déposer nos vélos dans le bureau d'à côté.

C'est une grande pièce compartimentée en une vingtaine de modules de travail autonomes, chacun occupé par un employé branché directement sur le clavier de son micro-ordinateur. Malgré l'aspect totalement incongru de notre intrusion, aucun des employés ne sourcille ou ne lève la tête pour s'étonner. Bien sûr, ils nous observent tous du coin de l'œil, mais d'une manière discrète, imperceptible, à la façon introvertie des Chinois.

Après quoi, en attendant d'être reçus par le manager de la *SCOR Asia* (M. Ben Ho) et par le directeur général, M. Mounis (le seul Français à travailler parmi une trentaine de Chinois), nous nous jetons avec enthousiasme et délectation sur notre pile de courrier envoyé de France. Nous découvrons, après tout le monde, les plaquettes en couleurs de Mondo Vélo offertes par l'imprimerie ITF et LA POSTE. En dépit du grand intérêt accordé à notre lecture, nous sommes sans cesse perturbés par le passage d'une secrétaire plantureuse en minijupe, perchée sur deux longues jambes, comme deux gratte-ciel qui n'en finissent pas de monter, de monter... où ça ? Allez savoir !

Puis en coup de vent et deux poignées de mains nous faisons la connaissance de M. Ben Ho qui s'excuse de ne pas pouvoir se joindre à nous pour le déjeuner. Il doit courir à un rendez-vous (on court toujours à un rendez-vous), mais lundi prochain il nous invite à sa table. Il part, la minijupe en profite pour faire un petit aller retour démonstratif, puis entre M. Mounis, un sourire à fendre l'univers, un raz de marée de dynamisme et d'énergie.

– Les fils de M. Leret ! A vélo, incroyable ! Louisa (la réceptionniste) faites le nécessaire pour leur trouver un lieu d'hébergement, je prends tout à ma charge, non, non, ne dites rien, ça me fait un plaisir énorme de vous voir ici... Désolé de ne pas pouvoir être avec vous plus longtemps, je débarque de Paris et je dois repartir demain pour Tokyo... Kobe ! Vous comprenez ? Kobe, le tremblement de terre au Japon, ça nous est tombé dessus comme ça il y a trois jours, pas une minute à moi, un gros sinistre, faut assurer ! Alors comme ça vous arrivez de Chine, pas croyable ! Vous verrez Hong-kong c'est autre chose. Alors c'est bon Louisa ? Tout est arrangé ? Quoi ? Comment ? Tokyo au téléphone, M. Blanc qui voit rouge ! Ha ! Ha ! Bon j'arrive, allez salut, amusez-vous bien les gars.

Quelques minutes plus tard, nous nous retrouvons dans la pagaille indescriptible mais organisée d'un restaurant chinois de classe en compagnie de Mark et de Wendy Lo, une charmante employée du service comptable. On nous sert successivement et au pas de course toutes sortes de délicatesses : œuf de mille ans et un choix multiple de « *dim sum* » (bouchées vapeur) présentés sur leur petit panier en bambou. Je me souviens notamment d'un succulent émincé d'aileron de requin !

Wendy, qui a l'esprit très vertical, nous raconte comment elle passe ses vacances loin des gratte-ciel à gratter les fonds sous-marins dans les plus belles mers du globe. Souvent nos regards se croisent en souriant avec une joyeuse complicité.

Enfin, dans l'après-midi nous nous installons dans le relais d'accueil désigné par Louisa. Ce centre méthodiste, une grande maison en contrebas de la route, est arc-bouté contre le flanc d'une colline entre les immeubles résidentiels et une végétation luxuriante. Les chants des oiseaux tropicaux le disputent en intensité à ceux des grillons, tandis qu'en bas, ourlée autour du littoral, la ville démesurée grouille d'énergie, plus vivace que les poumons du paradis, plus belle qu'une belle cannibale.

Aussi paradoxal que cela puisse paraître, nous sommes, nous, les deux pédaleurs errants, les deux rebuts de la société moderne, à cet endroit, parfaitement à notre place, tout simplement parce que dans cet univers de dynamisme, de travail et d'efficacité, il y a un grand vide que nous venons combler : celui du rêve, de la liberté, et de l'aventure. Que cela soit vrai ou non ça n'a pas d'importance, telle est l'image flatteuse que nous véhiculons auprès de nos interlocuteurs, qui, sans doute, face au stress et aux exigences de leur mode de vie ont besoin de nous, ne serait-ce que quelques minutes pour rêver de pays imaginaires et d'aventures périlleuses. Ainsi, à plusieurs occasions nous sommes invités à déjeuner par le personnel de la SCOR : Jacky, Wendy, Louisa, Janice et les autres... Leur accueil et leur enthousiasme sont formidables. Nous sommes à notre place, intégrés à la table du business world, alors que nos récits, aux accents Don Quichotesques, inspirent tour à tour fascination, étonnement, admiration ou perplexité.

Nous dialoguons en anglais, langue «à peu près» comprise par la majorité des habitants de Hong-kong, bien que ce soit le cantonnais, aux neuf tons si particuliers, qui prédomine. Nos hôtes ont le sourire facile, cependant derrière leur conversation empreinte d'un « understatement » tout britannique, nous décelons une inquiétude liée à la fin du mandat de la couronne d'Angleterre (en 1997), mais aussi une certaine amertume : beaucoup de travail, peu de vacances, et pas de véritable identité nationale (anglais ou chinois, que choisir ?).

Si ces étapes gastronomiques et franchement amicales nous mettent sur un piédestal plutôt agréable, en revanche dès que notre tenue de pédaleur errant est ignorée par le commun des autochtones ça devient une autre histoire. Nous ne sommes plus que des visiteurs parmi d'autres, des touristes invités à consommer sans modération les dernières friandises de la technologie moderne.

Avant toute chose, il faut se conformer au manuel d'instruction servile. 1 : Marcher au trot parmi la foule affairée en ayant l'air très préoccupé par le cours du soja ou par le dernier logiciel anti-virus en évitant soigneusement de se fracasser le nez contre un de ces innombrables et impressionnants échafaudages en bambou. 2 : Franchir l'espace quadrillé des voies routières en bondissant des starting-blocks dès que le petit homme vert s'illumine en prenant soin d'atteindre la rive opposée de la chaussée avant la fin du cliquetis sonore du minuteur, ou alors... voir Hong-kong et périr sous un bus double-decker ! 3 : Eviter de demander son chemin au premier passant venu, car celui-ci, psychiquement déstabilisé, de la couleur jaune asphalte passera au rouge pompe à incendie et s'enfuira au galop en faisant mine de nous ignorer avec dédain.

Un, deux, trois, donc, se fondre dans la masse. Particule de Serge, particule de Philippe, particule de particule, clopin-clopant. J'ai besoin d'un appareil photo, le mien ne fonctionnant plus qu'avec un bout de ficelle. Alors, pensez donc ! Les soldes, les rabais, les choix, les prix... C'est facile de se laisser séduire par cette jolie plante carnivore aux couleurs chatoyantes de la modernité et au parfum de tarifs préférentiels. Carnivore ? Le mot reste faible, plutôt anthropophage, sinophage. Car en fait, Hong-kong c'est quoi ? Sinon un énorme barrage hydroélectrique, rien que du béton creux, piloté par des ingénieurs et des techniciens qualifiés, et derrière, une masse gigantesque : Guangdong (Canton), Shenzen, le sud de la Chine, les ZES (Zones Economiques Spéciales) ouvertes aux capitaux étrangers, des millions de bras chinois qui assemblent pour des clopinettes des produits créés en Occident et *made in China*. Un formidable réservoir de main-d'oeuvre bon marché, de l'énergie primaire à portée de la main et du portefeuille. Résultat, nous entendons distinctement le bruit sourd des turbines, des turbines entraînées par le flux pressurisé de l'argent, encore de l'argent, toujours de l'argent.

Nous entrons dans une boutique bourrée de camescopes ultralégers et d'appareils photos tout automatiques. Derrière le comptoir trônent quatre dragons d'une vingtaine d'années, mais visiblement aucun d'eux ne va se déplacer pour nous servir. Néanmoins, je jette un rapide coup d'œil sur l'assortiment de petites boîtes noires à l'intelligence compacte, puis m'avance vers l'un des vendeurs et le questionne hardiment avec la ferme intention de rester calme quoiqu'il advienne.

Primo, le bougre ne me regarde pas en face quand je lui cause, sans doute est-il plus intéressé par les moucherons qui virevoltent au-dessus de sa tête que par les deux poux qui l'ennuient ? Qu'importe, je formule ma question en articulant en langage moins pou, « avez-vous un boîtier qui s'adapte à mon zoom Zigma UC70-210mm ? » Ceci lui arrache quelques monosyllabes « oui, non, hum, je sais pas ». C'est clair et internet, j'ennuie l'animalcule. Rien, pas une info, un mépris total du consommateur. Ici c'est la turbine, la vente en surpression, les débris comme nous ça gène la circulation, allez, allez, dépêchez, dépensez, ou alors... déguerpissez !

Ce pignouf derrière ses lunettes rondes en écaille a la tête ergonomique du parfait petit Kong ! C'est-à-dire conforme à la puissance orgueilleuse de son pays. Estomaqué, Philipou ne peut se retenir plus longtemps et interpelle le pithécanthrope high-tech en le sommant d'être un peu plus serviable. Ensuite les événements se précipitent. Philipou se bat presque avec l'animalcule. A mon tour je reproche à Philippe son manque de sang froid, vu que maintenant pour les renseignements, Tintin !

Dépité et injustement lâché par son grand frère, il se rue à l'extérieur de la boutique, et se perd dans la marée humaine. Finalement je le retrouve plus tard et par hasard à l'entrée d'une gigantesque plazza. Nous restons plusieurs minutes silencieux, le temps de dépressuriser, puis, sur le chemin du retour, dans le tramway, Philippe, comme ça, sans transition, subitement gagné par une poussée de fièvre, me reproche de ne pas suffisamment utiliser mon imagination pour nous dégoter... des filles. Des filles... ? Testicules de testicules !

Comme quoi, à la base du plaisir, il n'y a pas toujours l'argent. Trop de jolies filles, trop de minijupes, trop de silhouettes charmeuses semblables aux richesses provocantes de ce pays. Alors, pour une journée, nous décidons de changer d'air. Nous allons à vélo sur une autre île de l'archipel, l'île de Lantau. L'envers surprenant de Hong-kong, pas de buildingues ou de circulation, et peu d'habitations. Une flore tropicale recouvre des petites montagnes escarpées qui s'épanchent lentement au milieu de grandes plages de sable fin, bref le dépaysement total. Nous passons la nuit sur une plage, puis le lendemain matin il se met à pleuvoir un méchant crachin (l'hiver à Hong-kong est doux mais pluvieux, moyenne en février : 14 °C). Sans enthousiasme nous essayons de rejoindre le Bouddha géant (le plus grand du monde) situé au centre de l'île. Nous le voyons se détacher dans la bruine en haut de la montagne, puis nous abandonnons la partie, ce n'est pas l'heure d'atteindre le nirvâna, d'autant plus que j'ai le pressentiment d'avoir perdu nos tickets d'avion pour Taïwan !

Retour inquiet à Hong-kong, fouille panique des poubelles de l'hôtel, de nos bagages... injustifiable négligence. Il faut payer pour annuler nos premiers tickets et refaire une réservation. Après quoi, la tête entre les pédales nous retournons dans la confusion inextricable et tentaculaire de la ville.

Turbine, turbine, turbine, jusqu'au soir où nous avons rendez-vous avec une association de voyageurs aventuriers et avec une journaliste du très populaire journal quotidien « Tin tin » ! Lorsque l'interview est terminée nous allons dîner en compagnie de la présidente de l'association : Ivy, une jeune institutrice, charmante, joyeuse et pétillante de vie, et avec le vice-président, un jeune ingénieur concepteur dans l'industrie du jouet, qui travaille sur la dernière poupée Barbie, c'est-à-dire, sur la taille et la forme de ses jambes, de ses hanches, de ses seins, de ses... non, non, arrêtez, arrêtez !

Il y en a qui voient la vie en rose, et d'autres, comme nous, particules de particules de pédaleurs errants, qui ce soir-là, sous une pluie fine, n'ayant nulle part où dormir, et tirant derrière eux leur fardeau à deux roues, se sont nichés pour la nuit, tels deux clochards, sous une passerelle d'autoroute entre la jetée et une voie express. A défaut de moutons, pour nous endormir, nous comptons les Mercedes et les Rolls-Royces. Bof !

48. PETITE CHINE, GRAND GIANT

Troisième Chine après la Chine communiste et la Chine capitaliste, voici la Chine nationaliste : Taïwan (ou Formose), en fait un pays qui n'existe même pas puisque depuis 1971 le territoire de Tchang Kaï-Chek n'est plus officiellement reconnu par l'ONU. Et pourtant lorsqu'au soir du samedi *28 janvier 1995* notre Boeing 747 se pose sur la piste de la ville de Kaoshung, il est manifeste que notre environnement est lui bien réel.

Premiers tours de roues dans la nuit sur une quadruple voie express, à la lisière du quatrième plus grand port du monde ; des milliers de phares automobiles et, plus surprenant, une nuée vrombissante de scooters chevauchés par une horde de jeunes en vadrouille, et pas un seul vélo. La zone urbaine, dense et sans limites, nous prive de toute velléité de camping sauvage, et nous incite à entrer dans un hôtel qui nous paraît plutôt modeste. Mais nous sommes vite fixés sur le meilleur prix : chambre double avec un grand lit vibromasseur à 700 F la nuit ! C'est hors de question, nous préférons retourner vers l'aéroport où l'accotement de la voie express nous a paru large et touffu et où, à la rigueur, nous pouvons bien dormir pendant une nuit.

Cependant, sur le chemin du retour, un sculpteur de statuettes en bois, rencontré dans une échoppe, nous invite à dormir dans la véranda de son voisin. Nos hôtes nous font un accueil simple et sans fioritures. Ils sont Chinois, en guerre avec la Chine, mais ils rient quand même de bon cœur lorsque je leur propose de construire un Euro-Tunnel entre leur île et le continent communiste. « Ha ! Ha ! Ha... ! Français, petits rigolos, opportunistes, Mirages 2000, frégates, Roland Dumas, *thank you very much* ! »

31 janvier 1995, jour du Nouvel An chinois, une nouvelle année placée sous le signe du cochon. Sur la route, les pétards et les feux d'artifice fusent de toutes parts. Une manière comme une autre de faire fuir les mauvais esprits. Nous voudrions bien participer à la fête en faisant bombance mais nous en sommes vite dissuadés par le prix élevé de la nourriture, en particulier les fruits et légumes (10 F pour une grosse pomme !). Il n'y a que le poisson, pêché en abondance, qui soit meilleur marché.

Nous passons ces jours de fête à baguenauder sur la côte Est de Taïwan, laquelle, exempte d'industries, offre un paysage côtier plutôt bucolique. Entre les petites villes et les villages, que les festivités ont provisoirement plongés dans un état léthargique, les rizières et les viviers piscicoles se succèdent inlassablement, tandis que les plages désertes, ceinturées par de longs chapelets de tripodes en béton - sortes de brise-typhons - fournissent d'excellents abris pour la nuit.

A midi nous sommes invités à déjeuner par un artisan, vendeur de crabes et sculpteur de racines. Avant le repas, il fait des offrandes au poussah *Caishen*, la divinité de la richesse et du commerce, puis, dans son autel privé, brûle des baguettes en l'honneur de *mazu*, la déesse de la mer. Contrairement à la Chine continentale, où l'esprit religieux fut longtemps étouffé par les communistes, la ferveur religieuse à Taïwan est fortement ancrée dans les mœurs, et le pays recèle de nombreux temples taoïstes et bouddhistes, sans parler des nouvelles églises aux noms parfois énigmatiques comme celle que nous avons croisée sur notre chemin : « l'Eglise du vrai Jésus » ! Méfiez-vous du faux !

Après une semaine à raser la côte, nous bifurquons vers le centre de l'île en direction du plus haut col de Taïwan, situé à 3 275 mètres d'altitude (Les montagnes occupent 75% du pays ; le sommet le plus élevé, le *Yu Chan*, culmine à 3 997 mètres). Cependant Taïwan, en dépit de son relief tourmenté, possède une des densités humaines les plus fortes au monde (566 h/km^2) pour une population de 21 millions d'habitants concentrés pour la plupart sur les plaines côtières et industrielles à l'ouest de l'île.

L'ascension fut un véritable régal pour les yeux et une vraie partie de rigolade, car les Taïwanais, qui ont très peu de vacances (travailleurs asiatiques acharnés et bien payés) profitent de ces quelques jours du nouvel an, pour décompresser dans les parcs nationaux et préservés des montagnes.

Conséquence : une enfilade, pare-chocs contre pare-chocs, de milliers de Bidochons partis goûter aux joies saines et exaltantes des cimes enneigées. Des kilomètres de bouchons sur une petite route tortueuse dans un paysage alpin majestueux. Nous nous faufilons devant tous ces automobilistes à l'arrêt, lesquels sortis de leurs véhicules, nous portent littéralement par leurs encouragements et leurs commentaires spirituels du genre « vas-y Poupou ! Remue-toi les fesses ! T'es pas en vacances ! Djiao Djiao ! (Allez, allez) Vive la France ! »

Cette concentration de vacanciers a pour effet d'accroître l'un de leurs plus bas instincts : le gaspillage. Car les Taïwanais, comme beaucoup d'autres Asiatiques fortunés et entraînés par le vice de la consommation à outrance, semblent attacher peu d'importance à leurs objets dont ils se débarrassent sans le moindre respect pour l'environnement. Ainsi, entre autres détritus, les fossés de Taïwan sont jonchés d'un nombre incroyable de scooters, dont certains nous paraissent en parfait état. Alors pensez donc, avec la densité des vacanciers, c'est comme une corne d'abondance qui se déverse sur la route. Nous n'avons plus qu'à nous baisser et choisir ce qui nous convient. Philippe ramasse casquettes et lunettes de soleil, alors que de mon côté je m'équipe d'une belle paire de gants Rossignol. A rajouter sur notre longue liste de trouvailles : deux portefeuilles bourrés d'argent et de cartes de crédits !

A 2 kilomètres du sommet, notre ascension se transforme en calvaire, et restera probablement comme l'une des plus difficiles qui nous ayons faite. Car - et c'est là le hic ! - le col est abondamment enneigé, d'une neige dure, compacte, givrée et effroyablement glissante. Seuls quelques 4x4 munis de chaînes s'y aventurent. Et encore, plusieurs restent embourbés dans de profondes ornières. Alors il faut pousser, tirer, traîner à grosses gouttes nos 50 kilos de barda. Nous avançons d'un mètre pour en redescendre dix. Mais au bout du compte, parce qu'il n'y a pas de logique dans la force et la volonté d'un pédaleur errant, nous atteignons le sommet, anéantis mais victorieux.

Et eux aussi sont là, les Bidochons en cavale, venus à pied, toucher, peut-être pour la première fois de leur vie, une miette de neige tropicale. Partout, par familles entières, ils glissent et tombent sur la glace en poussant des cris de gamins délurés.

Nous redescendons vers la partie industrielle de l'île, parsemée, telle qu'on l'imagine, à perte de vue par de petites entreprises artisanales. Car c'est là l'originalité de l'industrie Taïwanaise, il y a très peu de firmes gigantesques, la majorité d'entre elles possédant moins de dix salariés. Cependant, nous allons en visiter une, à la fois importante par le nombre de ses salariés et pour ce qu'elle représente pour nous, il s'agit de l'usine Giant, le lieu de naissance de nos nobles destriers.

Nous sommes extraordinairement bien accueillis par les responsables des relations publiques : Violet Lu et Irène Chen, et par Peter, un Hollandais à la taille imposante, employé au service qualité de la marque de vélo la plus distribuée au monde.

Dans l'usine, outre les chaînes de montage très sophistiquées, nous découvrons la gymnastique matinale de tout le personnel, y compris le grand patron, dont nous avons l'honneur ensuite de serrer la poigne, encore moite après quinze minutes d'exercices rythmiques et musicaux. Mais notre plus grande joie est l'annonce que nos vélos vont être soignés gratuitement par les techniciens les plus compétents de l'usine. Un formidable cadeau pour le Nouvel An, gâché malheureusement par l'annonce de la mort de notre oncle Léon.

Lors de mon voyage en Roumanie j'avais croisé un certain Hu Rong-Hua, cycliste Taïwanais en vadrouille autour du monde, et j'avais, à cette occasion, noté son adresse dans un coin de mon calepin. Or voilà qu'un an et demi plus tard, par l'entremise de l'entreprise Giant (l'ancien sponsor de Hu), j'ai pu reprendre contact avec lui. Dès qu'il a vent de notre venue dans son fief, il tient absolument à nous inviter chez lui. Hu habite tout près de la capitale Taipeh (au nord de l'île) à 150 kilomètres de l'usine Giant. Il fait donc avec sa femme un aller retour en voiture pour venir nous chercher afin que nous puissions passer deux jours en sa compagnie.

Hu est un homme d'âge mûr qui a sillonné la planète par intermittence pendant plus de dix ans. Il nous annonce fièrement qu'il fut le premier et le seul pédaleur errant de Taïwan, et aussi, peut-être de toute la Chine. A le voir ainsi casé, marié, père de deux jeunes enfants, propriétaire d'un bel appartement décoré avec goût, nous nous demandons comment cet homme qui a vécu sous la tente, subi toutes sortes d'intempéries, d'aventures, côtoyé les plus beaux sites et les plus beaux paysages du monde, un homme qui a partagé la passion de sa vie avec des hommes de toutes races et de toutes nationalités, en est venu à prendre refuge dans ce nid douillet. Hu nous montre avec une joie et une exubérance presque infantile les six livres reliés de ses tribulations et toutes ses coupures de journaux en soulignant à chaque fois avec des cris d'auto-admiration les grands caractères de son nom : Hu Rong-Hua ceci, Hu Rong-Hua cela, Hu Rong-Hua *around the world*...

Cependant derrière l'éclat de son regard, derrière l'enthousiasme volubile de ses paroles, nous sentons poindre un peu de regret, comme une idole qui visionne les splendeurs passées de ses heures de gloire, cherchant dans la nostalgie un reliquat de considération, et dans la vente de ses livres (en perte de vitesse), une dernière miette de bénéfices.

En compagnie de Hu nous allons à Taipeh visiter l'imposant mémorial de Chang Kaï-Chek, et le musée national du palais qui s'enorgueillit de posséder les plus grandes œuvres artistiques de la Chine. Après quoi, ayant passé deux soirées agréables et bien arrosées chez ses amis, le *vendredi 10 février* il faut quitter Hu et sa famille. Il nous escorte jusqu'à la gare, et monte dans notre wagon. Eperdu de reconnaissance et avide de partager ces derniers moments en notre compagnie, Hu a de la peine à nous quitter et, lorsque le train se met en route, il est déjà trop tard. Malgré ses cris et sa course folle par-dessus les bagages, Hu reste coincé dans notre wagon et doit attendre l'arrêt à la gare suivante pour redescendre. L'ironie du sort l'a entraîné avec nous, mais la réalité de sa vie sédentaire l'appelle ailleurs.

Arrivés à la gare de Tachia (la ville de Giant), nous sommes accueillis par Violet Lu et escortés jusqu'à l'usine dans la Cadillac du grand patron ! Autre surprise, nos vélos ont entièrement été remis à neuf : nouveau guidon, nouvelles roues, nouveau dérailleur, trois plateaux de dimensions plus petites... seule ma vieille selle, habituée à ma morphologie, apporte encore un brin de caractère à mon fidèle palefroi.

Retour par avion vers Hong-kong.

49. HONG-KONG STAR

Presque en silence, comme un aigle qui survole son territoire, le Boeing de la Cathay Pacific évalue son approche sur Hong-kong, *Xin Gang*, en mandarin : « le port des parfums », mais qui depuis longtemps ne répand comme odeur que celle de la sueur de ses travailleurs acharnés ; 70 000 manœuvres thaïlandais, philippins ou chinois continentaux qui bétonnent sous la houlette des Britanniques désireux de laisser une empreinte avant la fin du monde, prévu pour le 30 juin 1997. Nous voyons glisser sous nos ailes le nouvel aéroport de Chek Lap Kok, gagné sur la mer et en phase d'achèvement. Le port maritime lui-même, pourtant déjà le plus grand port du monde, doit être agrandi, tandis qu'à la place de la piste trop petite de l'aéroport de Kai Tak, où nous allons bientôt atterrir en frisant les gratte-ciel, s'élèvera une cité ultramoderne de 20 000 habitants !

En fait, cette ambiance frénétique autour de ces travaux pharaoniques tombe à pic, surtout pour Philippe qui a presque épuisé toutes ses ressources et qui voit ici, au cœur de ce chantier, une belle occasion de se refaire une petite et rapide santé financière. Nous trouvons d'abord un Q.G. idéal à l'auberge de jeunesse Wu Hall, sublimement perchée dans le cadre magnifique et sauvage du Mont Davis près de Kennedy Town. Le seul inconvénient, et non des moindres, l'ascension épuisante de la colline (400 m) et de ses 900 et quelques marches, qui, invariablement, finissent toujours par nous achever, surtout après une dure journée de chasse à l'emploi infructueuse.

Comme beaucoup d'autres résidents qui logent à l'auberge de jeunesse, nous pensons que Hong-kong est un Eldorado pour les jeunes gens dynamiques à la recherche d'un emploi. Autant d'activités lucratives ne peuvent qu'offrir des opportunités enrichissantes. De nombreux voyageurs avant nous se sont remplis les poches avec des petits boulots dans la restauration ou comme enseignants, alors pourquoi pas nous ?

Hélas, les portes vitrées des plus grands gratte-ciel ont beau s'ouvrir automatiquement, il faut tout de même plus qu'un claquement de doigts pour obtenir un emploi. Chercher du travail c'est déjà un métier ; harassant, stressant, angoissant, et mal rémunéré ! Cependant, nous nous jetons dans la mêlée avec plein d'optimisme (le taux de chômage à Hong-kong est inférieur à 1%). Certains, comme Marie-Paule Hardy, une Française, prospectent avec professionnalisme auprès des entreprises françaises installées à Hong-kong (lettres, téléphone, R.V. de charme...). D'autres préfèrent s'orienter directement vers le monde alléchant de l'import-export ; d'autres encore, comme Paul Gillepsie, un jeune Irlandais amateur de bière (pléonasme), doté d'une formation d'ingénieur, cherchent leur voie dans le bâtiment. Tous nous avons la foi.

Philippe fait la tournée des bars branchés occidentaux avec l'ambition de devenir un serveur stylé, tandis que de mon côté je visite les maisons de productions cinématographiques dans l'espoir de décrocher un cachet de figurant. Tous nous avons la foi... Jusqu'au soir, où, bredouilles, il faut péniblement remonter l'escalier interminable, inondés de sueur. Une fois la fraîcheur de la nuit venue nous nous réunissons dans la salle commune de l'auberge, où, le nez plongé dans nos *Baked beans on toast*, nous nous racontons nos petites mésaventures.

Philippe :

« Toute la matinée je suis allé de bar en bar remplir des fiches et inscrire mon nom sur de longues listes d'attente. Beaucoup de patrons refusèrent ma candidature ; je n'avais pas le style, je n'étais pas anglais, je n'avais pas de permis de travail, je ne parlais pas le cantonais, etc. Enfin, vers deux heures de l'après-midi, déjà bien déprimé, j'entre dans un pub nommé Wild Dogs (Chiens sauvages). Un grand serveur, style videur de boîte anglais, rasé, clean, bon chic mauvais genre, m'accueille et me demande en aboyant de remplir la fiche habituelle. Puis voyant que je porte une casquette américaine il me demande un peu brutalement de la retirer. Je lui réponds que je préfère la garder bien fixée sur mon crâne. Il insiste violemment en disant que le port de la casquette est strictement interdit dans l'établissement. Agacé par son intransigeance je refuse à nouveau. Alors il prend ma fiche et la déchire en mille morceaux. « Allez vous faire voir ailleurs avec votre casquette, des gars comme vous on en a à la pelleteuse ! »

A ce moment là du récit Philippe s'écroule dans son assiette de haricots sucrés. Epuisé, déprimé, couvert de sauce tomate, il marmonne les dents serrées « B*ut I love my hat, I love my hat !* » C'est trop triste, alors, à mon tour j'enchaîne :

« Toute la matinée je suis allé de maisons de production en maisons de production (Hong-kong possède la troisième industrie cinématographique du monde et Golden harvest, le plus grand studio d'Asie, rêve de devenir un nouvel Hollywood). Cependant, nombre d'entre elles inscrites dans l'annuaire n'existent plus ou ont changé d'adresse. Enfin, vers deux heures de l'après-midi, déjà bien déprimé, j'entre dans les bureaux de la Ciné-Kong Company. Une secrétaire, au look de starlette, me fait remplir un formulaire, puis le directeur de production m'invite à le suivre dans son bureau dont les murs sont couverts de photos lourdement encadrées représentant probablement une ribambelle de stars à la sauce kung-fu : Bruce Lee, Michaël Hui et autre Jacky Chan... Le directeur m'examine longuement. Me voit-il déjà dans une scène de sa prochaine superproduction ? Enfin il rompt le silence :

– Savez-vous nager ?

– Heu... ! oui.

– Et danser ?

– Très mal.

– Savez-vous chanter, parler le cantonais, faire du karaté, de l'aïkido, du Kâma-soutra ?

– Non... Non... Non ... Non... Non !

– Hum ! En fait vous ne savez pas faire grand chose !

Alors je lui montre mon album photo de grand pédaleur errant. Un peu surpris, il voit bien que ce n'est pas du cinéma. Il me dit que pour le moment il n'a pas de production en cours mais qu'il va conserver mes coordonnées et qu'au besoin il me recontactera... plus tard, plus tard, plus tard... »

Vous l'avez compris, le temps passe, l'argent s'écoule, et nul emploi ne point à l'horizon. Il faudrait affûter notre présentation et persévérer encore quelques semaines, comme le feront Paul Gillepsie, l'ingénieur, qui trouve du travail au bout d'un mois, ou Marie-Paule après trois mois.

En fait nous aurions dû nous rendre compte plus tôt que nous progressions dans un gisement déjà surexploité. Alors que d'un autre côté, et c'est tout bête, il y a un fabuleux filon dont nous avons à peine voulu tirer profit, ce filon c'est nous ! Les deux pédaleurs errants, les deux filons à pédale dont il suffit de faire partager les histoires rocambolesques pour le plaisir du plus grand nombre. Nous faisons donc plusieurs projections diapos dans les lycées français et anglais à l'accueil enthousiaste et aux cachets intéressants. Les professeurs y voient une manière de défendre des qualités de fraternité, d'ouverture d'esprit vers les autres, et de montrer aux enfants de ce pays qu'il y a d'autres valeurs que celles de l'argent et de la réussite professionnelle. Dans la même veine, et grâce aux bons tuyaux de Jacky Lau, une employée de la direction de SCOR, nous sommes le sujet d'un reportage T.V. plutôt bien rémunéré (700 F chacun pour une heure de tournage).

Après quoi, le soir venu, redescendus de notre piédestal parmi le « commun des mortels », nous allons siffler une petite pinte de bière avec la « bande ». Une petite seulement, vu qu'ici, même pendant la période des tarifs réduits de « l'*Happy Hour* » (16-19 heures) notre portefeuille déguste sans modération, mais que voulez-vous, il faut bien de temps en temps prendre une tranche de plaisir collectif ! Nous retrouvons le goût et les déboires de la vie en communauté, l'ivresse de la fête, le plaisir d'être bien ensemble, de s'écorcher à coups de petites blagues assassines, de se vanter avec la modestie caractéristique des 25-30 ans, et de tirer sur la corde des sentiments et des désirs : Paul veut jouer avec Marie-Paule, mais Marie-Paule veut jouer avec un Australien, je veux jouer avec Wendy (la femme grenouille), mais Wendy préfère jouer avec ses chiens ; Philippe veut jouer avec son appareil (photo bien sûr), mais la pin-up qui se sent visée dans la rue joue avec ses nerfs... Et puis d'abord, Wendy, pourquoi ne m'a-t-elle pas dit qu'elle était mariée avec un moustachu avant que nous soyons installés en tête à tête dans la brasserie ! Non vraiment, les Chinoises de Hong-kong sont trop avenantes et cachottières. Il est temps de repartir vers un autre zoo : Macao, Macao...

50. MACAO, MACAO !

Quand on débarque dans un endroit inconnu, le mieux est de se laisser aller, de s'imprégner petit à petit de l'ambiance du pays, comme deux enfants qui découvrent leur dernier jouet, les yeux grands ouverts, prêts à participer aux folies d'un nouveau monde. On dit de Macao que c'est la perle asiatique du Portugal, l'enfer du jeu, l'ivresse des sens... Alors sans honte et sans retenue nous nous sommes trempés avec délectation dans ce nouvel univers ; attirant, intrigant, sulfureux.

Au premier abord, une fois que nos guêtres sont déposées dans l'appartement vide que Wendy a amicalement mis à notre disposition, le centre de Macao nous apparaît ni plus ni moins comme une ville du Portugal (j'imagine, car je ne suis jamais allé au Portugal), avec ses ruelles et ses nobles façades colorées, son château fort et ses chapelles, ses boutiques de vins et d'antiquités... Car Macao appartient depuis longtemps au Portugal. Elle fut même la première implantation européenne en Extrême-Orient (en 1557), et plus tard, en 1849, fut déclarée colonie portugaise entièrement indépendante de la Chine. A l'instar de Hong-kong, elle sera rétrocédée aux communistes le 20 décembre 1999.

En lui-même l'Etat de Macao, situé de l'autre côté de l'estuaire du fleuve Si Kiang, à 40 kilomètres de Hong-kong, n'est en réalité qu'une seule grande ville de 500 000 habitants, composée d'une presqu'île et de deux petites îles reliées entre elles par une digue routière. En dépit de ce que peut laisser croire la chanson du Splendid, Macao n'a rien d'un Las Vegas asiatique. Les neuf grands casinos sont disséminés discrètement dans la quiétude de la ville. L'activité ludique est souterraine, tandis qu'en surface c'est une cité paisible, chaleureuse, sans gratte-ciel démesuré, mais qui, pour assurer son développement et faute de place doit gagner chaque année du terrain sur la mer. L'activité économique centrée autour du textile et du tourisme assure à Macao une relative prospérité et un taux de chômage avoisinant les 0% !

Nous avons tout de suite été mis dans l'ambiance avec le patron d'une entreprise d'assurances dont mon père nous a laissé les coordonnées. Lorsque nous entrons par surprise dans le bureau d'Alberto, nous découvrons un homme d'âge mûr, la barbe grisonnante, explosif, rayonnant d'enthousiasme, et qui, emporté par l'émotion de cette rencontre, est au bord des larmes. Il a le sang chaud des Latins. Rien à voir avec les manières introverties des businessmen anglais de Hong-kong à l'humour ironique et aux raisonnements sinueux. Ici tout est franc et spontané. De plus Alberto est un artiste, un voyageur dans l'âme, débordant d'histoires fantastiques hautes en couleurs. Nous passons ensemble une soirée détendue et joviale « chez Alfredo » auteur-compositeur d'un somptueux poulet braisé aux aromates et à l'huile d'olive qu'il a parfaitement mis en harmonie avec plusieurs bonnes bouteilles de « vinho verde ».

*

Seul. Je suis seul allongé sur le parquet de l'appartement vide. Seul, planté devant l'unique meuble de la pièce : un téléviseur couleur qui d'ailleurs ne parvient qu'à diffuser des images en noir et blanc ; la météo, des nuages, une éclaircie... Il est huit heures du soir et Philippe toujours dehors, seul lui aussi, déambule certainement dans les rues vides de Macao, à chercher quoi, je vous le demande ? Seul.

Soudain des coups vifs secouent la porte, j'ouvre la grille de protection et découvre Philippe euphorique, un sourire grand comme ça, sautillant et grésillant comme je ne l'ai jamais vu.

– Ça y est ! ça y est... !

– Ça y est quoi ?

Mais Philippe plutôt que de me répondre préfère maintenir le suspens. Il déboutonne et retire son pantalon, « ça y est, ça y est », arrache sa chemise de son torse velu, « ça y est, ça y est », jette ses vieilles chaussettes sur le balcon, « ça y est, ça y est ».

– Mais bon sang de mauvais frère, ça y est quoi ?

– Ça y est j'en ai ferré une sur la place, une Taïwanaise, géniale, belle, c'est sa dernière nuit de vacances à Macao, elle repart demain pour Taïwan, et nous avons rendez-vous ce soir dans son hôtel, le grand jeu frérot !

– Et... Et elle n'a pas une sœur, une amie ?

– Hé, hé, hé ! Taratata ! Tagada tagada ! Que non, que non, j'y vais seul... SEUL !

Il s'engouffre alors sous la douche en chantant la chanson du Splendid. Je suis bien content pour lui. Philippe.

Une fois Philippe parti à son rendez-vous, c'est pour moi une soirée télé en solitaire : « Piranhas », plus débile tu meurs ! Faire un film sur des piranhas qui remontent l'évier pour dévorer des vacanciers insouciants ! J'en suis à me demander pourquoi je reste là allongé devant la télé à supporter autant de crétinisme. J'ai d'ailleurs du mal à suivre, je songe à Philippe en train de déboutonner la longue robe en soie rouge de sa partenaire. Et plouf ! Une jolie blonde californienne en maillot de bain gonflée de silicone tombe à l'eau, les piranhas rôdent... Philippe arrache son soutien-gorge, ses doigts agiles d'artiste peintre courent le long de sa poitrine et de son ventre... Les dents acérées des carnassiers pénètrent dans la chair fraîche et encore palpitante, elle se raidit et résiste, agrippant son sexe rigide gonflé de désir, Haaaa ! Philipou, Philipou, non... Non... Piranhas !

– Continue.

Il est dix heures du matin, Philippe et moi sommes attablés au snack-bar en bas de l'immeuble. Philippe est rentré vers une heure du matin, et n'a pas voulu me dire un mot. Mais maintenant il parle, doucement, en se remémorant les détails les plus croustillants :

– ...Alors brusquement elle se détendit et s'abandonna à ma fougueuse étreinte, elle n'avait jamais vécu ça, elle disait que les Asiatiques sont trop timides pour faire des choses comme ça, elle poussait des cris qui...

– Qui quoi ? dis-je la langue encore pendante !

Mais Philippe est soudain pris d'un doute.

– Tu ne va pas écrire ça dans tes comptes rendus ?

– Mais non voyons ! Rassure-toi, c'est pas mon genre, vas-y continue...

*

Une aventure en appelle une autre, surtout quand c'est celle des autres, et surtout lorsqu'il y a une dizaine de filles superbes qui se trémoussent complètement nues devant nous. Y a pas à dire, on a beau être le genre stoïque, imperturbable, porteur de lunettes, ça titille quand même les sens.

Nous sommes assis au troisième rang dans une grande salle de spectacle farcie de Chinois. Nous assistons au fameux Crazy Paris Show inspiré des Folies Bergère et du Crazy Horse de notre bonne vieille capitale française. En vérité nous avons eu droit à deux tickets gratuits offerts par une danseuse étoile de la revue : Isabelle, une Française, originaire de Teloché, et de surcroît une de nos cousines éloignées ! Quelle chance ! La cousine est charmante et sympathique. Pendant deux jours elle nous fait visiter Macao, s'entretient de la vie qu'elle mène seule ici avec son fils de quatre ans, et nous présente à ses amis appartenant comme elle à la troupe de danseurs étoiles.

Imaginez l'ambiance très show-biz parisien qui règne sur la terrasse du salon de thé, avec tout ce beau monde attablé autour d'un croissant beurre et d'un expresso. Les artistes, débarrassés de leurs paillettes en or sont détendus, vêtus avec simplicité mais élégance, les Ray-bans sur la tête et la crème solaire à portée de la main pour la séance de bronzage de l'après-midi sur la plage. Ainsi va la vie de ces acteurs distingués du music-hall, qui à longueur de journée sirotent paisiblement le lait du paradis en essayant toutefois d'oublier leurs spectateurs chinois « incultes » (qu'ils détestent cordialement !). Car chaque jour, à raison de deux représentations par soir, ils doivent étaler devant eux leur sourire éclatant, déployer leurs plus belles parures, exhiber leurs plus beaux bijoux.

Le show donc, bat son plein, mais seulement sur la scène, car dans la salle, les Chinois sont terriblement passifs. Pourtant il me semble, sans être un spécialiste, que le spectacle mérite mieux. Les numéros chorégraphiques qui se succèdent sont esthétiques, voluptueusement rafraîchissants, et nous chatouillent agréablement l'esprit. Les danseuses souriantes taquinent l'auditoire, et font tomber les uns après les autres, les voiles, les plumes, les tenues de cosmonautes et les écailles de sirènes. Difficile d'ailleurs de reconnaître notre cousine dans cette effervescence de lumière tamisée, de débordement de seins nus et de chair au charme sulfureux. Nous voulons manifester plus amplement notre approbation, mais comme au début de la représentation nous nous sommes retrouvés tout bêtes à être les seuls à applaudir, nous préférons maintenant nous abstenir.

Car l'ambiance est froide, si froide que les danseuses vont finir par s'enrhumer, et ce malgré les agitations désespérées du chorégraphe qui, pendant le french cancan au milieu d'une cataracte de ballons multicolores, remue terre et ciel pour secouer cette bande de Chinois léthargiques. A vrai dire ces derniers sont loin de désapprouver le spectacle mais de par leur éducation ils rechignent à exprimer ouvertement leurs émotions. Comme quoi il n'est pas toujours facile d'exporter la grande culture française !

*

J'ai beau suivre les conseils de mon frère puîné, rien n'y fait, ça ne marche pas. Nous sommes assis au centre de la fameuse place où Philippe a joué au piranha. Mais rien ne veut mordre à notre hameçon. Philippe me dit « Les filles tu dois les accrocher intensément du regard, dévore-les des yeux et elles seront à tes pieds ». Alors je dévore, j'avale, je croque, je mordille goulûment, mais résultat : c'est moi qui suis au pied, au pied du mur. Je suis dans l'extrême obligation d'agir ou alors je vais devenir fou, incompréhensiblement fou. Mon corps qui déborde de plusieurs mois d'abstinence, brûle d'un éternel et ardent désir, et je n'ai qu'une hâte, vouloir le satisfaire !

Vouloir, c'est déjà pouvoir un peu. Le cas n'est donc pas complètement désespéré. La nuit tombe, la place Piranha se vide, un club ? un bar ? ou aller ? Philippe lance l'idée du Lisboa. Le Lisboa c'est le plus grand des casinos de Macao, le royaume de la perdition, des millions de dollars qui glissent dans les fentes des machines à sous et dans les replis des tapis verts. 82% des parieurs sont des Chinois de Hong-kong qui viennent dilapider en quelques heures le profit arraché à la sueur des travailleurs communistes, ou perdre l'argent de tous les trafics de la région. Bingo ! Quatre poires ! Trois cloches ! Rien ne va plus ! Faites vos vœux !

Mais nous, ce qui nous intéresse ce sont les filles équivoques qui déambulent lascivement entre les manchots de ferraille secoués de frémissements convulsifs et lucratifs. Nous prêtons une attention feinte aux joueurs afin de dissimuler nos véritables motivations. Mais notre petit jeu ne trompe personne, surtout pas les filles moulées dans leurs minijupes noires qui ont vite fait de faire la différence entre un regard ludique et lubrique !

Laquelle choisir ? Combien ça coûte ? C'est la première fois que je cherche à satisfaire ma libido auprès d'une professionnelle, alors je suis hésitant et intimidé. Heureusement, Philippe, plus sûr de lui, joue le grand jeu, abat ses cartes, et tire au sort deux Chinoises sensuelles et désinvoltes, leurs longs cheveux d'encre noire, frais lavés, retombant en cascade sur leur veste de cuir satiné. Elles parlent peu anglais mais nous comprenons que nous devons rester discrets. L'activité libidineuse dans le casino, quoique tolérée, est sans doute illicite.

Tout en gardant un air faussement innocent, nous les talonnons dans les couloirs de l'hôtel Lisboa, un hôtel luxueux quatre étoiles, puis nous entrons avec les deux play-mate dans un ascenseur. Philippe me susurre à l'oreille qu'il a choisi celle de droite. Le choix d'un artiste !

Arrivées dans leur chambre elles se peignent, se maquillent, puis nous montrent la salle de bains. Sans être luxueuse, la chambre répond aux normes de l'hôtel. Les deux demoiselles souriantes, agréables, posées, ont juste ce qu'il faut de frivolité pour nous mettre l'eau à la bouche. Mais ce qui inquiète Philippe c'est la chambre, une seule chambre, deux lits, deux filles, deux frères, mais une seule chambre !

Philippe n'a vraiment pas envie que je prenne des leçons en suivant ses performances, « chacun son tour » me dit-il.

– Ça d'accord, mais combien ça coûte ?

En fait leur service coûte trop cher, disons plutôt que ça coûte plus cher que ce que j'avais envisagé de dépenser. Philippe lui-même n'a pas assez d'argent. Néanmoins il est persuadé de pouvoir négocier le prix à la baisse, mais pour cela, il a besoin d'être seul, et exige que je sorte dans le corridor.

Alors, pendant qu'il discute affaire avec les deux filles, je reste pantois comme un imbécile dans le couloir à me demander ce qu'il peut bien fabriquer. Fait-il double jeu ? A-t-il un joker dans sa manchette ? Allez savoir ! Quoiqu'il en soit, au bout de cinq minutes il réapparaît. Les négociations ayant avorté, il me demande si je suis prêt à dépenser plus.

– Non ! J'en ai ma claque de ce marchandage. Partons !

On ne touche pas impunément à la partie sensible de deux hommes en état d'excitation avancée sans que cela ne tourne au vinaigre. Nous nous disputons violemment en crachant verbalement toutes sortes d'insanités, puis à bout de souffle, haletants, nous nous effondrons tous les deux devant le Lisboa dans un parterre de fleurs sous les lumières émoussées des néons.

L'avis de tempête est passé. La rue est calme, une langueur étrange gagne à nouveau mon corps. Des filles en talons aiguilles entrent dans une Honda prestige. Je sens que ça revient, que ça remonte peu à peu à la surface ; cette soif ardente qui taraude et brûle les poumons, cette fièvre qui déchire le coeur des hommes les plus honnêtes, je suis trop faible pour résister, que ma future femme me pardonne. Haaaa ! Piranhas... !

La suite de la soirée est une variation sur le même thème : déambulation nocturne, une folle envie de perversité, se sentir défaillir, et puis merde que diable, l'avarice est un péché ! Retour au Lisboa, tintamarre de machines à tripot, Eurasiennes à gants de dentelle et longue robe du soir fendue, mais cette fois-ci c'est la douche froide, nous sommes grillés, les filles ont vite repéré les deux paysans français qui refusent d'y mettre le prix. Les unes après les autres elles rejettent nos avances. Nous encaissons les claques, les jeux sont faits !

La queue entre les jambes nous retournons à l'appartement, puis nous branchons la télévision qui diffuse un film intitulé « Edward Scissors man » ; l'histoire d'un homme qui parvient à se faire aimer passionnément en dépit de ses énormes mains transformées en ciseaux tranchants. Un film envoutant et poétique...

Péripatéticienne de vie !

51. LA VALSE DES SENTIMENTS

Je ne voudrais pas agacer le lecteur avec nos vicissitudes (au demeurant plutôt banales) de jeunes hommes en extrême désorientation, et je m'appliquerai à faire un récit bref, mais fidèle, sur les dix jours suivants de nos tribulations qui nous ont amenés à travers le Sud de la Chine, de Macao jusqu'à Yangshuo.

Il pleut. La route défoncée, boueuse comme un record mondial, cahote à travers une suite ininterrompue de zones industrielles qui subissent de plein gré la déflagration sauvage et anarchique du capitalisme salvateur, mais, et c'est là l'essentiel, il y a dans cette boue et ce désordre un nombre inimaginable de jolies filles, des filles et des filles, et surtout... des coiffeuses !

Car le Sud de la Chine est sans doute la région au monde ayant la plus forte concentration de salons de coiffure au km^2. Dans chaque agglomération l'industrie capillaire bat son plein. Les boutiques sont peut-être rudimentaires mais la beauté esthétique du personnel me laisse rêveur, et ce que je ne vais pas tarder à savoir, c'est qu'un salon de coiffure en Chine peut aussi bien servir de salon de massages ; massage des mains, massage de la tête, massage du corps, massage pas très sage...

Nous venons de quitter Macao où, suite à nos mésaventures, mon moralomètre est bien bas et m'incite à me régénérer dans un salon de coiffure.

Notre journée avait été bruyante, sale et désespérante, mais à cet instant, dans cette petite boutique où lambinent, comme par enchantement, cinq filles séduisantes, la nuit me paraît singulièrement calme, propre et apaisante. Je me laisse aller en arrière, détendu, les yeux fermés. Dans mon dos je perçois les petits rires taquins des hôtesses et ressens la fraîcheur du shampooing se répandre sur mes cheveux graisseux. Je respire l'odeur fraîche et naturelle de la jeune coiffeuse, laissant ses mains douces et habiles glisser dans mes cheveux. Je savoure cette impression d'abandon, tel un enfant qui s'enroule dans les draps propres de son lit, comme s'il s'agissait d'un luxe rare, de pouvoir se reposer, se détendre les mains posées sur les genoux, et de goûter avec indolence au plaisir voluptueux et charnel d'une vie sans effort et sans souci.

Elle me lave trois fois, me coupe les cheveux, puis me rase doucement. Je renverse ma tête en arrière, ses doigts sensuels caressent mon menton, sa poitrine se presse contre mon épaule, je sens le doux frôlement de sa respiration effleurer mon visage, j'ai les yeux entrouverts et des frissons parcourent mon corps. Elle est maîtresse de son art.

Je voudrais que cela dure toute la nuit, sans rien de plus, mais cela prend fin. Je lui montre un mot dans mon dictionnaire Anglais-Chinois : « belle » ; « tu es belle », la jeune coiffeuse a un sourire embarrassé. Je ne sais plus quoi dire, je paie et sors de la boutique sous le regard amusé et moqueur de ses collègues. Puis je me retrouve dans la rue, comme dans un brouillard, heureux et désemparé, et, avec une ardeur renouvelée, je presse le pas en direction de l'hôtel.

Si, de ces quelques innocentes caresses, je fus pleinement comblé, dès que je suis allongé sur mon lit je me sens bien vite seul et inassouvi. Par dépit je m'enfouis dans les motifs fleuris de mes draps, où, à force de creuser, je découvre la marque incongrue de mon matelas : «*full happiness*» (bonheur complet !) Objets inanimés avez-vous donc une âme ?

*

Philippe, tout chauve qu'il est, ne comprend pas pourquoi je vais presque tous les soirs me réfugier dans un salon de coiffure. Hélas mes autres shampooings ne seront jamais aussi délicieux que le premier. Il n'en reste pas moins que cela demeure un grand moment de détente et de soulagement dont je ne saurais trop recommander les bienfaits lénitifs aux autres pédaleurs errants de passage dans la région.

Sinon, jour après jour, tant bien que mal, nous nous frayons un passage sur la route polluée et congestionnée de trafics. Là ce sont de jeunes hommes d'affaires en VTT qui pédalent un téléphone portable vissé à l'oreille, ici ce sont nos images qui se reflètent sur les vitres fumées des Honda Prestige et autres

Volkswagen-Santana acheminant les cadres de l'administration. Toute la matinée nous avons traversé, sur des dizaines de kilomètres, une vallée submergée de meubles. Des milliers de dépôts de meubles, parfois gigantesques, alignés les uns après les autres dans un désordre infernal de saleté, de bruit et d'humidité. Des millions d'armoires vernies, des millions de fauteuils moelleux, des millions de matelas fleuris prêts à envahir le monde, le tout mêlé à un capharnaüm de cités dortoirs, d'ateliers sordides, et de rares rizières gavées d'engrais et d'insecticide. Or ce n'est là qu'une partie immergée de l'iceberg que constituent les Zones Economiques Spéciales. Car depuis que ces régions sont ouvertes aux capitaux étrangers, la furia industrielle s'est propagée sur toute la côte Sud de la Chine, attirant par la même occasion des millions de villageois qui, ayant eu vent de salaires plus «élevés», ne veulent plus de cette humble et légendaire résignation dont ils ont souvent été gratifiés. En effet lorsqu'on sait que le revenu moyen d'un citadin est de 3 000 F par an contre 900 F en campagne, il est facile d'oublier le vieux proverbe qui dit : «Un homme n'a besoin en cette passagère existence que d'un chapeau et d'un bol de riz.»

En conséquence de cette concentration furieuse nous sommes obligés de délaisser pour un temps le camping sauvage au profit de petits hôtels bon marché. Ce soir, nous nous sommes installés dans un grand dortoir compartimenté en minuscules boxes individuels en bois. L'ensemble évoque plus le poulailler industriel qu'une chambre d'hôtel, et d'ailleurs, dans les boxes, il n'y a que des poules, des cocottes, des filles de mœurs très légères qui descendent dans la rue et remontent quelques minutes plus tard, avec leurs clients emballés sous leurs ailes. Ces filles, laides et vulgaires, ne nous inspirant aucune envie, nous tournons notre attention vers les programmes de T.V, zappant d'une chaîne à l'autre. Sur la une : un opéra traditionnel assourdissant ; sur la deux : les aveux publics d'un criminel avant son exécution ; sur la trois : une leçon de calligraphie particulièrement pointue ; sur la quatre : l'inauguration par le vice-président des affaires anti-corruption d'un gratte-ciel flambant bleu ; et enfin, sur la cinq : un documentaire pédagogique qui démontre les bienfaits que peut apporter l'acupuncture aux soins d'un cochon... Nous nous endormons presque.

Cependant, dans la cage voisine de la nôtre, nous entendons comme un bruissement étouffé et des petits rires de filles faciles. Il y a un trou dans la cloison, un orifice minuscule et tentateur. Philippe, le vilain petit canard, ne peut résister plus longtemps et approche son oeil émoustillé vers la source de lumière. Il n'a pas le temps de voir grand-chose. Les filles qui ont repéré son œil torve se mettent à hurler en frappant sur la cloison. Bouddha dans son infinie bonté nous a encore sauvé du mal !

Enfin pour clore le chapitre concernant nos mœurs dissolues, laissez-moi vous trousser une dernière et très leste anecdote. Nous nous trouvons ce soir dans une petite ville anonyme avec au fond du cœur toujours cette bouffée appétitive qui ne demande qu'à être titillée. Nous sortons du restaurant, accomplissant comme à l'accoutumée notre promenade digestive, lorsque nous sommes pris à partie par une bande de noctambules. L'un d'eux, un motard, une belle trogne de voyou au sourire narquois, se doutant de quoi deux hommes esseulés pouvaient bien avoir besoin, nous fait une séduisante proposition qu'on s'empresse d'accepter. Nous montons à califourchon sur sa motocyclette Jialing : une 125 chinoise à l'allure de gros cube, à qui le motard, d'une talonnade un peu sèche, fait comprendre qu'il faut filer droit jusqu'au prochain salon de coiffure.

Le salon, avec ses stores métalliques baissés mais furtivement entrouverts au va-et-vient d'hommes en costume gris, cache mal son identité réelle de maison de passe. Une fois entrés dans la salle d'attente, deux filles nous apportent du thé. Il faut choisir. Avec ou sans sucre ? Non, il faut choisir une demoiselle. Il y en a quatre. Toutes séduisantes.

Ayant chacun fait notre choix, sans tâter la marchandise, ce serait vulgaire, Philippe part bras dessus bras dessous avec sa fleur de lotus, tandis que de mon côté, j'entre avec l'heureuse élue dans une toute petite pièce noyée d'une douce pénombre teintée de rouge.

Après quelques échauffourées, au cours desquelles nous avons conservé le peu de dignité qu'il nous restait, ma partenaire veut enfin découvrir l'arme mystérieuse de ce français. C'est sans doute la première fois que cette jeune personne rencontre un Occidental, à fortiori son appendice reproducteur dont les rumeurs - par nature erronées - laissent supposer que c'est autre chose que la technologie compacte des Asiatiques.

Elle tire vigoureusement sur le kangourou, et là, à la vue de l'objet du délit, elle débride ses longs yeux... Quelque chose l'a effrayée. Elle refuse d'examiner la bête plus longtemps, et à plus forte raison d'y toucher !

Sur ce retournement de situation, plutôt décourageant, je perds mon sang chaud. Mais elle me réconforte et nous passons les dix dernières minutes pelotonnés l'un contre l'autre.

Après quoi, je la quitte un peu désemparé, mais aussi curieux de savoir comment cela s'est passé du côté de chez Philippe.

Or Philippe non plus ne comprend pas. Il n'a eu droit qu'à un préliminaire massage de tête ! Et bien sûr il est loin d'être satisfait - un préliminaire massage de tête, pensez-donc !

Cependant le tenancier de l'établissement, un grand maigre, à l'élégance maniérée, nous invite à payer les « consommations » qui d'ailleurs ne l'ont pas été. Nous nous sentons floués. Je m'offusque en frappant du poing sur le pupitre, Philippe se tapote la tête pour expliquer à quoi s'est résumée sa partie de jambes en l'air, tandis que le souteneur persiste à réclamer la totale en posant d'une manière énigmatique son doigt sur le bout de son nez ! Le poing, la tête, les jambes, et le nez, alouette, alouette, je te plumerais !

Et plumés nous l'aurions été si nous n'avions pas saisi le téléphone en menaçant de faire intervenir la police locale. Attitude d'autant plus suicidaire que la prostitution est officiellement interdite en Chine (les salons de massages ne sont que des façades qui permettent de sauver la face et remplir les poches des policiers corrompus). Finalement nous finissons par nous entendre sur un prix, puis nous repartons dans la nuit passablement irrités.

De fait, la nuit fut longue. Le motard, à qui nous avons refusé une part substantielle du gâteau, débarque dans notre hôtel, acoquiné avec trois autres malfrats. Il nous tire du lit et veut nous casser la figure. Le personnel de l'hôtel s'interpose héroïquement avant le carnage, puis c'est au tour des forces vaillantes de la police, alertées par un quidam, de venir nous apporter leur soutien. Bref, ignorant les us et coutumes du pays, nous sommes entraînés dans un engrenage pour le moins douteux et peu conforme à nos attentes. Il est temps d'enchaîner.

Retour à Yangshuo.

Xiao Lin rit. C'est vrai, c'est un rire crispé, un rire qui cherche à dissimuler quelque chose. De fait, tandis que nous remplissons le formulaire de l'hôtel, elle crache le morceau : nos deux chiots sont morts. Les deux gloutons ont succombé à un empoisonnement par absorption malavisée de mort-aux-rats !

Aïe, aïe, aïe ! ça nous fait un sacré coup dans les entrailles. Silencieux, hébétés, nous nous en voulons de les avoir abandonnés à leur triste sort. Wilfried, Dali, les deux jeunes mascottes de la caninerie errante, ont été victimes, une fois de trop, de notre aberrante lubie. Alors, je me jure en moi-même que jamais plus je ne prendrai un chien comme compagnon. Une femme peut-être ? et encore...

Finalement, j'offre à Xiao Lin un appareil photo acheté à son intention à Hong-kong. C'est pour la remercier d'avoir gardé nos chiots... Vitam aeternam ! Je ris jaune !

A cette époque Philippe est presque parvenu au degré zéro de ses ressources pécuniaires. Il a perdu sa tente et son chien, mais il conserve néanmoins cette allure noble des pédaleurs errants qui ne se laissent pas abattre par tant de vicissitudes. Et comme si de rien n'était, il continue à fourbir ses armes en soudant de nouveaux porte-bagages métalliques sur son vélo. Entre deux soudures, il va colmater sa soif dans un café qui a retenu son attention. Beaucoup d'attention, à telle enseigne qu'il est toujours fourré dans ce café dont je ne connais pas l'existence, car Philippe en habile dissimulateur me dit toujours « je vais souder, je vais souder... » D'ailleurs suis-je le gardien de mon frère moi ? J'ai d'autres chats à fouetter et passe ces quelques journées de repos à discuter avec Xiao Lin des spécialités culinaires locales, telles que l'émincé de rat de bambou aux fèves de lotus, la salamandre à la châtaigne d'eau, ou encore le chat sauvage sauce aigre-douce !

Enfin, le jour arrive où Philippe m'annonce qu'il ne va pas toujours souder (ah non !) car quelque chose de plus intéressant a attiré son attention (ah oui !). Je le suis donc, tout curieux jusqu'à l'autre extrémité de la rue principale de Yangshuo où nous nous installons à la terrasse d'un café qui porte le nom de « Gambei » (cul sec en chinois).

Et là, je la vois pour la première fois, la jeune patronne du café, la douce, la belle, la tendre « Tin » (prononcez Tine). Lorsque Tin s'approche pour prendre les commandes, les pupilles de Philippe battent à tout rompre, il se tord sur son siège en essayant de trouver un bon mot, et me demande de faire bonne impression.

Philippe, comme beaucoup d'autres Occidentaux, est tombé sous le charme d'une Chinoise, attiré par ses manières avenantes, agréables et accommodantes. Elle a cette sensibilité et cette attention très particulière des Chinois qui dans leur rapport avec autrui, en dépit de leurs différences, cherchent toujours à maintenir un équilibre.

Car en Chine les opposés sont complémentaires, indispensables l'un à l'autre ; c'est le yin et le yang, le vide et le plein, l'ordre et le désordre, mâle et femelle, rien n'existe isolément sans son sens opposé. Il n'y a pas comme chez nous l'idée de contradictions incompatibles, à la façon du vrai et du faux, du bien et du mal, du pour et du contre. Tout doit être, selon la philosophie taoïste, en harmonie avec les principes de la nature. Eviter toute source de désordre pour la collectivité, tandis que les éléments contradictoires doivent être combinés pour atteindre cette harmonie relative. En ce sens tout est conciliable : le communisme et le capitalisme, la luxure et la sévérité des moeurs, la corruption et le développement économique, la paix sociale et le non respect des droits de l'homme... La Chine est un flot de contradictions qui avancent dans le même sens.

Cependant, pour maintenir cet équilibre parfois précaire, il faut savoir jongler à la manière des Chinois. Il faut savoir biaiser et dissimuler les problèmes pour ne pas nuire à l'harmonie. Chez nous lorsqu'il y a un ressentiment, une antipathie, une pression on libère, on se met en colère. Les Chinois, eux, préfèrent se taire, laisser les dissensions se refroidir avec le temps. Les Chinois avalent. Les Occidentaux crachent ! Il faut conserver la face, ne pas être le premier à créer un désordre. L'équilibre, même s'il est simulé, doit être maintenu pour le bien de tous, et face à une contrariété les Chinois préfèrent se dérober.

De la même manière les Chinoises dissimulent parfaitement leur état affectif. Lorsque nous cherchons à savoir pourquoi elles sont tristes, fâchées ou mécontentes, elles esquivent nos questions, qu'elles jugent impudiques, par un sourire ou une plaisanterie. C'est à nous de deviner les causes du mal, même si nous n'y sommes pour rien ! Ce qui, pour des Occidentaux comme nous, qui préférons tout mettre à plat quitte à crier un bon coup, est particulièrement frustrant.

Quelques jours passent et Tin se montre vexée. Pourquoi Tin est-elle vexée ? Sans doute parce que Philippe doit repartir sur la route avec moi, et que Philippe est bien sympathique et qu'avec lui elle a osé prendre la première cuite de sa vie ! Philippe voudrait bien rester, mais la pédalerie errante est une passion qui ne le cède à aucune autre. Moi-même je commence à m'attacher à Xiao Lin. Il est donc plus qu'urgent de repartir pour de nouvelles et brillantes tribulations, loin de ces pièges parfumés que sont les filles, loin, loin, loin... !

Nous avons parcouru 20 kilomètres, et il nous reste environ deux mois de voyage à travers la Chine avant d'atteindre Pékin. Mais Philippe voit Pékin d'un très mauvais œil. Il se doute bien qu'il arrivera dans la capitale chinoise au terme de ses modestes ressources, et que ce sera pour lui la dernière étape de son voyage, la fin d'une épopée riche en événements. Pour continuer il faudrait qu'il trouve de l'argent et du travail, mais où ça ? A Pékin ? En Corée ? A Hong-kong ? Nous nous demandons même si Yangshuo n'est pas préférable à tous ces endroits ? Assis à la table d'une gargote pour routiers nous ne savons plus quoi faire : continuer ou retourner à Yangshuo ? Pile ou face ?

Lorsque nous regagnons l'auberge de jeunesse de Yangshuo, j'aperçois Xiao Lin assise à la terrasse du café. Elle lève la tête et me jette un coup d'œil à la dérobée. Sur son visage je peux lire une profonde tristesse. Normal, elle est heureuse !

*

Bref récapitulatif : J'ai 28 ans. Cela se passe au cours du printemps 1995. Je suis dans la petite ville de Yangshuo dans le Sud de la Chine. Je partage une chambre avec mon frère dans un hôtel situé en face du parking pour autobus. Je fais le tour du monde à vélo, mais pédale peu et sans me presser.

Point d'entraves à mon bonheur : j'ai le droit de faire tout ce que la pédalerie errante me permet, d'autant plus que je suis soutenu dans ma tâche par les membres d'une association de bénévoles dévoués et dynamiques, et par des supporters infatigables qui me traitent avec respect et admiration. Mon frère ne fait presque pas attention à moi, bien que je sois son modèle, il est absorbé par des soucis d'une autre sorte.

En ces premiers jours du mois d'avril 1995, j'accompagne une jeune chinoise de 25 ans en dehors de la ville, ses traits enjoués cachent une nature sensible, son nom sonne comme dans une fable : *Xiao Lin* (petite forêt).

Nous allons chez sa soeur qui vit à la campagne, à proximité d'un tunnel, au pied d'une colline dressée tel un gigantesque tronc déchiqueté. Le temps est plein de douceur et l'air imprégné du parfum des pruniers en fleur. Une brise légère vient nous caresser le visage. Est-ce comme ça que l'amour doit prendre naissance, doucement, au rythme de conversations futiles à propos d'escargots, de sangsues et de grenouilles ? Par petits bonds imperceptibles : une promenade au bord de la rivière, une séance photo sous un prunier, une dégustation de pomelos chez ses parents... Je ne réalise pas encore que je suis atteint d'un bien irréversible.

D'ailleurs, je me sens bien ; la compagnie de Xiao Lin semble m'apporter quelque chose de nouveau, de doux, de simple. Je suis attiré par son côté candide, ingénu mais aussi plein de bon sens. Elle met comme un baume apaisant dans mon esprit tourmenté, insatisfait, toujours sur la route en quête d'inconnu. De son côté, elle est sans doute attirée par mon amitié, ma bonne humeur et mon grand nez !

De là, elle m'invite à dormir chez elle, je prends ça pour une proposition coquine. Quiproquo. Je refuse néanmoins, mais plus tard, au clair de lune, un démon somnolent se réveille en moi ; je veux l'embrasser (dimanche 2 avril) et coucher avec elle (lundi 3 avril). A partir de quoi elle pousse un grand cri - car c'est une fille honnête. Elle refuse mes avances, je n'insiste pas et la laisse seule dans une chambre de l'hôtel. Le même soir, à deux heures du matin j'assure en compagnie de Philippe un duplex avec la poste du Mans. M. Trihan, le directeur, me fait part de son admiration et me demande si je vais bien ? Je souris, je blague, j'entends les bourdonnements de la foule enthousiaste, « Oui, oui, tout va très bien ! »

Le lendemain, je repars et continue seul mon périple. Philippe reste à Yangshuo, décidé à tenter sa chance dans l'import export de tee-shirts chinois. Je lui souhaite bon courage et l'abandonne à son sort incertain. Nous avons prévu de nous revoir à Xian où nos parents doivent nous rendre visite.

A 7 kilomètres de Yangshuo je passe devant la maison où loge Xiao Lin. De la route j'aperçois la porte fermée. Je ne peux m'empêcher de m'arrêter et de considérer fixement la porte close. Il est encore tôt et Xiao Lin doit dormir. J'aimerais lui souhaiter un dernier adieu, mais je n'ai pas le courage de frapper à la porte. Et puis il y a ma conscience, d'humeur vagabonde, qui me rappelle sans cesse que « la pédalerie errante est une passion qui ne le cède à aucune autre ». Alors j'enfourche mon canasson et pénètre à l'intérieur du tunnel noir et profond. De l'autre côté il fait jour... Je pédale...

Je pédale, je pédalais, je pédaleret. Je conjugue le verbe pédaler au passé, au présent et hélas au futur imparfait. « Pédaleret » ça n'existe pas ! Il y a erreur, alors 5 kilomètres plus tard je m'assieds sur le parapet d'un petit pont en pensant que si je ne suis plus capable de pédaler au futur c'est sans doute parce que j'ai oublié quelque chose à Yangshuo. Je veux en avoir le cœur net et retourne, via le tunnel, jusqu'à la petite maison.

Xiao Lin présente, m'invite à sa table où nous mangeons sans faim. Puis nous nous installons au soleil sur la terrasse. Nous ne disons presque aucun mot, mais le silence est éloquent. Enfin il faut que je reparte. Je lui demande un souvenir. N'importe quoi lui dis-je. Alors elle m'apporte un jeu de cartes sur lequel elle prend le soin d'écrire un peu maladroitement en anglais les trois sésames fatidiques : « I love you » ! J'ai trouvé ma dame de cœur !

TRIBULATIONS QUATRIÈMES

« Les deux époux s'aimaient ! Ils doivent s'aimer toujours !
Mille et dix mille félicités les attendaient dans la vie !
Il faut aller en Chine pour voir cela !»

Jules VERNE
Les Tribulations d'un Chinois en Chine.
Dernières phrases.

52. VOYAGE A LA CARTE

Cinquante-deux cartes à battre, couper, distribuer, jouer. Depuis que j'ai fait mon premier pli à cœur, le cœur est l'atout, il faut fournir du coeur, laisser passer le carreau, défausser à trèfle, sacrifier le pique. La règle du jeu paraît simple : pédaler d'un point A (Yangshuo) à un point B (Xi'an) dans un délai d'un mois, charger à cœur et avancer son vélo selon la vigueur des coups de pédales sur un terrain chinois truffé d'embûches.

La Chine est un pays de Chinois et de rizières. Le Chinois est un homme curieux et la rizière est un champ inondé. L'un comme l'autre sont à éviter si l'on veut profiter des plaisirs du camping. Il faut donc que je cherche un endroit calme, à l'écart de l'humanité et de l'humidité. Ce soir, faute de mieux, j'installe mon tabernacle dans un sous-bois, près d'une tombe.

Je ne peux pas tomber plus à propos, c'est « Qing Ming » une journée dévouée au culte des morts. La tombe de mon voisin a été nettoyée et décorée de rubans rouges, et devant la butte de terre, dépourvue d'inscriptions ou de pierre tombale, la famille, cherchant à attirer les faveurs du défunt, a laissé pour toute nourriture céleste, quelques coquilles d'œufs et des os de poulet !

Je dors paisiblement près de l'ancêtre - qui ne ronfle pas - quand soudain je suis réveillé en sursaut par une impressionnante pétarade de feux d'artifice et par de furieux coups de gong. C'est une famille, un peu en contrebas, qui mène un assaut terrifiant contre les mauvais esprits !

De fait, les Chinois, toujours aussi pragmatiques, essaient, non seulement d'effrayer les démons, mais aussi d'honorer les dieux et les esprits bienfaisants, quels qu'ils soient. A ce qu'il paraît, certains villageois victimes des inondations au centre de la Chine, délaissent l'incompétence de leurs ancêtres et de Bouddha, et implorent désormais Mao Tsé-toung pour les protéger des catastrophes naturelles !

Au pays de la boue et des habitations en béton sans confort, sales, et aux allures de prisons, avec leurs barreaux métalliques à chaque fenêtre, je me retrouve dans une auberge dont la patronne, une maniaque de la propreté, insiste pour que j'enfile de ridicules pantoufles fleuries. La rombière, cinquante balais sonnés, le visage défraîchi au détergent, me bassine la tête en voulant absolument glisser des feuilles de papier entre mes sacoches boueuses et son sol bétonné. Aux quatre coins de chaque pièce il y a un balai. Il faut donc que j'utilise sans retenue cet ustensile ménager afin d'effacer, pense-t-elle, toute trace de mes microbes envahisseurs. De plus elle parle dans le vide. J'ai beau lui crier que son verbiage n'est pour moi qu'un lessivage de cerveau incompréhensible, elle jacasse quand même à en perdre haleine. Elle me tape sur les nerfs puissance dix ! Je l'enfermerais bien au fond d'un musée dans un bocal de formol comme curiosité rare à conserver ! Et hop ! Du balai ! Case suivante...

*

L'homme occidental, à l'instar du homard, est un homme poilu. En Asie, son pelage soyeux attire indifféremment les enfants épilateurs, les mains douces de jeunes filles, ou celles plus investigatrices des policiers ! Aujourd'hui, dans cette région reculée, la curiosité dépasse les bornes : Fous et furieux, des gamins vont jusqu'à fracasser la porte de ma chambre ; plus agée et plus douée, une adolescente sentimentale me harcèle à coups de mots tendres ; plus répugnant et vorace, un énorme cochon me bouscule hors des latrines publiques. Puis, le maire, l'officier de police et l'instituteur, en compagnie desquels je me suis fait photographier, m'exhortent à me présenter à la foule en délire qui me confond avec Michael Jackson. J'ouvre la porte de ma chambre qui donne sur le balcon du premier étage. Des poussins effrayés se jettent dans le vide au grand dam de l'aubergiste qui ne peut les empêcher de se faire piétiner par les villageois rassemblés autour de la maison. On m'acclame, on crie, on siffle. Le maire me pousse du coude et me demande de dire quelques mots. J'ai le choix entre « urbi et orbi » et « je vous ai compris » mais je préfère suivre les rumeurs de la foule au cri de « je suis un homme poilu, vive le poil ! » Case suivante.

Je poursuis mon jeu de l'oie, genre de croisière jaune, pédalant de case en case, tout droit vers Xi'an et le nombril de la Chine. Je me trouve dans une modeste bourgade à une trentaine de kilomètres de la ville de Yishang et du fleuve Yang-tseu, à égale distance du chantier des Trois Gorges. Un projet pharaonique de 125 milliards de francs, le plus grand ouvrage hydro-électrique du monde programmé pour produire en 2009, 10% de l'électricité du pays !

Tel que je l'ai appris hier par l'entremise de la police locale, cette région est interdite aux étrangers. Mais n'ayant, selon mon habitude, tenu aucun compte de leur recommandation, je ne suis qu'à moitié surpris lorsque ce soir, une main de femme policier se pose sur mon épaule. C'est la même qui m'a épinglé hier, mais cette fois-ci elle est épaulée par son chef supérieur - quoique inférieur dans le maniement des langues étrangères - et par le service audiovisuel des forces populaires de la police chinoise qui a été réquisitionné pour ce coup de filet magistral. Je salue leur ténacité, en m'étonnant ouvertement toutefois que l'argent du peuple soit dépensé sans compter dans une affaire aussi futile. On me répond qu'il est inutile d'aggraver mon cas par des insinuations sans queue ni tête et que je dois plutôt les remercier d'avoir su mettre le holà à ma tentative d'infiltration délictueuse.

Alors je me fais doux comme un panda. Le cameraman en uniforme filme en gros plan et en contre-plongée mon mea-culpa. Voyant la qualité de mon repentir, l'officier supérieur veut bien m'épargner une condamnation exemplaire, en revanche il insiste pour que le lendemain, aux premières heures de la matinée, je quitte son territoire en bus.

Cependant, le lendemain matin, plutôt que de poursuivre par le même chemin en bus, je préfère contourner à vélo cette zone sensible en empruntant une petite route qui part à l'assaut d'une vaste et magnifique chaîne montagneuse. Je passe par un affluent du Yang-tseu qui, lui aussi, sera bientôt submergé sous les eaux du lac formé par le barrage des Trois Gorges ; toute une région qui nécessitera le déplacement de plus d'un million de personnes !

*

Je serpente pendant quatre jours dans un relief hargneux mais grandiose ; quatre jours de liberté jusqu'à ce qu'une triade de policiers, sortie de leur Jeep locale, se dresse devant ma route pour vérifier mes papiers. Ceux-là ne savent pas encore qu'ils ont affaire au James Bond à pédale. Déjà éprouvé par l'ascension interminable du col, je n'ai aucune intention de me laisser agacer par une bande de zigotos, et pédale droit dans le tas ! Les policiers, interdits, surpris, médusés, s'écartent instinctivement et s'observent indécis. L'un d'eux, habillé en civil, est le premier à se ressaisir. Il court après moi, suivi par ses collègues, tandis que devant, comme un fugitif, je mouline désespérément pour essayer de leur échapper !

Le combat est inégal. Une centaine de mètres plus loin ils se jettent froidement sur ma monture et me forcent à poser les pieds sur le bitume. Cependant, curieusement, après les vérifications standard ils me laissent repartir sans ennui.

Enfin, après 30 kilomètres, au cours desquels il me faut, devant une foule spectatrice, franchir un éboulement de terrain en chargeant mon vélo sur mes épaules, j'achève cette ascension harassante. De l'autre côté du col, tandis que je redescends doucement, j'aperçois un grand panneau planté sur le bord de la route portant en anglais l'avertissement suivant : « restricted area, forbidden to foreigners » (région interdite aux étrangers). Je fais mine de ne rien voir.

Mais 5 kilomètres plus loin, les mêmes policiers, soucieux de me prendre en flagrant délit en territoire interdit, ont formé, avec quelques badauds, une chaîne humaine en travers de la route. Je n'essaie même pas de la briser, je suis si frigorifié et affamé que j'accueille les baraquements de ce modeste hameau comme une source de réconfort inespérée.

J'obtiens quelques instant de répit pendant lesquels je me sustente et me réchauffe. Après quoi, quand mon repas de nouilles est avalé, le jeune policier et son chef me demandent de ne pas faire d'histoires et de rebrousser chemin. Cela fait quatre jours et plus de 200 kilomètres que je me suis engagé sur cette petite route de montagne, et il est hors de question pour moi de faire demi-tour. Néanmoins je fais mine d'obtempérer. J'enfourche mon poulain, et commence à pédaler dans la direction du retour.

Les policiers restent perplexes, je vois bien qu'ils ne sont guère convaincus par ma trop rapide et apparente résignation. Cependant je tente le tout pour le tout. J'accélère, fais un crochet autour des baraques, et m'engage à bride abattue dans la descente. Hélas, les villageois, alertés par les cris paniqués des policiers, fondent sur moi comme une meute de cloportes enragés.

Deuxième tentative de fuite. J'alourdis l'acte d'accusation, cette fois-ci le chef se montre fort peu aimable et veut m'embarquer dans sa Jeep. « Never, never, I prefer to die » (jamais, jamais, je préfère mourir !) écris-je en guise de réponse à l'intention du jeune policier qui ne comprend que l'anglais écrit. Et aussi fermement qu'une vis je reste cloué sur la chaussée. Les policiers ne savent que faire, ils hésitent à recourir à la violence au risque de créer un incident diplomatique, alors ils se font obliques et rusés.

Ils m'assurent qu'ils peuvent me fournir une autorisation afin de franchir cette zone interdite, mais pour cela je dois redescendre avec eux jusqu'à la ville de Muyuping que j'ai passée ce matin. Leurs paroles sentent la perfidie à plein nez, alors pour plus de précaution je leur demande une confirmation écrite et signée de leur main. D'abord ils hésitent, puis enfin ils se plient à mes agaçantes exigences. Le texte écrit en anglais stipule que je dois redescendre avec eux dans la ville où ils s'engagent à me faire un laissez-passer me permettant de voyager légalement sur ce territoire hors limite.

C'est donc plein de confiance que je redescends avec eux en ville et que j'attends patiemment dans leur bureau afin qu'ils puissent rédiger ledit document. Mais au bout d'une heure, mon caractère impétueux reprend le dessus. J'ai des fourmis dans les pédales, je veux repartir, et réclame avec vigueur mon passeport. Mais pour toute réponse ils refusent tout d'un bloc : mon passeport et mon passe-droit. Quant à leur promesse écrite et signée je peux en faire des confettis. Je suis furieux. Berné comme un débutant. Ils veulent me voir céder, renoncer, capituler, mais leur bassesse me donne plus de force encore.

L'endurance est ma spécialité, cependant après deux heures de balbutiements verbaux épuisants, ils ont toujours mon passeport entre leurs mains, avec la ferme intention de le conserver tant que je ne promets pas de retourner sur mes roues. Les discussions tirant en longueur (les policiers ne parlent pas anglais), un Chinois angloglotte vient à la rescousse. Mais c'est une catastrophe, une nullité, un incapable de dernière zone, il tremble de peur devant les policiers et ne parvient pas à sortir un seul mot d'anglais. Nous allons y passer la nuit, alors exaspéré, presque par boutade, je réclame sur-le-champ une belle et compétente professeur d'anglais. Et croyez-moi si vous le voulez, vingt minutes plus tard, sur le seuil de la porte, en os et en chair, mon vœu est exaucé !

La discussion prend une tournure plus agréable. Je retrouve mon sourire malicieux. La traductrice est délicieuse et cherche à concilier ma soif de découverte et de liberté avec les obligations légitimes de mes geôliers. Enfin à 9 heures du soir les deux parties en présence, passablement épuisées, décident d'ajourner la séance.

« L'obstination et ardeur d'opinion est la plus sûre preuve de bêtise. Est-il rien certain, résolu, dédaigneux, contemplatif, grave, sérieux comme l'âne ? » Montaigne.

Le lendemain matin, requinqué par une nuit douillette à l'hôtel, je suis plus que jamais déterminé à poursuivre ma route. Les policiers à bout de patience jettent l'éponge à dix heures. Pour bien faire ils auraient dû me flanquer une formidable raclée et m'embarquer de force dans un autobus, mais par-dessus tout ils craignent d'utiliser la force contre un étranger. Alors, en échange du papier sur lequel ils se sont engagés hier, ils me rendent mon passeport. Comme quoi cette petite précaution n'était pas inutile. Je suis libre d'aller me faire prendre ailleurs.

Pour ma peine, j'ai dois me coltiner à nouveau les 20 kilomètres d'ascension du col. De l'autre côté le paysage se révèle plus sauvage encore. La route est en très bon état et je ne vois aucun camp militaire, aucun centre de réhabilitation ou de travaux forcés... rien que des arbres. C'est ici la région secrète et inaccessible de « Shennongjia », célèbre en Chine pour ses profondes forêts supposées cacher un abominable homme-singe, l'équivalent chinois du yéti (En fait j'apprends bien plus tard que cette région abrite des bases d'essais pour missiles nucléaires !)

Comme le Titanic, c'est lorsque l'on se croit invulnérable que l'on coule. Les réflexes de survie sont annihilés et on se laisse flotter au gré de sa prétendue puissance. Ainsi, par pur défi puéril, au lieu de rester caché sagement comme le yéti en pleine forêt, je fais halte dans un village où les forces fraîches et résolues de la police locale me cueillent aussitôt !

Et le combat continue car il ne manque pas de combattants. Le jeune policier qui maîtrise bien l'anglais est direct : j'ai venu, j'avais pas dû, c'est une double faute, je dois payer 500 yuans (330 F) d'amende et faire demi-tour. Comme je lui ris au nez et tente de lui faire comprendre que je suis à la fois Don Quichotte, James Bond, et un Titanic, il me montre les biceps de sa détermination, et me confisque mon vélo qu'il met sous scellés dans la prison de la station de police ! Je dois payer l'amende ou alors jamais, plus jamais, je ne reverrai mon petit Giant. C'est son dernier mot. Ce n'est pas le mien...

Quand on est fou on peut tout oser. J'attrape mes bagages et les dépose devant la station de police. Je décide de m'y installer et de faire une grève de la faim. Tant que mon vélo sera entre leurs mains je refuserai d'avaler une seule bouchée de nourriture, quitte à ce qu'ils voient mes os blanchir au soleil !

Les policiers sont décontenancés et les villageois me supplient d'arrêter mes idioties. Faire une grève de la faim dans un pays qui a gravement souffert de la famine, c'est un acte déplacé. Cependant je laisse passer mon petit déjeuner et téléphone à Philippe (l'unique téléphone du village fonctionne avec une manivelle) pour le prévenir de mon inextricable situation. Philippe, qui est habitué à mon humour pince-sans-rire m'assure que je peux compter sur lui pour le rapatriement des os. C'est agréable de se sentir aimé !

Pour passer le temps, à l'aide de mon dictionnaire, j'écris en chinois des tracts sur lesquels je proclame mon innocence et exige la liberté inconditionnelle de mon fidèle coursier. Les villageois qui lisent mes messages semblent désolés de voir cet étrange énergumène jouer avec sa santé comme un enfant. Mon obstination est telle que pour la première fois de leur vie ils se demandent si l'interdiction qui me frappe est justifiée. Or ce n'est pas dans la mentalité chinoise de remettre en question l'autorité, même s'ils savent pertinemment que celle-ci est arbitraire et corrompue. On se soumet au pouvoir quelle que soit sa nature, ou alors c'est un pas vers l'initiative individuelle, le désordre, les Droits de l'homme... la fin de l'unité chinoise.

A midi, lorsque les policiers constatent que mon irréductible entêtement s'est nourri au détriment de mon estomac, ils tentent une manœuvre indigne, vile, et en rupture avec les conventions de Genève, d'Oslo et de Stalingrad réunis concernant les droits des prisonniers à disposer d'eux-mêmes. Ils m'obligent à les suivre en chargeant mes bagages dans leur véhicule. Mais je refuse d'obéir à leur ignoble chantage. Alors, doucement, comme pour m'appâter, ils démarrent et emportent avec eux tout ce que je possède.

Mais cinquante mètres plus loin la voiture s'immobilise et fait marche arrière. Les policiers sortent du véhicule en grommelant et en déchargeant mes bagages. Ils sont tombés sur un casse-pieds.

Le manque de nourriture et de boisson me donne un méchant mal de tête. Je suis comme le chevalier noir des Monthy Python dans leur « Sacré Graal », qui dans un combat contre le chevalier blanc, a perdu ses deux bras, ses deux jambes et sa tête. Bien qu'il soit réduit à l'état d'un tronc informe il continue à gesticuler et à chercher l'affrontement. On ne renonce à rien quand on a tout perdu.

A 3 heures de l'après-midi, les policiers qui ont fini de me narguer en festoyant au restaurant viennent à ma rencontre. C'est la surprise : ils veulent savoir combien je suis prêt à payer d'amende ! Evidemment je ne vais pas jusqu'à leur réclamer des dommages et intérêts, mais je leur fais signe que je peux très bien me contenter d'un triple zéro, d'un bol de riz, d'une bicyclette et d'un droit de crapahuter librement.

Pour la somme, le bol de riz et le vélo c'est accepté, en revanche il est hors de question que je poursuive mon chemin. Ça devient lassant, répétitif. Un policier commence à flancher. La cohésion de l'armée est atteinte. Dans quelques heures ou demain, c'est certain, ils me laisseront repartir.

Mais voilà, j'ai derrière moi une semaine de frustrations et 250 kilomètres de galère dans une zone montagneuse protégée. Il en reste peut-être encore 150 à parcourir. A chaque étape c'est un combat contre de nouvelles recrues policières. Comme il est dit dans le Daode Jing, le livre de la voie et de la vertu, le pilier du taoïsme : « marteler et aiguiser sans cesse ne préserve pas la lame ». Alors, lorsque vers 3 h 30, l'unique bus de la journée s'arrête dans le village, les forces de l'ordre et les villageois m'encouragent à saisir l'occasion. Il me reste encore assez de forces pour capituler.

*

Cinq jours plus tard, après un voyage forcé en bus et quelques centaines de kilomètres à vélo j'arrive dans la lointaine capitale historique de Xi'an.

Xi'an est une grande métropole de 2,5 millions d'habitants située au centre de la Chine, et bordée à l'est par le désert de Gobi. Elle fut autrefois le point de départ des caravanes pour la route de la soie, le siège de onze dynasties impériales, et la résidence de plus de 70 empereurs. Mais en dépit de ses richesses historiques je suis surtout pressé d'y retrouver mes parents qui arrivent par avion de Hong-kong, et aussi de revoir Xiao Lin que j'ai invitée à venir en train accompagnée de Philippe.

Toutes ces retrouvailles sont un grand moment de bonheur et une bonne occasion, face à ma vision émoussée de la Chine, de raviver mes facultés d'émerveillement à travers le regard neuf, surpris et curieux de mes parents. Ensemble nous visitons les fameux soldats de Terracotta, qualifiés par les Chinois de huitième merveille du monde ! (la première étant la muraille de Chine et la seconde la Cité interdite de Pékin). Mais tout ça n'est que de l'intoxication des masses populaires touristiques, car la première merveille du monde ce n'est ni le colosse de Rhodes, ni les pyramides d'Egypte, ni la tour Eiffel de Paris, ni les rillettes du Mans, c'est Xiao Lin !

Tôt le matin mes parents se rendent dans le grand parc de la ville où ils essaient de se fondre dans la foule. Les Chinois rassemblés ici par centaines pratiquent des danses de salon et des gymnastiques traditionnelles telle que le Taï Chi Chuan, une forme de méditation, qui remonte au Xe siècle, dont les mouvements rituels lents sont réputés avoir des effets bienfaisants contre les rhumatismes, la fatigue, les problèmes digestifs... Au milieu de cette foule de culturistes méditatifs, difficile pour mes parents d'échapper à la curiosité publique, surtout mon père, la moustache en bataille et en fumeur de pipe d'opium présumé, qui fait rire aux larmes les musulmans des bas quartiers.

Outre les vestiges historiques, nous allons visiter le zoo de Xi'an en état de délabrement avancé. La plupart des cages sont vides, et nous sommes particulièrement déçus de ne pas pouvoir jeter un œil sur les pandas, probablement cachés dans un coffre-fort. En fait en Chine le meilleur endroit pour voir des animaux exotiques c'est au restaurant. Ainsi, dans l'un d'entre eux, nous avons le privilège d'admirer un spécimen de la faune chinoise : un serpent, qui non seulement nous est présenté sous sa forme vivante, mais aussi décapité, dépecé, et gargouillant, avant de reposer sagement au fond de nos estomacs !

Enfin, le jour arrive où la cellule familiale se brise à nouveau. Et comme le dit le grand livre : le moment où l'on se retrouve et celui où l'on se quitte sont les deux grandes époques de la vie. Il y a, dans le taxi, au départ de mes parents, des torrents de larmes maternelles, et dans le train, au départ de Xiao Lin, des bouquets de pleurs sentimentaux. Un père, une mère, une femme, et un vélo, que voulez-vous de plus dans la vie ?

*

De nouveau sur la route en compagnie de Philippe, la Chine se dévoile sous un aspect qu'on ne lui connaissait pas. Finies les rizières et les forêts humides du Sud subtropical ; au nord les paysages sont secs, poussiéreux, et jaunâtres. Des bosquets d'arbres rabougris, plantés par millions, tentent de survivre aux rigueurs doublement extrêmes du climat (très froid en hiver et très chaud en été) et d'éradiquer l'invasion progressive des déserts de Gobi et de Mongolie.

Par endroits, entre les champs de colza et de maïs, de profondes crevasses terreuses s'ouvrent sur les falaises de loess. Des hommes y vivent terrés dans des cavernes troglodytiques aménagées en habitations. D'autres se blottissent dans des hameaux perdus sur des plaines balayées par le vent et recouvertes d'une poussière noirâtre expulsée des innombrables mines de charbon à ciel ouvert. C'est en effet la principale ressource de cette province oubliée du Shanxi ; 300 millions de tonnes de minerai par an, le quart de la production chinoise. Cependant, chaque tonne extraite émet 20 kilos de poussière, et fait de cette région l'une des plus polluées au monde. Nous ne sommes pas les premiers à en subir les conséquences. Les routes, livrées aux camionneurs et à leur folle course au rendement, sont congestionnées par des convois entiers de camions. Nous pédalons presque à l'aveuglette dans des nuages de poussière de charbon et de sable. Le soir, les muqueuses encrassées, nous crachons noir.

Puis nous passons le Fleuve jaune qui s'insinue entre les collines telle une énorme traînée visqueuse couleur rouille. Tout dans cette province paraît ocre, brun, friable, rude, et inhospitalier. Nous sommes à moitié étouffés par une tornade de sable d'une violence spectaculaire, puis nous nous perdons dans un désert de dunes géantes à la recherche des vestiges depuis longtemps disparus de la grande muraille de Chine (principalement détruite par les intempéries et par les hommes). La rudesse des lieux le dispute à celle des villageois, lesquels hilares, s'amusent à imbiber d'essence des rats vivants, avant de les enflammer et de les observer s'enfuir en zigzaguant se consumer dans d'atroces souffrances. Il en va de même des mamelles anormalement disproportionnées des femmes, qui brimbalent sans vie au-dessus de leur nombril. Nous nous heurtons aux hôteliers toujours aussi timorés, et à leurs suppôts policiers. Je me fais voler mon compteur et on brise sans raison la pompe de Philippe. (C'est un fait assez inhabituel en Chine où, en dehors des grandes villes et des lieux très touristiques, on peut voyager en toute sécurité. La répression policière est par ailleurs très sévère : à Yangshuo, un homme qui avait volé 50 centimes à un touriste eut droit à une peine de prison de 5 ans, et deux agresseurs qui avaient frappé et volé un voyageur furent arrêtés, jugés en une semaine, et exécutés publiquement dans le parc ! A noter que mon materiel de camping, tente et sac de couchage, a finalement été volé lors de mon retour en France ! Notre pays serait-il le plus dangereux du monde ?). Dans la foulée nous découvrons les immenses et célèbres statues bouddhistes de Datong (50 000 statues taillées dans la roche au Ve siècle sur plus de 1,5 kilomètres ; certains Bouddhas en position assise dépassent seize mètres de haut !) ; puis enfin, à 70 kilomètres de Pékin, à Badaling, nous pédalons pendant une dizaine de mètres sur la Grande Muraille de Chine, un serpent de pierre époustouflant de grandeur et d'audace... Incontournable !

Notre longue marche à vélo s'achève à Pékin. Ce qui nous frappe d'emblée dans la capitale chinoise, c'est la largeur des avenues et l'étendue de la ville. Les petits quartiers avec leurs labyrinthes de ruelles qui cloisonnent les grands boulevards donnent à la ville cet air presque tranquille, loin de l'animation caractéristique des agglomérations asiatiques et plus proche de la physionomie dépouillée des grandes capitales communistes telles Moscou ou Bucarest. La place Tien An Men (La Porte Céleste de la Paix) est un gigantesque parvis qui s'étend face à la non moins célèbre Cité Interdite. Pékin, contrairement au reste du pays où les vestiges historiques font cruellement défaut pour cause de destruction massive lors de la révolution culturelle, nous permet de découvrir une palette variée et riche de l'architecture chinoise. Ainsi, autour de la place Tien An Men, époques et styles se juxtaposent : le Palais du Peuple, McDonald's, le Mausolée de Mao, Kentucky Fried Chicken, le musée de la Révolution, et - chauvinisme oblige - la boulangerie « Délice de France », vitrine pâtissière, ambassadrice de la baguette croustillante !

Nous cherchons à faire des projections diapos, mais le moment est apparemment mal choisi puisque nous sommes tombés peu avant la date anniversaire des événements meurtriers de la place Tien An Men (juin 1989) et toutes réunions, notamment dans les universités, sont interdites. Alors, j'en profite pour faire une petite escapade en train jusqu'à Yangshuo, tandis que Philippe reste à Pékin dans l'espoir de décrocher un travail par l'intermédiaire de l'ambassade de France.

Je séjourne à Yangshuo pendant deux semaines en compagnie de Xiao Lin, toujours aussi fraîche, joyeuse, spontanée, agréable, sympathique... Elle travaille la nuit à la réception du « Youth hostel », et vient discrètement me rejoindre le jour dans la chambre n° 210. Au début, sa candeur et son innocence vis-à-vis des choses de l'amour me laissent quelque peu perplexe (dans les villages, à l'école ou dans les familles, il n'y a aucune éducation sexuelle et le sujet est plutôt tabou). Mais la nature reprend le dessus. Nous passons nos journées à goûter à toutes sortes de saveurs sur « les nattes des voluptés terrestres ». C'est aussi l'occasion de mettre à nu nos défauts, nos faiblesses, nos craintes, nos envies inassouvies... Il y a des cris de désir et de jalousie, des envolées lyriques et romantiques. Je pleure à chaudes larmes comme je ne l'ai pas fait depuis quinze ans. Je suis « redevenu homme ». Je croyais avoir tout vécu, mais on se rend compte qu'on n'a jamais rien éprouvé, que des passions somnolentes.

Philippe, quant à lui, est toujours à Pékin. Il a trouvé un rôle de figurant dans une production cinématographique de Hong-kong. Il passe toute une nuit vêtu en costume d'époque du début du siècle à peaufiner son rôle de passant noctambule dans un film de kung-fu. Profitant de ce cachet prometteur, il invite Tin (la patronne du « Cul Sec ») à Pékin où il passent ensemble une semaine tendre et voluptueuse. A la suite de quoi, l'un comme l'autre voyant que la capitale s'enrichit à leurs dépens, ils sont de retour à Yangshuo, devenue depuis une véritable gare de triage sentimentale !

Enfin, après tout ce méli-vélo, après cette étourdissante valse sentimentale dans un chassé croisé sur la terre de Chine, nous bouclons définitivement nos malles pour se la faire. Philippe entérine son séjour chinois pour aller chercher, comme un ultime pied de nez à son destin, quelques piécettes dans la corne d'abondance de Hong-kong. De mon côté, j'abandonne ma dulcinée face à un sentiment diffus de culpabilité (perte de son innocence à la faveur d'un vacant à pédale) avec cette crainte inavouable de ne plus jamais me revoir.

De retour à Pékin je rallie à vélo le port de Tianjin où j'embarque sur un ferry. Après une nuit et un jour de navigation à travers le golfe de Chihli et l'extrémité nord de la mer Jaune (coût du voyage, 680 F avec 20% de réduction grâce à ma fausse carte d'étudiant chinois), j'accoste au pays du Matin Calme.

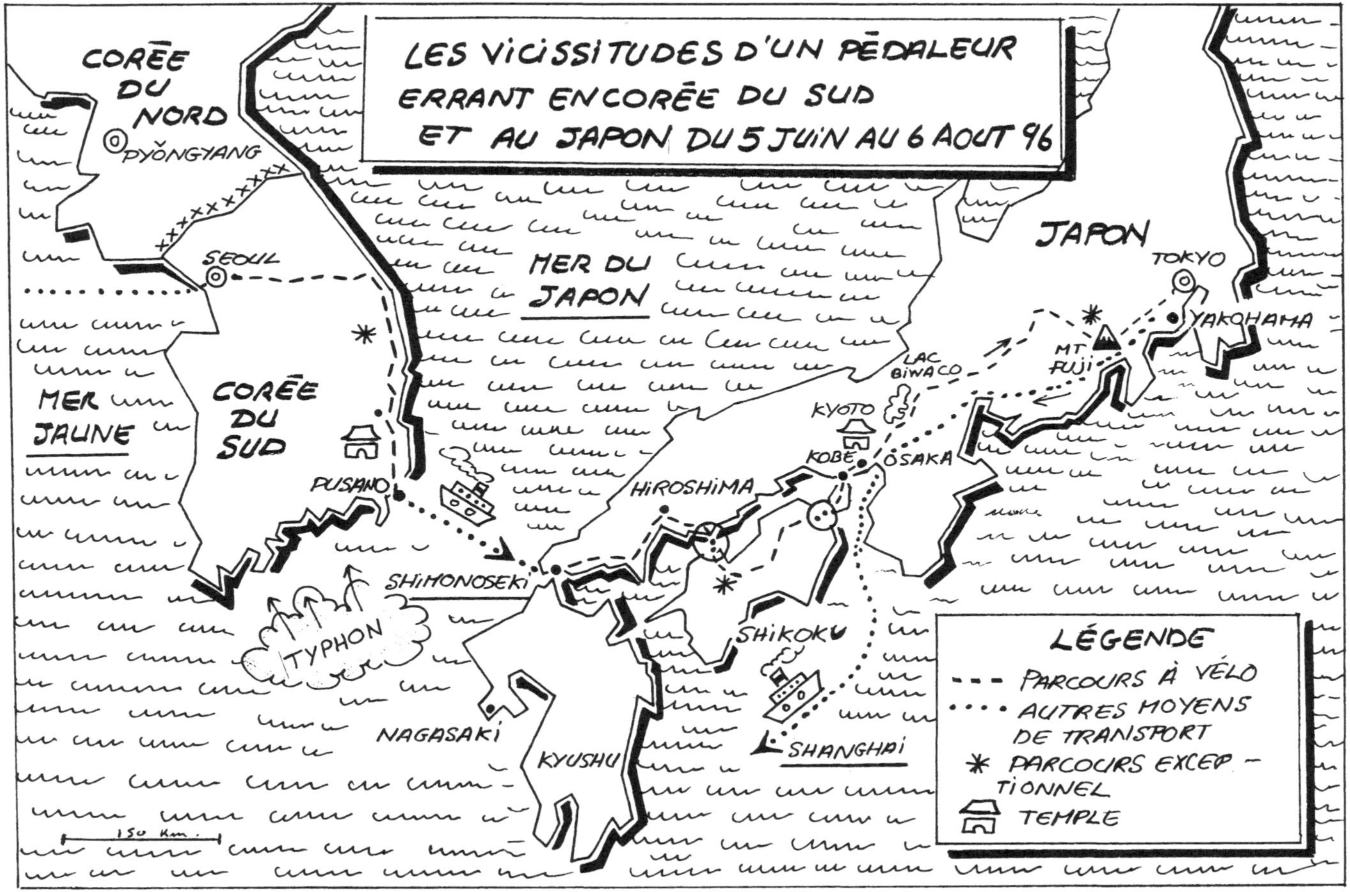
LES VICISSITUDES D'UN PÉDALEUR
ERRANT EN CORÉE DU SUD
ET AU JAPON DU 5 JUIN AU 6 AOUT 96
CORÉE DU NORD
PYŎNGYANG
SEOUL
CORÉE DU SUD
MER JAUNE
PUSANO
MER DU JAPON
TYPHON
SHIMONOSEKI
NAGASAKI
KYUSHU
HIROSHIMA
SHIKOKU
SHANGHAI
KOBE
OSAKA
KYOTO
LAC BIWACO
MT FUJI
JAPON
TOKYO
YAKOHAMA
150 Km.
LÉGENDE
PARCOURS À VÉLO
AUTRES MOYENS DE TRANSPORT
PARCOURS EXCEPTIONNEL
TEMPLE

53. ENCORE ET EN CORÉE...

Au premier abord, la Corée semble avoir de nombreux points communs avec Taïwan : une population dense (45,3 millions d'habitants, cinquième rang mondial par la densité de la population) sur un territoire quasi insulaire et au relief tourmenté (les montagnes occupent 70% de la superficie du pays) ; une économie en plein boom dopée par des consommateurs avides et boulimiques qui achètent à tout crin les produits les plus valorisants (les voitures de petite cylindrée sont inexistantes) ; une forte influence militaire et commerciale des USA ; des prix élevés (le litre de bière est à 14 F contre 2 F en Chine) ; des filles superbes moulées dans des tee-shirts blancs collés sur leurs formes toutes en rondeurs. Tout cela ressemble un peu à Taïwan. En revanche, si la mentalité des Taïwanais se rapproche de celle des Chinois, celles des Coréens est plus proche - comme je le découvrirai plus tard - de celle des Japonais (la Corée fit, pendant longtemps, partie de l'empire du Soleil-Levant).

Entre Inchon, port d'arrivée, et Séoul, capitale de la Corée du Sud, il y a un peu plus de 40 kilomètres. 40 kilomètres de circulation dense, d'autoroutes, de paysages urbains et industriels ininterrompus. Les stations-service sont à elles seules un spectacle inoubliable. Peinturlurées de couleurs criardes semblables à l'éclat multicolore du *anbok,* l'habit traditionnel, elles rivalisent d'audace pour offrir aux clients le maximum de services : hôtesses aguicheuses en tenue légère, une équipe d'entretien hyper motivée qui traite l'automobiliste comme un pilote de course, musique de foire, et courbettes au client-roi !

A Séoul, je suis hébergé pendant une semaine chez M. Lee Yong Hee que j'ai rencontré à Pékin. M. Hee, marié, 51 ans, possède un atelier de confection de vêtements pour enfants qui lui assure un revenu confortable lui permettant de vivre dans une maison individuelle au centre de Séoul. Profitant du grand boom économique de la Corée et de l'orgueilleuse pugnacité de ses compatriotes, son entreprise tourne à plein régime. Cependant, victime d'un mode de vie où la compétition est féroce et où la reconnaissance sociale prime, il a vite senti le besoin de se raccrocher à d'autres valeurs. De fait, un jour, par hasard, tandis qu'il entrait pour la première fois de sa vie dans une église protestante, il ouvrit la bible et « fut frappé par la lumière divine ».

D'une vitalité étonnante en Corée, la religion du Christ est venue se superposer aux autres croyances ancestrales : chamanisme, bouddhisme et confucianisme. Une combinaison de rituels et de traditions comme autant d'antidotes contre la frénésie matérialiste du progrès et des plaisirs artificiels. En ce sens, les sermons de Lee Yong Hee - lequel a bien failli brûler ses ailes dans les flammes de l'enfer - sont pleins de cette verve particulière propre aux convertis de l'extrême.

Après quoi, je quitte Séoul et sa mégalopole ivre de trafic, pour la saine et sobre campagne, à l'est du pays. Si la campagne coréenne est fréquemment associée à l'épure d'une estampe, elle se révèle à moi plutôt sous sa forme potagère : du chou à perte de collines ! Car le chou en Corée constitue l'ingrédient de base du plat national, le *kimchi* : chou fermenté à l'ail ingurgité froid et agrémenté d'une sauce fortement pimentée ! De fait, la cuisine coréenne est un assortiment de mets, souvent froids, présentés dans des petits bols : des légumes trempés dans du vinaigre, du poisson frit, du riz, des pâtes froides, tout cela très épicé. Bref, c'est plutôt bof !

Progressant à une allure soutenue, je bute rapidement sur la côte Est du pays, et redescends vers le sud. La chaleur relative (30 °C), ne permet guère d'oublier l'extrême humidité de la saison des pluies. Je profite malgré tout des plaisirs que m'offrent les grandes plages de sable fin, où de nombreux jeunes Coréens passent leurs vacances à faire du camping.

Vis-à-vis de moi, les vacanciers se montrent chaleureux, discrets, et curieux, sans jamais s'imposer et respectant toujours mon intimité. Alors, pour moi aussi, c'est un peu les vacances.

C'est en compagnie de deux jeunes cyclistes de 20 ans qui se sont joints à moi pendant quatre jours, que je parviens à Pusan, fameuse station balnéaire et deuxième plus grande ville du pays. Cependant les plages sont vides, submergées par de gigantesques vagues, attisées par les vents puissants d'un typhon. Au vieux port les devantures des restaurants alignés face à la jetée sont pulvérisées par la tempête. Voyant cela, et ayant nulle part ou poser nos tentes, nous nous introduisons incognito dans un grand parking où sont entreposés des milliers de véhicules non encore immatriculés, et passons la nuit bien au sec à l'intérieur d'un autobus. La tempête fait rage pendant toute la nuit, occasionnant à la ville plusieurs millions de dégâts et faisant une vingtaine de victimes.

Tandis que les jeunes Coréens continuent leur périple autour de leur pays, j'attends à Pusan que le typhon s'essouffle afin de pouvoir quitter la Corée par la voie des mers. Je rencontre des appelés effectuant leur service national d'une durée impressionnante de 26 mois ! (Face à la menace toujours présente d'une invasion de la Corée du Nord, les Sud-coréens ont un sens très fort de la discipline). Puis je passe une autre soirée en compagnie d'un groupe de gaillards qui me conduisent dans un karaoké. Lorsque c'est mon tour de prendre le micro je choisis une chanson des Beatles. Assisté de mes amis, j'y mets tout mon cœur. La prestation terminée, mon score s'affiche sur l'écran du téléviseur : 70% ! TILT ! Un distributeur automatique se déclenche et m'offre un cadeau de félicitations : une brosse à dents et un peigne ! Corrects les Coréens !

*

Pendant ce temps, à l'autre bout de la Chine, Philippe, qui est parvenu à l'extrême limite de son pécule, a regagné Hong-kong afin d'y chercher fortune. D'après les récits qu'il me fit, ce fut l'une des expériences les plus éprouvantes et désespérées de sa vie. N'ayant plus les moyens de se payer le luxe d'un hôtel, ne serait-ce qu'une simple couchette au dortoir de l'Auberge de Jeunesse (35 F/nuit), il passe des nuits quasiment blanches dans les parcs, sous les ponts et sur les bancs publics. La chaleur étouffante, les moustiques particulièrement voraces, et l'insécurité perpétuelle (il est lâchement agressé et détroussé au cours d'une nuit d'extrême fatigue !) contribuent un peu plus encore à son désenchantement. Néanmoins, il profite de cette période, riche en expériences, pour se faire des amis chez les clochards et parmi les SDF, tels que les Philippins en situation irrégulière.

Mais Philippe ne désespère pas, il cherche du travail. Pour se donner une allure plus convenable, il rase complètement son antique barbe de baroudeur, perdant d'un revers de rasoir sa personnalité de pédaleur errant. Il redevient beau, glabre, jeune et désirable ! Pourtant, les offres d'emploi persistent à lui passer sous le nez, jusqu'au jour où sa persévérance lui vaut quelques petites incursions dans le monde du travail.

Il est notamment, pendant quelques nuits, l'assistant d'un photographe professionnel et, plus tard, trouve, à temps partiel, un emploi comme vendeur ambulant de lunettes de soleil. Pendant un mois, il peut faire quelques économies, s'efforçant de se nourrir de riz, de bouts de ficelles et des restes de McDo. Et parfois, comme une ultime et ironique entorse à son état avancé de clochardisation, il est invité par le personnel de la SCOR (société d'assurances) à déjeuner dans les restaurants les plus chics !

Enfin, amaigri, le visage boursouflé par des piqûres de moustiques et rongé par la fatigue, Philippe doit se résigner à retourner à la vie si facile et économique de Yangshuo. Là, il peut à loisir reprendre d'une main de fer les affaires dépérissantes du café « Cul Sec » de son amie Tin. Mais ça, c'est une autre histoire...

54. HONORABLE VOYAGEUR

Le *27 juillet 1995*, j'apponte en terre nippone dans le port de Shimonoseki, et me baigne aussitôt dans son univers calfeutré et mécanique. Mais où sont passées les bombes anatomiques du Japon ? Secret décence ? Dans leur coquet petit clapier climatisé ? Car ici en été il fait bien trop chaud et les Nippons préfèrent se cloîtrer entre quatre murs aseptisés, se déplacer dans leur véhicule à l'air conditionné, ou vaquer dans les supermarchés pasteurisés. C'est un pays de 125 millions de fourmis - dit-on - mais je ne vois aucune fourmi. Tout me paraît mécanique, ergonomique, clinique... trop de hic !

Premières impressions, premiers jets. Il faut aller voir plus loin, alors j'avance. Je sors de la ville de Shimonoseki, urbaine mais plutôt calme, où règne, sur des voies très étroites, un flot de circulation fluide et sans désordre. Au Japon, dès que l'on quitte les plaines côtières on est obligé d'affronter un relief tourmenté et montagneux. La campagne environnante est d'une beauté plastique étincelante. Des résidences luxueuses entourées de petits jardins délicatement agencés à la manière d'un ikebana sont drapées dans le vert éclatant des rizières.

A la fin de cette première journée, j'installe ma tente entre la berge d'un petit cours d'eau limpide, et le potager d'un particulier. Autour ce ne sont que rizières et maisons éparpillées dans un foisonnement de verdure. Lorsque ma tente est solidement dressée à l'ombre d'un vieux cerisier défleuri, le propriétaire du jardin vient me saluer respectueusement. Cependant, malgré son honorable sourire et ses courbettes de vieux saule, je sens qu'il est réticent à laisser un *gaijin* (un étranger) envahir ses plates-bandes.

De fait, tandis que la nuit commence à apporter fraîcheur et réconfort, deux policiers, alertés par le jardinier parasitophobe, me demandent avec une grande politesse et quelque embarras, de quitter ce haut lieu de culture. Mais très vite ils sont conquis par les articles de journaux et l'ampleur de mon voyage. Ils se confondent en excuses, le front dans les salades, et parviennent à convaincre le jardinier de me laisser dormir en paix parmi les limaces et autres mollusques nuisibles.

Plus tard, le même jardinier, ayant sans doute cultivé quelque remords envers l'invité étranger, m'apporte une énorme et juteuse part de pastèque... Nippon ni mauvais !

Deuxième jour, les choses se précisent. Ils ne sont pas si propres que ça les Japonais. Ils jettent tout et n'importe quoi à même le sol. Ils s'imaginent sans doute que le personnel de nettoyage, probablement coréen, doit servir à quelque chose (les 700 000 Coréens au Japon, dont la plupart ont été amenés de force pendant la guerre, sont en effet affectés aux tâches les plus dégradantes et souffrent constamment de discriminations). Ma route est donc jonchée de détritus telles que les innombrables et florissantes revues pornographiques japonaises. Il me suffit, à l'instar de n'importe quel autre enfant, de me pencher un peu pour avoir de la lecture à bon marché, quoique parfois très déconcertante. Je veux parler de ces bandes dessinées ultra-coquines (les *mangas*) dont les personnages fictifs ressemblent comme deux gouttes d'eau aux fameuses héroïnes des dessins animés japonais qui inondent nos écrans occidentaux.

Pour continuer dans la série détritus et déchets, miroir culturel d'une société, je note la présence au sol d'innombrables canettes : cafés frappés et autres boissons énergétiques fort prisés par les « *salary man* » en mal d'énergie vitale après leur longue et exténuante journée de travail. Mais, ce qui me surprend davantage ce sont les restes calcinés de feux d'artifice laissés à l'abandon dans les parcs. Les jeunes Japonais en sont friands. N'importe quand et à longueur d'année ils propulsent leurs bouquets explosifs. Souvent je suis réveillé en sursaut pendant la nuit par leur pétarade, ce qui me permet de rencontrer les jeunes autochtones pyromaniaques.

De même, qui dit société de consommation riche, dit détritus en or. Ce n'était déjà pas si mal à Taïwan et en Corée (sac Benetton et trousse de maquillage) mais le Japon bat tous les records : une profusion de vêtements chics, et, je vous le donne en mille, un appareil photo ! En Chine on trouve à peine plus que des os de poulets, tandis qu'au Japon on ramasse les appareils photo comme les pâquerettes. Ma petite trouvaille est un Konica automatique de bonne facture. Comment puis-je désormais échapper aux clichés du pays ?

Chirac mon amour, à cinquante ans d'Hiroshima et à 20 000 brassées de Mururoa. L'île française est à nouveau secouée par la reprise des essais nucléaires ; Chanel n'est plus au parfum et moi par crainte des pacifistes violents je cache mon identité nationale. Je suis au pied du dôme, cette ruine tristement célèbre plantée au centre d'Hiroshima et symbole du cataclysme qui a frappé la ville il y a tout juste cinquante ans. Une jeune femme arborant sur sa poitrine un grand badge anti-essais nucléaires s'approche de moi et engage la conversation. J'hésite un instant avant de lui révéler ma nationalité. Et puis zut ! J'assume, je suis Français.

Mais la jeune femme n'a rien contre les Français en général. Si nos journalistes exacerbent les mentalités en pointant du doigt les événements anti-français, probablement très localisés, dans la réalité les Japonais savent faire la part des choses entre un choix politique et la diversité d'opinion de toute une population. D'ailleurs jamais - peut-être à cause de leur fameuse retenue - je n'ai eu de reproche de la part d'un seul Japonais.

En fait, les Japonais ne se retournent pas sur mon passage et ne montrent aucun signe d'étonnement. Est-ce par timidité, par tradition culturelle, ou par complexe de supériorité ? Quoi qu'il en soit dès que la glace est brisée, ils se montrent serviables et chaleureux. Il ne se passe guère de jours sans que l'on m'offre ici une canette de boisson énergétique, là des brioches ou des rouleaux de riz, et même de l'argent ! Ainsi, pendant mon séjour au Japon, malgré le coût très élevé de la vie (le plus élevé au monde), je ne dépense guère plus quotidiennement que dans un pays comme la Chine. Bien sûr pour pouvoir atteindre ce nirvâna budgétaire (70 F par jour) il faut que tous les soirs je souffre dans la chaleur de ma tente (hôtels exclus !) et que je sois particulièrement vigilant dans mes choix de nourriture (une pomme coûte 10 F, un litre de lait 7,50 F, une canette de Coca 6,50 F...). L'absorption illimitée de boissons est d'ailleurs la source principale de mes dépenses.

A partir d'Hiroshima, je passe d'île en île en ferry, car les plus grands ponts suspendus au monde sont interdits à la gente cycliste. Sur les 3 000 îles existantes je me cantonne à celles, plus importantes, de Honshu, Shikoku, et de Takamatsu. Je rencontre une famille de cyclistes français (les Gassot partis en vacances à vélo avec leurs enfants), et arrive à Kobe, premier port japonais (2e mondial) qui vient d'être secoué, six mois plus tôt, par un terrible et meurtrier tremblement de terre (en moyenne on compte 1 500 secousses par an, la plupart de moindre intensité heureusement). Peu de choses restent visibles de la catastrophe : quelques maisons lézardées et des kilomètres de routes suspendues en cours de réparation. Kobe fait partie de la mégalopole qui entoure Osaka. Très peu de gratte-ciel, mais un ensemble de maisons hétéroclites et des usines à perte de vue.

A Xi'an, un jeune Japonais de 23 ans m'a laissé son adresse au cas où je passerais près d'Osaka. Cependant, trouver une adresse au Japon ce n'est guère mieux que de chercher une lentille d'eau dans une mare de nénuphars ; les Japonais donnent des noms aux intersections plutôt qu'aux rues qui s'y croisent, alors que les maisons sont numérotées par ordre d'ancienneté ! Les passants Japonais eux-mêmes, en dépit de leur bonne volonté, sont incapables de me renseigner. Je tourne donc dans le quartier pendant plus d'une heure avant de tomber par hasard sur la maison de Yoshihisa.

Yoshihisa Makimura est un architecte paysagiste. Il a une sœur de 22 ans (Sathuki) qui vend des bonbons pendant les vacances et rêve de devenir guide internationale. Le père est un original qui travaille chez lui comme dessinateur industriel *free lance*. C'est un amoureux de l'Inde qu'il a visitée plusieurs fois. La mère (Kiyoko), comme 90 % des femmes mariées au Japon, reste au foyer pour astiquer le parquet et mitonner de bons petits plats pour son mari. La famille Makimura n'a pas de voiture et habite comme la majorité des Japonais, dans une toute petite maison que le père qualifie avec cet humour d'auto-dérision très japonais, de « clapier » (il ajoute que les Coréens vivent dans des « *dog houses* » (niches) et les Chinois dans des « *pig houses* » (porcheries) !

Yoshihisa, à l'instar de nombreux Japonais, soumis aux pressions constantes de sa hiérarchie et de ses collègues de travail, reste au bureau de huit heures du matin jusqu'à minuit ! De fait, à cette heure tardive de la nuit, le métro est bondé comme aux heures de pointe !

Profitant d'une journée de repos chez la famille Makimura, je vais visiter, en compagnie de Sathuki, le château d'Osaka et expérimenter, quoique sans excès, la mise en boîte du métro. Je découvre les nombreux restaurants occidentalisés : un « Paul Bocuse », un restaurant « italiano », aux vitrines admirablement mises en valeur par la présentation factice et très fidèle des plats. Les Japonais adorent tout ce qui est étranger. Posséder, par exemple une Austin mini ou une 2 CV Citroën, le volant à gauche (les Japonais roulent à gauche, donc leur volant est normalement à droite) est extrêmement kitsch. Néanmoins leurs traditions restent fermement ancrées dans la vie quotidienne. Chez les Makimura, par exemple, on mange assis à même le sol, en tailleur sur le tatami en osier autour d'une table basse. Les murs sont en papier, et l'escalier est en carton, pirouette, cacahouète !

Je vais aux bains douches publiques en compagnie de M. Makimura. Hélas, tout nu, sans mes lunettes, et dans la vapeur, le mystère des petits zizis japonais reste entier. Je me fais insulter par un *sumo* (un gros Nippon) après avoir subtilisé par mégarde son seau ! De plus, il faut être un kamikaze endurci pour pouvoir supporter la température de leur eau bouillante. Je sors du bain rouge comme une écrevisse !

Je termine mon séjour, par un dîner en famille au *sushi* bar. Cet établissement typique japonais, se compose d'un comptoir circulaire équipé d'un tapis roulant sur lequel défile, devant les clients, un chapelet de petites assiettes de *sushi* (des lamelles de poissons crus). Un véritable délice. La chair blanche ou rouge fond littéralement sur le palais. On se sert à volonté, en sachant que le prix de chaque part diffère en fonction de la couleur des assiettes.

La route encore. Camping sauvage dans la campagne désertée (75% des Japonais vivent en ville), ou dans les parcs des grandes agglomérations. Les nuits sont étouffantes, ponctuées par les feux d'artifice et les grillons assourdissants. Puis, au hasard d'une rencontre, je suis invité par la famille Toshihiko réunie pour les vacances du 15 août. (Contrairement à ce que l'on pense les Japonais prennent à peu près autant de vacances que les Européens. Il existe une quinzaine de jours fériés, et lorsque celui-ci tombe un dimanche, il est automatiquement reporté au lundi suivant.)

Le niveau de vie de mon hôte, M. Toshihiko, un entrepreneur, est plus élevé que la moyenne de ses compatriotes. Il possède une belle maison individuelle, compartimentée en baies vitrées, et deux toilettes. A ce propos, les Japonais ont toujours été un peuple très avancé dans le domaine de l'hygiène, et les toilettes de M. Toshihiko ne dérogent pas à la règle ; un chef-d'œuvre de technologie sanitaire. Cependant l'appareil, équipé d'un siège, d'un ordinateur (!) et d'une télécommande, me procure bien des ennuis... Sans prévenir, un jet d'eau sournois me chatouille l'intérieur du postérieur et un flux d'air chaud caresse mes parties intimes ! De peur que la suite du programme me mutile à vie, je quitte prudemment la chaise électrique et me lave les mains à l'eau d'une petite fontaine fantaisie, située au-dessus du réservoir, et parfumée de cristaux rouges et bleus ! Un vrai festival !

Après quoi, bien propre, j'accompagne les Toshihiko chez les grands-parents. Dans le calendrier du Soleil-Levant cette journée est vouée au culte des ancêtres. La famille fait ses prières et ses offrandes devant un autel shintô installé dans une petite alcôve. Père Toshihiko est un ancien soldat de la Seconde Guerre mondiale. Il combattit en Chine et fut fait prisonnier en Micronésie. A voir ce vieil homme et les Japonais d'aujourd'hui, si hospitaliers, si avenants et si polis, il est difficile d'imaginer qu'ils furent des combattants particulièrement cruels et redoutés. Les Chinois n'ont d'ailleurs toujours pas avalé la pilule. En général ils détestent les Japonais (qui sont nombreux à voyager en Chine). A titre d'info, le palmarès des touristes les moins aimés par les Chinois est : 1. les Japonais ; 2. Les Israéliens (avaricieux et constamment insatisfaits) ; 3. ex-aequo. les Américains (grandes gueules) et les Français (très pointilleux, notamment sur la nourriture).

Dès le lendemain, je poursuis ma route dans les régions boisées enchaînant col sur col (910 m, 1110 m, 1192 m...). Afin de fuir la chaleur (40 °C), je me réfugie parfois dans l'air sur-climatisé d'un *pachinko*. Ce sont d'immenses arcades de jeux où sont alignées, dans un vacarme indescriptible, des sortes de flippers verticaux dans lesquels on fait circuler des petites billes en acier afin de réaliser un ensemble de combinaisons gagnantes. Le moindre village possède son salon, où l'on vient plus pour décompresser que pour y décrocher le gros lot (rare). Cependant l'engouement des Japonais pour ce jeu est phénoménal. En 1996 le *pachinko* représentera presque une fois et demie le chiffre d'affaires dc l'industrie automobile nippone !

Mes faibles moyens ne me permettant pas de les perdre, je me laisse guider par la route qui se faufile dans un décor de rêve, au pied de la montagne sacrée : le mont Fuji.

Rien à voir avec le mont Kodak et le mont Konica qui ne sont pas mes sponsors. Le mont Fuji est au Japon ce que la tour Eiffel est à la France : un sommet ! Ce cône parfait qui culmine à 3 776 mètres d'altitude est situé au cœur d'un paysage sauvage de forêts et de lacs. Il suscite chez les Japonais une admiration quasi divine et détient le record de la montagne la plus photographiée au monde. Toutefois l'environnement naturel est bien préservé et peu d'habitations sont construites autour.

D'un sommet à un autre il n'y a qu'une descente de 100 kilomètres. Je veux parler de la distance qu'il y a entre la beauté naturelle et extraordinaire du mont Fuji et le sommet de la démence urbaine : Tokyo, la première mégalopole au monde. Avec ses 12 millions d'habitants, elle précède l'agglomération de New York/Philadelphie. En fait c'est une « ville » très étendue, comportant peu de gratte-ciel, mais avec de nombreuses routes à double ou triple niveaux. Mon séjour à Tokyo fut divisé en deux parties : d'abord chez M. Michel Blanc (un collègue de travail de mon père) puis chez M. Sugawara (un pilote de rallye bien connu des supporters du Paris-Dakar).

L'hospitalité de Michel Blanc est prompte et sans réserve. Son enthousiasme vis-à-vis de mon épopée se révèle si intense qu'il donne l'impression de respirer à pleins poumons des rêves de jeunesse longtemps étouffés. Il veut tout savoir de mes impressions de voyage, jusqu'au moindre détail. Il a les yeux grands ouverts pareil à l'enfant qui écoute les récits palpitants de son grand-père. Mais peu à peu la poésie du troubadour à pédales s'efface face à la réalité de l'homme. Je ne suis plus un rêve ou un héros de fiction, je suis en chair et en os, humain, insaisissable.

Michel Blanc est marié à une ravissante Indonésienne de Bali, nommée Yashinta. Il dirige une filiale française d'assurance composée d'un personnel exclusivement japonais.

– Mon engagement au travail est total, m'explique-t-il, je dois être à la fois un exemple de professionnalisme sans faille, un travailleur acharné, et une locomotive toute puissante. Pour les Japonais la réussite de l'entreprise passe avant toute chose. Si par hasard je montre des faiblesses, ils seront derrière moi pour me pousser, ou pour me faire des reproches ; au Japon l'individu doit s'éclipser devant l'intérêt commun de l'entreprise.

Tokyo. Tokyo et son métro frigidaire. Au menu, barquettes congelées de Japonais somnolents au-dessus de livres de poche, étudiantes en minijupes et chaussettes longues, tous avec un air grave et soucieux, comme s'ils craignaient d'être à nouveau asphyxiés par les illuminés de la secte Hôm. Tokyo et ses taxis dont les portes arrière s'ouvrent automatiquement à l'aide d'un bras robotique articulé. Tokyo et sa vie nocturne : le quartier de Shinjuku, un mélange de La Défense et de Pigalle, des bars secoués par l'ivresse quotidienne de *salary men* en chemise blanche effondrés dans les bras d'entraîneuses compatissantes, car les samouraïs du *business world* sont de fameux fêtards et grands amateurs de tendresse extra-conjugale, tandis que leurs femmes, fidèles à leurs postes Sony fondent en larmes devant des jeux télévisés d'une niaiserie à se faire hara-kiri !

Tokyo et le sens de la vie : au centre de Shibuya, sous un écran de télévision géant, tout près d'un groupe de punk arborant des cheveux violets, une fille s'approche de moi et balbutie quelques mots en anglais : « *I want to play with you* » (je veux jouer avec vous) ! Puis elle prend mes mains et réitère son offre séduisante. Son regard frivole et attendrissant me fait presque craquer, et puis non, je veux rester fidèle à Xiao Lin. En fait, sur le moment je n'ai rien compris au film. Ses intentions sont plus divines que coquines. Elle veut seulement poser sa main sur ma tête et puiser dans mes ondes positives ! Une secte maniaque !

Avant de conclure mon séjour en compagnie de Michel Blanc, qui doit décoller demain dimanche avec sa femme pour un pèlerinage d'assureurs à Monte-Carlo (les businessmen adorent les rencontres informelles et semblent être toujours sur le point de partir ou de revenir de quelque part) nous assistons au carnaval de Rio dans les rues mêmes de Tokyo.

Les adieux se font dans un restaurant. Michel Blanc, Yashinta et son amie Kasuyo (employée chez un chocolatier français) trinquent avec moi aux succès des locomotives et des vélos. Nos verres s'entrechoquent et frôlent un objet oblong long de plus d'un mètre et suspendu au-dessus de nos têtes. Le serveur sourit, écarquille les yeux, et ne se fait pas prier pour nous révéler la nature de cet étrange trophée : un pénis de baleine !

Mon séjour à Tokyo se poursuit chez M. Yoshimasa Sugawara, célèbre vedette japonaise du Paris-Dakar dont il fut l'un des premiers à rallier l'arrivée à moto. Totalisant à lui seul 16 participations (en 1998) il est le seul pilote au monde à avoir fait le Dakar dans toutes les catégories (moto, auto, camion). Il est également un des rares Japonais à avoir réussi l'ascension exclusivement à moto du mont Fuji ! Pour parvenir à un tel exploit il lui fallut quand même dix ans d'acharnement, à raison d'une tentative par an ! Mais depuis longtemps Sugawara San a troqué les motos ascensionnelles pour les camions « Hino ».

Dès le premier jour, Sugawara San et son épouse Akiko me font découvrir Tokyo sous un autre angle. Disons plutôt sous une autre altitude, au sommet de la Tokyo Tower, la tour Eiffel japonaise, haute de 331 mètres. En repartant nous nous perdons dans l'enchevêtrement autoroutier (Sugawara San est moins à l'aise avec les échangeurs à multiples niveaux que sur les pistes du désert !) et allons chercher leur fille de 21 ans qui revient de deux semaines de vacances passées à Honolulu, (Hawaii est la première destination étrangère des touristes japonais).

De retour à la maison, nous mangeons ensemble du crabe géant d'Hokkaïdo et une mixture gluante, un genre de roquefort au soja fermenté, verdâtre, à inscrire au palmarès des aliments les plus infects du monde ! Nous rions de bon cœur à la vue du cadeau que la jeune fille a rapporté pour son frère : deux « strings » dont je demande avec une naïveté malicieuse si les Japonais portent la ficelle par-devant !

Enfin, après quatre jours d'hospitalité inégalable, M. Sugawara me trouve un camion à destination d'Osaka d'où je dois embarquer pour la Chine.

J'en profite pour faire un nouveau petit crochet chez la famille Makimura.

M. Makimura m'accompagne à Kyoto chez son frère, un modeste artisan qui fabrique chez lui des sacs à main de luxe. Son fils Hakoshira me fait visiter cette ancienne capitale impériale avec ses temples et son célèbre jardin zen ratissé, et les studios de cinéma et de télévision qui enchaînent, bobines après bobines, des films d'arts martiaux dont je suis forcé de reconnaître sur place les qualités rythmiques et l'extrême habileté des acteurs.

Hakoshira, comme beaucoup de Japonais, est extrêmement superstitieux. Par exemple, les places numérotées du parking sur lequel il désire stationner ne comportent ni le n° 9 ni le n° 4 qui sont deux chiffres porte malheur. Lorsque Hakoshira s'apprête à rétrograder sur la case n° 13 et que je lui fais remarquer que chez nous ce numéro attire la malchance, il change aussitôt de place. Superstitieux oui, mais pas religieux, c'est-à-dire dans le sens où ils ne croient pas en Dieu, ce qui d'ailleurs ne les empêche pas de participer à des fêtes semi-religieuses ou d'invoquer les esprits.

Autre contradiction : je me rends compte que les *yakusas* (les parrains de la mafia japonaise) ont pignon sur rue. M. Makimura me montre avec le plus grand sérieux du monde, la demeure luxueuse où logent les yakusas de sa ville. Un soir, en marchant ensemble dans la rue, nous rencontrons un de ses anciens camarades de classe le visage entaillé d'une impressionnante balafre. M. Makimura, mal à l'aise, essaie à tout prix de s'en dégager. Plus tard il m'en donne la raison : c'est un yakusa. Ne rien dire, ne rien entendre, ne rien voir... Yakusa !

Les yakusas s'occupent de drogue, de politique, de jeux et de prostitution. Au Japon, il existe des distributeurs automatiques, semblables aux distributeurs de cigarettes, qui offrent les services de prostituées. Lorsque je cherche à en savoir plus auprès d'Hakoshira, il me chuchote à l'oreille, visiblement gêné que je lui pose la question, que la plupart des filles inscrites sur les cartes de visite sont des étudiantes qui cherchent à financer leurs études universitaires. Et surtout, ajoute-t-il, ne pas essayer. Et pourquoi pas ? Parce que... Yakusa !

Sur ce, je quitte la famille Makimura, et vais passer deux jours dans un immense parc de loisirs près d'Osaka, exclusivement consacré au vélo. Un des directeurs du Cycle Center, M. Sakemoto, est également le président d'une association de cyclos-mondistes japonais (*Japan Adventure Cyclist Club*). Il m'accueille les bras grands ouverts et m'offre deux nuits à l'auberge de jeunesse toute proche, dont le prix et la qualité de service ressemblent plus à un hôtel.

M. Sakemoto est l'un des premiers Japonais à avoir fait le tour du monde à vélo (1968–1974). Il me montre sa volumineuse revue de presse où j'ai la surprise de découvrir un article de journal relatant son aventure et son passage dans notre région en 1972... J'allais sur mes 6 ans, encore sur mon tricycle !

Enfin, le mardi *5 septembre 1995*, je quitte le Japon pour le port de Shanghai en Chine. La traversée dure deux jours et demi, me coûte 1000 F et 380 F pour le vélo.

Je dors dans un compartiment où sont installées une vingtaine de personnes allongées sur un tatami. Comme par hasard je me retrouve serré entre deux jeunes Japonaises. L'une d'elles, qui dort près de son jeune mari, pose son bras sur ma poitrine et passe une jambe au-dessus de mon corps. J'ai toutes les peines à me dégager discrètement de son étreinte inconsciente (quoique ?) sans créer de scandale. Les Japonais ont la réputation de maîtriser parfaitement leurs émotions, sauf, peut-être, pendant leur sommeil !

55. MARIAGE !

Débarquer à Shanghai après le Japon, c'est un peu comme passer d'un hôtel de luxe, confortable et fonctionnel, à une vieille auberge de quartier, animée et en pleine restauration. Shanghai c'est le Marseille asiatique. La plus grande ville de Chine (13,8 millions d'habitants). C'est ici que trône le leader mondial incontesté de la petite reine, l'entreprise Phoenix, qui produit cinq millions de vélos par an (cinq fois la production française). La ville est trépidante, grouillante, et désordonnée ; des hommes ventripotents et graisseux sont affalés torse nu dans des chaises longues au pied d'antiques maisons chancelantes ; des femmes vêtues de longues robes diaphanes nous laissent entrevoir sans gêne leurs dessous affriolants ; un alignement de façades orgueilleuses, vestiges colonialistes néo-classiques du début du siècle, reposent sur le Bund face au fleuve boueux, le Huangpu, et devant la plus haute tour de télévision du monde (465 mètres).

Shanghai est un nouveau Far-West pour les investisseurs étrangers avides et téméraires. Avec ses 3 300 projets d'investissements, principalement Taïwanais et japonais, Shanghai gonfle et veut devenir plus gros que le bœuf de Hong-kong. Les gratte ciel, les autoroutes à péages, les usines joint-ventures envahissent le quartier de Pudong plus vite que des herbes folles. Rien, semble-t-il n'arrêtera Shanghai, car les autorités communistes de Pékin, elles-mêmes des enfants du cru, ont donné carte blanche à la ville pour qu'elle devienne la vitrine du succès chinois. Shanghai, où il est déjà défendu de cracher sous peine d'une amende, rêve de devenir un autre Singapour. C'est l'image de ce que sera la Chine de demain, disent les Chinois ; plus riche, plus forte, plus arrogante... La machine est déjà bien emballée, bien plus emballée que moi !

*

A trois ans de distance de la France, trois ans à bourlinguer sur les routes incertaines de l'Europe, du Moyen-Orient, de l'Afrique et de l'Asie, et épuisé par le rythme trépidant de mes tribulations, j'aspire à quelques mois de repos bien mérité.

Mon souhait se trouve réalisé d'autant plus facilement que je me retrouve à nouveau en compagnie de mon frère Philippe et de ma bien-aimée Xiao Lin sur la terre familière de Yangshuo, paradis bucolique de collines érectiles et de villages enchanteurs ; un endroit idéal donc pour jeter l'encre de mon stylo et cultiver mon jardin affectif. En fait, dès mon arrivée je m'engage pour une nouvelle aventure, loin de la pédale...

Je demande Xiao Lin en mariage !

Xiao Lin, pressentant l'humiliation, toute chinoise, d'atteindre un age indésirable (elle a 27 ans), et voyant qu'un pédaleur errant c'est tout ce qu'il reste en stock, se résigne et approuve d'un hochement de tête. Toute autre manifestation de joie aurait été excessive !

Mais d'abord, il faut l'accord de ses parents. Je pousse Xiao Lin à enfourcher sa bicyclette pour leur annoncer la bonne nouvelle. Mais Xiao Lin hésite à se lancer définitivement sur cette route incertaine. Et ce n'est qu'après maintes hésitations et devant ma mâle inflexibilité, qu'elle se décide à présenter l'affaire à ses parents.

Lorsque nous entrons au village, sa mère est au travail dans les rizières. C'est donc là, dans l'ondoiement jaunâtre des champs sur le point d'être récoltés, que Xiao Lin confesse son noble pêché : « Mère, ô vénérable Yuying Li ! (Fleur de Magnolia), murmure-t-elle, il est arrivé le temps où ta Petite Forêt doit te quitter. » L'honorable mère, courbée par 60 ans de dur labeur ne bronche pas, et répond de sa voix suave et rizicole : « Ma Petite Forêt, cet homme a un long nez, mais il est bon. Fais ce qu'il te plaît, et maintenant laisse moi faucher mon riz. »

Et il fut fait selon sa volonté.

Après quoi, j'annonce la nouvelle à mes parents, qui, une fois passé l'effet de choc provoqué par cette décision soudaine et inattendue, sont les parents les plus heureux du monde. J'apporte ensuite au père de Xiao Lin une somme d'argent pour couvrir les frais du mariage, et en échange, il me donne un lot de trois pomelos. Puis, nous nous occupons des longues et épuisantes formalités administratives. En fait, pour que le mariage soit reconnu à la fois en France et en Chine nous devons suivre la double procédure : chinoise et française. Il faut traduire respectivement tous nos documents dans les deux langues, et faire un voyage à Pékin (2 000 kilomètres) pour y signer les papiers nécessaires à l'ambassade française et subir une visite médicale approfondie. Enfin, après six mois de tracasseries, le 8 mars 1996, (la Journée de la Femme), nous signons l'acte de mariage chinois ; nous sommes unis pour le meilleur.

La célébration du mariage a lieu le 1er avril 1996 chez la famille de Xiao Lin en compagnie de mes parents et d'une amie. Cependant, avant de poursuivre, revenons quelques mois en arrière sur le sort de Philippe que la mauvaise fortune a jeté dans les situations les plus rocambolesques.

Philippe, suite à ses déboires Hong-konguesques, est revenu imberbe et sans un sou, sécher ses larmes dans les bras de son amie Tin, la patronne du bien nommé café «Cul sec» de Yangshuo. Grâce aux relations de Tin il put loger pendant un temps chez des particuliers pour la modique somme de 100 F par mois, avant d'être dénoncé par un voisin jaloux, et d'être expulsé par la police vers un hôtel autorisé (non sans s'être acquitté d'une amende !) Tous ses frais sont largement financés par son activité lucrative auprès des touristes étrangers. Il propose des tarifs préférentiels sur les tickets de train et d'avion en court-circuitant les agences gouvernementales, et participe à revitaliser les affaires dépérissantes du café de son amie en organisant des soirées spéciales «fondue de chiens» ; en égorgeant les serpents de sa propre main ; en participant bénévolement à vider les bouteilles de bière; ou en conduisant les aventurières suédoises sur une plage secrète et paradisiaque... Bref il travaille !

Cependant du côté de sa bourse, comme de son coeur, les choses vont d'une manière fluctuante et capricieuse, convergeant tout droit vers un dénouement irréversible : le retour en France ! En attendant, tandis que ses activités lui permettent tout juste de survivre sur place, il rencontre une autre Chinoise (Lei), dont il s'amourache si fort qu'une nuit, distrait par l'euphorie béate des débuts de l'amour, il oublie son vélo non cadenassé dans la rue ; on le lui subtilise. Il va se plaindre à la police qui l'envoie sur les roses. Alors, Philippe, dépité, accompagne Lei jusqu'au nord de la Chine ; on lui vole son appareil photo ; il regagne Yangshuo, puis fait une escapade d'un mois en bus au Viêt-nam, et achève définitivement ce fantastique chassé-croisé par un retour surprise le 1er janvier 1996 sur sa terre natale sarthoise où il prend - outre une overdose de foie gras et de rillettes à le rendre malade - une année de repos bien dûe au héros de cette singulière aventure !

Qu'il en soit ainsi ! Ce furent 18 mois de compagnonnage fantastique et inoubliable. Philippe a suivi sa voie, tandis que de mon côté je reste seul sans l'être. Car, tel qu'il a été dit par un membre de Mondo vélo : A mi-parcours, je trouve ma moitié !

A 29 ans, je jette définitivement mes habits de célibat pour convoler en justes noces avec Xiao Lin. La cérémonie du mariage a lieu le 1er avril 1996. En voici le récit détaillé tiré des carnets de route de mon père :

« En ce jour du 1er avril 1996 nous sommes attablés, Jacques, Madeleine et Touria, une amie de la famille, à la terrasse du Twin Peaks Café, là-même où Serge et Philippe, en route vers Hong-kong avaient fait escale pour la première fois en janvier 1995. Il est midi et depuis une heure nous attendons Serge et Xiao Lin ainsi que le taxi (sorte de micro-Espace à la sauce chinoise) qui doit nous amener chez les parents de la jeune fille pour célébrer en famille l'union du pédaleur errant français et de sa douce fiancée chinoise. Mais de fiancés il n'y en a point à l'horizon, pas plus d'ailleurs que de taxi ! Nous sommes en Chine et la patience y est une vertu fort prisée... Alors nous attendons.

Le temps s'écoule lentement : midi et demie et toujours pas le moindre signe de nos deux tourtereaux qui devaient nous retrouver à 11 heures. Furtivement, l'idée nous vient que Serge, grand amateur de canulars, a peut-être voulu se surpasser en ce jour de 1er avril... Mais nous n'y croyons pas vraiment.

Enfin, ils arrivent juchés sur un cyclo-pousse et nous expliquent que le passage de Xiao Lin chez le coiffeur a duré un peu plus longtemps que prévu. Au passage nous récupérons le taxi (il s'était simplement trompé de jour !) et nous partons enfin sous le regard amusé des badauds quelque peu surpris par les gesticulations de ces Occidentaux endimanchés.

Le taxi se fraie un chemin au milieu de la circulation des vélos, cyclo-pousse, tracteurs surchargés et camions brinquebalants. Dès la sortie de la ville le paysage, magnifique, se découvre à nos regards. En vagues successives les collines dentelées se détachent sur le ciel bleu dans un dégradé de couleurs, du vert le plus intense au bleu turquoise. La disposition éparse des collines qui s'échelonnent jusqu'à l'horizon accentue l'impression de relief. Nous quittons bientôt la route pour nous engager sur un étroit chemin de terre qui s'aventure au bord des rizières et sous les frondaisons de bambous dont les hautes touffes se rejoignent pour former un tunnel ombragé. Après quelques centaines de mètres nous pénétrons dans une cour de ferme où les membres de la famille de Xiao Lin s'affairent à quelques travaux en attendant l'arrivée des « longs nez ».

A peine avons nous eu le temps de nous extraire du micro taxi qu'une explosion de pétards en cascade salue notre arrivée selon la tradition chinoise. Bien que les Chinois soient d'un naturel très réservé et manifestent peu leurs sentiments, nous pouvons néanmoins déceler les signes d'un accueil chaleureux. Comme ce geste de la maman de Xiao Lin qui prend les mains de Madeleine entre les siennes et les tient serrées contre elle pendant que résonne le bruit des pétards. De même le papa de Xiao Lin vient à ma rencontre et nous échangeons quelques signes de reconnaissance : sourires et hochements de tête pour exprimer notre satisfaction d'être réunis avec nos enfants. Le langage des signes empêche peut être l'expression mais n'exclut pas l'émotion, bien au contraire.

Outre les parents, les 6 frères et les 4 sœurs de Xiao Lin et leurs conjoints sont également présents les anciens de la famille, oncles, tantes et autres parents proches. Les enfants, curieux, tournent autour de nous. Les tout-petits sont emmitouflés dans plusieurs couches de vêtements qui les font ressembler à des petits bibendums. A la cuisine, la préparation bat son plein. Pendant ce temps Serge et Xiao Lin passent parmi les invités pour distribuer cigarettes (chinoises), dragées (françaises), et autres menus cadeaux.

Pour le repas les invités sont répartis autour de trois tables rondes dont le centre, évidé, est occupé par un récipient posé sur un foyer chauffé au bois. Tour à tour les aliments, légumes, champignons, morceaux de porc et de poulet sont plongés dans le liquide bouillant comme dans une fondue. D'autres plats préparés en cuisine sont placés autour de la table : poisson au gingembre (un régal), patates douces, porc grillé, boulettes de soja, etc.

Nous avons amené dans nos valises deux bouteilles de champagne que nous dégustons dans des bols de riz faute de verres appropriés. Mais qu'importe le flacon pourvu qu'on ait l'ivresse !

Pour clore le repas, des fruits sont servis : pomelos à la chair épaisse et canne à sucre que l'on déchire avec les dents. Le repas terminé, tout le monde se retrouve dans la cour pour une photo de groupe qui viendra enrichir l'album de nos souvenirs de cette journée pas comme les autres.

Une promenade digestive à travers champs nous amène au bord de la rivière bordée de collines qui se reflètent dans l'eau calme. Non loin, quelques buffles descendent le sentier d'un pas nonchalant pour venir s'abreuver. Aucun bruit ne vient troubler l'harmonie de ce bel après-midi. Le papa de Xiao Lin hèle une barque de pêcheur et nous voilà tous en équilibre sur la frêle embarcation qui nous dépose sur une petite île où trois hommes sont occupés à construire un abri de bambou.

L'après-midi s'avance et il faut maintenant penser à rentrer. Comme lors de notre arrivée les pétards sont déroulés et les détonations envahissent l'atmosphère. A nouveau la maman de Xiao Lin se saisit des mains de Madeleine et l'accompagne jusqu'au taxi où nous nous engouffrons à regret.

Nous jetons un dernier regard et agitons les mains en signe d'adieu, la tête remplie de souvenirs et le cœur chargé d'émotion. Près de nous Serge et Xiao Lin roucoulent... Bonheur quand tu nous tiens ! »

Jacques Leret.

Le long intermède tire à sa fin. L'insouciance des derniers mois commence à s'évaporer pour être remplacée par une morne et indécrottable déprime. J'ai des fourmis dans les jambes, tandis que Xiao Lin, les yeux bridés de plaisir, ne veut plus me lâcher et veut m'accompagner sur les chemins incertains de l'errance à pédale. Alors soit ! Cela demande encore deux semaines avant qu'elle n'obtienne un passeport (formalités facilitées par notre mariage), puis une autre semaine le temps pour nous de descendre à Canton y faire un visa vietnamien. A partir de quoi, nous sommes fin prêts à nous envoler pour de nouvelles aventures, accouplés pour le meilleur et surtout pour le meilleur. A vélo cette fois, à vélo !

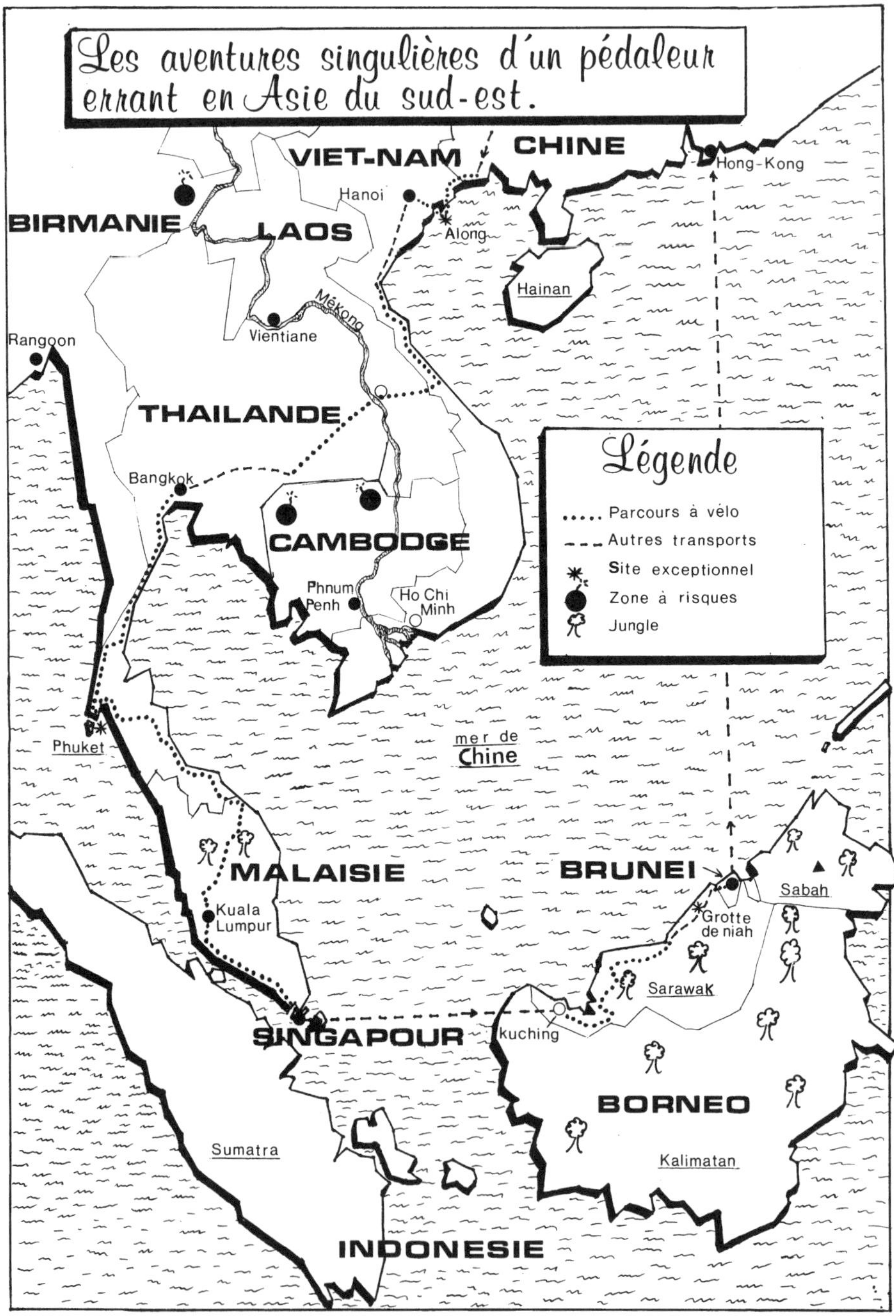
Les aventures singulières d'un pédaleur errant en Asie du sud-est.
CHINE
VIET-NAM
BIRMANIE
LAOS
Hanoi
Along
Hong-Kong
Hainan
Mékong
Vientiane
Rangoon
THAILANDE
Bangkok
CAMBODGE
Phnum Penh
Ho Chi Minh
Légende
Parcours à vélo
Autres transports
Site exceptionnel
Zone à risques
Jungle
Phuket
mer de Chine
MALAISIE
BRUNEI
Sabah
Kuala Lumpur
Grotte de niah
Sarawak
SINGAPOUR
kuching
BORNEO
Sumatra
Kalimatan
INDONESIE

56. DINGUES DE DONGS !

550 kilomètres en une journée avec nos vélos, voilà notre première étape ! Il faut préciser que nos vélos sont solidement arrimés sur la galerie d'un autobus couchette avec lequel il est assez aisé d'atteindre la ville de Nanning, chef-lieu de la province du Guangxi. Le départ de Yangshuo s'est passé hier à 17 heures, sans tambours ni trompettes. Les parents de Xiao Lin s'efforçaient de sourire en nous souhaitant bonne chance, quoique leur incertitude et leur angoisse étaient, comme nos sacoches, pleines à craquer (ils avaient entendu parler de filles violées au Viêt-nam !). Xiao Lin, en pur-sang chinoise, refusa un peu brutalement que ses parents nous accompagnent jusqu'à l'autogare. Elle craignait sans doute un trop-plein de tendresse affective et un excès d'apitoiement qui lui aurait fait perdre son assurance tranquille d'apprentie pédaleuse. Car Xiao Lin ne montra aucune émotion : ni angoisse, ni regret, ni tristesse, elle voulait suivre son pédaleur errant de mari dans le feu de l'action et dans la tourmente de notre petit monde, avec l'intention inavouée de ne pas me laisser filer entre les griffes d'une autre coquine. Car j'appartiens désormais à ma femme, jalouse et possessive, à tel point qu'un soir, suite à une maigre chicane concernant la fréquence inadéquate (à mon avis) de nos rapports amoureux, mon insatisfaction légitime m'amena à coucher (pour rire) avec une concubine adverse. Lorsque Xiao Lin fut de retour dans la chambre et qu'elle découvrit sous les draps du lit conjugal que je dormais avec sa bicyclette, elle n'apprécia pas la plaisanterie ! Cette bonne blague !

Nous sommes donc sur la route. C'est la première fois que Xiao Lin monte sur son nouveau vélo, un V.T.T. pure gamme, trois plateaux, 300 F acheté au magasin d'Etat. En dépit de notre grande fatigue, due à notre nuit blanche dans le bus, je persiste à vouloir faire une petite journée de randonnée. Mais Xiao Lin, bien qu'elle soit fermement assise sur sa selle, garde les pieds sur terre : une nuit sans sommeil, un premier jour de randonnée,

10 kilomètres ça suffit comme ça ! Après quoi à l'hôtel, elle réclame une heure de massage. Je roucoule. Elle roule cool ! Chacun son style.

J. 2 : Une distance marathon de 42 kilomètres sous un soleil plombé (37 °C) et contre un vent typhoniesque. Nous nous agitons sur nos bécanes comme deux petites anguilles dans la friture d'un wok. Xiao Lin a quelques problèmes à s'accoutumer aux changements de vitesses de son triple plateau. Nous progressons donc à l'allure d'un marcheur atteint d'une tendinite. Puis, vers 17 heures, voyant que nous sommes passablement grillés, à bout de forces et sans endroit où dormir, nous abrégeons nos souffrances par un petit voyage de 12 kilomètres en fourgonnette jusqu'au prochain village. Xiao Lin, rouge comme un poivron, conserve néanmoins le moral, quoiqu'avec sa peau tannée elle se garde bien de réclamer sa ration quotidienne de massage !

Xiao Lin ; ma femme, mon amour, ma tendresse, mon petit poivron, estime, après un examen attentif de ses muscles fessiers et vu la couleur jaune roussie de sa peau, qu'un marathon par jour c'est bien suffisant. Alors, je n'insiste pas. Je désire conserver mon épouse en bon état de fonctionnement pendant quelque temps encore. Le lendemain, nous nous embarquons dans un bus pour un trajet de 80 kilomètres.

Au cours du voyage, un groupe de jeunes énergumènes crée un attroupement au hasard d'un jeu de cartes. Le but est de profiter de la bousculade afin de voler les passagers. Aussitôt Xiao Lin, frêle créature, est entourée par trois filous qui ont sans doute deviné que la taille peu orthodoxe de sa poitrine dissimule autre chose qu'une richesse mammaire ! Cependant, toute la bande quitte le bus bredouille, et nous continuons notre chemin parmi les collines ondulantes et ondoyantes jusqu'au littoral du golfe du Tonkin.

Le reste du trajet jusqu'à la ville frontalière de Dongxing se fait sans encombre le long de la côte chinoise à bicyclette du 3 au 6 juin 1996. Xiao Lin, toujours aussi stoïque sinon joviale sous la casquette jaune de LA POSTE française, profite de la clémence du relief et du climat (une légère brise marine rend l'air plus respirable) pour affûter sa préparation physique et se familiariser avec les subtilités techniques de sa machine à pédales.

Il est 11 heures du matin. Nous abordons le poste frontière sino-vietnamien par où Xiao Lin doit pour la première fois de sa vie quitter son pays bien aimé. Elle est à la fois émue, inquiète, mais aussi soulagée de voir ses efforts récompensés, elle qui a dû endurer, ces derniers mois, tant de chinoiseries et de tracasseries administratives. Car manifestement pour les autorités chinoises, voyager pour le plaisir est considéré comme un acte déplacé. Les passeports de la République Populaire sont délivrés au compte-gouttes et nécessitent obligatoirement, pour leur obtention, le soutien d'une tierce personne à l'étranger. Le cas de Xiao Lin, fut, si je puis dire, simplifié par notre mariage.

Nous sommes donc du côté chinois de la frontière. Les douaniers feuillettent scrupuleusement les innombrables pages tamponnées de mon passeport, puis examinent celui de Xiao Lin. Nous sommes sereins car nous savons que nos visas vietnamiens sont en règle (nous les avons obtenus en une semaine à Canton pour la somme rondelette de 100 $ chacun !). Pourtant à écouter les douaniers quelque chose cloche. Apparemment Xiao Lin ne peut pas sortir de Chine sous prétexte que sur une feuille verte agrafée dans son passeport, il est spécifié que son premier pays de destination doit être la France, directe et sans escale ! Alors à vélo, vous comprenez, le passage lui est refusé. Si elle veut sortir par « la porte vietnamienne» elle doit se procurer les papiers adéquats (du genre justificatif commercial). Mais Xiao Lin ce qu'elle veut c'est faire du tourisme, se balader à vélo, et le hic est là ; elle blasphème !

La situation ne manque pas de piquant : d'un côté Xiao Lin trouve porte close, alors que pour ma part je dois impérativement sortir de la Chine, car mon visa expire le jour même. Je suis sous le choc. Notre rêve en tandem se trouve brutalement brisé par l'intransigeance pointilleuse des garde-chiourmes.

Cependant, convaincu que je suis enchaîné à ma femme, comme une chèvre à son piquet, je décide de l'accompagner en bus jusqu'à Nanning, la capitale administrative de la région, où nous pensons obtenir, malgré notre faible espoir, les autorisations nécessaires.

L'épreuve du Yo-Yo je connaissais déjà : à un moment le « moralomètre » est en haut, puis le coup suivant, il est au plus bas, la corde tendue, prête à craquer. Nous en sommes justement arrivés à ce point critique, lorsque sur le chemin de la station d'autobus, Xiao Lin dont la nature des événements ne semble en rien altérer l'acuité des réflexes, remarque, dans la vitrine d'une agence de voyages, une offre de service qui permet aux Chinois de visiter le Viêt-nam.

Renseignement pris, l'agence se contente de délivrer un laissez-passer spécial permettant aux Chinois de rester deux jours dans la ville frontalière vietnamienne de Mong-Laï. Pour cela, nul besoin de passeport, une carte d'identité suffit. Alors pourquoi pas ? Nous tentons notre chance ; à 25 F le document, nous ne risquons rien.

Prudemment nous attendons quelques minutes après la relève de la garde pour tenter de franchir une deuxième fois la douane. Les nouveaux douaniers n'ont guère le temps d'être pointilleux. Ils sont débordés par le déferlement sauvage d'une centaine de fonctionnaires chinois, tout excités de profiter des largesses du comité central pour aller se faire dorer la pilule pendant deux jours sur les plages de la station balnéaire de Mong-Laï. Xiao Lin se faufile parmi eux et présente à l'officier des douanes son laissez-passer. Lorsque celui-ci voit son vélo surchargé équipé pour un long voyage, il reste quelque peu perplexe, flairant sans doute un cas d'évasion peu orthodoxe. Alors, sur un ton impératif, il avertit Xiao Lin qu'elle doit être de retour en Chine dans les deux jours. Il ne peut rien faire d'autre, elle est en règle, alors d'un coup sec il abat son tampon dans un coin du document, et nous ouvre, par la même occasion, la porte vers la liberté : *Good afternoon Viêt-nam !*

Malgré nos antécédents français et chinois d'ennemis réductibles, les douaniers vietnamiens se montrent jovials et accueillants, et acceptent de nous laisser passer sans problème. Xiao Lin est quand même un peu inquiète (pour le retour) d'être sortie frauduleusement de Chine. Une émigrée chinoise au pays des boat-people, nous ne sommes pas à une contradiction près !

*

Première vision typiquement vietnamienne : le marché et la foule des vendeuses coiffées de leurs chapeaux coniques. Lorsque nous les interrogeons sur la direction à prendre, elles font cercle autour de nous en éclatant de rire, en criant et en cherchant à arracher nos affaires de nos bicyclettes. Nous nous extirpons à la hâte de cette horde sauvage, laquelle nous donne un avant-goût du caractère extraverti et débridé des Vietnamiennes.

Après avoir changé notre argent nous sommes doublement millionnaires (1 million de dôngs = 500 F) et nous cherchons à combler un grand creux dans notre estomac. Mais il n'y a pas d'étalages ou d'échoppes dans les rues comme en Chine. Il faut entrer dans un restaurant pour se faire servir à manger. Le choix de la nourriture se révèle plutôt maigre et nous nous contentons d'une assiette de riz flanquée d'un morceau de porc froid.

Après quoi nous partons à la recherche d'un hôtel. Mais nous réalisons très vite qu'il n'en existe aucun à tout petit budget. Les chambres les moins chères sont à 90 000 dôngs (45 F) soit le double des prix chinois. Nous préférons aller voir ailleurs.

A 5 kilomètres de la ville, un villageois nous invite à rester dans un local situé sur la place du marché. Les Vietnamiens, dont la plupart parlent chinois, s'occupent de négoce et de petits trafics entre les deux pays. Nous partageons leur repas assis à même le sol, puis Xiao Lin se fait laver les cheveux par un homme, dont elle trouve qu'il a la main un peu leste aux entournures. En une journée Xiao Lin s'est initiée aux excès contrastés de la pédalerie errante. L'adversité douanière du matin a fait place à la joie d'une rencontre; fragile sursis jusqu'au lendemain où nos instants de plaisir peuvent très bien faire place à de nouvelles contrariétés. Dans la vie d'un pédaleur errant il y aura toujours une part de bonheur et de malheur ; cela fait son charme!

*

Nos premiers coups de pédales se font dans une région déshéritée, peu cultivée, marécageuse, tropicale ; une charnière entre la côte inaccessible couverte de mangroves et la chaîne de montagnes qui sépare la Chine de son voisin communiste. Ce fut dans cette région qu'en 1979 les Chinois envahirent le Viêt-nam après que les Vietnamiens, irrités par le soutien des Chinois aux Khmers rouges de Pol Pot, eurent commencé à expulser la forte minorité chinoise présente sur leur sol. Sur les 1,8 millions de

Chinois ethniques résidant au Viêt-nam, 500 000 durent quitter le pays. En représailles et pour faire diversion à la guerre du Cambodge, l'armée populaire chinoise lança ses troupes sur la frontière nord du Viêt-nam. Mais l'armée vietnamienne, mieux entraînée, leur flanqua une raclée mémorable. Une humiliation qui n'avait rien à envier aux grandes défaites françaises et américaines. Depuis, les deux cousins se sont réconciliés. Les marchandises circulent abondamment de part et d'autre de la frontière, et de plus en plus d'entrepreneurs chinois investissent au Viêt-nam.

Notre balade se poursuit à travers monts et merveilles, affleurant la côte sauvage frangée d'une mangrove impénétrable ponctuée de villages de pêcheurs avec leurs cabanes en bambou. Nous croisons un chasseur d'iguanes qui étrangle dans ses bras son dernier butin aux allures monstrueuses de dinosaure. Au fil des jours, la chaleur persistante et accablante nous oblige à mettre les voiles à 5 heures du matin afin d'échapper à la fournaise de l'après-midi. Ajouté à cela, la campagne luxuriante nous assassine à petits coups de collines abruptes. Je suffoque (30 ans déjà !) tandis que Xiao Lin endure et résiste. 32 km, 51 km, 52 km... nos randonnées se rallongent. Xiao Lin accélère tant et si bien son rythme, que j'ai parfois de la peine à la suivre. De fait, après une semaine de vélo dans des conditions difficiles, son courage et sa ténacité sont récompensés par l'équipe de Mondo Vélo qui lui décerne son B.E.P.C. (Brevet Elémentaire de Pédalerie Courante). Comme quoi, sans entraînement préalable, équipé d'un vélo ordinaire, et sans grande condition physique, il est permis à tout un chacun de pratiquer le noble art de la pédalerie errante !

Dans cette région reculée, la nourriture vietnamienne ne se montre guère réjouissante. Très souvent nos bols de riz et de porc sont servis froids. Le *pho*, (soupe de nouille à la coriandre servie avec du poulet et un petit citron) constitue avec les *nems* ce qu'il y a de meilleur au niveau qualité/prix. Je suis du genre à essayer toutes sortes de nourritures (j'ai mangé du chien, du serpent et des larves d'abeilles !) Pourtant lorsqu'un aubergiste me propose de partager son embryon de canard cuit dans la coquille, j'ai comme une petite envie de vomir ! L'aubergiste s'étonne que je refuse une telle friandise, puis, sans se faire prier, il attrape le petit être minuscule, mi-œuf, mi-caneton. Sous ses dents nous entendons craquer la tête, les os, et les plumes... Couac !

Nous abordons ensuite le delta du fleuve Rouge et les trésors rocheux de la baie d'Along, une des principales attractions naturelles du Viêt-nam. Le paysage offre un point de vue similaire à Yangshuo, à ceci près que les collines érectiles émergent de la baie. Ce sont ainsi plus de 3000 îles qui se dressent à perte de vue hors des eaux claires du golfe du Tonkin. Le charme et la beauté magique du lieu sont indéniables. Nous nous fixons pour la nuit au port de Hông Gaï, dans un hôtel situé à quelques mètres de la jetée.

Contrairement à mon habitude, ce matin-là, je reste au lit, m'étirant et soupirant de plaisir, écoutant le ronronnement étouffé des chaloupes qui reviennent au port. J'ai du bonheur dans les veines, allongé nonchalamment près de son corps dévêtu. Elle dort, apaisée, heureuse, insouciante. Les premiers rayons de soleil percent à travers les rideaux bleus de notre chambre et une lueur satinée glisse sur les formes souples de sa poitrine. J'écarte un pan de l'étoffe et parcours du regard l'étendue paisible de la mer. Dans le demi-jour, à peine dépouillé de la brume, se dressent immobiles et calmes les collines de la baie d'Along. Xiao Lin pousse un petit gémissement et étire ses membres engourdis. Elle ouvre les yeux, les paupières papillonnantes d'un regard qui me parle déjà d'amour. Elle inspire à petits traits l'air frais épicé du matin. Je m'assieds à ses côtés. Sa poitrine se gonfle, et tandis que mes lèvres s'approchent de sa bouche, elle me murmure : « Serge, tu t'es brossé les dents ? »

La matinée est à la fois délicieuse et indolente. Nous partons au marché à la découverte d'étranges fruits exotiques. Il y a le ramboutan, un fruit aux allures d'une grosse araignée couverte de poils rouges mais qui sous sa surface peu ragoûtante, offre au palais une délicieuse petite prune blanche au goût tendre de litchi. Tandis que le jus sucré coule sur nos lèvres, nous rions de notre découverte. C'est ce que l'on peut rêver de mieux pour une lune de miel, mais je veux mieux encore : voguer au hasard dans les profondeurs de cette forêt de pics à demi engloutis, trouver refuge dans la quiétude d'une crique déserte, et toute la nuit nous abandonner l'un à l'autre sur une plage de sable d'or ; loin des rigueurs de ce monde, loin de la cupidité des hommes, être seuls sur notre lune !

Je vous accorde volontiers que ce cliché du paradis sauvage peut prêter à sourire, mais nous sommes de jeunes amoureux, la nature est si belle et engageante, et ma femme si charmante et délicieuse que je nous vois déjà tels deux indigènes, nus sur une plage, libres et fous d'amour !

Mais en attendant « d'être bêtes ensemble », il est midi, et à défaut de partir à la dérive sur un radeau quelconque, nous embarquons sur un rafiot qui assure la navette entre le port de Hong Gaï et l'île de Cat Ba située au cœur de la baie d'Along. D'après ma documentation, l'île de Cat Ba, déclarée en 1986 parc national, est couverte d'une faune et d'une flore riche et luxuriante, propice donc à de Robinsonades activités.

Le voyage en bateau est magnifique. C'est une ligne régulière, empruntée principalement par les insulaires locaux, et dont le prix de 12 F par personne (vélo compris) est loin d'approcher les tarifs pratiqués par les agences de voyages (on nous fait une proposition à 50 $ pour la journée). Le bateau se faufile pendant trois heures entre les formations rocheuses déchiquetées par les vagues. Nous apercevons de nombreuses grottes dont les plus grandes servaient autrefois de refuge ou de cachette aux pirates chinois, ainsi que des petites plages immaculées que rien ne vient troubler.

Nous accostons sur l'île de Cat Ba et pédalons pendant 2 kilomètres sur un cordon littoral sablonneux à travers une mangrove maritime couverte d'une basse forêt de palétuviers. Le village de pêcheurs qui se dresse devant nous fait espérer à Xiao Lin - qui ne partage pas mes fantasmes d'ours sauvage - d'y trouver un petit hôtel. Mais l'endroit est insignifiant, à peine pouvons-nous y voir une ou deux buvettes et quelques étals de marché qui exposent de misérables poissons séchés. Le sort en est donc jeté, nous allons être livrés à nous-mêmes et aux bienfaits de la nature. Nous avons du riz et il ne nous manque plus qu'un peu d'eau pour assurer notre repas du soir.

Hélas, les bougres de Viets, toujours autant appâtés par le gain, veulent nous vendre l'eau de leur puits ! C'est la première fois, depuis le début de mon voyage, que l'on me réclame du liquide pour de l'eau « non minérale ». Même en Ethiopie, où l'eau est une denrée rare, elle m'a toujours été offerte comme un don de la nature. Mais nous sommes au Viêt-nam, où la gentillesse et la gaieté des habitants n'ont d'égales que leur mesquinerie et leur avidité. Comment l'expliquer sinon par une réaction euphorique face aux récentes libéralisations économiques et à leur désir manifeste de rejoindre « à tous prix » le clan des jeunes dragons. Quoiqu'il en soit, je refuse d'être la poule aux œufs d'or qui va payer le prix de leur réforme. Voyant mon air offusqué, une commerçante, à qui nous avons déjà acheté au prix touristique des boissons pétillantes, consent enfin à remplir de sa générosité forcée, mon bidon d'eau.

Etant donné l'heure avancée de l'après-midi, nous nous résignons à déposer nos guêtres au premier endroit convenable au bord de la mer. Hélas, ce n'est ni une plage, ni une crique isolée. Il faut se contenter de l'habituel paysage de mangrove avec sa végétation de broussailles trempées dans la vase. Mais Xiao Lin, qui de sa vie n'a jamais vu une plage est aux anges. J'ai beau lui expliquer que ce n'est que de la boue saumâtre infestée de serpents et de grenouilles, elle n'a d'yeux que pour les milliers de petits crabes qui courent ici et là, et qu'elle rêve déjà - chacun ses fantasmes - de faire passer à la casserole !

Une heure plus tard, tandis que le soleil décline derrière la ligne d'horizon, Xiao Lin doit se rendre à l'évidence que le crabe est un animal récalcitrant et peu enclin à se laisser cuire. Il faut donc se satisfaire d'une morne platée de riz. Après quoi, nous installons notre moustiquaire sur les arceaux de la tente, et tandis que la nuit, constellée de moustiques voraces, nous enserre dans l'obscurité, Xiao Lin se blottit contre moi, un peu inquiète de passer sa première nuit à la belle étoile.

Difficile de s'endormir, la chaleur est étouffante et le croassement des grenouilles ininterrompu : vers 9 heures du soir un trio de motards sur d'antiques modèles soviétiques nous secouent de notre torpeur en pointant leurs phares sur notre nid. A nous voir ainsi - deux petits oisillons pris sous un filet - ils rient de bon cœur, ne se privant pas de fustiger notre témérité, comme s'il y avait quelque imprudence à camper là.

Deux heures du matin, le ciel bas et lourd a tout écrasé dans un silence inquiétant. Les grenouilles se sont tues et les moustiques pleins d'appréhension restent figés sur les parois de notre toile. Une légère brise se met à souffler et deux ou trois grosses gouttes d'eau tombent sur nos têtes. Xiao Lin, prévoyante comme une femme, veut immédiatement couvrir la moustiquaire avec la toile extérieure de la tente. Mais je ne suis pas du genre à m'affoler pour quelques gouttes d'eau. Je lui demande de patienter quelques instants. Elle m'écoute un peu à contrecœur, soucieuse, agitée, prête à recevoir des seaux d'eau sur la tête. Mais ce n'est qu'une fausse averse. Les grosses gouttes s'évaporent dans l'air saturé. Fier et soulagé, je me laisse choir dans le giron de ma dulcinée.

Cependant, dix minutes plus tard, à demi nus les pieds plantés dans la boue, nous nous battons, pris de panique, contre une tornade épouvantable. La pluie torrentielle gifle notre visage tandis que nous essayons vainement de maîtriser les soubresauts de notre toile de tente qui claque à tout va dans le vent enragé. Xiao Lin est la première à se réfugier dans notre alcôve misérable. Elle se blottit contre les sacoches, et s'accroupit dans la boue à l'abri de son parapluie.

De mon côté, bravant l'humidité glacée mais incapable de faire face à la violence du vent et de fixer ma toile correctement, j'abandonne la partie et rejoins Xiao Lin sous le parapluie. Comme deux faibles créatures, s'appuyant l'une sur l'autre, nous nous fortifions contre l'orage. A cet instant, ce n'est plus des larmes de miel qui coulent sur les joues de Xiao Lin, grelottante, le regard froid, et à demi incrédule ; ce sont des larmes acerbes qui sortent de son cœur, gonflé de rancune contre cette incorrigible et dangereuse insouciance qui me caractérise !

*

Haïphong est la troisième plus grande ville du Viêt-nam et son deuxième plus grand port après Hô Chi Minh-Ville. C'est ici que nous nous empressons de débarquer après notre nuit sauvage et sans sommeil sur l'île de Cat Ba. Et ma foi ce n'est pas sans déplaisir. Il émane des grandes rues ombragées de la ville et de ses maisons de style colonial un charme désuet plutôt agréable, quoique au premier abord ces vieilleries manquent un peu trop de clinquant aux yeux de Xiao Lin. Ce qui est vieux, me dit-elle, n'est pas obligatoirement beau. Mais après coup elle finit tout de même par apprécier certaines particularités esthétiques et pratiques de l'architecture coloniale, tels les volets, totalement inexistants dans les habitations chinoises.

Outre l'architecture, l'empreinte visible laissée par la France se trouve, comme d'habitude, du côté de la bouche ! Du pain ! Du vrai pain avec du pâté et du beurre... Je rêve : les « boulangères » sillonnent les rues de la ville, un panier de petites baguettes en équilibre sur la tête, en criant en vietnamien « voilà du bon pain, voilà du bon pain ». Impossible de me retenir, si croustillant, si appétissant, si blanc. Je pars tôt le matin à l'affût des boulangères trottinantes et me jette sur elles comme sur la mère patrie pour me délecter de leurs bonnes miches !

D'un autre côté, ce petit air rustique de bourgade paisible est malencontreusement gâché par une flottille impressionnante de scooters et de motos japonaises qui, avec grand bruit et fracas, envahissent la chaussée. Les vélos et les pousse-pousse archaïques n'ont qu'à bien se tenir. La ville appartient désormais à ceux qui veulent aller vite ; à cette jeune génération qui ne veut plus s'entendre dire que le Viêt-nam a gagné toutes les guerres au prix de terribles souffrances pour en arriver à perdre la paix. Ils ne veulent plus accepter cette fatalité - 72 millions d'habitants qui vivent dans l'un des pays les plus pauvres de la planète - surtout depuis que leurs dirigeants, à l'instar de ceux de la Chine, ont orienté le pays vers l'économie de marché. Ils veulent consommer, jouir de la vie, à tel point que le mythe du riche cousin émigré en Californie s'estompe avec le retour croissant des anciens boat-people ; des réfugiés qui s'empressent d'ailleurs d'affirmer qu'il n'y a qu'au Viêt-nam que l'on vit bien !

Finis également les procès officiels que l'on faisait il y a quelques années à ces fuyards (principalement des Sud-vietnamiens) de retour au pays. La pression politique et sociale sur la population semble s'être atténuée, notamment au niveau de la liberté du culte, comme nous avons pu le constater lorsque nous sommes entrés par hasard dans la cathédrale de Haïphong.

C'est un vendredi soir et la cathédrale est remplie d'hommes et de femmes endimanchés, assis séparément de chaque côté de la travée centrale. Il y a environ 10% de catholiques au Viêt-nam, ce qui constitue le pourcentage le plus élevé dans les pays d'Asie à l'exception des Philippines. Néanmoins, au nord du Viêt-nam, depuis le départ des Français en 1954, l'activité religieuse a subi de nombreuses restrictions.

J'explique à Xiao Lin, qui n'est jamais entrée dans une église, que le déroulement de l'office est exactement le même que celui que nous suivons en France. Les chants et les longues minutes de recueillement silencieux alternent avcc les paroles rituelles entonnées par les fidèles. La prestance du prêtre, en chasuble mauve, entouré d'un chapelet d'enfants de choeur, fait sur Xiao Lin une forte impression. Car comme la majorité des Chinois elle est athée quoique très influencée par le bouddhisme, le taoïsme, et d'anciennes croyances et superstitions locales. Son approche de la religion est très pragmatique et les mystères de la foi chrétienne la dépassent complètement. Pour elle l'idée d'un Dieu unique est un concept nouveau difficilement concevable, qui plus est, un fils de Dieu mort sur la croix il y a près de deux mille ans pour sauver le monde... Faut s'accrocher !

*

Quelle joie de pouvoir goûter de temps en temps à l'hospitalité chaleureuse des autochtones. Celui-ci est un modeste vendeur de sacs de ciment, de sauce au soja et de *nuoc mam* (sauce de poisson fermenté). Il écoule ce lot hétéroclite de marchandises sur le bord de la nationale qui relie Haïphong à Hanoi. Lui et sa femme, professeur de littérature, sont enchantés de nous accueillir dans leur modeste maison. Et nous-mêmes, pensez donc, il n'y a aucun hôtel dans cette petite ville, ni endroit où camper dans les environs, parmi les damiers inondés des rizières (celles-ci, surexploitées par les villageois, offrent deux récoltes de riz par an, et font du Viêt-nam le troisième exportateur de riz au monde après la Thaïlande et les Etats-Unis).

Nous venons de parcourir 80 kilomètres, et c'est donc avec plaisir que nous acceptons leur hospitalité. Désirant participer aux frais du repas nous leur proposons 30 000 dôngs. « Allez y me dit mon hôte, mettez-y 40 000 dôngs et vous aurez du cochon et de la bière. » Du cochon et de la bière ! Quelle joie de pouvoir goûter à l'hospitalité chaleureuse des autochtones.

Nous mangeons assis à même le sol devant le poste de télévision japonais resté désespérément muet pour cause de coupure de courant. Une fois la soupe, le riz, le porc et la bière avalés, et les photos de famille parcourues à grands cris d'extase nous avons droit aux explications embarrassées du vendeur de nuoc mam qui nous fait savoir (par l'intermédiaire d'une voisine parlant anglais) qu'il n'est pas possible pour Xiao Lin et moi de dormir ensemble ! Mariés ou pas mariés un tel acte ne peut qu'apporter un grand malheur à toute la famille. Pas de guiliguilis profanateurs et de chatouilles hérétiques sous leur toit !

Alors je dors à côté de M. Nuoc mam dans le lit conjugal (sans sa femme !) tandis que Xiao Lin est allongée seule sur le canapé. Hospitalité chaleureuse autochtones.

Le lendemain matin juste avant de repartir sur la route je tiens à remercier mon hôte pour cette authentique et agréable expérience culturelle en lui proposant une certaine somme de dôngs (j'imagine qu'il va refuser) mais M. Nuoc mam a déjà fixé la somme de son dévouement à 100 000 dôngs tout net ! (Plus cher que notre hôtel de la veille).

Un peu gêné d'avoir agi par avarice je finis par admettre que le prix de son amitié vaut bien 60 000 dôngs. Cependant c'est la première fois depuis le début de mon voyage que l'on me demande de payer pour un accueil ; je n'y suis pas encore habitué!

Hanoi (1,5 million d'habitants) est la capitale de la République Socialiste du Viêt-nam. Plus encore qu'à Haïphong on peut parler ici du charme suranné de la ville avec ses boulevards ombragés et ses nombreux lacs entourés de bâtiments coloniaux de couleur ocre, construits dans les années trente par les Français. On y voit peu de grands immeubles modernes contrairement à Hô Chi Minh-Ville (Saigon) la plus grande ville du Viêt-nam (4 millions d'habitants).

L'ouverture du Viêt-nam aux touristes est récente et se mesure au nombre d'hôtels qui ont fait leur apparition. Nous avons la chance de tomber pendant le huitième congrès du Parti Communiste vietnamien, période pendant laquelle l'entrée de touristes étrangers est restreinte pour permettre aux apparatchiks du Parti de se loger. Or, comme de nombreux hôtels sont restés vides il est assez facile d'obtenir des rabais.

A cette occasion, les habitants ont accroché sur la façade de leurs habitations (par fierté ou par obligation ?) le drapeau rouge avec son étoile jaune. J'essaie d'en savoir plus sur la politique du pays en questionnant une jeune fille de 20 ans, Mlle Tran Thi Chi Lan que nous avons rencontrée. Mais celle-ci semble plus pressée de sortir avec les jeunes de son âge que de savoir si la démocratie est à l'ordre du jour dans son pays.

Elle nous invite à passer la soirée en discothèque, phénomène assez nouveau puisqu'il y a quatre ou cinq ans il n'y avait aucun établissement de ce type à Hanoi. Cela explique sans doute que certains jeunes danseurs manquent singulièrement d'expérience et, pour une fois, malgré mes gesticulations bizarres, je ne passe pas pour le dernier des moins bons ! La musique est principalement anglo-saxonne et locale, mais aussi chinoise.

Et puis soudain, au fond de la salle, des cris jaillissent, des jeunes sautent sur la piste en bousculant les danseurs. Une baston, une émeute, une joute amoureuse ? Que nenni... C'est l'Euro 96 ! La télévision est branchée dans un coin de la salle et un but vient d'être marqué. Les Vietnamiens sont fous de foot et suivent avec un grand intérêt le football européen qui compense l'absence totale d'équipes locales !

Nous restons coincés deux semaines à Hanoi dans l'attente de nos visas laotiens et thaïlandais. D'abord nous obtenons assez facilement un visa de transit d'une semaine pour le Laos (coût du visa 175 F. Il y a par ailleurs un visa touristique libre de deux semaines dont le coût élevé de 450 F nous fait reculer). Pour la Thaïlande les Français n'ont pas besoin d'un visa pour un séjour inférieur à un mois, mais il en va autrement pour les Chinois qui, non seulement doivent avoir un visa, mais en plus doivent être en possession d'un billet d'avion pour sortir du pays ! Xiao Lin est donc obligée d'acheter un billet entre la Thaïlande et la Chine en espérant pouvoir l'annuler plus tard.

Durant notre séjour à Hanoi, Xiao Lin tombe malade. Une inflammation au niveau de la bouche qu'elle attribue à une absorption irréfléchie de glaçons. Elle a en effet suivi l'éthique alimentaire de son déluré mari qui boit tout et n'importe quoi. Gonflée comme une outre et d'une humeur massacrante, elle cherche un vieux remède chinois, mais hélas les pharmaciens ne connaissent que les pilules occidentales, aussi insatisfaisantes pour sa santé que nuisibles pour son moral. Alors, par dépit, nous nous rendons à l'hôpital principal de Hanoi.

L'infrastructure est rudimentaire, quant au personnel, plutôt jeune, sympathique et attentif, il montre plus d'empressement à bavarder anglais avec Xiao Lin qu'à la soigner. Finalement, à partir du quatrième docteur et autant de diagnostics elle est transférée au service des soins dentaires où on lui trouve quelques caries bénignes sans aucun rapport avec son mal !

Nous quittons l'hôpital avec trois boîtes de médicaments ; les jours passent. J'essaie d'améliorer le remède, en lui administrant quelques baisers cutanés derrière les oreilles. Enfin elle finit par se dégonfler, retrouve son teint frais et son moral de jeune baroudeuse, et jure qu'à partir de ce jour jamais plus elle ne touchera aux vilains glaçons !

La semaine qu'il nous reste à passer au Viêt-nam est insuffisante pour nous permettre d'effectuer entièrement à vélo le trajet jusqu'à Lao-Bao situé à 630 kilomètres au sud d'Hanoi. Nous prenons donc le bus jusqu'à la ville de Vinh. Le trajet de 260 kilomètres nous coûte 20 F chacun (vélo compris), ce qui doit être l'un des tarifs de transport les plus avantageux au monde.

Notre retour en selle se fait sur la fameuse route n°1 qui relie Hanoi à Ho Chi Minh-Ville. En fait, la route est à peine plus large qu'une départementale française et la circulation, en dehors des camions et des bus, est plutôt réduite. Au fil de la route, qui longe la côte mais qui s'approche très rarement du littoral, partout le même tableau paisible et gracieux : le balancement léger des chapeaux coniques noyés dans le vert éclatant des rizières. Au Viêtnam ce sont les femmes qui cultivent la terre.

Xiao Lin, toujours pleine de ténacité, semble mieux supporter que moi le vent de face et la chaleur accablante. Un jour, elle me force même à puiser dans mes dernières forces pour parvenir jusqu'à la prochaine ville, car elle ne veut plus entendre parler de camping sauvage. D'une certaine manière, ceci nous permet de rester dans les auberges locales et de découvrir des bourgades ensevelies dans le sable et oubliées du monde. A tel point que c'est devenu un danger pour moi de déambuler dans les marchés où ma présence inhabituelle crée un attroupement, qui, en quelques minutes, dégénère en émeute.

Si à la vue caractéristique de mon nez, il ne fait aucun doute que je sois un étranger pur sang, le cas équivoque de Xiao Lin a le don de laisser les Vietnamiens perplexes et indécis. Certains la prennent pour une Vietnamienne qui a su accrocher par ses charmes un Occidental à la recherche des douceurs asiatiques. Alors que d'autres penchent plutôt pour une guide, toujours vietnamienne, accompagnant à travers le pays un riche touriste étranger - à vélo ! Dans tous les cas, cela met nos amis commerçants dans une situation ambiguë : doivent-ils prendre le risque d'augmenter outrageusement leurs prix selon la bonne vieille formule de la vache à lait alors qu'ils ignorent si Xiao Lin est une guide complice et conciliante, ou si elle est une étrangère ignorante et facile à piéger. Ils tâtent donc le terrain en la questionnant, mais Xiao Lin qui ne comprend rien à leur jargon, reste muette, augmentant du même coup l'exaspération des commerçants !

Néanmoins, il serait injuste de ne garder qu'une impression négative des Vietnamiens dont la bonne humeur et la jeunesse (la moitié de la population à moins de 20 ans) nous entraînent fréquemment dans de joyeuses parties de rigolade. D'ailleurs, plus nous progressons vers le sud et plus les Vietnamiens sont joueurs, blagueurs, amusés par un rien. Quant aux femmes, par rapport aux autres pays d'Asie, elles m'apparaissent plus extraverties et dotées d'une grande force de caractère.

Le vendredi 5 juillet 1996, nous traversons le 37e parallèle, c'est-à-dire l'ancienne zone démilitarisée qui servit de frontière entre la république du Viêt-nam (le Sud) et la république démocratique du Viêt-nam (le Nord) de 1954 à 1975. Cette zone tampon fut le théâtre des batailles les plus sanglantes entre les Américains et le Viêt-cong. Au total, pendant tout le conflit, ce furent 58 000 soldats américains qui périrent, 250 000 soldats sud-viêtnamiens et plusieurs centaines de milliers de soldats nord-vietnamiens. Si la guerre, qui fut largement médiatisée, causa un grand traumatisme aux Etats-Unis, la cicatrice est bien plus profonde encore chez les Vietnamiens. Quatre millions de personnes, soit 10% de la population, furent sacrifiées et des milliers d'hectares de forêts et de rizières dévastées et rendues stériles par les bombes au napalm et par les défoliants tel l'agent orange.

A ce jour, de nombreuses bombes amorcées, prêtes à exploser, sont encore enfouies sous la terre. D'ailleurs, il n'est pas rare de rencontrer des Vietnamiens aux membres mutilés. Je me souviens de l'un d'entre eux, un bras et une jambe amputés, qui sur un ton badin prenait un malin plaisir à me préciser que c'était une bombe française qui l'avait charcuté ainsi ! Je ne sais pas si c'était une blague, mais en tout cas elle ne me fit pas rire.

La télévision diffuse de nombreux films locaux sur les conflits qui ont marqué le pays ces cinquante dernières années. Ces films, nettement moins spectaculaires que les superproductions américaines, sont plus intimistes et ancrés dans la réalité sociale du pays. En revanche, et comme d'habitude, l'ennemi est traité avec peu de nuances. Les officiers de l'armée française, par exemple, dans les films sur la guerre d'Indochine, sont grands, moustachus, distingués, buveurs d'alcool, coureurs de jupons, et apparemment indifférents aux mœurs et coutumes du pays !

Faute de temps, c'est dans un antique et folklorique minibus que nous parcourons les 80 kilomètres de la route n° 9 qui relie Dông Ha à Lao-Bao, situé à la frontière du Laos. La route n° 9 était l'artère principale qui servit aux Américains de blocus face aux infiltrations des Viêt-cong qui arrivaient principalement du Laos par les innombrables sentiers de « la piste Ho Chi Minh ».

En fait, lorsque nous découvrons la campagne souriante, montagneuse et nullement déboisée de cette région « dévastée », rien ne nous laisse imaginer l'ampleur des dégâts. Où est l'obscure et angoissante végétation tropicale d' « Apocalypse Now » ? Où sont les cratères d'obus et les montagnes déchiquetées ? Il n'y a plus de ferraille, plus de canons, plus de ruines. La forêt a repris ses droits, et les autochtones, une minorité vivant à cheval entre les deux pays, sont particulièrement accueillants. « Le temps est un grand maître, il règle bien des choses. »

57. LAOS... DU MORAL

Lorsqu'au poste frontière du Laos, nous nous retrouvons dans un bungalow en bois sur pilotis face à de corpulentes douanières en jupe traditionnelle assises derrière des bureaux sur lesquels picorent d'énormes dindons glougloutant, quelque chose me dit que ce pays n'est pas comme les autres.

De fait, nous sommes tout de suite conquis par cette ambiance décalée, presque tribale, où la discrétion et la réserve des habitants tranchent singulièrement avec le grouillement et la frénésie caractéristiques des autres pays d'Asie. A la sortie du village, les maigres parcelles de maïs sont vite supplantées par l'exubérante forêt vierge. La route - en fait une piste goudronnée par intermittence - descend tranquillement la chaîne de montagne Annamitique qui sépare le Viêt-nam du Laos. Ici et là, dissimulées sous l'épaisse et majestueuse frondaison des arbres tropicaux, surgissent des grappes de cabanes en bois sur pilotis aux toits couverts de chaume (parfois ce sont d'énormes carcasses de bombes américaines qui supportent les cabanes !) ; sur le bas-côté, quelques éventaires proposent des bananes et du riz gluant, tandis que des femmes à la peau sombre, certaines la poitrine dénudée, s'activent autour de leur chaudron à faire bouillir des épis de maïs. Plus loin, deux jeunes filles seules sur la piste, prises de terreur à notre approche, s'enfuient en criant, et se jettent dans les buissons... Le Laos, c'est l'Afrique en Asie !

Pourtant, nous ne sommes pas au bout du monde. La voie sur laquelle nous progressons est l'une des plus importantes du pays. Elle permet, en effet, aux camions de marchandises de transiter entre la Thaïlande et le Viêt-nam. Mais c'est tout : une dizaine de véhicules par jour, deux bus qui assurent la navette quotidienne entre les deux frontieres, et quelques motos.

Cette « autoroute » laotienne témoigne à sa manière de l'extrême pauvreté du Laos, et ceci en dépit d'une constitution récente (1991) qui se veut ouverte à l'économie de marché et aux Droits de l'Homme. En réalité, le Laos ne reconnaît qu'un seul parti : le parti communiste au pouvoir, alors que les trois qua de la population (4,5 millions d'habitants) subsistent sur de modestes lopins de cultures vivrières (riz, maïs). Le bois est exporté, mais les forêts, qui couvrent la moitié de la superficie du pays, sont en fait exploitées par des entrepreneurs étrangers.

Le gros point rouge qui figure sur notre carte nous laisse supposer que Sépone sera une ville idéale où conclure notre journée, mais en réalité, cette localité avec ses quelques maisons en bois éparpillées sur un sol latéritique mérite à peine la dénomination de village. Après de vagues renseignements obtenus en français nous sommes orientés vers un grand chalet en bois construit sur pilotis. Mais le bâtiment est vide et il n'y a personne pour nous accueillir.

Las d'attendre, nous poussons une porte entrouverte, et découvrons une chambre meublée de quatre lits avec matelas et moustiquaires. Sur le mur est placardée une affiche dont le contenu écrit en anglais est pour le moins singulier : « Chers visiteurs, bienvenue dans la maison d'accueil gouvernementale de Sépone. Les chambres sont à votre disposition pour la somme de 1000 lak par personne (7,50 F). En mon absence, et avant de repartir, veuillez déposer votre argent sur le lit. Merci de votre compréhension. Mme X la gardienne » !

C'est parfait, nous avons un hôtel self-service à notre entière disposition, avec des toilettes, de l'eau pour les douches et une grande table de réception sur le balcon. Xiao Lin s'empresse de s'installer dans son hamac, tandis que de mon côté, je sirote avec délice un café frappé rempli de glaçons acheté au coin de la piste... Le Laos, la hausse du moral !

Le soir nous allons dîner dans la seule gargote de la bourgade, en tête à tête, à la lueur d'une bougie. Si l'ambiance romantique est la bienvenue, la bougie s'impose surtout par l'absence totale d'électricité dans la région. Pas d'électricité mais la télévision ! C'est incroyable, en pleine jungle, partout, dans des cabanes en bois, des téléviseurs chinois diffusent d'inépuisables séries américaines, des films d'arts martiaux de Hong-kong, des jeux télévisés frénétiques, le tout relayé par les chaînes de télévision thaïlandaises, bien plus regardées que la télévision locale, jugée médiocre. Les tribus du Laos qui ont déjà le droit de consommer de l'opium - légalisé par le gouvernement - peuvent maintenant, grâce à de petits groupes électrogènes, sniffer cette autre forme de drogue, cathodique et culturelle.

Forêt, forever more. Pas toujours facile de trouver sa pitance dans toute cette verdure. Depuis quelque temps, Xiao Lin est devenue une accroc de maïs et d'ananas. A part le riz gluant, elle ne mange que cela... Du maïs et de l'ananas ! Elle ne veut plus toucher aux cuisses grillées de cette espèce de coqs très hauts sur pattes qui l'a rendue malade toute une nuit. De même la chair d'iguane ou les embryons de canards (achetés par mégarde) ne la tentent guère. Alors, maïs et ananas, sauf les jours où elle a la permission de rentrer dans la cuisine des restos pour y préparer elle-même notre repas. Sinon... Maïs et ananas !

Après trois jours de pérégrinations tranquilles à travers la jungle montagneuse parsemée ici et là de petites parcelles de rizières au rendement visiblement peu productif (au Laos on pratique la culture extensive sur brûlis pour y faire pousser le riz sauvage), nous arrivons à Phalan. Le maire du village, un ancien militaire maîtrisant très bien le français et chez qui nous sommes hébergés, nous informe que Xiao Lin est la première touriste chinoise à faire halte dans son village. En effet les passages de touristes étrangers sont ici peu fréquents, d'autant que les voyages individuels au Laos ne sont réellement possibles que depuis 1993. En revanche, si Xiao Lin est la première chinoise à fouler le sol de cette contrée, Phalan a été conquis bien avant elle par des dinosaures. Le maire, un spécialiste, est tout heureux de nous faire visiter le site près de la rivière. Sa fierté est d'autant plus grande qu'il découvrit lui-même, moulée dans la roche, une succession d'empreintes laissées par un monstre à deux pattes de la famille des Iguanodons.

Le 11 juillet 1996 nous atteignons la frontière thaïlandaise du Laos, à Savanaket, deuxième plus grande ville du pays. En fait c'est une bourgade de 55 000 habitants, qui en dépit de son agencement un peu désordonné, est à l'image du Laos : paisible et insouciante. Néanmoins la proximité de la Thaïlande et du va-et-vient de ses habitants plus riches, incitent quelques Laotiens à faire profession de mendicité.

Nous aimerions bien rester plus longtemps dans ce pays des « journées calmes » mais impossible d'obtenir un sursis sur notre existence vagabonde ; la Thaïlande nous attend...

58. YEUX SANS FRONTIÈRE

Le franchissement d'une frontière exerce sur moi toujours la même fascination. Comment le Laos et la Thaïlande, deux pays voisins, par définition si proches (séparés seulement par les eaux larges et sombres du Mékong), peuvent-ils êtres si différents. Même peuple, même religion, même climat, et pourtant dès les premiers coups de pédales, sans rien connaître encore de ce nouveau pays, je ressens quelque chose de différent et de mystérieux : un je-ne-sais-quoi, une ambiance, des odeurs, une foule de petits détails spécifiques à la Thaïlande. Tout cela se manifeste avec certitude, mais d'une manière indécise, indéfinissable. D'ailleurs, comment peut-on définir un Etat ? Est-ce une puissance politique ? Un peuple uni par la même culture ? Une nation forgée par l'histoire ? Selon diverses sources il existerait sur terre entre 168 et 254 Etats ! Rien n'est moins précis. Il y a par exemple 168 monnaies différentes, alors que 185 territoires ont leurs timbres poste ! En 1994, la France reconnaissait 190 Etats, la Suisse 194, la Russie 172, l'ONU 184, l'UNESCO 183, etc. Un bel exemple du désordre universel où des « pays » comme Taïwan, la Palestine, le Timor sont tour à tour reconnus ou ignorés.

Si je tiens compte de mes propres critères, la Thaïlande serait mon quarantième pays visité au cours de ce périple. Avant d'entrer en Thaïlande j'ai compulsé mes notes, mais quelles réalités peuvent donc se cacher derrière ma longue liste de chiffres et de données ? Je sais par exemple que la Thaïlande est sensiblement aussi grande que la France, qu'elle compte 60 millions d'habitants, un taux de croissance de 8 à 10 %, par an, que c'est le premier exportateur mondial de riz et de caoutchouc. Je sais aussi qu'en une semaine Mercedes Benz a enregistré 1 500 commandes pour son dernier modèle à 620 000 F, que le taux de chômage est insignifiant, le nombre d'éléphants incertain... Bref j'ai de l'info, il ne me reste plus maintenant qu'à ouvrir grand mes yeux. Des yeux sans frontière.

Au Laos, il y a à peine une épicerie tandis qu'en Thaïlande la ménagère sort de son pick-up pour aller faire ses achats dans un supermarché climatisé ; au Laos les paysans travaillent pieds nus dans les rizières entre les souches brûlées et décomposées de grands tecks, en Thaïlande les agriculteurs sont confortablement assis sur des mototracteurs taïwanais ; au Laos on subsiste au jour le jour de maïs et d'ananas, en Thaïlande on déguste une cuisine délicate et variée ; dans le premier pays on roule à droite et dans le second on roule à gauche... L'effet des comparaisons est brutal et sans appel !

Dès le deuxième jour, guidé par un policier, nous nous retrouvons pour la nuit dans un monastère bouddhiste.

Le bouddhisme est de très loin ce qui surprend le plus en Thaïlande. Dans chaque ville, dans chaque village, il y a un monastère, très souvent doté d'une monumentale statue d'un Bouddha méditatif, assis, couché, chauve, ventripotent, bienheureux, à des années-lumière d'un Dieu souffrant, maigre, hirsute, et crucifié. Le bouddhisme Thaï est de l'école du Thérévada, identique à celui pratiqué au Sri-Lanka, en Birmanie, au Laos et au Cambodge. Tous les matins, à l'aube, il est impossible de les manquer : les moines en tunique orange ou rouge fluo sortent dans la rue en file indienne en quête de leur ration quotidienne de riz, offerte gracieusement par la population. Les donations pécuniaires sont également nombreuses et fournissent aux grands monastères des villes une richesse et un pouvoir importants au sein de la société Thaï. On dénombre 27 000 *Wats* (temples), et un quart de million de moines, car il est de bon ton pour les jeunes gens d'effectuer dans un monastère l'équivalent spirituel du service militaire.

Le journal thaïlandais du jour aborde l'histoire d'un moine accusé d'avoir détourné 100 millions de bahts de donations publiques (20 millions de francs !). Celui-ci se défend en affirmant qu'il a bien reversé tout l'argent. « Je jure par toutes les choses saintes et sacrées de ce monde que je n'ai jamais détourné cet argent » dit le moine de 61 ans, et ajoute « si je l'ai fait, alors que je sois réincarné 500 fois aveugle » ! Sur la photo du journal le moine porte des lunettes, est-il déjà en train de purger sa peine ?

Le monastère où nous sommes hébergés, occupe un terrain spacieux sur lequel sont dispersés deux petits *Wats* ripolinés de 1001 couleurs, un crématorium, et trois ou quatre résidences individuelles pour les moines et leurs hôtes de passage (moines errants). Xiao Lin, en dépit de sa féminité, est acceptée dans l'enceinte, quoique pour se faire plus facilement accueillir il a fallu accentuer le fait qu'elle a un peu de sang bouddhiste dans les veines.

La nuit, nous nous installons à l'écart, dans un bâtiment en bois posé sur pilotis et dépourvu de cloisons. Tandis qu'une pluie orageuse bat la toiture et que l'air frais souffle à travers notre moustiquaire, je reste allongé, les yeux grands ouverts, intrigué par une double et énigmatique inscription gravée dans le bois de la charpente : « Jésus » et « Juventus » ! Dans un monastère bouddhiste ? Vade retro Satanas !

Qui est Dieu : Bouddha ? Jésus ? Juventus ? Ou, comme on pourrait être porté à le croire en Thaïlande, le Roi ? Car ici la monarchie constitutionnelle est tenue en très grande estime. La photo du roi Bhumibol et de la reine Sirikit est accrochée dans tous les lieux publics, et une critique, même légère, de la famille royale est considérée comme une offense grave. Nous allons d'ailleurs nous en rendre compte à nos dépens. Nous étions allés au cinéma, prêts à nous faire secouer la cervelle avec les grands coups de vent et les effets spéciaux de « Twister ». La tornade n'était pas encore commencée, lorsque soudain, au beau milieu des pubs glacées et des bandes annonces fracassantes, se sont succédées des photos de Dieu le Roi : le roi en famille devant son palais, le roi avec l'armée, le roi en régate sur son voilier, le roi éclaircissant des plants de tomates... Pendant une minute les photos défilèrent sur l'hymne national (composé par le roi !) Toute la salle s'était respectueusement levée en silence. C'était obligatoire, mais nous, touristes ignorants, sommes restés sottement assis sur nos sièges. Aussitôt, une double rangée d'yeux nous toisa, suivie par la torche inquisitrice du guichetier. Nous étions repérés et probablement taxés d'anarchisme. Face à la pression populaire, la minute du roi nous parut une éternité !

A une lettre près, les villes sont comme les filles, elles se ressemblent toutes : hurlantes, monstrueuses, insécurisantes, laides, anarchiques... Les villes.

Tokyo, Hong-kong, Bangkok ; trois villes asiatiques qui résonnent comme le fracas d'un gong. J'en ai déjà bravé deux mais cette dernière capitale dépasse l'overdose ! Bangkok, une double onomatopée de 9 millions d'habitants qui happe, dans une circulation étouffante et dangereuse, toutes les misères et toutes les richesses du pays ; 15% de la population fournit 80% du PIB national. Signe révélateur : alors que les travaux du métro s'enlisent, la capitale Thaïlandaise se vante d'avoir bientôt achevé le plus haut gratte-ciel de la planète. Avec ses 94 étages et ses 465 mètres incluant à son sommet une tour de télécommunications, Bayoke Sky Hôtel, va surpasser l'actuel détenteur du record, la double tour Petronas de Kuala Lumpur haute de 453 mètres, et la Sears Tower de Chicago haute de 443 mètres. Les grandes villes asiatiques rivalisent de prouesses techniques pour atteindre le ciel, et montrer d'une manière ostentatoire le succès de leur jeune et toute-puissante économie. La Chine, qui n'est pas en reste, envisage pour l'an 2000 de surpasser ses petits voisins avec une tour de plus de 140 étages !

Cependant au sol l'activité grouillante continue ses ravages et ses nuisances : pollution, insécurité, solitude, violence. C'est dans cette ambiance que nous parvenons à Bangkok, sans plan, désorientés, dans la nuit moite et suffocante, à la recherche d'un hôtel bon marché. A vue d'œil, il n'y a rien à la portée de notre bourse, nous errons donc pendant deux heures dans l'inextricable, avant de nous résoudre au tout confort d'un hôtel impersonnel, en plein centre ville, au pied des miradors à bureaucrates.

Le formulaire de l'hôtel rempli, je rejoins Xiao Lin enfermée dans notre chambre au quatorzième étage. Trouvant porte close, pour rire, je me fais passer pour le garçon de service ayant de mauvaises intentions. D'abord elle ne me reconnaît pas et prend peur (Ha ! Ha !), puis, vexée et fatiguée par mes stupidités, elle me laisse seul désemparé devant la porte !

Quelques longues minutes plus tard, après avoir été surpris par le vrai garçon de service qui se demandait bien pourquoi je faisais les cent pas sur la moquette feutrée du corridor, Xiao Lin lève le verrou. Furieux, je la saisis par le bras et de force, l'envoie à son tour végéter en chemise de nuit dans le couloir. Nom d'une pipe ! Mon sang est monté au dernier étage, pulvérisant tous les records mondiaux de muflerie !

Néanmoins je réalise très vite que c'est idiot de flanquer sa femme dans un couloir comme une vulgaire traînée. Je rouvre la porte et tente de m'excuser, mais le ton monte et se démonte. Elle attrape mon bâton et menace de me frapper. Aussitôt, taïaut, je me jette sur elle en esquivant son coup de trique. Une jeune femme chinoise bat son mari français ! But you are folle !

La pression retombe. Je prends une douche puis je me glisse sous les draps dos à dos avec ma femme inerte et silencieuse. En bas la ville gronde et murmure. Les lumières lointaines des néons salissent les murs de notre chambre. Je grommelle entre mes dents, vrai de vrai, à une lettre près les filles sont comme les villes, elles se ressemblent toutes : diaboliques, déconcertantes, incohérentes, désespérantes... Les filles !

*

Le lendemain, les nerfs apaisés (les filles peuvent aussi être douces, charmantes, rassurantes, belles et désirables !) nous changeons de lieu d'hébergement pour le quartier au charme suranné de Banglapoo : La Mecque asiatique des routards. En effet le business center de Bangkok répond mal à notre soif d'authenticité thaïlandaise. Nous décrivons une nouvelle boucle dans le chaos général, autour des quartiers opulents et résidentiels protégés par des vigiles armés, à travers les vieux quartiers typiques réservés aux touristes et aux restaurateurs, le long des klong (des canaux) nauséabonds qui traversent les bidonvilles, loin des centres commerciaux, et des expatriés concentrés autour des ambassades... A chacun son ghetto !

Nous-mêmes nous entrons dans notre ghetto. Le ghetto des backpackers et des routards. Par la force des choses - les prix planchers de l'hébergement (20/25 F une chambre double) et les services touristiques standards et uniformes - nous sommes canalisés à Banglapoo, plus proche de la jeunesse aventureuse de notre génération que de la vie quotidienne d'un Thaïlandais.

*

Un lecteur perspicace pourra comprendre sans trop de difficulté l'enchaînement suivant : vierge, éléphants, Triangle d'Or, poudre aux yeux, latex, bars à gogos, Xiao Lin.

Car c'est ainsi, depuis que la forêt vierge est déflorée (réduite de moitié en 25 ans), les bûcherons et leurs éléphants ne débardent plus que pour les plaisirs folkloriques des touristes. Le Triangle d'Or se rétrécit. La poudre aux yeux a remplacé la poudre blanche. Les militaires thaïlandais face aux pressions internationales et dans un effort pour endiguer le flux d'héroïne, ont renforcé leur présence sur les frontières birmanes et laotiennes. Khesan, le seigneur du pavot tombe, mais la poudre, volatile, se répand ailleurs, comme une traînée, dans la province chinoise du Yunnan. Des passeurs, des hommes et des femmes, au péril de leurs intestins et de leurs vies, ingurgitent des préservatifs bourrés de cocaïne. Désormais les forêts primitives de Thaïlande sont remplacées par de vastes plantations d'hévéa. A côté de la Malaisie, premier fabricant mondial de préservatifs, la Thaïlande se lance avec extase dans l'industrie du caoutchouc. Hélas, en dépit de ce nouvel essor, la population thaïlandaise reste la première en Asie à être touchée par le SIDA (les Vietnamiens étant les seconds). L'utilisation du latex national n'est pas encore rentrée dans les mœurs à Bangkok. Les bars à gogos de Patpong - le Pigalle thaïlandais - ne désemplissent pas. Des aboyeurs attirent le chaland vers des étalages flamboyants et sulfureux de chair asiatique ; danseuses à moitié nues, debout sur les bars, qui se trémoussent sous un flot de néons, récoltant les dollars dans leur string, au-dessus d'une horde de touristes aguichés. Ces strip-teaseuses séduisantes et les quêtes charnelles autorisées, ne doivent cependant pas nous faire oublier que derrière, dans l'ombre, une débauche pernicieuse, alimentée entre autres par des tours-opérateurs peu scrupuleux, secoue la capitale thaïlandaise. Les journaux sont remplis de cas de viols et de crimes contre les enfants. Mais pour être tout à fait franc, en apparence, Bangkok n'a rien d'une ville dépravée. Pas plus que Paris ou une autre grande ville occidentale. Il faut dire qu'avec Xiao Lin, je me suis juste contenté des frémissements folkloriques des lumières tamisées de Patpong.

– Regarde, regarde bien, lui dis-je, prends-en de la graine, car ce soir, dans notre lit ma chérie, tu seras ma danseuse et je serai ton gogo !

Notre destin veut que le jour anniversaire de notre union (cinq mois après notre mariage) il faille nous séparer. Les barrières administratives, plus rigoureuses dans les pays « développés » envers les habitants du tiers monde, sont là pour nous rappeler qu'une Chinoise n'a pas encore le droit de voyager librement comme une simple touriste. Contrairement à ce qu'affirme une célèbre agence de voyages : Le monde n'est pas à tout le monde !

Mais en vérité, elle trouve que pédaler sur les chemins de l'errance est une activité fort étrange pour un être humain. Quel plaisir peut-il y avoir à être un jour brûlée vive par le soleil, un autre trempée jusqu'aux os, grugée, et prise pour une putain... ! Ce fut néanmoins une expérience formidable. Une manière de renforcer nos liens dans l'adversité. De découvrir le monde à travers le regard inaltéré d'une jeune femme asiatique. La rare, la seule Chinoise peut-être, à être sortie de son pays pour sillonner la planète à vélo.

Aéroport stupide !

Rien ne vaut le romantisme d'une séparation sur le quai d'une gare ferroviaire. Dans un aéroport tout y est trop fonctionnel, déshumanisé, froid ! J'ai à peine le temps de réaliser que Xiao Lin vient de disparaître derrière le comptoir d'un douanier, qu'elle est déjà propulsée dans les méandres tubulaires de l'aéroport de Bangkok. Impossible maintenant de tenir tendrement sa main, serrer sa peur, son amour, ses espérances. Impossible de la suivre du regard sur la passerelle de l'avion transformée en boyau à voyageurs. Dans la confusion, comme un petit chien qui cherche frénétiquement sa maîtresse, je cours ici et là pour tenter de l'apercevoir. Mais où est-elle ?

Xiao Lin est en train de franchir tous les contrôles, avec quelques problèmes lorsque son moule à gaufre, passant sous le scanner, est pris pour une mine ! Puis elle s'installe pour la première fois de sa vie à bord d'un avion. Deux heures vingt plus tard, elle et son vélo, atterrissent sur le bon vieux sol natal. « Home sweet home » respire-t-elle « China my darling, I love you ». Oui mais...

– Oui, mais voilà, mademoiselle, intervient le jeune douanier de l'aéroport de Canton, Chinoise ou pas Chinoise, sur votre passeport il vous manque le tampon de sortie de la Chine. Officiellement vous n'êtes donc jamais sortie du pays, comment voulez-vous maintenant y revenir ?

Xiao Lin joue alors son rôle de jeune fille accablée par un destin bureaucratique incompréhensible, feignant d'ignorer qu'elle est entrée au Viêt-nam illégalement. Il faut quand même deux longues heures d'attente, d'angoisse et d'intimidation, avant que les douaniers, réalisant qu'elle est à court d'argent, la laissent entrer en Chine.

Juste après avoir quitté Xiao Lin à l'aéroport, le cœur en berne, les mollets ramollis, je retourne seul sur mon vélo rejoindre le centre étouffant de Bangkok. Mille questions, souvenirs et spéculations s'agitent dans mon esprit à propos de la suite de mon voyage. Est-ce que je réalise qu'il me reste encore deux ans et demi de vélo avant de compléter mon tour du monde ? Deux ans et demi de séparation et de solitude en perspective. Déjà, allongé sur mon lit d'hôtel, les minutes ont des saveurs d'éternité, alors comment envisager deux ans et demi de séparation ! Je serre les dents. « Il faut tenir, bon Dieu ! Il faut tenir... »

59. IL FAUT TENIR...

« Plus ça change, plus c'est la même chose ». Je n'osais pas le croire et puis voilà que ça me tombe dessus, une impression de pédaler dans le vide, une indifférence générale pour tout ce qui m'entoure, le piment du voyage et le sel de la découverte qui se dissolvent avec le temps et la dure réalité de la séparation.

Dès les premiers jours, afin de me distraire l'esprit, je me mets à pédaler comme un fou, à un point que je n'imaginais pas possible. Pédaler, pédaler, trois semaines de vélo pour rejoindre le Sud de la Thaïlande, 1 700 kilomètres et un seul jour de repos.

Le plus dur dans l'histoire, c'est de me heurter sans cesse à l'assaut obsédant de toutes ces petites choses évocatrices. Marcel Proust voyait des églises, des villes et des jardins surgir de sa tasse de thé, moi il me suffit d'un simple épi de maïs ou d'un ananas pour que je sois aussitôt submergé par une avalanche de douloureux souvenirs Xiao Linesques. J'en suis venu à haïr les céréales, les fruits et les grands lits provocateurs des hôtels - je ne sais comment, mais invariablement au cours de mes nuits dans les chambres d'hôtels, je me réveille couvert de sueur avec deux oreillers voluptueusement collés contre mon torse. Piètre ersatz de femme !

Alors je pédale. Je pédale et je dors sous ma tente. Au moins dans cet igloo je suis dans mon univers. Seul en compagnie de mes tendres souvenirs. Seul en contact avec la nature. Ce que je ressens le plus comme une libération c'est l'éloignement des hommes qui, sans distinction, se ressemblent tous et m'ennuient. « Non, non, laissez-moi tranquille, je ne veux pas dormir chez vous, laissez-moi seul, ... » Mais l'ivrogne insiste. Il veut que je m'installe dans sa maison typiquement thaï. « Un orage menace », me prévient-il inquiet. Qu'importe, je refuse obstinément de découvrir les mœurs et coutumes d'un alcoolique thaïlandais. De fait, une saucée torrentielle s'abat sur mon humble demeure, submergeant en quelques minutes mon inflexible fierté. Après quoi, dans l'étreinte humide et chaude de la nuit, un cortège de sangsues s'accroche à ma peau et pompe avec frénésie le peu de vigueur qu'il me reste. Impossible de fermer l'œl, toujours aux aguets, le briquet à la main, prêt à brûler ces ventouses démoniaques. Et puis zut, tiens, je hais la nature !

Justement, parlons-en de la nature. Cet après-midi j'étais installé sous un de ces cocotiers, qui abondent dans la zone côtière (normal), lorsqu'une énorme noix de coco se détacha de l'arbre et s'abattit lourdement à quelques centimètres de ma tente. J'ai failli mourir assommé par une noix de coco ! Un fruit censé fournir une huile réconfortante utilisée dans les produits cosmétiques et pharmaceutiques, vilaine nature !

D'ailleurs comment peut-on parler de nature quand rien n'est naturel. Des milliers d'hectares déboisés pour assurer le développement des plantations commerciales, telles que l'hévéa et le palmier à huile. Deux arbres non originaires de la région. Le latex de l'un est utilisé pour la confection du caoutchouc (les pneumatiques) tandis que l'huile de l'autre entre dans la composition de la margarine et du chocolat. La route file au milieu d'un paysage immuable et soporifique. D'ailleurs tout m'est égal. Insensible, je chemine à la manière d'un désœuvré qui cherche à tuer le temps. Machinalement, blasé, le regard moins vif et pénétrant.

De fait ma curiosité se résume peu ou prou à ce que je savais déjà, m'obstinant à trouver quelque chose qui s'accorde avec les clichés du pays. Or, comme c'est souvent le cas, cela devient en soi suffisant pour établir le fait. Mon regard est attiré par ce que j'aurais pu découvrir en ouvrant une alléchante brochure offerte par une agence de voyages occidentale : « Rêvez Thaïlande : des plages tropicales assoupies sous l'éclat du soleil, bordées de sable blanc, baignées d'une eau bleue cristalline et chaude, couvertes de cocotiers.» Une terre gorgée d'exotisme !

Tout ça c'est vrai, des kilomètres et des kilomètres de vérités inscrits dans notre inconscience collective. Des kilomètres et des kilomètres de paradis : une enfilade d'hôtels luxueux avec piscine qui jouxtent la plage déserte ; des villages bungalows, style club-med, perchés sur pilotis, équipés de jakusis et de télévisions branchées sur satellite ; des villes loisirs de grand standing avec port de plaisance autonome, golf privé, training center, club hippique, surveillance électronique... des forteresses de plaisir !

Toutes les promesses de la brochure sont là, parfaitement reconstituées selon nos rêves des pays tropicaux. Une réalité recréée par des architectes et des hommes d'affaires audacieux et opportunistes. « Le réel copie la fiction. » Plus vrai que la réalité. Des acteurs locaux, dans leurs habits d'apparat et perchés sur leurs éléphants, ajoutent une note folklorique. Hourra, hourra, la Thaïlande c'est extra, pas cher, paradisiaque, traditionnel... Le monde est un spectacle, et je ne suis plus qu'un spectateur désabusé !

C'est idiot, ce que j'écris est idiot, voilà que je parle comme un prisonnier qui purgerait sa peine dans un parc d'attraction. Alors que je m'amuse, non, franchement, c'est vrai, je m'amuse, rien ne vaut la vie d'un pédaleur errant, rien, rien... Il faut tenir, bon dieu... Il faut tenir !

*

Mais, tenir pour tenir ça ne tenait plus debout. Cette curiosité, une des raisons principales qui me faisait persévérer dans ce voyage, ce besoin de rencontres et d'expériences inconnues en perspective, n'agissent plus comme un catalyseur tout-puissant. Il faut que je me rende à l'évidence, je préfère ma femme à mon vélo !

Alors d'un seul coup ma décision est prise, la terrible décision : tirer un trait sur le tour du monde à vélo et rentrer à la maison avec ma dulcinée. Dès que mon choix est fait je me sens libéré, quoiqu'un peu inquiet de la réaction de mes supporters. Mais plutôt que de végéter pendant plus de deux ans, les yeux amorphes, cloué sur une indésirable et longue traînée de bitume, je préfère suivre la voie de mon cœur. Libéré de mes craintes et de mes scrupules je repars donc revigoré, prêt à franchir les dernières étapes de mon périple.

J'entre dans le parc malais de Taman Négara réputé pour être la plus ancienne jungle du monde. Je traverse la forêt tropicale humide avec ses sous-bois profonds où se côtoient des milliers d'espèces végétales et animales : tigres, panthères, éléphants, tapirs... (désespérément invisibles), puis je parviens dans le melting-pot de la capitale, à Kuala Lumpur.

Une gigantesque ville à l'image de la Malaisie. Un mélange de peuple Malais (48%), de Chinois (34%) et d'Indiens (9%), débordante d'activité comme en témoigne la construction d'un double gratte-ciel prévu pour atteindre un nouveau record mondial de hauteur. De là, je me projette jusqu'à Singapour.

Une île et un Etat créé en 1965 par des Chinois opposés à la fédération malaise. Les autoroutes survolent une jungle tropicale ; une ville climatisée, aseptisée et soporifique ; 15 terrains de golf grandeur nature ; un concentré d'autoritarisme et de pragmatisme à la sauce chinoise ; un revenu moyen supérieur à celui des Français ; deux occupations : travailler et faire du shopping dans les immenses centres commerciaux ; pas de langue maternelle mais le « Singlish » un anglais usuel et appauvri ; un pays qui avance à grands pas dans la mer... Attention au raz de marée !

Après quoi je m'envole pour l'île de Bornéo dans l'Etat de Sarawak appartenant à la fédération de Malaisie. Encore plus de jungles et de forêts impénétrables avec une seule route goudronnée qui traverse le pays de bas en haut, reliant entre eux les kampongs (petits villages malais). Des promoteurs richissimes voisinent avec d'anciens guerriers coupeurs de têtes. Les uns sont confortablement installés dans leur tour de béton « Shell » tandis que les autres vivotent au cœur de la forêt, se déplaçant d'un paddy à un autre pour maintenir leur culture sur brûlis, ou d'autres plus sédentaires qui entretiennent le commerce des épices (l'Etat du Sarawak étant le premier producteur de poivre).

A voir : les « longhouses », de longues maisons communautaires construites en bois et montées sur pilotis, et la célèbre grotte de Niah, époustouflante de grandeur emmitouflée dans les méandres de la jungle. C'est ici que l'on récolte les fameux nids d'hirondelles servant de délicatesse culinaire dans les soupes chinoises, et dont le prix au kilo est supérieur à celui de l'or !

Enfin, après plus de 42 000 kilomètres parcourus en 1392 jours, je découvre le sultanat de Brunei, le 44e et dernier pays de mon périple.

Ce petit sultanat musulman enclavé dans la Malaisie, possède l'un des revenus par habitant les plus élevés du monde (grâce à la production des hydrocarbures). Le sultan Haji Hassanai Bolkiah Mu'izzadin est considéré comme l'homme le plus riche de la planète, et l'un des plus généreux envers ses compatriotes : scolarité, soins hospitaliers, parcs d'attractions et concert de Mickael Jackson offerts gratuitement à tous ! Mais à part ça, tel que j'ai pû le ressentir, les habitants s'y ennuient à mourir. Y aurait-il sur terre un seul peuple satisfait ?

*

Dix jours plus tard je me retrouve dans les bras de ma bien-aimée, surprise de me voir débarquer en pleine nuit sans prévenir mais très vite débordante d'amour.

Trois semaines plus tard nous sommes à Pékin pour faire son visa français, puis enfin, moi, elle, et mon vélo Giant nous nous envolons le 6 décembre pour la France.

60. LITTLE BIG WORLD

12 janvier 1997 - salle des fêtes de Teloché Le président de Mondo vélo, mon père, la voix pleine d'émotion, debout près de Pascal Brulon et de tous les membre du bureau fidèles au poste, achève son discours qui clôture la dernière assemblée générale de l'association :

«... quatre ans après, le baroudeur a posé son barda et refermé le livre de la belle aventure. Le souffle des grands espaces s'éloigne et la nostalgie, doucement s'empare des esprits. Au bout du compte : 42 000 kilomètres parcourus à vélo, 44 pays visités, quatre ans de galère ; la performance à défaut d'être estampillée "tour du monde", n'en est pas moins digne de figurer en bonne place dans l'imaginaire des exploits individuels. Tous l'ont bien compris qui sont là aujourd'hui, famille, amis, supporters fidèles ou anonymes, tous orphelins d'un rêve inachevé (comme le sont souvent les plus beaux rêves !) mais riches en eux-mêmes d'une aventure vécue et partagée.

Le film n'est pas fini pour autant. Pour Serge une nouvelle vie commence avec d'autres promesses aussi. Et, puisque nous sommes tous là réunis, nous voulons en profiter pour lui dire un grand merci. Merci de nous avoir embarqués sans ménagement dans sa folle expédition, de nous avoir plongés au cœur de ses émotions, et finalement de nous avoir démontré que l'homme s'il est capable de grandes actions, doit être capable aussi de grands sentiments ! »

Voilà... Comme ces choses-là sont bien dites ! Des questions fusent dans la salle, telles qu'elles me seront souvent posées à moi et à Xiao Lin lors des conférences qui ponctueront la première année de mon retour. Ce sont en effet plus d'une centaine de projections qui seront faites dans les maisons de retraites, les centres socioculturels et surtout auprès des écoles et des collèges. Ainsi, lorsque je vois le public réagir et se poser autant de questions sur le monde et la découverte des autres, je me dis que c'est la meilleure des récompenses pour un ex-pédaleur errant.

Xiao Lin, quant à elle, découvre les subtilités de la vie française. Ce qui la marque le plus, les premiers jours de notre arrivée en France (décembre 1996), c'est l'absence d'animation dans les rues. « Mais où sont les Français ? » dit-elle, aussi surprise par le calme relatif qui règne dans nos petits villages, que je l'étais par le débordement d'activité dans les bourgades asiatiques. Puis, petit à petit, elle découvre que les Français sont terrés dans leur habitation, se déplaçant le plus souvent en voiture afin de relier leur lieu de travail ou le supermarché du coin. De fait, elle trouve que c'est difficile dans ces conditions de nouer des relations.

Outre les difficultés liées à l'éloignement de sa famille, il lui a également fallu du temps pour s'adapter à la nourriture française. En Chine, par mesure d'hygiène tout est cuit, par conséquent, salades et charcuteries françaises sont dures à avaler. Elle va jusqu'à faire chauffer les rillettes du Mans ! En Sarthe ! Quelle hérésie ! Mais très vite elle se met à notre cuisine nationale, non sans quelques fautes de parcours. Elle nous prépara, entre autres, un riz cantonnais assez particulier. Elle l'avait agrémenté de petits morceaux de viande dénichés dans une boîte de conserve stockée dans le réfrigérateur. Il fallut attendre la fin du repas et notre tardive curiosité avant de comprendre que l'on venait d'avaler la pâtée du chat !

Depuis, les choses se sont arrangées. Nous avons eu un petit garçon le 18 août 1997 nommé LINO, et une petite fille (nous avions le mode d'emploi) le 1er juillet 1999 nommée BONNIE. La relève des pédaleurs errants est donc assurée pour de nouvelles et joyeuses tribulations...

A SUIVRE...

BUDGET

En dehors de mon apport personnel, le voyage a été financé en grande partie grâce à la participation active de l'association Mondo vélo et de tous ses membres.

RECETTES (1992-1996), et répartition en % :

Economies personnelles et vente de pin's :	49 264 F	17 %
Dons (sponsors et particuliers) :	84 634 F	28 %
Mondo vélo (abonnements, adhésions, et boutique) :	159 978 F	53 %
Ecoles, cartes postales :	6 539 F	2 %
TOTAL	**300 415 F**	

DEPENSES (1992-1996), et répartition en % :

SERGE (58 % des dépenses : 171 392 F) ;		
Sur la route; visas et transports compris :	127 936 F	43 %
Matériel[1] :	29 048 F	10 %
Assurance santé :	14 408 F	5 %
MONDO VELO (42 % des dépenses : 126 593 F) ;		
Fournitures administratives :	7 626 F	3 %
Achat de pin's et tee-shirts :	28 496 F	9 %
Affranchissement[2] et téléphone :	39 407 F	13 %
Photos[3] :	8 576 F	3 %
Divers (réceptions, projections...) :	42 488 F	14 %
TOTAL	**297 985 F**	

1. Inclus le vélo GIANT offert par les cycles BRUTEUL.

2. En partie pris en charge par LA POSTE.

3. Pris en charge par FUJI (développement) et la FNAC (pellicules).

SUR LA ROUTE

(Kilomètres à vélo. Toutes dépenses comptabilisées sauf avion et bateau)

Pays traversés	Jours	Km	Francs	F/J
1. FRANCE	23	1146	1335	58
2. ITALIE	29	1596	2837	98
3. GRECE	22	933	1703	77
4. TURQUIE	54	2555	3791	70
5. BULGARIE	8	417	555	69
6. YOUGOSLAVIE	8	609	503	63
7. ROUMANIE	24	1252	158	**7** (1)
8. HONGRIE	9	492	400	44
9. AUTRICHE	5	251	388	78
10. REP. TCHEQUE	4	343	174	43
11. POLOGNE	30	1891	1258	42
12. ALLEMAGNE	13	830	868	67
13. DANEMARK	13	617	620	48
14. SUEDE	13	781	864	66
15. NORVEGE	11	57	1086	99
16. LITUANIE	11	342	515	47
17. LETTONIE	**3**	190	**68**	23
18. RUSSIE	63	2648	1489	24
19. SYRIE	12	509	357	30
20. LIBAN	9	326	541	60
21. JORDANIE	18	729	1236	69
22. ISRAEL	4	**0**	975	**243**
23. EGYPTE	67	2098	**3927**	59
24. ERYTHRÉE	8	340	356	44
25. ETHIOPIE	27	527	1493	58
26. DJIBOUTI	11	208	866	72
27. DUBAI	6	19	425	85
28. OMAN	21	629	1646	78
29. PAKISTAN	30	1029	1591	53
30. INDE	77	2089	2619	56
31. NEPAL	17	362	1420	84
32. TIBET	52	1817	3182	61 (2)
33. CHINE	**448**	**6263**	n.d	55 (3)

34. HONG-KONG	33	244	3725	113
35. TAIWAN	14	670	870	62
36. MACAO	5	18	443	89
37. COREE	22	780	1460	66
38. JAPON	41	1514	2964	72
39. VIET-NAM	30	612	3032	101 (4)
40. LAOS	6	256	500	83 (5)
41. THAILANDE	51	2060	3700	73 (6)
42. MALAISIE	39	1679	1923	49
43. SINGAPOUR	9	187	673	75
44. BRUNEI	5	146	423	84
TOTAL	**1.377 j**	**42.061 km**		**62 F/J** (7)

(1) : Suite à mon agression, beaucoup de Roumains m'ont donné de l'argent. J'ai déduit ces dons de mes dépenses courantes qui étaient par ailleurs peu élevées.

(2) : Hormis mes frais de visa, qui s'élevaient à 1000 F, mes dépenses journalières au Tibet tournaient autour de 38 F.

(3) : Ne sont pris en compte que les jours de voyage (soit 173 jours). Les 245 jours d'arrêt à Yangshuo ne sont pas comptabilisés.

(4) : Dépenses pour deux personnes (Xiao Lin et moi). Les frais de visa ne sont pas inclus (2 x 600 F !).

(5) : Pour deux personnes, hors frais de visa.

(6) : En partie pour deux personnes.

(7) : Dépenses sur la route, moyenne par jour sur 4 ans, pour une personne. Ne sont pas pris en compte, Israël, le Viêt-nam, le Laos et la Thaïlande.

PALMARES

SI JE DEVAIS CHOISIR...

La plus belle étape : La route des Fjords en NORVEGE, La route des Rois en JORDANIE, la route Asmara-Gonder en ETHIOPIE, la traversée du Sinaï en EGYPTE, La route Katmandou Lhassa Kunming au TIBET... Une curiosité géologique : Pammukale et Goreme en TURQUIE, Le Prekostolen en NORVEGE, Yangshuo en CHINE, La baie d'Along au VIET-NAM, Le Rum en JORDANIE.

Un col : Le col de Kambala (4 750 m) au Tibet avec une vue magnifique sur le lac Yam Drok Yamtso.

Un regret : Ne pas avoir réalisé à vélo l'ascension du col de Semiens en Ethiopie.

Un monument : Saint Pierre de Rome, Le Taj Mahal, Kajuraho, Petra, La Grande Muraille de Chine.

Une Capitale : Asmara (Erythrée).

Une musique : Un air de sirtaki grec.

Une chanson : Un chant nostalgique russe.

Une comédie musicale : Indienne.

Un menu : En entrée une soupe de concombre roumaine ou bulgare; Sushi japonais ; plat de résistance : Poulet pimenté du Sichuan aux noix de cajou (Chine) ; en dessert, Baklavas du Liban ; café turc ou éthiopien.

Une boisson : Un jus de mangue glacé éthiopien (sur place).

Un accueil chez l'habitant : En Roumanie, Turquie, Liban, Ethiopie, Japon.

Un Compagnon : Philippe, Miron Tudor, Vetsca, Wilfried, Dali.

Une épouse : Une chinoise de Yangshuo (Xiao Lin).

SI J'AVAIS PU ÉVITER...

Une étape : Vilnius - Moscou.

Une route : La route N°1 en Inde (circulation dangereuse). Les routes « goudronnées » de Russie dans un triste état.

De faire du vélo dans une ville : Karachi au Pakistan, Hong-kong, Bangkok.

Un aliment : Dans les gargotes pakistanaises et indiennes. Les embryons de canards au Viêt-nam. Le pâté de soja fermenté au Japon.

Un policier : PSB de Xiguan, CHINE.

ÉVÉNEMENTS PERSONNELS

Plus haut col : Le Lak Pa 5 252 mètres, TIBET.

Plus basse altitude : Mer Morte, JORDANIE -396 mètres sous le niveau de la mer.

Plus de kilomètres en une journée : 120 km TAIWAN.

Plus grande vitesse : OMAN 67 km/h.

Plus de crevaisons : ETHIOPIE (6 en une matinée).

Plus chaud : 48 °C ETHIOPIE, 50°C OMAN.

Plus froid : de jour RUSSIE -13°C, de nuit TIBET -15°C à -20°C.

Plus de vent : Ile de Naxos GRECE, Mongolie intérieure CHINE, Pusan COREE DU SUD.

Plus de pluie : Naples ITALIE, INDE, sud du NEPAL.

Plus de mouches : Sud du PAKISTAN.

Plus grandes frayeurs : LIBAN (confrontation avec le Hezbollah), ETHIOPIE (fuite éperdue d'un village en délire), TIBET (attaque de trois chiens sauvages).

RAYONS D'OR

Ci-joint la liste (non exhaustive) de ceux et celles qui m'ont apporté assistance avant et tout au long de mon périple, et qui ont été décorés de l'ordre du Rayon d'Or ; mille mercis à toutes ces personnes, pour leur aide, leur enthousiasme, et leurs encouragements :

France : L'ensemble du bureau MONDO VELO : LERET Jacques, FOUCAULT Emmanuel, SALLE PIERRET Stéphan, CIVICO Michel Ange, BRULON Pascal, BOUR Joël, LERET Philippe, et leurs épouses: Madeleine, Cécile, Stéphanie, et Marie-Line. Les PARTENAIRES : WATT SONO (FONTAINE Pierre), FNAC, HAMEAU et BIGORGNE, RELAIS BLEUS, D.D.J.S. SARTHE, AGF (PARISSEAUX Danielle), LA POSTE, CONSEIL GENERAL DE LA SARTHE, ITF IMPRIMERIE (FOUQUET Raymond), GIANT (BRUTEUL Alain), A.A.L.D. (Patrick PEZARD), COMMUNE DE TELOCHE, FUJI IMAGE SERVICE, Les clubs CYCLOS, les COLLEGES et les ECOLES PRIMAIRES de la Sarthe. LEROYER Marcel et Paulette, LEROYER André et VERON Thérèse, LEROYER Thierry, Les familles : LERET, LEROYER, BEUVIER, MARSURA, BRULON, GOBILLE ; BOUGLET Colette et Roland, BERGER Marie-Claude, CHAPPUIS Alain, AVRILLON Bernard (A.D.E.L.), FOUQUERAY Denis, LHUILLERY Jacques, BERLIVET Jacques, M. POIRIER, BONTE Michel... SUR LA ROUTE : GENDRON Rachelle, THEBAULT Daniel, SHERER Jean-Paul, TRAVARD Alain, LEROYER Christine et Marinette, RAPPO Jean-Christophe, CHARRON Serge, AYRAL Madeleine, INCOGNITO. **Italie :** Frère MAZE Yves, DEGUIDO Cosimo, COSTAKILE Nese, l'aumonier de Montefiascone. **Grèce :** GILBERT, Frère STELLA Louis, PRIGENT Dominique. **Turquie :** BULOT Guncesglu, KARACAQ Ilyas, AKGÜNES Müivur, DALKIRAN Yusuf, BAYAR Murtaza, ZENGIN Abdullah, YIlDIRIM Osman Kadri, AKTOP Gül, GUNDAY Sibel, BAYDAR Bahri, CAKIR Abdullah, YESILYURTAN Ramazan. **Bulgarie :** HRISTOF Svetozar. **Roumanie :** VUCEC Florin, GLAVICI Marius, IVANOISCU Constantin, DAMIAN Stan, ALEXOAEA Vasile, TUDOR Miron, CIOBAN Emil, COMANITA Corneliu, STEFANESCU Valentin, JAKAB Janos, SZOCS Lajos, KOVACS Sandor, SECHELEA Vasile. **Hongrie :** BUYGNAR Richard. **Republique Tchèque :** HOLASKOVA Marie. Pologne : LAUNAY Pascal,

MARCINIAK Anetta. **Allemagne :** MITTAG Carsten, JEN PETERSEN Peter. **Danemark :** DREWS Liv. **Lituanie :** RENKALISKAS Paulius. **Russie :** VOINEA Raou, GOLUBTOVA Natasha, MANUKALO Nicolas, MONAKHOV Konstantin, RAMONENKO Anna, CIMBALOVA Angelique, OSTROCHENKO Youria, RAJMANOV Edik. **Syrie :** SAAD Raeda, MANSOUR Nizar. **Jordanie :** JABALI Fadi, NICOLA Michel, RAMMAL Jaafar. **Liban :** HAHOUI Mahmoud, Frère BERNARD, HAMDAN Zakaria, GHADDAR Kassim. **Egypte :** SARAWAT Farigli, Policiers d'Asyut. **Ethiopie :** YENENEH Asfaw, ATALE Ayalew, BERHANU Yeshambel, MISTRU Kebebe, THEWODROS Negussie, MEKONNEN Teferi, ABEBE Seble, MULUGETA Tegene. **Djibouti :** Les frères de l'école de La Salle, ABDERAMAN Ahmed Moussa. **Oman :** HOULA Soprane, KUMAR Senil, VIJAYSINH Haresh. **Pakistan :** SARFARAZ Farouas, SALEH MEMON Mohammad. **Inde, Nepal et Tibet :** Noms et adresses disparues au Tibet lors de la perte de ma sacoche. **Chine :** LIN Yuan Xiu, ZO Anny et VINCENT Christophe, PETER « the half bold man », LIAO Guan Zi, LIO Zin Xin, TAO Long Zhon, LUCY, TIN, M. Mme. AUDRIC. **Hong Kong :** HO Ben, UY Marc, M. MOUNIS, WENDY, JACKY, LUISA, IVY, LESAULNIER Jose. **Taïwan :** LIU Ming Wuan, HU Rong Hua, LIU Violet, CHEN Irene et Peter, l'usine GIANT. **Macao :** ESTIMA de OLIVEIRA Alberto. FEFEU Isabelle. **Corée :** LEE Yong Hee, YOUNG Ju, JIU Gyu. **Japon :** MAKIMURA Yoshihisa, TOSHIHIKO Okasawara, BLANC Michel et Yasinta, MURAKAMI Kasuyo, SUGAWARA Yoshimasa, SAKEMOTO, YONEO Hiroma, MATSUMOTO Naoko, INKO Ni To. **Viet-Nam :** TRANH Thi Chi Lan. **Thaïlande :** Abbé BOONCHOM Rasri. **Singapore :** BLANC Michel, LOW Eric, LIM John. **Malaisie :** GEORGES Vivianne, HOURCADE Eric, WONG Meng Lei, SU SONG Kuong. Et, bien sûr, (les plus nombreux) tous les anonymes rencontrés au hasard de la route. REMERCIEMENTS également à tous ceux qui ont apporté leur soutien par l'intermédiaire de **MONDO VELO** : adhérents, abonnés et membres bienfaiteurs.

L'OS D'OR

L'os d'or est attribué aux chiens qui se sont illustrés dans le domaine de la caninerie errante : **VETSCA** dit « Vetscouille la fripouille » chien des Carpates ; **DALI** dit « La teigne » chien chinois ; **WILFRIED** dit « Le dindon » chien chinois.

QUE SONT ILS DEVENUS ?

« Ne m'oubliez pas ! » tels étaient les derniers mots de ceux qui m'avaient accueilli sur la route. « Ecrivez-nous, revenez nous voir » lançaient-ils avant de me quitter. Pourtant nous avions seulement passé quelques jours ou quelques heures ensemble, mais à chaque fois notre désir réciproque était le même : perpétuer notre rencontre et nos liens amicaux par l'échange de nos adresses. Je griffonnais mes coordonnés sur un morceau de papier ou sur le coin d'une nappe graisseuse, en échange, ceux qui le pouvaient me donnaient leur adresse, quelques lignes tracées sur mon carnet de bord en caractères latins hésitants, en cyrillique ou en idéogrammes chinois. Je me suis promis d'écrire au moins une fois à chaque personne pendant et après mon périple. Nombreux sont ceux qui m'ont répondu. Voici des nouvelles de quelques-uns :

JEAN-CHRISTOPHE RAPPO : Quelques temps après notre rencontre à Lyon, Jean-Christophe a réalisé le tour de l'Inde à vélo, puis en 1997 il a effectué une randonnée de 6 mois en Asie centrale sur des chevaux ouzbeks. Arrêté par les soldats russes, il passera une dizaine de jours en prison avant d'être libéré.

MIRON TUDOR : Architecte roumain à la retraite. Il m'a accueilli à Bucarest en mai 1993 et accompagné à vélo pendant deux semaines en Russie. En 1994 il a effectué un voyage à vélo en Italie. Correspondant local de Mondo vélo, il a fait publier pendant quatre ans plusieurs articles de l'aventure dans un journal national. Aimerait beaucoup venir en France.

ANETTA MARCINIAK : Charmante Polonaise rencontrée à Bydgozcz en juin 1993. Après plusieurs visites en France elle a trouvé son bonheur en Allemagne où elle s'est mariée avec un autochtone à Altenstadt. Tout deux sont venus nous rendre visite en 1997. Ils vivent actuellement en Allemagne où Anetta travaille à temps partiel dans un restaurant turc. Un enfant doit naître au mois de juin 2000.

PAULIUS RENKALISKAS : Punk lituanien rencontré à Vilnius en octobre 1993. Paulius a abandonné sa carrière de joueur de foot professionnel et ses études de professorat pour devenir coursier dans une agence publicitaire. Dans sa lettre Paulius me précise que désormais il y a de l'eau chaude sept jours sur sept dans tous les immeubles de la ville, et qu'on peut le joindre sur le Net !

NATACHA GOLUBSTOVA : Jeune fille russe aux charmes slaves inoubliables rencontrée à Voronej en novembre 1993. Natacha a interrompu ses études universitaires pour des raisons économiques et s'est mariée pour des raisons d'amour le 25 avril 1995 avec un Russe de 26 ans nommé Gennadyi. Elle a un enfant, et, depuis fin 1999, elle cherche à entrer en Europe et fuir la misère de son pays.

Ont également répondu à mes courriers : **Deguido Cosimo** le postier italien, **Ivoinescu Constantin** le laitier roumain qui m'a sauvé de l'agression du Tsigane (il s'est retrouvé en Italie sans papiers comme travailleur illégal), **Hristof Svetozar** l'ingénieur bulgare (il a réussi à trouver du travail en Allemagne et a troqué sa Trabant pour une Opel Kaddet), **Abdullah Cakir** le plaisancier turc (son voilier a échoué dans la mer Noire), **Jaafar Rammal** l'étudiant en médecine libanais, etc. Chacun poursuit son chemin à sa manière, mon passage n'ayant été qu'un éclair furtif dans leur vie. Cependant, en dépit du temps qui passe, de l'éloignement et de nos différences, leur amitié, leur curiosité, et leur désir de garder le contact montrent que des liens profonds se sont créés. Les voyages unissent les hommes.

SOURCES

Lors de mes tribulations certaines lectures ont fortement influencé mes comptes rendus. Voici la liste de ces ouvrages avec les pages ou les chapitres de référence, ainsi que les citations délibérément modifiées (citation originale restituée) :

Citation modifiée, page 22 : « Mais les vrais voyageurs sont ceux-là seuls qui partent / pour partir » *(C. Baudelaire. Les Fleurs du mal.).*

Citation modifiée page 37 : « Voyager c'est bien utile, ça fait travailler l'imagination. Tout le reste n'est que déceptions et fatigues. Notre voyage à nous est entièrement imaginaire. Voilà sa force. » *(L.F. Céline. Voyage au bout de la nuit).*

Chapitre 11 et 12 : *La route des Flandres (Michel Simon)*, page 66 citation de *Céline.*

Chapitre 15 : *Don Quichotte de la Manche (Cervantes).*

Chapitre 18 : *Michel Strogoff (Jules Verne).*

Moyen-Orient : *Les Croisades vues par les Arabes (Amin Maalouf).*

Page 301 dernier paragraphe : *Ivresse de la métamorphose (Stefan Sweig).*

Tibet : *Alexandra David-Neel, Narcisse et Golmund (Hermann Hesse), Le salaire de la peur (Georges Arnaud).*

Citation modifiée page 295 : « Vite soufflons la lampe, afin / De nous cacher dans les ténèbres » *C. Baudelaire.*
« Adieu adieu ; Soleil cou coupé » *G. Apollinaire.*

Chapitre 47 : Tropique du Capricorne *(Henry Miller).*

Slogan publicitaire modifié page 457 : « Le monde est à tout le monde » *FRAM.*

Inspiration sur l'état du monde, plusieurs chapitres en particulier Chapitre 1 et 58 : *Géopolitique du chaos (Ignacio Ramonet).* Etc.

ADRESSES UTILES

La version « visuelle et musicale » des Tribulations d'un pédaleur errant existe en diaporama. Sélectionné dans de nombreux festivals, il est toujours disponible pour être projeté.
Pour cela ou pour toute autre information concernant ce voyage, renseignez-vous auprès de :

M. Leret Serge
8 bis, rue René-Olivier
72430 Saint-Jean-du-Bois
Tél. 02 43 95 43 16

Pour plus d'informations sur le voyage en général, et le voyage à vélo en particulier, deux adresses incontournables :

Cyclo Camping International
25, rue Ramus
75020 Paris
Tél. 01 47 97 62 18

Aventure du Bout du Monde
11, rue de Coulmiers
75014 Paris
Tél. 01 45 45 29 29

Informations complémentaires sur le vélo « Expédition » :

GIANT FRANCE
URBAPARK
2, boulevard de la Libération
93284 Saint-Denis
Tél. 01 48 13 19 19

Sur l'autoédition

L'Association des Auteurs Autoédités. AAA
23, rue de la Sourdière
75001 Paris
Tél. 01 47 03 36 64

Texte, photographies, et cartographies : Serge Leret
Dessins, photographies et cartographies : Philippe Leret

Achevé d'imprimé sur les presses de l'imprimerie ITF
72220 Mulsanne - Tél. 02 43 42 00 38

ISBN : 2-9515355-0-3
1er trimestre 2001